人力资源管理案例分析指导与训练

RenLiZiYuan GuanLI
AnLi FenXi ZhiDao Yu XunLian

◆ 蔡东宏／主编

经济科学出版社
Economic Science Press

图书在版编目（CIP）数据

人力资源管理案例分析指导与训练/蔡东宏主编.
—北京：经济科学出版社，2015.7
ISBN 978 - 7 - 5141 - 5877 - 9

Ⅰ.①人… Ⅱ.①蔡… Ⅲ.①人力资源管理－案例
Ⅳ.①F241

中国版本图书馆 CIP 数据核字（2015）第 150085 号

责任编辑：段　钢
责任校对：郑淑艳
责任印制：邱　天

人力资源管理案例分析指导与训练
蔡东宏　主编
经济科学出版社出版、发行　新华书店经销
社址：北京市海淀区阜成路甲 28 号　邮编：100142
总编部电话：010 - 88191217　发行部电话：010 - 88191522
网址：www.esp.com.cn
电子邮件：esp@esp.com.cn
天猫网店：经济科学出版社旗舰店
网址：http://jjkxcbs.tmall.com
北京万友印刷有限公司印装
787×1092　16 开　27.25 印张　520000 字
2015 年 8 月第 1 版　2015 年 8 月第 1 次印刷
ISBN 978 - 7 - 5141 - 5877 - 9　定价：58.00 元
（图书出现印装问题，本社负责调换。电话：010 - 88191502）
（版权所有　侵权必究　举报电话：010 - 88191586
电子邮箱：dbts@esp.com.cn）

前　言

在传统的理论教学模式中，教师是教学活动的中心和主动的知识传授者，学生则是被动的接受者，被要求专心倾听、详细记录和记忆有关理论知识和概念，缺乏师生之间、学生之间的交流，不利于学生的学习兴趣和独立思考能力的培养。

案例教学则要求教师担当类似导演或教练的角色，课前提出学习要求，给出案例启发思考题，课中循循善诱，引导学生自学、争辩和讨论，让学生自己或集体做分析和判断，经过讨论后达成共识，老师只是启迪和辅导学生科学思辨，最后进行概括总结，不再是教学活动的中心。案例学习过程一般包括案例阅读、分析与准备、课堂讨论、心得与发现的记录、撰写书面报告等环节。老师要引导学生以管理者、决策者的身份参与案例剖析和讨论，调动起学生的积极性和创造性，锻炼其分析、决策能力，使课堂讨论成为汇聚集体智慧和经验，提高个人分析能力和水平的重要手段。课堂讨论后，学员要整理思路，理清脉络，撰写案例分析报告，形成见解。教师应在对学生的讨论、分析做中肯、简练的评价基础上有所升华，对分析的每一个案例做出总结，对没有定论的案例则提出值得大家共同再思考的问题，做到每学习一个案例都有所收获。

学生通过个人主观能动性的发挥和团队互动讨论和分析，从案例情景中归纳出问题，找寻解决问题的备选方案和正确决策，逐步培育起辨证的思维方法和科学的逻辑推理能力，去观察、分析和解决实践问题，并随今后工作实践的持续进行而日趋成熟和完善。

为了更好地推动人力资源管理案例教学的开展，提高各类在校学生或 MBA

（MPA）学员在人力资源管理各方面的实战能力，我们编写了这本《人力资源管理案例分析指导和训练》教材，努力做到使每个案例具有趣味性、启示性和实操性。其中收录了由蔡东宏教授和李世杰教授撰写的多篇案例获得中国管理百优案例。

  本书由蔡东宏教授担任主编，负责编写大纲，同冯颖教授一同统稿、审稿、改稿和定稿。由林銮珠副教授、唐建荣副教授、李世杰教授和冯颖教授担任副主编，具体编写分工为：蔡东宏：第一章人力资源管理概述、第八章职业生涯规划与管理、第九章劳动关系管理；林銮珠：第四章招聘与选拔、第六章绩效管理、第七章薪酬管理；唐建荣：第二章人力资源战略与规划、第三章工作分析、第五章培训与开发。

  本书既可作为高等院校或高职高专院校人力资源管理专业及相关专业的教材或相关学科的教学辅助资料，也可作为成人教育、MBA学员或其他在职人员培训使用的教科书。

  本教材的部分案例来源于编者所教授MBA学员工作单位的真实案例，同时，我们也借鉴和引用了同仁的一些成果和资料，在此一并表示衷心感谢。

  由于编者水平能力有限，书中不足之处恳请各位读者批评指正。

  本教材为"海南省中西部高校提升综合实力工作资金项目"、海南省教育厅教改项目"高校教师教学激励与保障机制研究及实践探索"（hnjg2015zd-1）重要成果之一。

主编：蔡东宏
2015年5月

目　录

第一章　人力资源管理概述 … 1

第一节　人力资源管理的内涵 … 1
第二节　人力资源管理的内容 … 2
第三节　人力资源管理机制 … 4
第四节　人力资源管理人员的角色定位 … 6
第五节　人力资源管理的基本原则 … 7
案例1　TCL集团人才管理与开发的实践研究 … 8
案例2　某地质事业单位企业化改革后面临的人事改革难题 … 21
案例3　国有粮油企业SL公司的人力资源流失 … 28

第二章　人力资源战略与规划 … 36

第一节　人力资源战略 … 36
　一、人力资源战略的概念 … 36
　二、人力资源战略形成的影响因素 … 36
　三、人力资源战略的分类 … 37
　四、人力资源战略与企业战略的匹配 … 38
第二节　人力资源规划 … 39
　一、什么是人力资源规划 … 39
　二、人力资源规划的基本问题 … 40
　三、人力资源规划的种类 … 40
　四、人力资源战略与规划的意义 … 40

　　　　　五、人力资源战略与规划的一般过程 ……………………………… 40
　　　　　六、人力资源信息系统 …………………………………………… 41
　　第三节　人力资源规划的制定与实施 ……………………………………… 43
　　　　　一、人力资源存量分析 …………………………………………… 43
　　　　　二、人力资源需求预测 …………………………………………… 46
　　　　　三、人力资源供给预测 …………………………………………… 48
　　　　　四、人力资源规划体系的制定 …………………………………… 50
　　　　　五、人力资源规划的实施 ………………………………………… 51
　　第四节　人力资源规划的评价与控制 ……………………………………… 53
　　　　　一、人力资源规划的评价与控制的必要性 ……………………… 53
　　　　　二、人力资源规划的评价与控制的作用 ………………………… 53
　　　　　三、人力资源规划评价与控制的特征 …………………………… 53
　　　　　四、人力资源规划评价与控制的五个基本要求 ………………… 53
　　　　　五、人力资源规划的评价与控制的过程 ………………………… 54
　　　　　六、人力资源规划的评价与控制的主要方法 …………………… 54
　　案例1　美国苹果公司的企业战略与人力资源战略 ……………………… 55
　　案例2　云南YC工程建设有限公司人力资源规划案例 ………………… 63
　　案例3　空中客车公司人力资源战略管理案例 …………………………… 69
　　案例4　三个城市最低工资回归分析 ……………………………………… 73
　　案例5　三亚学院师资队伍发展战略问题与对策 ………………………… 76

第三章　工作分析 ……………………………………………………………… 85

　　第一节　工作分析概述 ……………………………………………………… 85
　　　　　一、工作分析的含义 ……………………………………………… 85
　　　　　二、工作分析的类型 ……………………………………………… 85
　　　　　三、工作分析的目的 ……………………………………………… 86
　　　　　四、工作分析活动五环节 ………………………………………… 86
　　　　　五、工作分析中的术语 …………………………………………… 87
　　第二节　工作分析的内容与结果 …………………………………………… 88
　　　　　一、工作分析的具体内容 ………………………………………… 88
　　　　　二、工作分析的结果与表现形式 ………………………………… 91
　　第三节　工作分析的基本方法 ……………………………………………… 94

目 录

  一、观察分析法 ··· 94
  二、主管人员分析法 ·· 96
  三、访谈分析法 ··· 97
  四、问卷调查分析法 ·· 97
  五、其他工作分析的方法 ···································· 98
 第四节 任务分析、人员分析和方法分析 ······················ 99
  一、概述 ·· 99
  二、任务分析 ·· 99
  三、人员分析 ·· 102
  四、方法分析 ·· 103
 案例1 城管执法人员的岗位分析 ······························ 106
 案例2 空中交通管制员工作任务 ······························ 113
 案例3 某单位人力资源部经理岗位描述 ····················· 120
 案例4 幼儿园虐童案：调查与反思 ··························· 123
 案例5 变化与挑战：工作分析过时了吗 ····················· 129

第四章 招聘与选拔 ··· 132

 第一节 员工招聘概述 ··· 132
  一、员工招聘的概念 ·· 132
  二、招聘的原则 ··· 132
  三、员工招聘的程序 ·· 133
 第二节 员工招聘渠道 ··· 134
  一、内部招聘与外部招聘的比较 ························ 134
  二、广告招聘 ·· 135
  三、校园招聘 ·· 135
  四、招聘会招聘 ··· 136
  五、职业中介机构推荐 ······································ 136
  六、熟人推荐 ·· 136
 第三节 人员甄选方法 ··· 137
  一、笔试法 ··· 137
  二、面试 ·· 137
  三、心理测评法 ··· 140

· 3 ·

　　　　四、评价中心 ·· 140
　第四节　人员聘用与招聘评估 ·· 143
　　　　一、人员聘用 ·· 143
　　　　二、招聘评估 ·· 143
　案例1　耐顿公司的招聘失败案例 ······································ 146
　案例2　SP公司的招聘失败案例 ·· 151
　案例3　IBM郭士纳VS神舟符标榜的招聘比较分析 ······················ 155
　案例4　思锐软件公司文件筐测验 ······································ 171
　案例5　江城公司选拔市场经理 ·· 174
　案例6　信伟房地产公司对保安岗位的招聘 ······························ 177

第五章　培训与开发 ·· 179

　第一节　概述 ··· 179
　　　　一、基本概念 ·· 179
　　　　二、培训的内容 ·· 179
　　　　三、培训的主要方式 ·· 180
　　　　四、培训的流程 ·· 181
　第二节　培训需求分析 ··· 181
　　　　一、培训需求分析的定义与过程 ·································· 181
　　　　二、培训需求信息收集的方法 ···································· 181
　　　　三、培训需求分析技术及其优缺点 ································ 182
　第三节　培训的组织与实施 ··· 183
　　　　一、概述 ·· 183
　　　　二、培训计划的内容 ·· 183
　　　　三、培训实施 ·· 186
　　　　四、培训方法及选择 ·· 187
　第四节　培训评估 ··· 189
　　　　一、培训评估的范围 ·· 189
　　　　二、培训评估的信息收集方法 ···································· 190
　　　　三、培训效果评估模型 ·· 191
　案例1　新技术培训方法 ·· 193
　案例2　沃尔玛员工管理：内训出人才 ·································· 196

目 录

案例3　销售人员培训需求分析报告 …………………………………… 202
案例4　IBM的培训：给大脑贴上蓝色标签 ……………………………… 205
案例5　D公司 VS 莫尔斯兄弟公司 ……………………………………… 210
案例6　××公司教育培训管理标准（节选） …………………………… 212

第六章　绩效管理 …………………………………………………………… 219

第一节　绩效管理概述 …………………………………………………… 219
一、绩效概述 ……………………………………………………… 219
二、绩效考评与绩效管理 ………………………………………… 220

第二节　绩效管理过程 …………………………………………………… 221
一、制订绩效计划 ………………………………………………… 222
二、绩效实施与辅导 ……………………………………………… 223
三、绩效考评 ……………………………………………………… 223
四、绩效反馈与改进 ……………………………………………… 223

第三节　绩效考评体系 …………………………………………………… 224
一、选择考评者 …………………………………………………… 224
二、设计考评指标 ………………………………………………… 224
三、建立考评标准 ………………………………………………… 225
四、设置绩效考评周期 …………………………………………… 225
五、确定考评内容 ………………………………………………… 225

第四节　绩效考评方法 …………………………………………………… 227
一、分级法 ………………………………………………………… 227
二、评定量表法 …………………………………………………… 228
三、目标管理法 …………………………………………………… 230
四、描述法 ………………………………………………………… 231
五、平衡计分卡 …………………………………………………… 232

案例1　基于平衡计分卡的H泵业合资公司绩效管理系统 …………… 236
案例2　A公司的绩效改革为何难以成功？ …………………………… 252
案例3　阿里巴巴的绩效考评 …………………………………………… 257
案例4　石城公司的绩效考核 …………………………………………… 270
案例5　如何改进信源公司的绩效评估 ………………………………… 274
案例6　绩效面谈应该如何做？ ………………………………………… 277

第七章 薪酬管理 ... 279

第一节 薪酬管理概述 ... 279
一、薪酬的含义及构成 ... 279
二、薪酬的功能 ... 280
三、薪酬管理的原则 ... 281
四、影响薪酬管理的主要因素 ... 282

第二节 薪酬水平与结构 ... 282
一、薪酬水平策略 ... 282
二、薪酬结构策略 ... 283

第三节 薪酬体系设计 ... 284
一、明确企业薪酬策略 ... 284
二、职位分析与职位评价 ... 285
三、薪酬调查分析 ... 285
四、现有薪酬体系诊断 ... 286
五、确定薪酬结构和水平 ... 286
六、薪酬分级和定薪 ... 286
七、薪酬体系的实施和调整 ... 286

第四节 员工福利 ... 287
一、福利的含义 ... 287
二、福利的基本特点 ... 287
三、福利的基本类型 ... 288

案例1 ML公司的薪酬改革 ... 290
案例2 某企业销售人员的薪酬激励案例 ... 299
案例3 东航云南分公司飞行员的"集体返航"事件 ... 305
案例4 "海底捞"的秘密武器 ... 311
案例5 三瑞德公司的薪酬计划 ... 316
案例6 某房地产公司的奖金分配方案 ... 321

第八章 职业生涯规划与管理 ... 324

第一节 概述 ... 324
一、职业生涯 ... 324

目 录

　　　　二、职业生涯规划 ………………………………………………… 325
　　　　三、职业生涯管理 ………………………………………………… 325
　　　　四、职业生涯管理的意义 ………………………………………… 326
　　第二节　个人职业生涯规划 ……………………………………………… 326
　　　　一、职业选择理论 ………………………………………………… 326
　　　　二、职业生涯规划的方法 ………………………………………… 327
　　　　三、职业生涯规划的步骤 ………………………………………… 328
　　第三节　组织职业生涯规划 ……………………………………………… 329
　　　　一、组织目标与要求 ……………………………………………… 329
　　　　二、组织方法 ……………………………………………………… 330
　　　　三、实施措施 ……………………………………………………… 331
　　第四节　职业生涯各阶段的管理 ………………………………………… 332
　　案例1　企业导师制的是与非：N集团导师辅导制度推行前后 …… 333
　　案例2　某省电信企业的员工发展问题的解决 ……………………… 345
　　案例3　中国员工在海外 ……………………………………………… 351
　　案例4　跳槽与职业生涯规划 ………………………………………… 359
　　案例5　吴依敏的前程规划 …………………………………………… 363
　　案例6　体育天才不同的职业规划 …………………………………… 367
　　案例7　王总的苦恼 …………………………………………………… 370

第九章　劳动关系管理 …………………………………………………… 374

　　第一节　劳动关系管理实务概述 ………………………………………… 374
　　　　一、判定事实劳动关系的三个标准 ……………………………… 374
　　　　二、判定事实劳动关系常见的法律凭证 ………………………… 374
　　　　三、劳动关系与劳务关系的本质区别 …………………………… 375
　　　　四、标准劳动关系与非标准劳动关系 …………………………… 375
　　　　五、企业劳动关系管理实务的基本内容 ………………………… 375
　　第二节　劳动合同管理 …………………………………………………… 376
　　　　一、劳动合同概述 ………………………………………………… 376
　　　　二、劳动合同的订立 ……………………………………………… 376
　　　　三、劳动合同的解除 ……………………………………………… 377
　　　　四、劳动合同的终止情形 ………………………………………… 380

　　　　五、用人单位不得解除和逾期终止的情形 …………………………… *380*
　　　　六、经济补偿金的计算及支付 …………………………………………… *380*
　　　　七、违法解除或终止劳动合同的法律后果 …………………………… *381*
　第三节　企业用工管理 ……………………………………………………………… *381*
　　　　一、员工招聘管理 ………………………………………………………… *381*
　　　　二、试用期管理 …………………………………………………………… *382*
　　　　三、员工培训与服务期管理 ……………………………………………… *382*
　　　　四、商业秘密与竞业限制管理 …………………………………………… *383*
　　　　五、竞业限制 ……………………………………………………………… *383*
　第四节　集体协商与集体合同 ……………………………………………………… *384*
　　　　一、集体合同内容 ………………………………………………………… *384*
　　　　二、集体协商和签订集体合同的程序 …………………………………… *384*
　　　　三、集体合同的变更、解除和终止 ……………………………………… *385*
　　　　四、集体合同的法律责任和争议处理 …………………………………… *385*
　第五节　劳动争议处理 ……………………………………………………………… *386*
　　　　一、劳动争议概述 ………………………………………………………… *386*
　　　　二、劳动争议的调解 ……………………………………………………… *387*
　　　　三、劳动争议的仲裁 ……………………………………………………… *388*
　　　　四、劳动争议的诉讼 ……………………………………………………… *389*
　第六节　《劳动合同法》修正案修改条文解读 …………………………………… *390*
案例1　公司搬迁，我的权益谁做主？ ……………………………………………… *393*
案例2　变更劳动者岗位和工资的规定 ……………………………………………… *409*
案例3　双重劳动关系纠纷 …………………………………………………………… *411*
案例4　如何判断劳动关系已经确立 ………………………………………………… *414*
案例5　"拒绝给流产员工放产假"案例 …………………………………………… *416*
案例6　某电子公司年休假工资计算 ………………………………………………… *418*
案例7　某机械有限公司劳动关系 …………………………………………………… *420*

第一章 人力资源管理概述

第一节 人力资源管理的内涵

人力资源是所有资源中最为重要、最具影响力和最富有潜力的资源,具有协调能力、整合能力、判断力和想象力等其他资源所没有的素质。人力资源又被称为第一资源,是构成国家、组织和企业核心竞争力的战略性资源。人力资源是指在一定区域内的人口总体所具有的劳动能力的总和,或者说是能够推动整个经济和社会发展的具有智力劳动和体力劳动能力的人的总和。

人力资源管理旨在充分发挥人的主观能动性,使人尽其才,事得其人,人事相宜,以实现组织目标,实际上涉及人力资源量和质两方面的管理:

一是对人力资源进行量的管理。根据人力和物力及其变化,对人力进行恰当的培训、组织和协调,使两者经常保持最佳比例和有机的结合,使人和物都充分发挥出最佳效应。

二是对人力资源进行质的管理。对人的思想、心理和行为进行有效的管理(包括对个体和群体的思想、心理、行为的协调、控制与管理),充分发挥人的主观能动性,以达成组织目标。

本教材针对组织内部人力资源的管理,属于微观人力资源管理,主要包括人力资源的开发与利用两个方面。

一是人力资源的开发,就是通过对人力资源的投资、培训、招聘、选拔以及保护等环节,提高人力资源的生产力,挖掘人力资源的潜力,保护人力资源的再开发能力。

二是人力资源的利用,则是通过人力资源的计划、激励、绩效评估、沟通与核算等环节,使人力资源得到最充分有效的使用,并且形成健康向上的竞争氛围与组织文化。

因此,人力资源管理策略和方式强调沟通、协调等横向沟通与联系,注重人性化管理、情感管理和柔性化管理。

第二节 人力资源管理的内容

现代人力资源管理是为了完成管理工作中涉及人事方面的任务所需要掌握的各种需要掌握的概念和技术。主要包括人力资源战略与规划、工作分析、招聘与选拔、培训与开发、绩效管理、报酬管理、员工素质管理、职业生涯管理、劳动关系管理等9个模块,如图1-1所示。

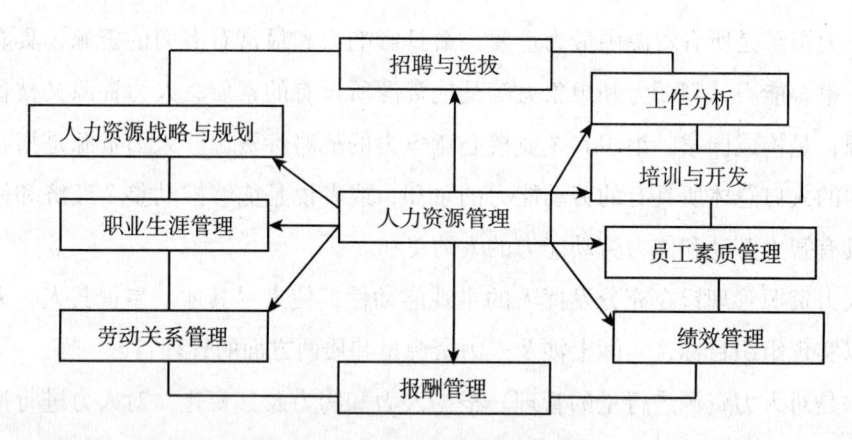

图1-1 人力资源管理的主要内容

(一)人力资源战略与规划

人力资源的战略与规划是人力资源管理的基础。人力资源战略是在企业总体战略指导下制定的企业人力资源发展的战略,包括企业人力资源的使命和价值观,人力资源发展的目标、方向、方针与政策等。人力资源规划是在人力资源战略基础上对企业未来人才的需要、供给,培养与选拔方式进行科学、整体的预测和规划,它是企业人力资源管理其他职能的基础。

（二）工作分析

工作分析又称职位分析、岗位分析或职务分析。工作分析是指系统全面地确认工作整体，以便为管理活动提供各种有关工作方面的信息所进行的一系列工作信息收集、分析和综合的过程。工作分析是人力资源管理工作的基础，其分析质量对其他人力资源管理模块具有举足轻重的影响。工作分析的内容包含三个部分：对工作内容及岗位需求的分析；对岗位、部门和组织结构的分析；对工作主体员工的分析。

（三）招聘与选拔

招聘与选拔是指企业采取一些科学的手段和方法，寻找和吸引对自身的发展前景有用的人到自己的组织中应聘，并从中选拔出合适的人员予以录用的管理过程。这一过程是企业实现人力资源战略、重新规划内部人力资源配置的重要环节。

（四）培训与开发

组织通过学习、训导的手段，提高员工的工作能力、知识水平和潜能发挥，最大限度地使员工的个人素质与工作需求相匹配，促进员工现在和将来的工作绩效的提高。

（五）绩效管理

绩效考核的目的在于借助一个有效的体系，通过对业绩的考核，肯定过去的业绩并期待未来绩效的不断提高。传统的绩效工作只是停留在绩效考核的层面，而现代绩效管理则更多地关注未来业绩的提高。

（六）报酬管理

报酬管理（Compensation Management）旨在让员工在工作中所获得的外在报酬和内在报酬效用之和最大化。狭义上的报酬管理即薪酬管理，是在组织发展战略指导下，对员工薪酬支付原则、薪酬策略、薪酬水平、薪酬结构、薪酬构成进行确定、分配和调整的动态管理过程。薪酬管理包括薪酬体系设计、薪酬日常管理两个方面：薪酬体系设计主要是薪酬水平设计、薪酬结构设计和薪酬构成设计；薪酬日常管理是由薪酬预算、薪酬支付、薪酬调整组成的循环,这个循环可以称为薪酬成本管理循环。

(七) 员工素质管理

素质管理是指在素质测评的基础上,通过构建基于企业战略、组织结构和工作岗位的素质模型,对员工进行素质增进的过程,即不断提高员工的工作胜任力和终身就业能力,形成适宜的员工素质组合,从而保证一方面建立起具有多项技能的员工队伍,满足企业战略的实现;另一方面能有效地控制人工成本,从而最终达到增强企业的竞争力的目的。

(八) 职业生涯管理

职业生涯管理是企业帮助员工制定职业生涯规划和帮助其职业生涯发展的一系列活动。职业生涯管理应看做是竭力满足管理者、员工、企业三者需要的一个动态过程。个人最终要对自己的职业发展计划负责;管理者则必须鼓励员工对自己的职业生涯负责,在进行个人工作反馈时提供帮助,并提供员工感兴趣的有关组织工作、职业发展机会等信息;企业则必须提供自身的发展目标、政策、计划等,还必须帮助员工做好自我评价、培训、发展等。

(九) 劳动关系管理

企业劳动关系主要指企业所有者、经营管理者、普通员工和工会组织之间在企业的生产经营活动中形成的各种责、权、利关系:所有者与全体员工的关系;经营管理者与普通员工的关系;经营管理者与工人组织的关系;工人组织与职工的关系。劳动关系管理是通过规范化、制度化的管理,使劳动关系双方(企业与员工)的行为得到规范,权益得到保障,维护稳定和谐的劳动关系,促使企业经营稳定运行。

第三节 人力资源管理机制

人力资源管理机制,在本质上就是要揭示人力资源管理系统的各要素通过什么样的机理来整合企业的人力资源,以及整合人力资源后所达到的状态和效果。一般来说，可以将人力资源管理机制分为四种，即牵引机制、激励机制、约束监督机制和竞争淘汰机制。

这四大机制相互协同，从不同的角度来整合和激活组织的人力资源，提升人力资源管理的有效性。

（一）牵引机制

所谓牵引机制，是指通过明确组织对员工的期望和要求，使员工能够正确地选择自身行为，最终组织能够将员工的努力和贡献纳入帮助企业完成其目标、提升其核心能力的轨道中来。牵引机制的关键在于向员工清晰地表达组织和工作对员工的行为和绩效期望。因此，牵引机制主要依靠职位说明书、关键绩效指标体系、企业的文化与价值观体系以及培训开发体系等人力资源管理模块来实现。

（二）激励机制

根据现代组织行为学理论，激励的本质是员工去做某件事的意愿，这种意愿是以满足员工的个人需要为条件。因此激励的核心在于对员工的内在需求把握与满足。从人力资源管理的操作实践来看，根据需求理论、公平理论、赫茨伯格的双因素理论以及对知识型员工的激励因素分析，激励在企业的人力资源管理系统设计中，更多地体现为企业的薪酬体系设计、职业生涯管理和升迁异动制度。具体而言，企业的激励机制主要依靠薪酬体系设计、职业生涯管理与升迁异动制度和分权与授权机制等人力资源模块来完成。

（三）约束监督机制

所谓约束监督机制，其本质是对员工行为进行引导和必要的限定，使其朝着组织要求的方向努力，同时，一定意义上还要尽量避免违背组织发展规范，避免其背离组织发展目标的"不良行为"，使得员工的行为始终在预定的轨道上运行。约束监督机制的核心是企业以绩效考核体系和任职资格体系为核心的职业化行为评价体系。

（四）竞争淘汰机制

企业不仅要有正向的牵引机制和激励机制，不断推动员工提升自己的能力和业绩，而且还必须有科学的竞争淘汰机制，将不适合组织要求和发展需要的员工释放于组织之外，同时将外部市场的压力传递到组织之中，从而实现对企业人力资源的激活，防止人力资本的沉淀或者缩水。企业的竞争淘汰机制在制度上主要体现为竞聘上岗与末位淘汰制度，一方面规范员工的组织行为；另一方面对员工形成激励和警示压力，防止和减缓员工违背组织利益的行为发生，提高人力资源管理效率。

人力资源管理的四大机制如表1-1所示。

表1-1　　　　　　　　　　人力资源管理的四大机制

控制力 约束监督机制 ✓ 绩效管理体系 ✓ 职业行为评价	拉力 牵引机制 ✓ 职位说明书 ✓ KPI指标体系 ✓ 文化与价值观 ✓ 培训与开发
推动力 激励机制 ✓ 薪酬体系 ✓ 生涯管理制度 ✓ 分权授权规则	压力 竞争淘汰机制 ✓ 竞争上岗制度 ✓ 末位淘汰制度 ✓ 员工退出制度

第四节　人力资源管理人员的角色定位

人力资源管理人员类型、角色定位如表1-2所示。

表1-2　　　　　　　　人力资源管理人员类型、角色定位

类型	角色定位	责任	管理内容
高层管理者	人力资源战略的倡导者；政策的制定者；领导团队的建设者；HR政策导向的把握者	从大局着眼把握人力资源发展方向，倡导企业各级人员都关心人力资源问题	制定人力资源管理战略，选拔高层管理人员
人力资源管理人员	人力资源开发与管理方案的制定者、人力资源政策和制度执行的监督者	实施人力资源管理的各项职能，对企业人力资源管理起决策支撑作用	制定人力资源战略规划，开展工作分析、招聘、培训、考评、薪酬等管理活动

续表

类型	角色定位	责任	管理内容
直线经理人员	人力资源政策和制度的执行者、人力资源管理具体措施的制定者	在直线职能管理体制下，是人力资源管理活动和企业文化最直接的体现者	在部门范围内，进行人力资源供需分析、实现合理分工与协作、培训员工的专业业务能力、对员工进行绩效评估和激励以及创造良好的工作氛围等

第五节 人力资源管理的基本原则

（1）选人：严把选人关原则；以工作和岗位需要为原则；坚持匹配原则；广开才路原则；客观公正原则；用人部门参与原则。

（2）用人：量才使用原则；挑战性工作原则；公平合理的报酬原则；精神激励与物质激励相结合原则。

（3）育人：长期原则；实用原则；因材施教原则；学以致用原则。

（4）留人：感情留人原则；事业留人原则；待遇留人原则；环境留人原则。

案例1　TCL集团人才管理与开发的实践研究

七集系列片《跨国并购》，用国际化多维度视角，深度解读跨国并购经典案例，揭开跨国并购背后的韬略与机谋、博弈与利益、交锋与合作，对正在融入全球经济链条的中国企业，具有很高的借鉴价值。其中，最引出我兴趣的是TCL集团海外并购融合过程中的人才管理与开发实践问题。

一、TCL集团的基本情况

TCL集团股份有限公司创立于1981年，1999年开始了国际化经营的探索，在新兴市场开拓推广自主品牌，在欧美市场并购成熟品牌，在TCL诞生了中国第一台免提按键电话、第一台28英寸大彩电、第一部无绳电话、第一部钻石手机、第一台国产双核笔记本电脑，以及Verone电脑第一次获得红点大奖和全球首款商用3D立体液晶电视等，很多具有划时代意义的创新产品，TCL在发展壮大中确立了在自主创新方面的优势和能力，因此成为中国民族企业国际化进程中的"领头羊"。2011年TCL品牌价值达501.18亿元人民币，继续蝉联中国彩电业第一品牌。目前，TCL已形成多媒体、通讯、华星光电和TCL家电四大产业集团，以及系统科技事业本部、泰科立集团、新兴业务群、投资业务群、翰林汇公司、房地产六大业务板块。现在，TCL的业务涵盖了中国、欧洲、北美以及亚洲、独联体、中东、非洲、大洋洲、中南美洲等在内的新兴市场国家和地区。客户和营销网络已遍及全球100多个国家和地区，在主要区域均已建立起领先的市场地位。

李东生在接受记者采访时认为，十年磨一剑，坚持人才输入和系统化的培养，是TCL集团"鹰的重生"的关键基石，也正成为TCL集团国际化经营过程中的核心竞争力之一。TCL不拘一格使用人才，吸引了大批海外归来的专家、博士团队，以及具备全球视野和国际化管理经验的人才加盟。目前在全球40多个国家和地区5万多名员工中，TCL有很多不同国籍的专业和管理人才活跃在其全球研发、设计、制造、营销等管理岗位上。

二、TCL在国际化道路上面临的挑战

2004年，TCL在汤姆逊和阿尔卡特两宗并购案上，并购前的准备不足、并购中的管控不细、并购后的执行不力，早已成为中国企业国际化最经典的"反面教材"。

TCL 财务总监说:"TCL 在国际化道路上面临的最大困难是交流和互相的理解,因为我们面对不同的地域、不同的文化和不同的风俗,我们管理的方式也不同。"李东生说:"我们缺乏研究和开发核心技术的能力,我们必须在这个关键领域狠下苦功夫。"最后,公司像其他的中国企业一样缺乏管理型人才。随着快速的国际扩张,公司面临着缺乏具有跨国管理经验的管理人员的问题。这一问题成为企业扩展的一大"瓶颈"。

李东生总结 TCL 国际化十年的几点体会:"这是一条艰难而又必须走通的路;不能一蹴而就,要坚韧不拔;要有长远规划、明确目标和资源准备;重视团队培养;领导人要承担责任。企业国际化前期风险代价往往很大,应从更长的时间业绩来评价企业国际化的成败得失。"为此,TCL 在公司杰出经理人的通用胜任力模型(GLS)中增加了一项指标,不但主要考量管理者是否具备提高团队士气、带领员工化解危机的能力,而且还采用了更为灵活的人才甄选方式。

三、TCL 集团与 TCL 人才的良性互动作用

人才管理英文是:Talent Management(TM),这一概念是 2000 年左右在美国被提出来的,并迅速在企业应用并发展。人才管理是一个循环持续的工程,其核心的理念在于:发现人才并培养他最后留住他!

在中国,很多一线企业如联想、万科、通用、李宁,已经超越了人力资源管理阶段步入人才管理阶段。并且,人才管理已经在中国呈现大规模发展趋势。

(一)TCL 集团的人才战略举措

TCL 认为,未来的全球领先企业将是使命驱动,愿景引领,有清晰的战略、强大的文化和扎实的管理的全能型企业,只要一个企业有抱负,有胸怀,想做大事情,能够搭起一个大舞台,优秀的企业管理者自然就有可能被吸引过来培养起来。在企业的资产中,有创造性的管理人才是最关键的,只要有了这样的人才,所谓战略和执行就会有最终的保障。

TCL 集团人才战略的总体目标是:建立以客户增值为己任、支持战略实现的学习型人力资源管理体系,最终打造兼容不同国度、民族和信仰,无边界多元文化的世界级企业。具体人才策略分为五个方面:

(1)构建国际化人才管理体系,实现人才管理的随需应变。

完善集团三级人力资源管理体系,明确三级体系的责权划分,规范人力资源管理制度与流程,按照不同产业群梯级推进,实现集团人力资源的随机应变。

(2) 对国际化人才的吸引与选拔体系。

首先，构建国际化的岗位评估体系，完善规范任职资格评价体系和能力素质测评体系；快速准确盘点集团人力资源状况，提高人力资源规划工作的前瞻性与科学性，适应业务快速扩张对国际化人才的动态需求。

其次，建设国际化人才招聘渠道，规范国际化招聘流程，树立 TCL 人力资源品牌；加强关键人才的招聘和骨干人才的稳定，降低关键岗位的流失率，提高人才工作的满意度。

(3) 组织与个人的能力培养与开发体系。

建立 TCL 集团能力素质体系，逐步形成一套以企业人力资源能力建设为导向、岗位与素质匹配为原则、与员工职业生涯发展相结合的一体化培训管理体系；搭建 e-Learning 平台，实行知识管理，实现知识沉淀与共享；完善以绩效为目标、以能力为核心的科学的人才评价机制。

建设人力资源管理团队，建立适用三级管理架构中不同层级的 HR 关键岗位资质模型，逐渐提升整个 HR 从业人员的专业素质和国际化管理能力。

(4) 经理人才梯队建设与集团化配置体系。

完善集团经理人才考察体系，开发适应国际化需要的经理人才能力模型，强化关键岗位梯队建设和职业化建设，提高职业化人才与 TCL 文化的融和性；规范经理人才考察流程与机制，完善经理人才选拔与考核淘汰机制，提高经理人才考察管理工作的有效性；实现人才向核心业务相对集中，采用内部提升和外部引进，促进人才内部合理流动；对海外各利润中心实行人才本土化与国际派遣经理人才相结合的人才策略。

(5) 在高层引进一些有国际化经验的职业经理人，改造"诸侯"文化。

总结 TCL 集团吸引人才的优势：一是 TCL 是一个高速成长的企业，能给 TCL 人才提供很多发展的机会。二是 TCL 是一个行业内良性成长的企业，有着品牌优势和良好的发展前景。三是 TCL 有一个良好的人才管理机制和用人机制，非常灵活。

(二) 人力资源部的朋友式沟通管理

TCL 的人力资源部流传着这样一句话："我们不是宪兵，也不是警察，我们是大家的朋友。"就是这样简单的一句话所传达的是 TCL 人力资源管理的一种平实的理念。TCL 集团总裁李东生先生要求："做人力资源要从以前人事部的狭隘圈子里跳出来，要由以前管人事调动、岗位安排等转变为公司员工沟通交流的中枢。要由以前我们逼着人家反映情况到现在大家争着和我们沟通，用朋友的方式交流。还要做好导向、支持、服务、援助等职能，体现出人力资本的价值。"

TCL公司更愿意与人才做朋友式的、没有拘束的长谈。TCL公司从来不用猎头公司，因为猎头公司一介入，就会显得十分功利，利益驱动十分明显。TCL内部有个好风气，就是大家都会经常向企业推荐一些人才，甚至比自己优秀的人才。公司认为凡是有成功进取欲望，想把事情干好的人都是人才。公司认为职业经理人的首要品德是敬业。公司对职业经理人的建议是：对待遇不要要求高；对企业应该表达真实的想法，不要过分讨好企业，也不要过分抬高自己；志同道合才是好同事。

通过朋友式的交流，可以提高人才的积极性，使他们可以全身心地投入工作中，为公司建设贡献自己的力量。人才可以主动参与公司的建设，为公司发展出谋划策，提出相应的建议和意见。人才可以有自由发展的平台，TCL集团允许人才失败，鼓励他们创新。人才可以满腔热血地投入TCL集团建设中。

（三）TCL人才股权激励

2008年3月TCL通讯曾进行过一次股权激励。当时，TCL通讯向100名员工实施"金手铐计划"，并拿出3900万港元购入公司股份来奖励这批员工。

2011年1月29日，TCL集团公布了公司成立以来最大规模的股权激励方案，将向公司董事、高级管理人员，公司及公司控股子公司的经营管理层、核心技术人员等164人实施股权激励，激励计划的标的股票数共计8612.36万股。

（四）TCL人才的积极回应

(1) 热心公司事务，积极完成本职工作。

(2) 能够设身处地为公司着想，完全把自己看做公司一员，全身心投入。

(3) 有广阔自由的发展空间，可以为公司发展出谋划策。

(4) 有更多的机会接受新观念、新改革；积极主动为公司长远发展着想。

四、TCL集团"鹰"系人才培养工程

TCL非常重视人力资源开发，早在2000年，TCL便成立了集团培训学院，并建立了自己的人才培养体系"鹰"之系列，办了内部MBA班，同时在各事业本部、事业部设置了专职培训机构和人员，与国内外众多顾问机构及知名院校合作，不断引进一些国际流行的管理培训方法与内容，为人才培养提供细分的入职、在职和进阶培训体系。

"鹰"之系列人才培养工程包括四个层次，即"雏鹰工程"、"飞鹰工程"、"精鹰工程"和"雄鹰工程"，"鹰"之系列人才培养体系一直为企业提供源源不断地适合 TCL 的精英。

"雏鹰工程"是 TCL 集团"鹰"系人才培养工程的起点和重点。针对"雏鹰"（新入职的大学生），TCL 通过课程培训、拓展融合、一线实习和导师辅导等综合性培养方式，着重进行企业文化和工作技能培养，帮助"雏鹰"快速融入 TCL 企业文化，提供他们融入企业和社会的能力，顺利完成向职业人的转变。TCL 集团自 1996 年首次进入校园招聘应届毕业生，从 1999 年开始每年举行庄严隆重的"大学生入职典礼暨誓师大会"。TCL 集团董事长李东生及全体"鹰"系列的人员悉数到会，包括李东生在内的管理层即"雄鹰"们集体鼓励新入职的"雏鹰"，希望"雏鹰"以坚韧和恒心，保持激情与希望，早日养成主动担当、高效执行、团队协作和终身学习的良好品性，和"飞鹰"、"精鹰"、"雄鹰"们一起，在企业得到历练和成长。继"雏鹰工程"之后，"飞鹰工程"、"精鹰工程"、"雄鹰工程"将帮助大学生们逐步实现向基层管理者、中层管理者、高层管理者的进阶。

"飞鹰工程"面向刚刚升任的基层经理人员，培养其管理能力、沟通技巧和团队合作能力；针对骨干员工、新任经理开展为期一年的系类培训；采用集团支持，产业/企业主导的方式实施；结合面授课程、高管讲座、网络课程等多种培养方式；经过培训使"飞鹰学员"从管理自己向管理他人过渡。

"精鹰工程"，面向"品正、绩优、高潜质"中层管理者，着重培养"精鹰"的企业经营能力、管理决策能力和领导力；力图在中层管理者当中培养出更多的国际化人才。

"雄鹰工程"，面向高层管理者，着重培养集团和企业高管的国际化经营能力、战略思维能力、管理产业和业务群能力、带队伍能力。

TCL 集团人力资源总监许芳告诉记者，TCL 集团人才培养已经形成了一套较为完整的系统。不仅有"鹰"系列的培养计划，同时还有导师辅导计划、行动学习计划，形成了不同梯次的培养系统和机制。为了薪火相传，打通各个梯次之间的界限，使人才快速成长，还设置了"雄鹰"辅导"精鹰"、"精鹰"辅导"雏鹰"的导师辅导制。以"精鹰工程"为例，学员每月进行一个模块的学习，既从外部聘请专家，又有公司高管授课，董事长李东生也是导师之一。"精鹰"再为"雏鹰"提供各种职业发展的意见和建议，辅导并支持"雏鹰"们在 TCL 成长。据统计，大约有 35% 的"精鹰"在结业后获得了提拔。

五、TCL 人才管理理念及其实践得失

(一) TCL 人才管理理念及所得

TCL 创业初期提出"廉洁奉公、思想统一、雷厉风行、富有成效"的企业口号；1993 年年初，TCL 提出"团结开拓、艰苦拼搏"的企业精神，并为企业精神作了明确定义。TCL 之所以能够实现高速增长，其中的重要原因，就是全体 TCL 人特别是经理人才，能将企业精神贯彻到工作实践中去。这些企业精神，是 TCL 宝贵的精神财富，也是保证 TCL 事业继续发展的思想基础。企业的明天，是昨天和今天的继续。TCL 十分看重企业文化建设，就是要把最能推动 TCL 发展的思想、观念、精神、作风进行总结、提升，使之规范化、系统化，并广泛地为全体 TCL 人理解、接受，并成为其自觉行为。

TCL 倡导企业文化也是生产力的经营理念，强调"今日的文化就是明日的经济"，系统提炼了"创中国名牌，建一流企业"、"为顾客创造价值，为员工创造机会，为社会创造效益"和"敬业、团队、创新"的核心价值观。TCL 企业文化是以中国优秀的传统文化为基础，吸收西方科学管理精髓，形成了具有兼收并蓄能力的"合金文化"和"移民文化"。尤其在 TCL 海外企业并购后的 2005 年、2006 年连续巨亏的两年，李东生借用"鹰"在 40 岁时脱喙、断趾、拔羽以获重生的故事，他号召 TCL 全体员工团结一心应对危机，共同推动组织流程和企业文化的变革，坚定推进国际化企业战略的决心。2006 年 7 月 15 日，TCL 专门组织了 150 位中高层管理人员去延安，进行了一次持续四天三夜的高强度训练。大家平均每天就睡三四个小时，徒步到南泥湾，慢慢摸索出一条路来。还在延安宝塔山上誓师、宣誓，到壶口瀑布去体验，那次会议对高管的士气凝聚非常重要。2006 年 8 月，又组织了有上万员工参与企业文化变革创新的誓师大会，集团士气相应而生。TCL 以"延安行"为代表的文化重塑活动，使人才团队重获了凝聚力和激情。

TCL 遵循"以机会均等尊重和培养员工，以能力业绩评价和激励员工，让 TCL 成为员工提升自我价值的职业舞台"的人才理念。

TCL 在人才管理理念上强调的是老子"大道无术"的思想。所谓"道"就是指大家有一个共同的目标、愿景，大家围绕这个目标和愿景去努力。在 TCL 公司内部管理方面，特别是高级管理风格上更多地贯彻这一点。对下面的管理，对每一级的管理，都应该有一个责任的承担；为这个企业，为这个团队，为这个企业未来，为这个团队的未来尽心、尽职、尽责。

"大道无术"作为TCL人才管理的观念，在2005年以前对TCL人才团队的士气、凝聚力有着很重要的影响，这可能也是TCL高管人员的变动率非常低的原因之一。

（二）TCL人才管理理念及其实践的不足

（1）TCL出现"山头主义"和"诸侯文化"。

中国企业大多仍处于第一代创业人掌控之下，TCL也不例外。创业者在企业中扮演着精神领袖、战略舵手和管理者的多重角色，常享有一言九鼎的威权，TCL出现"山头主义"是自然现象。"诸侯"获得自主权和创造空间未必就是坏事。TCL中国式管理的关系文化、领导特权意识和个人英雄主义不可能杜绝裙带，也难以建立有执行力的管理流程。事实上，只有企业内部建立了清晰有序的规则和流程，并能做到令行禁止，"诸侯"也不至于成为隐患。

这种"诸侯割据"的现象是与当前全球经济日益规范化、一体化、整合化、集约化等特点背道而驰的。而这些问题又对企业、对国际化经营发展造成直接影响。

（2）TCL个人英雄、关系和权谋情结盛行。

TCL个人英雄、关系和权谋情结盛行，表现出的"小团队"、小圈子、山头主义等严重侵蚀了企业的文化根基，一些违反企业利益和价值观的人和事继续大行其道，令企业愿景和价值观更加混乱，使一些正直而有才干的人才失去在企业的生存环境，许多没有参与这种小团体和活动的人才往往失去发展机会，激情受到挫伤，利益受到损害，严重影响人才的信心和企业的发展，造成集团资源无法整合、行动无法统一、人才无法成长。

自1999年TCL勇敢地走出国门，开始了国际化经营的探索后，就应该在管理上大胆地拥抱国际性企业的游戏规则，即严谨的系统、制度与流程而非个人英雄、关系和权谋。要做到这一点，需要企业家本人的根本性转变。同样是跳跃式的跨国收购，联想和TCL的做法却大相径庭。西方上市公司的管理核心是CEO而非董事长，合并之初，柳传志退至董事、杨元庆成为董事长，联想就让美国人出任CEO，把集团管理层国际化，总部搬迁至美国，以极为谦卑的心态推进组织的国际化，打造"新联想"。相反，TCL集团管理层仍保留清一色的中国面孔，即使是TTE的管理权也一直牢牢把控在TCL集团手中，汤姆逊原有管理团队的空间不断被挤压。

2004年6月，赵忠尧突然顶替参与和领导了与汤姆逊签约全过程的胡秋生出任TTE（TCL-汤姆逊）的CEO，他为TTE储备的大量"自己人"只能遭到闲置，然而 2005 年 10 月胡秋生突然东山再起，出任 TTE 执行董事长，赵着重提拔的人遭到一次清洗，胡秋生重用的于广辉、张山水等人成为 TTE 的中坚。然而好景不长，随着 2006 年 5 月胡秋生的再次因病离开，于广辉等人的职务再次发生变化。

从 2004 年年底开始到 2006 年 6 月初李东生身边最信任的五位"左膀右臂"——万明坚、赵忠尧、胡秋生、袁信成和吕忠丽先后以"个人原因"离开，TCL 集团第一代管理团队集体谢幕。

痛定思痛，TCL 集团随后提出了"经理人才行为规范"、"回避制度"和"轮岗制度"。

六、TCL 经理人才行为的规范管理

（1）经理人才必须严格遵守法律法规和公司章程，忠实履行职责，对公司负责、对员工负责、对社会负责。

（2）经理人才应模范遵守社会公德，做到廉洁、公平、进取，言行与职务相一致，为员工树立良好的榜样。

（3）经理人才不仅在任职期间，而且在与公司约定的辞职后一定时间、范围内，都不得利用任职期间所取得的公司资源和客户资料，自营或为他人经营对原任职企业构成直接竞争的业务。

（4）经理人才必须坚持依法经营，就本企业资产的完整与安全向集团或者集团授权管理该企业的单位（以下简称直接上级）全面负责。

（5）经理人才必须贯彻集团及其直接上级制定的经营方针，准确反映经营管理情况，及时提供数据报表，确保完成集团及其直接上级下达的各项经营任务。

（6）经理人才在其直接上级或者上级职能部门的指示有明显不当时，有责任及时向其指出，并提出自己的书面建议；如建议未获采纳而执行上级指示最终造成损失时，责任由其做出指示的上级承担。

（7）经理人才必须亲自指导和监督财务工作，并在其职权范围内对本企业财务经营成果全面负责。

（8）经理人才必须遵守财经法规，完善本企业财务管理。

（9）经理人才应将本企业所有财务活动置于集团财务管理部门或者直接上级的监督之下。禁止回避监督，私设账外账、小金库；禁止向集团外机构或个人出借资金、提供担保、抵押或者其他财务承诺。

（10）经理人才不得私自利用公款进行股票投机或其他未经总裁批准的金

融活动。

（11）经理人才对其下属员工负有指导培训、考核监督以及准确评价的责任。

（12）经理人才应秉公处各项人事调整，不得基于任何私人目的来处理下属员工的录用、晋升、奖惩等事项。

（13）经理人才的一切职务行为和任职企业的一切经营活动，都必须主动接受集团总部及其直接上级的监督检查。

（14）经理人才的行为规范执行情况，受全体TCL员工尤其是本企业（部门）全体员工的监督。全体员工也都有权利和义务向责任人当面提出或向上级部门反映责任人违反制度规范的错误行为。

七、TCL集团人才使用回避制度

TCL集团用人回避制度是"为建立健康的组织人际关系"，"避免因裙带关系形成复杂的关系网，防止任人唯亲给企业造成的损害"，具体内容包括：

（1）企业各级管理干部和其亲属不得在同一企业（指集团控股及直管企业）工作。

（2）企业普通职员和其亲属不得在同一企业中的同一业务系统内工作。

（3）集团总部各级干部和普通职员，其亲属不得在集团下属企业同一业务系统中工作。

（4）在集团内讨论业绩考核、人事变动、查处违法违纪等敏感问题时，与被考评/审计对象具有上述亲属关系的相关人员必须回避。

（5）由于历史原因，已有亲属处于任职回避所限的，按以下方式回避：本人自报亲属关系，由各企业人力资源部门调查核实，提出回避请示，企业经营班子研究确定回避措施，人力资源部门负责具体落实。

（6）符合上述回避范围的亲属，如确因工作需要不宜回避者（如专业技术人员、稀缺人才等），必须报集团人力资源管理中心审查、批准。

（7）回避措施可采取调换工作岗位、向兄弟企业推荐、劳动合同到期不再续签、协议解除劳动合同、辞退、内退等方式，企业要积极主动地与当事员工沟通协商，依法维护员工的合法权益。

八、结尾

起初，TCL是三个英文单词的缩写：Today China Lion。也就是"今日中国雄狮"的意思，现在是The Creative Life三个英文单词的缩写，也就是"创意感动生活"的品牌理念,倡导科技创新。TCL在完全没有国家资本全投入的情况下,创造了一个民族企业高速成长的神话。最近,TCL又制定了一套贯穿于"以工业能力、技术能力、全球化运营能力为根基"的整个立体发展战略、全面提升战斗力的软实力体系建设策略。未来十年,TCL将继续构建融设计力、品质力、营销力及消费者洞察系统为一体的"三力一系统",将TCL打造成中国最具创造力的品牌。

但TCL也很清楚地认识到:目前企业正处在一个发展的关键时期,企业面对的是一个日益开放和竞争日趋激烈的市场,在全球经济一体化的大趋势下面对国外企业的直接竞争,TCL的企业现状和外部经济环境已发生了巨大变化,以往促使TCL成功的各种因素,并不足以保证TCL今后能继续获得成功。

案例使用说明

一、教学目的与用途

1. 本案例教学对象适用于MBA学员、工商管理类各层次学生和从业人员。
2. 教学目标是指导学生认识到企业人才管理误区、先进的人才管理理念和人才管理与开发的实践经验。

二、启发思考题

1. 请结合TCL案例阐述人才管理的内涵及与人力资源管理的区别?
2. 请阐述2006年以前TCL"诸侯割据"的危害及其现象背后的根源?
3. 请结合TCL案例阐述中国式企业人才管理的关系文化、领导特权意识和个人英雄主义产生的文化土壤及其危害?
4. 请指出TCL集团"鹰"系人才培养工程在人才管理与开发实践方面的深远意义,并指出在实践中还存在哪些需要完善优化的方面?
5. 请结合TCL案例阐述"大道无术"和"规范化、制度化、流程化"等"术"的层次上人才管理之间的优劣与互补价值?

三、分析思路

1. 在TCL的成长过程中,不能单纯负面地去看企业"诸侯化"现象。如果从正面角度看,支持TCL成长的一个很重要的因素就是企业家精神——企业的经营管理团队能够以一种企业主人翁的心态和精神去主动承担责任,去应对各方面的竞争和挑战。实际上，这是企业竞争力很重要的一点。

2. "少壮派"史万文、杨伟强、刘飞、王康平、易春雨等也形成了各自的势力范围。

3. TTE高层人事震荡、联想全球CEO辞职等消息被媒体炒得沸沸扬扬，各种说法不一而足，有人认为这是理念冲突的结果，有人认为这是业绩下滑的代价，也有人认为这是战略转变的需要。

四、理论依据与分析

人才管理是一个循环持续的工程，其核心的理念在于：发现人才并培养他最后留住他！通过发现潜能帮助人才制定职业生涯规划人生也是人才管理的重要组成部分。

人力资源管理更关注于流程，而人才管理更强调人。人力资源管理工作是人力资源部门的工作，而人才管理更强调HR部门与高层管理者共同的责任，人才管理是从战略角度思考人力资源工作，并且不仅仅是服从于企业战略而是成为企业战略的核心。

人才管理的基本原理

（1）能级层序原理。

具有不同能力的人，应配置在组织中的不同职位上，给予不同的权利和责任，使能力与职位相应，组织结构才会相对稳定。这里的能力不仅指知识、经验，还包括人的道德水平、价值观。

（2）互补增值原理。

知识互补、能力互补、性格互补、年龄互补、关系互补。

（3）激励强化原理。

公平竞争原理：坚持公平竞争、适度竞争、良性竞争三项原则。

（4）企业文化凝聚原理。

以价值观、理念等文化因素把员工凝聚在一起的原理。组织的凝聚力大小取决于两个方面：一是组织对个体的吸引力或是个体对组织的向心力；二是组织内部个体之间的粘结力或吸引力。

五、背景信息

2004年6月，参与和领导了与汤姆逊签约的全过程的胡秋生突然被年仅42岁的赵忠尧顶替出任TTE的CEO，他为TTE储备的大量"自己人"只能遭到闲置，然而2005年10月胡秋生突然东山再起，出任TTE执行董事长，赵忠尧后来赴美学习，赵着重提拔的人遭到一次清洗，胡秋生重用的于广辉、张山水等人成为TTE的中坚。然而好景不长，随着2006年5月胡秋生的再次因病离开，于广辉等人的职务再次发生变化。

从2004年年底开始到2006年6月初李东生身边最信任的五位"左膀右臂"——万明坚、赵忠尧、胡秋生、袁信成和吕忠丽先后因"个人原因"离开，TCL集团第一代管理团队集体谢幕。

TCL集团随后提出了"经理人才行为规范"、"回避制度"和"轮岗制度"。

六、关键要点：案例分析中的关键所在，案例教学中的关键知识点、能力点等

TCL诸侯文化表现出的"小团队"、小圈子、山头主义等严重侵蚀了企业的文化根基，一些违反企业利益和价值观的人和事继续大行其道，令企业愿景和价值观更加混乱，使一些正直而有才干的人才失去在企业的生存环境，许多没有参与这种小团体和活动的人才往往受到损害或失去发展机会。许多员工的激情受到挫伤，利益受到损害，严重影响员工的信心和企业的发展，造成集团资源无法整合、行动无法统一、人才无法成长，这种"诸侯割据"的现象是与当前全球经济日益规范化、一体化、整合化、集约化等特点背道而驰的。而这些问题又对企业、对国际化经营发展造成直接影响。

有鉴于此，针对TCL集团人才管理与开发的有益建议如下：

（1）用"成为受人尊敬和最具创新能力的全球领先企业"的企业愿景凝聚人才的心。

（2）建设一支专业化的人力资源管理队伍。

（3）建立、健全与发展目标及实际情况相适应的人力资源管理制度及运行机制。

（4）引入先进的人力资源管理方法与手段。制度第一，能人第二。

（5）夯实各项人力资源基础管理，切实把各项工作落到实处，提高执行力。

（6）用"目标牵引机制"、"内在动力机制"和"约束监管机制"促使人才个人目标与企业目标趋于一致，促进优秀人才脱颖而出，提升人才的整体素质。

（7）打造"人才国际化"和"国际化人才"优势。

七、课堂计划建议

本案例可以作为专门的案例讨论课来进行。要求学员课前阅读案例材料，课上 120 分钟以内完成本案例的讨论；案例讨论可以采取分组辩论的形式进行。

以下是按照时间进度提供的课堂计划建议，仅供参考。

授课前：提出启发思考题，要求学员在授课之前完成案例阅读和初步思考，并查阅补充与案例相关的其他背景资料，各小组制作课堂发言PPT初稿。

授课中：介绍相关理论，明确案例主题　　　　（12分钟）

　　　　分组开展组内讨论，明确发言要求　　（28分钟）

各案例小组发言　　　　　　　　　　　　　　（40分钟）

　　　　各小组提问及组间辩论　　　　　　　（25分钟）

　　　　教师总结　　　　　　　　　　　　　（15分钟）

授课后：要求学员以组为单位提交案例分析的书面报告。

（案例作者：蔡东宏）

案例2　某地质事业单位企业化改革后面临的人事改革难题

引言

随着新的地质勘察设计院的成立，各个机构、职能部门的划分也随之敲定，人员安排基本到位，具体负责落实此次事业体制改革工作的新任院人事科科长总算歇了口气，毕竟在改革合并的调整过程中没有出现大的问题，事改企工作还算紧张有序地进行着。

然而，刚轻松了没有两天的人事科长又在为一件特别棘手的事而大伤脑筋。人员是定岗了，等级也划分了，可工资待遇怎么处理呢？原来两个单位，工资有两种不同的发放方法，这事可得掂量掂量。按理说，找个或出个相关文件条文一靠，不就得了，可事情却没有想象得那么简单……

一、地质勘察院改革概况

X地矿局下属地质大队和W地质勘察院原是两个规模相当的正处级地勘事业单位，在2012年随着地质局的成立和调整而合并在一起，组建成一个新的具有企业性质的地质勘察院。

地勘行业几十年的发展，现有的体制机制已经不能适应这个行业的发展，地矿单位长期的找矿历史，无论是资金上，还是技术上，在矿业开发方面和领先的地质勘察单位相比还是有较大的差距。而探采一体化又将是地勘单位企业化的必然之路，是地勘单位走向市场的必修课程。因此，在事业体制改革中，只有地质、勘察双方强强联手，各取所长，才能发挥地勘单位在找矿方面的优势，形成双赢。

地勘单位事业改企业，就一定要按照企业化的路子来运行。企业有企业自身的规律，不能按照事业单位管理的模式来管理企业。要明确企业的法人治理结构，责权利要清晰。不能将事业的帽子一摘，换一顶企业的帽子一带，就称其为企业，这是原来最简单意义上的事业变企业。要通过改企这一契机，加大产业结构调整，优化地勘行业资源要素配置，使地勘行业的改企之路走得更好更稳，稳中求进。同时体制改革要照顾到大多数基层员工的利益，只有让广大基层员工看到实惠，大家才能自觉自愿地支持，积极投入事业单位改企业中。

在一年多的体制改革融合过程中，勘察院人事管理经过了一系列的调整：一是对原地质大队、原地质勘察院的全体员工重新定岗定编；二是对职能部门或者采用过渡变革的方式或者直接撤除；三是对技术部门进行专业对口的重新结合；等等，总而言之，改革的基本目标是实现人力资源的新融合，充分发挥激发人的潜力、力求做到人尽其用，理顺新企业的发展思路，逐步推进边融合边发展的企业化道路。

原来 X 地质大队实行的是地质系统事业单位标准工资体系，而 W 地质勘察院实行的是原部属企业的行业工资标准，两种工资标准体系在组成、级差补助等各方面均有很大的差别，不仅如此，两个单位的津贴发放方式也大相径庭。总的说来，地质大队薪酬标准中中层管理人员和一般员工差距较大，沿袭了中国传统的政治遗传因素——属按资排辈，因而有利于中层管理人员；而地质勘察院薪酬标准中中层管理人员与一般员工差别不大，完全凭借个人业绩来决定薪酬回报，带有一定的市场色彩，因而相对地说，地质勘察院薪酬标准更能符合广大一线员工的心声。两个单位的人都长期适应了原单位的标准，在合并以后，由于单位性质变了，组织结构也重新调整了，新单位的人事管理制度更大程度上面临着新的考验，薪酬改革便是首当其冲。收入问题是直接影响到全体员工的思想状态能否实现平稳过渡的关键因素，也势必会影响到人才队伍的稳定性。

二、人事科的烦心事一件接着一件

面对关系到每个人切身利益的定岗定薪问题，人事科科长是真的有点儿为难了。

岗位少了，那么谁上谁下？在原来"事业单位大锅饭"的大背景下，事业单位往往提供了大量超出实际用人情况的就业机会，所以在编制上比较宽松，也就是说原有人员基数偏大，但在新一轮的改革中，就没有了对吃闲饭的照顾，必须是一个萝卜一个坑，因此将有很大一部分部门要面临合并、撤销，这就意味着整体工作岗位减少，一些工作人员也必然将被精简。如果改制后参照市场企业机制实行科学设岗，按实际岗位需要人员数量来聘用工作人员的话，那么改革后新单位需要的工作人员数量大概只要现在人员编制的 70% 就足够了。换句话说，也就是目前近 30% 的原事业单位工作人员都有面临失业的可能性。那么这些富余出来的人何去何从？如何才能在不给社会增加负担的情况下实现人员的平稳分流呢？

薪酬要统一，那么以谁为标准？如果以原地质大队的标准为主，降低原地质勘察院一般员工的薪酬标准，势必要引起原地质勘察院广大普通员工的反对，这种普遍的对立情绪不仅不利于两个单位的正常融合，而且会使本来人才流失严重的地质勘察院更加留不住人。人才可是关系到一个企业未来发展的大事情，对地质勘察这个专业性很强的行业来说，有专业技术的专门性人才更是可贵。如果要按原地质勘察院的标准，降低原地质大队中层管理人员的报酬级别，那就更没有执行的可能性，若中层干部一致反对，今后的工作还怎么开展？他们可是肩负着上传下达沟通的桥梁，具体工作也是要靠他们来协调落实的。有些人出主意说，那咱们就来个都就高不就低，不就成了，反正没有人会嫌工资高！这个主意看起来虽好，能提高大家收入、稳定改革的人心，又不得罪人，可改革后新企业就没有了国家的财政支持，如此重的负担新企业又如何能承担呢？当今市场竞争如此激烈，企业需尽快整合马上开始生产经营工作，各部门都将要安排各自的工作任务，如果薪酬配合还不能统一的话，面对着同工不同酬的待遇，这活谁愿意干呢？谁又能干得好呢？

（一）技术部门的整合难题

张总工是原地质队技术科科长，大学本科学历，具有高级工程师职称，享受技术副处级待遇，管辖着两个部门共9名技术工程师；陈总工是原勘察院技术主管，地质大学硕士研究生毕业，拥有注册岩土工程师资格证书，享受正科级待遇，管辖着两个部门共7名技术工程师。

在这次事业单位变企业的改革中，人事科依据新单位的实际情况定岗技术部一个主管和一个副主管，并设定12个技术员岗位，与原先相比减少了4个岗位。计划是制定了，也获得了党组的批准，但在落实过程中问题却接踵而来。

首先，张总工和陈总工两人都觉得自己应该出任技术部主管，一个是资历老、地位高，一个是有注册证书、学历高，论综合实力，两人是旗鼓相当、各有千秋，对技术部主管的位置都胸有成竹、志在必得。两人更是从听闻技术部改革的小道消息开始，就明里暗里较上了劲儿。

其次，技术部新核定的技术员岗位只有12个，可是原来2个单位共有16名技术工程师，而且他们个个都自我感觉良好，认为自己有足够的理由应该继续留在技术部。为了能继续留在技术部，他们联合起来排斥原对方单位部门的技术工程师，都希望通过此举实现淘汰对方人员、保全自己，并跟新的勘察院唱对台戏，这样一来就不是个人行为，而是集体行为，他们相信"法不责众"，在改革之际，院里不可能把他们怎么样。这样一来，部门内部的竞争上岗演变成了内部争斗，导致技术部工作任务严重堆积，制约了合同的按时履行，整个技术部门无法正常开展工作，乱成一团。

整个技术部颇有点两波势力暗潮涌动的味道，不管哪个是主管哪个是副主管，都会引起一方的不服和抵触情绪，如何更加有说服力地选定主管、副主管，并让他们消除芥蒂，以便在以后的工作中能更好地配合成为重中之重。人事科长深知，光靠上级领导做工作是远远不够的，要想让他们心悦诚服地接受，怕是还要费上一番周折。

(二) 经营部的薪酬分配和重新定岗工作遇阻

过去地质队经营工作都是统筹统划，按等级分配薪酬，勘察院建立了新的按劳分配制度，实行多劳多得制，薪酬按业绩考核结果而分配。但是队院合并后，经营绩效迟迟无法统一，管理人员觉得应该拿多，一线业务人员觉得应该多拿，一时争吵不休，大家都把注意力集中在对薪酬的关注上，没有人积极联系业务，也没有人寻找工程信息，因此相关的业绩考核制度也变得形同虚设，无法执行。管理岗位还是和普通岗位一样无从与业绩挂钩，有能力无能力一样居上，有业绩无业绩一样所得，根本无法达到业绩定岗和业绩薪酬管理的初衷目标。

(三) 无法实现末位人员的分流淘汰

经勘察院整合后从两个单位各个部门分流出来相当一大批没有部门需要的待岗人员，这可成了人事部门的一大心病，都是同系统共事多年的同事，谁都不想下岗回家，谁都是压力巨大、要工作养家的，可一下子这么多的下岗人员该怎么安置？这个包袱如果由企业来背负也是不现实的，因此人事部门拟定并交党组讨论批准了民主测评和部门岗位淘汰制，谁无法胜任工作谁就被淘汰，谁民主测评最低谁就被淘汰，可事业单位的人事管理制度严重制约了人员分流，人情世故又一再作祟，没有人愿意当"恶人"去得罪多年的同事，结果就是"进来容易出去难"啊！

三、技术部王工程师的抱怨

"什么'事改企'听着都烦，我们在事业单位工作了一辈子，奉献了一辈子，一直不是挺和谐的吗，哪样工作没做好？现在突然来个什么事改企，一会儿要下岗，一会儿要降工资，这简直是没事找事，没气找气生……"地质队原主管技术资料的王工不断地发着牢骚，现在与工资有关的变化越来越多了，十几年不变的工资每年都在随着工龄的上涨而上涨，再过几年熬个正科待遇退休就好了，可现在怎么变成这个样子了，资料统筹由技术部资料室统一管理了，岗位撤销了不算，还要降工资，一下子就变成了普通技术员，而且老员工和新员工的薪资待遇都一样，从综合竞争力上看，老员工远没有年轻的新员工的拼劲儿。"挣得少了，扣得也多了，承担的风险还增加了。"现在没啥差别了，也不像从前那样多。慢慢地，从"铁饭碗"变成了"靠本事挣吃饭"，有在这里"安度晚年"想法的老人儿们要面对的挑战还真是不小，另外，从前每个月，你可以固定去领属于自己的那份工资，实实在在地在手里触摸一下，感觉工资带给你的手感。但现在，每个月挣多少全捉摸不定了，因为工资的多少直接和你的工作量挂钩……很多变化，在没发生之前，是那么不可想象，而在发生之后，又会带给你数不清的感慨和无奈。

难道只是工资这个概念在心里，发生了变化？而在这些变化背后，体现的又是什么？今后的何去何从该如何安排？……

一段时间里整个技术部门人心惶惶，向王工这样的老地质技术管理人员有5个之多，全都分散到勘察院技术部充当一般技术员了，他们的心理落差相当巨大，工作积极性大幅度降低，精神面貌也没有了昔日的光彩，显得颓废不堪，工作衔接根本无法到位，导致整个部门工作效率低下，工作任务不能按时完成，工作量大幅积压，整个勘察院的生产经营受到严重影响。

四、经营部孙经理的质问

原地质队经营科副科长孙主任有一次在新部门例会上对大家讲了个例子：一个人现在走到了机遇的岔路口，面临两个都还不错的工作，他需要在这两个工作里面做个选择——工作一：他将任职年薪10万~15万元的经营部副经理；工作二：他将任职年薪8万元的经营科副科长。这该如何选择？有人说这还不简单，当然是选收入高的啦！可是他又很喜欢后者的旱涝保收和公对公简单的工作方式，但却被"工作一"中较高的工资所吸引。我们仔细算了一下他的工作时间：前者是面临每天必须要加班若干个小时，节假日也不能避免无休止的跑项目、赶工地，每天有近15个小时的时间处于工作状态；后者则是8小时规律地坐在办公室，过着喝茶看报、慢条斯理办公务的悠闲生活。这样细算下来，两个工作的时薪相差无几，只是那份"高收入"把相对"低收入"三年的活放到一年里来做罢了。如果加上由此产生的未来可能因劳累过度出现的医药费，简直比"坏工作"还不赚钱，甚至还有可能"贴钱"买罪受。他问大家，那么现在你最需要的是承担着健康的高风险以最快的速度努力赚钱，还是顺其自然按照以前的工作节奏悠闲地上班呢？面对如此的质问，经营部的人员都在心里打起了各自的小算盘，霎时一片沉默……

五、尾声

我们勘察院的改革不仅仅要在机构撤并、功能划分等方面下工夫，更重要的是从人事制度改革上寻找新突破。如何实现科学定岗，精减不适应新体制人员，稳定老员工思想，不断从外部吸收、留住专业人才等一系列亟须解决的课题都将我们引向无限的思考……

（案例作者：海南大学MBA学员李岩峰　指导老师：蔡东宏）

一、启发思考题

1. 分析本案例中事业单位企业化改革面临的人事制度方面的问题？
2. 根据案例提供相关国家政策及事改企定义材料尝试分析，为何勘察院在原事业管理人事改革后，会出现一系列的定岗薪酬的烦恼？
3. 你认为如何才能实现事改企的平稳过渡？
4. 你认为精简机构应该符合什么原则？
5. 对于事改企单位，如何吸引并留住人才？
6. 你认为应制定什么样的用人方案才能科学地在新企业技术部门合并时正确选人、留人、用人，而又不引起较大的矛盾？

二、分析思路

1. 薪酬管理角度。组织矛盾的核心反映在薪酬上，什么是薪酬？薪酬体系应遵循哪些原则，原则间是否会有矛盾？什么是核心原则？合理薪酬体系应具有哪些特点？如何对现有薪酬体系进行优化，再设计中又要遵循哪些原则？围绕以上理论，结合该单位的具体情况，探讨合并后人员的薪酬管理优化问题。

2. 绩效管理角度。绩效是人力资源管理的核心环节，也是人员管理的约束条件。何为绩效？员工绩效能否被考核？绩效管理和绩效考核的关系是什么？绩效管理包括哪些重要环节？围绕以上理论，结合改革组织具体情况，探讨不同类型人员的绩效考核优化问题。

3. 绩效计划是被评估者和评估者双方对员工应该实现的工作绩效进行沟通的过程，并将沟通的结果落实为订立正式书面协议，即绩效计划和评估表，它是双方在明晰权、责、利的基础上签订的一个内部协议。绩效计划的设计从公司最高层开始，将绩效目标层层分解到各级子公司和部门，最终落实到个人。

4. 绩效沟通是绩效管理的灵魂和核心，是整个绩效管理过程中耗时最长、最关键、最能产生效果的环节，它包括绩效目标沟通、绩效辅导沟通、绩效反馈沟通和绩效改进沟通，要想使各项改革得到员工的认可，就必须进行良好的绩效沟通。

案例3　国有粮油企业 SL 公司的人力资源流失

引言

2012年9月30日，市政部门的工作人员正在忙碌地将国庆节的大红灯笼悬挂在路边的椰子树上，园林部门的工人也将各种各样的花卉摆成不同的造型来装饰着这座城市。SL 公司的方总站在办公室的窗前，看着窗外这一派喜气洋洋的景象，心情却是异常的沉重，一点也高兴不起来。回想公司改制8年来，为了摆脱国有企业职工"干多干少一个样，干好干坏一个样"的局面，充分调动员工的工作积极性，公司在人员岗位安排、绩效考核、薪酬管理等方面做出了很多的尝试和创新，方总本人也为此付出了许多心血，但公司的员工却接二连三地离职，公司的绩效考核更是引发了一场辞职风波，这是方总始料不及的。方总很想找出一个完美解决的方法，但却百思不得其解……

一、SL 公司简况

（一）SL 公司的发展历程

SL 公司是一家国有企业，成立于1990年，主要经营粮油批发、零售、仓储及粮油进出口业务。在公司成立初期，由于当时海南的粮油市场几乎是被几家国有粮油企业垄断的，SL 公司则是这几家企业其中之一。由于垄断经营的原因，每天的顾客络绎不绝，有时甚至是因为顾客太多还需要排队，因此在业务经营方面，SL 公司几乎不需要投入太多的心思去拓展业务。但经过几年的辉煌之后，随着市场的进一步开放，越来越多的民营企业、个体经营者加入竞争的行列，国有粮油企业的市场份额急剧下降，SL 公司的经营也日显艰难。

1996年，SL 公司关闭了一个销售门店，该门店所有的员工全部通过停薪留职的方式进行分流。1999年 SL 公司以撤销或重组业务部门的方法继续对公司的内部机构和人员进行精简，同时根据公司的业绩情况按原来工资的60%~90%发放职工工资，以达到降低成本，维持公司正常运转的目的。由于市场环境发生了重大的改变，且 SL 公司一直以来不注重市场分析、业务拓展和人力资源管理，再加上国有企业所特有的管理体制，对市场反应迟钝，在激烈的竞争中 SL 公司依然无法挽回昔日的辉煌地位。

2004年,在国务院继续深化国有企业改革的推动下,SL公司进行了全面的改制。在改制过程中,SL公司剥离了一些不良资产和负债,实行竞争上岗,清退了多余的人员,许多历史遗留的问题也一笔勾销。改制后的SL公司,在经营上,以粮油储备为主,同时开展粮油的销售、生产加工等业务;在资金上,可依照相关政策获得银行的低息贷款支持;在人员管理上,实行定岗定员,整个公司呈现出了新的活力和生机。

(二) SL公司的组织结构

SL公司实行总经理负责制,公司下设7个部门:行政部、财务部、业务部、仓储部、销售部、生产部和质控部。行政部和财务部直接由方总负责,业务部、销售部和质控部由林副总负责,仓储部和生产部由陈副总负责。SL公司没有设立人力资源管理部门,行政部代为行使招聘、培训、薪资管理等人事职能,公司各项人事决策权基本掌握在方总一人的手里。

SL公司的组织结构如图1-2所示。

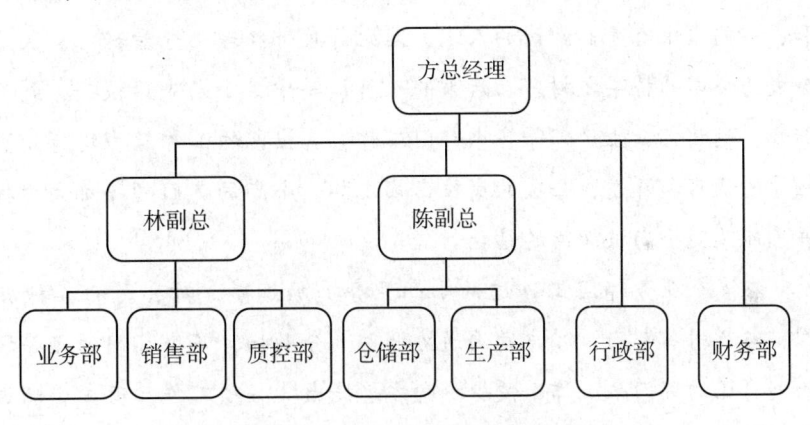

图1-2 SL公司的组织结构

(三) SL公司的人员结构

SL公司在2004年改制后定员24人,公司的总经理和副总经理由上级主管部门决定,部门经理由公司领导办公会议决定,普通员工的岗位则采用"部门经理、员工个人双向选择"的方式确定。经过几年的发展,现已增加到46人,新增员工主要是通过以下三种渠道进入公司的:上级主管单位领导介绍、关系单位(如贷款银行等)领导介绍、公司高层领导介绍。公司的员工整体文化水平不高,只有2名本科生,大专(含函授大专)毕业生15名,其他大多数为中专、高中毕业,甚至个别仅初中毕业。公司员工的平均年龄42岁,其中高管的年龄在50~55岁之间,中层领导的年龄在40~50岁之间,普通员工大多在25~40岁之间。

（四）SL公司的薪酬管理

SL公司改制后的薪酬管理打破了之前的"论资排辈"，实行"岗位工资＋职别工资"的制度。岗位工资即以岗定薪，同岗同薪，同样的岗位享受同样的薪资，而不论年龄、资历如何。职务工资则是不同的职务级别享受不同的薪资，如部门经理、业务主办、业务员的工资各不相同。每年年终将根据公司当年的盈利情况发放年终奖，每逢大的节日也视情况发放过节费。改制后SL公司在薪酬的发放方面表现较佳，每月按时发放，从未出现拖欠现象。另外，SL公司每两年都会结合公司的经济效益、当地的薪资情况和物价水平，给全体员工适当加薪。

二、综合型人才小尚的离职

小尚于1997年进入SL公司行政部工作，是当时和往后的10年中公司唯一的全日制大学本科生。小尚工作认真负责，思维敏捷，综合素质较高，性格温和，在同事中有着非常好的人缘，因此行政部经理十分看好他，认为他今后将会成为公司的栋梁之材。在后来的人员调整中，小尚先后被安排到质控部、仓储部、销售部、生产部等多个部门工作，其出色的工作能力均得到了所在部门领导的认可和喜爱，每次的岗位变换之际，小尚的部门领导都大力挽留，但这并不能改变小尚被调离的结局。

在多个业务部门工作过的小尚业务更加娴熟，对公司的各种流程了如指掌，与公司各部门、客户的沟通协调也十分顺畅，多个部门的领导均希望小尚能到自己的部门来工作，便纷纷向方总提出"某项工作只有由小尚来负责比较合适，其他人无法做好"的建议。于是在不知不觉中，小尚成为"万金油"，身兼数职，既是销售部的业务人员，又是仓储部的统计员；既是质控部的检验人员，又是行政部的司机，还是生产部的监督员，有时甚至是直接由两位副总直接给他派活。

小尚在各个工作部门之间来回奔波，多数情况下还是能够应付自如的。有时候会有因工作量大且在时间上有冲突的情况发生，小尚就会借机向两位副总提出把某项工作移交给别的同事来负责，但均被以"他人无法胜任"的理由给予驳回。然而小尚的多劳并没有多得，拿的薪水并没有比他之前只负责一个工种时的薪水多，也没比其他只做一个工种的同事多。让小尚头痛的不是多劳低薪，而是他的"减负"或"增援"要求被拒导致他完成任务没有达到预期效果时，遭到方总劈头盖脸的批评。

小尚长期的努力和付出，在"部门副经理"竞岗结果公布那一天，瞬间失去了源动力。2010年，SL公司决定通过竞争上岗的方式来确定业务部、销售部、行政部、仓储部四个部门的副经理。竞争上岗分为笔试和民主测评两个部分，并确定了各个岗位所需的条件。小尚的条件同时符合三个岗位，最终他选择竞争仓储部副经理一职，事后得知只有他一人竞争这个职位。在笔试中，小尚的成绩居所有竞岗者之首，民主测评更是以96分的高分遥遥领先。就在众人以为仓储部副经理非小尚莫属的时候，方总却似乎不太满意这样的结果，最终把仓储部副经理一职给了竞争销售部副经理的小蒋，而拿一个形同虚设的"实验室主任"头衔来搪塞小尚，让小尚继续原来的"万金油"角色，只是领部门副经理的工资。为此，小尚感到十分委屈，工作热情一落千丈，考虑到自己在SL公司的升职空间较小，遂向公司提出辞职，自己出去创业。

三、新员工小蔡的离职

小蔡是2010年年初新来的大专毕业生，学的是会计专业，被分配到财务部工作。尽管只有大专文凭，但小蔡的专业知识还比较扎实，而且勤学肯干，悟性很高，青春活泼有热情，接手会计工作上手较快，财务部经理对小蔡的表现也较为满意。小蔡刚毕业就进入SL公司工作，虽然工资不比她那些进入大公司的同学高，但SL公司融洽的同事关系，她所承担的工作量也不是很大，不需要经常加班，这种张弛有度的工作正是她所喜爱的。每每想到每年都有数百万的应届毕业生跨出校门来竞争为数不多的工作职位，自己能在如此激烈的竞争中顺利就业，小蔡就更加珍惜这份工作。到了2010年年底，经过大半年的历练，小蔡对自己的工作已经是轻车熟路了，面对年终各种各样的报表、总结、报告，她都处理得得心应手。

年底是单位面临检查最多、最为集中的一段时间，像SL公司这样的国有企业所要应付的检查比其他类型的企业还要多。财务部同样也会接受年终的检查、审计。对小蔡职责范围之内的工作事项进行检查，财务部经理自然是安排小蔡来负责接待，小蔡凭借着自己扎实的工作和灵活周到的处事方式顺利地通过了检查。检查结束后公司通常都会安排饭局款待检查人员，财务部经理就会把小蔡也叫上。席间，财务部经理不停地催促小蔡给不同的人敬酒，如果不去敬酒就会被经理批评，这让不喜欢喝酒、酒量又非常有限的小蔡十分厌烦，也十分为难。后来只要有应酬，小蔡就会找借口推辞不去，可经理并不就此作罢，每次有接待首先叫的就是形象清新的她，就是与她毫无关系的检查也要安排她来接待。

一次接待晚宴后，经理让她陪客人去夜总会唱歌喝酒，这事引燃了小蔡压在心中已久的怒火。第二天她就此事找经理谈话，表明了她个人的态度：一是8小时工作时间以外的时间是属于她私人的时间，公司不能经常随意占用；二是若在自己职责范围之内因业务上的事项需要加班的，她十分乐意来加班，但反对将宝贵的时间浪费在陪别人吃喝玩乐上；三是她也知道工作中难免有一些应酬，但要把握好尺度，她是公司会计，不是陪酒女郎，如需陪酒请找陪酒小姐。

谈话之后，经理分派给小蔡的任务有所减少了。在小蔡正乐得清闲时，她发现经理虽然没当着她的面说什么，但却在背后对其他同事说她"不服从领导，做事拈轻怕重，小孩子气"等。此后小蔡会无缘无故遭到同事的议论，渐渐地她变得不爱在公司里多说一句话，工作热情也慢慢褪去，觉得很乏味。

又到了一年的公务员报考季，小蔡很多同学都报名了。在父母的劝说下，小蔡抱着试试看的心态也加入"公考"的大军中去，没想到在笔试、面试都顺利过关，捧回了一个"金饭碗"。于是小蔡向公司提交了辞职报告书，经领导办公会议讨论准予辞职，小蔡在同事羡慕的眼光中和公司领导"留不住人才"的叹息声中离开了SL公司。

四、仓储部小王的离职

小王是SL公司的老员工之一，中专毕业后就到公司仓储部工作，一干就是十来年。小王来自农村，小时候的艰苦劳作铸就了他吃苦耐劳的性格，不怕脏，不怕累，任劳任怨，十分适合做仓储工作。他每天上班最早，下班最晚，加班最多的也是他。他严格按照储备粮管理条例"面面光"、"四无粮仓"的要求，仓库里粮垛整齐，一尘不染，每天检测粮温，查看粮情，出库入库均有详细的记录。

公司很少组织员工参加相关的业务培训，全靠老员工的传、帮、带。小王是一个勤于思考的人，遇到不明白的就自己去书店或上网买回一些专业的书籍来学习研究，同时把读中专时所学的粮油保管知识和工作实践相结合，形成了自己的一套方法，很快就成为粮油仓储的一名行家里手，他所负责的仓库是业内人士参观学习的"样板仓库"。

35岁的小王在公司还只是一个业务主办，职务仅比那几个刚进公司的"85"后小年轻高，而且他是公司改制后所保留下来老员工中，最后一个升为业务主办的。小王身边的同学除了几个同学自己创业当老板外，大多数都在公司任职，基本上都担任公司中层领导以上的职务。想想自己已过了而立之年，事业上没有多大进步，每次同学聚会时他都觉得有压力，说话都没有底气，因此每次聚会的前几天他都会心烦意躁。

半年前SL公司因业务拓展要在三亚设立一个办事处，隶属于公司仓储部，需要从公司本部派一名熟悉仓储业务的员工去当办事处的负责人，办事处负责人的职务相当于部门副经理。仓储部经理希望派小王去三亚筹建办事处，并向陈副总推荐小王当办事处负责人。小王自信凭借自己的能力可以胜任办事处负责人一职，虽然离家远了点，但毕竟也是一个晋升的机会，便向陈副总表达了自己想要到三亚工作担任负责人的意愿。陈副总对此也表示支持，并承诺他会将小王的意愿向公司领导层反映，但决定权掌握在方总的手中。

经过几天焦急的等待，公司终于要公布三亚办事处负责人的人选了。陈副总在会上宣读公司决定："小王业务过硬，是我们公司的骨干，多年来努力工作，为公司立下不少功劳，完全可以胜任三亚办事处负责人的工作，但考虑到小王在公司本部的工作无人可以接替，故公司决定将小王继续留在本部工作，派小郭同志到三亚办事处任负责人一职。"此时此刻，小王的心情跌到了冰点，十几年来他把自己的青春和热情全部都献给了公司，既有苦劳更有功劳，为什么公司不给他一个更好的发展空间和平台呢？为什么能力一般、业绩平平的小郭就能轻而易举地得到这样的机会呢？就因为他是领导的亲戚吗？……小王越想越烦，第二天便请年假外出散心，公司任何人的来电他都全部拒接。休假回来后，小王立即向公司递交了辞职报告，被同行的另一家公司请去当了仓储部经理。

五、绩效考核引发的辞职风波

为了激励员工的积极性和创造性，SL公司尝试着开展绩效考核，同时在薪酬管理方面也相应地与绩效考核的结果挂钩，员工的工资在原来的基础上加了一项绩效工资，绩效工资占工资总额的20%左右。

绩效考核采用单一量化指标考核，每个部门因业务不一样考核指标也各不相同，公司给每个部门设定一个月度基本任务目标，如果当月该部门超额完成任务，公司将按超额部分10%的比例将奖金划拨给该部门。部门经理根据员工当月的业绩将员工分为一等奖、二等奖和三等奖，再分别发放相应的奖金。如果当月未完成任务，该部门的员工不但没有绩效工资，还会从原工资中扣掉3%，部门经理则要被问责并提出整改方案。

销售部的考核指标是销售额，受季节影响，公司的产品销售额每月都有较大的波动，而每个月的任务目标却是一成不变的，销售部在淡季要完成任务有一定的难度，在旺季基本上每月都超额完成。淡季完不成任务要扣工资，员工没有工作热情，而且怨言颇多，认为公司在制定考核目标时缺乏深入的调研以至于目标脱离实际；旺季超额完成任务可以拿到奖金，但奖金的多少全凭部门经理的一句话，缺乏具有可操作性的、详细的量化考评体系，受主观因素的影响较大，难以做到客观公正和令人信服。同事之间开始出现忌妒和隔阂，奖金拿得少的人产生怠工、不配合的情绪，出工不出力，"谁优秀让谁做去，我不会"。以销售额论英雄，销售人员只将心思放在销售额的变化上，并没有花费精力去维系老客户和开发新客户。

其他部门的情况也大同小异。同事之间相互较劲，相互封锁信息，大家在工作之余的交流明显减少，与考核相关的工作大家都争着做，与考核无关的工作则无人问津。这样的工作局面完全出乎方总的意料，也使部门经理常常陷入被动。为了让部门的各项工作都能顺利地完成，部门经理在考核时也做了一些变通，如轮流当庄，一、二、三等奖大家轮着来，或者是实行平均主义，每个人都拿一样的奖金。于是绩效考核慢慢地流于形式，同事之间的关系有所缓和，但那些老实肯干、能力较强的员工又继续吃亏，继续遭受不公平的待遇。

绩效考核的方案中只规定了每个部门的任务目标，没有规定每个员工的具体任务。因此在考核时部门经理的压力较大，而普通员工却没有觉得与自己有多大的关系，一部分人存在着滥竽充数的想法，很多工作都是在部门经理的推动下才开展的，员工的积极性并没有得到很好的激发。

在绩效考核面前，部门经理感觉到了前所未有的压力，于是联名要求改进绩效考核的制度或取消绩效考核，否则将集体辞职。这件事在公司内部产生了重大的影响，公司紧急召开会议进行讨论，为了保证公司人员队伍的稳定和公司的发展，决定取消现行的绩效考核制度，以安抚部门经理的情绪。至此，方总寄予厚望和大力推行的绩效考核以失败告终。

六、尾声

回想起这些年的摸索，虽然与2004年改制前相比，人力资源管理方面取得了一些成效，但依然存在很多问题需要解决，如高离职率。再过3年，方总就要退休了，如何培养人才、留住人才，充分激发员工的主人翁精神和创造性，以支持企业的长远发展，是他眼下要解决的一个难题。能否在退休时交给下一任总经理一个富有活力、团结协作、高效稳定的员工团队，为自己的事业画上一个圆满的句号，方总望着窗外的车水马龙，没有找到明确的答案。

（案例作者：海南大学 MBA 学员：李芳　指导老师：蔡东宏）

启发思考题

1. SL 公司在人力资源管理方面存在哪些问题？
2. 你认为造成 SL 公司人力资源流失的原因有哪些？
3. 方总经理在面对人力资源流失（或离职倾向）时采取了那些办法？你如何看待方总的做法？
4. SL 公司的绩效考核引发了部门经理的联名抗议，你认为 SL 公司的绩效考核有哪些不足，应如何制定和完善激励机制？
5. 如果你是 SL 公司的方总，面临这个局面你将如何思考、如何决策？

本章参考文献

[1] 董克用，李超平．人力资源管理概论．北京：中国人民大学出版社，2011．

[2] 冯光明，徐宁．人力资源管理．北京：北京理工大学出版社：2010．

[3] 姚泽有，张建国．人力资源管理．北京：北京理工大学出版社，2012．

[4] 侯光明．人力资源管理．北京：高等教育出版社，2009．

[5] 刘昕编著．薪酬管理．北京：中国人民大学出版社，2011．

[6] 方振邦，罗海元．战略性绩效管理．北京：中国人民大学出版社，2011．

第二章 人力资源战略与规划

第一节 人力资源战略

一、人力资源战略的概念

人力资源战略是企业根据内部和外部环境分析,确定企业目标,从而制定出企业的人力资源管理目标,进而通过各种人力资源管理职能活动实现企业目标和人力资源目标的过程。

二、人力资源战略形成的影响因素

(一)外部影响因素

外部影响因素包括经济环境、行业环境、制度和法律因素、技术因素、劳动力市场分析和工会因素等。

(二)内部影响因素

内部影响因素包括企业战略、组织结构、企业发展阶段、企业文化等。

三、人力资源战略的分类

（1）按关注的重点不同分：利用战略、聚集战略、促进战略和投资战略，如表 2-1 所示。

表 2-1　　　　　　　　　　西方的四类人力资源战略

战略	重点关注
利用战略	怎样利用好每一个人，挖掘现有人才
聚集战略	通过现有人员实现人才积累
促进战略	企业对个人投资，促进其成长
投资战略	企业在员工身上大量投入，同时期望和要求也非常高

资料来源：孙健敏.MBA 全景教程之三：人力资源管理.北京：北京大学出版社，2003.

（2）按实施条件不同分：以美国为代表的劳动契约型、以日本为代表的资源开发型（也叫资历主义）、权变模式，如表 2-2 所示。

表 2-2　　　　　　　　　　西方人力资源战略和三种模式

名称	定义	特点	实施条件
以美国为代表的劳动契约型	整个人力资源管理体系建立在以雇佣关系为基础的契约之上	强调个人能力，只管签约合作期，晋升特别快	整个社会的劳动雇佣关系是自由的
以日本为代表的资源开发型，也叫资历主义	通过个人能力的积累达到提高整体实力的目标	稳步晋升，终身雇佣	劳动力市场发达，雇主有充分的选择余地，劳动力供大于求
权变模式	把能力和资历结合起来	以上的结合	文化是个人主义的，因为合同是针对个人签订的

资料来源：孙健敏.MBA 全景教程之三：人力资源管理.北京：北京大学出版社，2003.

（3）企业不同发展阶段的人力资源战略重点如表 2-3 所示。

表 2-3　　　　　　　企业不同发展阶段的人力资源战略

阶段	企业战略	人力资源战略重点
创业阶段	凝聚人心、业务导向	领导与专业人才的选拔、培养等
成长阶段	组织扩张、有序管理	管理规范化、职业化
成熟阶段	战略准备、水平提升	战略性人才培养、企业文化塑造
衰退阶段	放弃、调整、寻找、新生	人才的更新换代

四、人力资源战略与企业战略的匹配

（一）与波特的竞争战略相匹配的三种人力资源战略

与波特的竞争战略相匹配的三种人力资源战略如表 2-4 所示。

表 2-4　　　　　与波特的竞争战略相匹配的三种人力资源战略

企业战略	一般组织特点	人力资源战略
成本领先战略	持续的资本投资 严密地监督员工 严格的成本控制，要求经常、详细的控制报告 低成本的配置系统 结构化的组织和责任 产品设计以制造便利为原则	有效率的生产 明确的工作说明书 详细的工作规划 强调具有技术上的资格证明与技能 强调与工作有关的特定培训 强调以工作为基础的薪酬 用短期绩效评估当做控制机制
差异化战略	营销能力强 注重产品的策划与设计 基础研究能力强 公司以质量或科技领先著称 公司的环境可吸引高技能的员工、高素质的科技人员或具有创造力的人	强调创新和弹性 工作类别广 松散的工作规划 外部招募 团队基础的培训 强调以个人为基础的薪酬 使用绩效评估作为发展的工具
集中化战略	结合了成本领先战略和差异化战略组织的特点	结合了上述人力资源战略

资料来源：赵曙明. 人力资源战略与规划（第三版）. 北京：中国人民大学出版社，2012.

（二）与迈尔斯和斯诺的企业战略匹配的人力资源战略

企业战略、组织要求与人力资源战略如表 2-5 所示。

表2-5　　　　　　企业战略、组织要求与人力资源战略

企业战略	组织要求	人力资源战略
防御者战略 • 产品市场狭窄 • 效率导向	• 维持内部稳定性 • 有限的环境分析 • 集中化的控制系统 • 标准化的运作程序	累积者战略：基于建立最大化员工投入及技能培养 • 获取员工的最大潜能 • 开发员工的能力、技能和知识
分析者战略 • 追求新市场 • 维持目前的市场	• 弹性 • 严密和全盘的规划 • 提供低成本的独特产品	协助者战略：基于新知识和新技能的创造 • 聘用自我动机强的员工，鼓励能力、技能和知识的自我开发 • 在正确的人员配置和弹性结构化团体之间进行协调
探索者战略 • 持续寻求新市场 • 外部导向 • 产品/市场创新者	• 不断的陈述改变 • 广泛的环境分析 • 分权的控制系统 • 组织结构正式化程度低 • 资源配置快速	效用者战略：基于极少的员工承诺和高技能的利用 • 雇用马上可用的员工 • 使员工的能力、技能与知识能够配合特定的工作

资料来源：赵曙明．人力资源战略与规划（第三版）．北京：中国人民大学出版社，2012.

(1) 当企业采用防御者战略时，与其相互协调的人力资源战略是累积者战略。

(2) 当企业采用分析者战略时，对应的人力资源战略是协助者战略。

(3) 当企业采用探索者战略时，企业最优的人力资源战略是效用者战略。

第二节　人力资源规划

一、什么是人力资源规划

人力资源规划是预测未来的组织任务和环境对组织的要求，根据组织任务和环境对组织的要求而制定人力资源管理的行动方针的过程。

人力资源规划主要包括以下四个方面的内容：(1) 现有人力资源状况的分析；(2) 人力资源需求预测；(3) 人力资源供给预测；(4) 制订人力资源规划方案。

二、人力资源规划的基本问题

（1）我们所处的环境怎样？
（2）我们的目标是什么？
（3）我们怎样才能实现目标？
（4）我们做得如何（发现差距后，进一步修正规划）？

三、人力资源规划的种类

（1）从规划的时间上，可分为短期、长期和中期规划三种；
（2）从规划的范围上，可分为企业总体人力资源规划、部门人力资源规划、某项任务或工作的人力资源规划；
（3）从规划的性质上，可分为战略性人力资源规划和战术性人力资源规划。

四、人力资源战略与规划的意义

人力资源战略与规划的意义主要体现在：
（1）有助于企业适应变化的环境；
（2）有助于企业及时填补职位空缺；
（3）有助于新员工尽快胜任工作；
（4）有助于稳定生产；
（5）有助于减少未来的不确定性。

五、人力资源战略与规划的一般过程

人力资源战略与规划的一般过程包括以下环节：
（1）环境分析：包括内部环境分析和外部环境分析；
（2）制定人力资源战略；
（3）进行人力资源供给和需求预测；
（4）制订人力资源规划方案包括人员补充规划、分配规划、提升规划、教育培训规划、工资规划、保险福利规划、劳动关系规划、退休规划等；

(5) 人力资源战略与规划的评价与控制。

各环节的相互关系如图 2-1 所示。

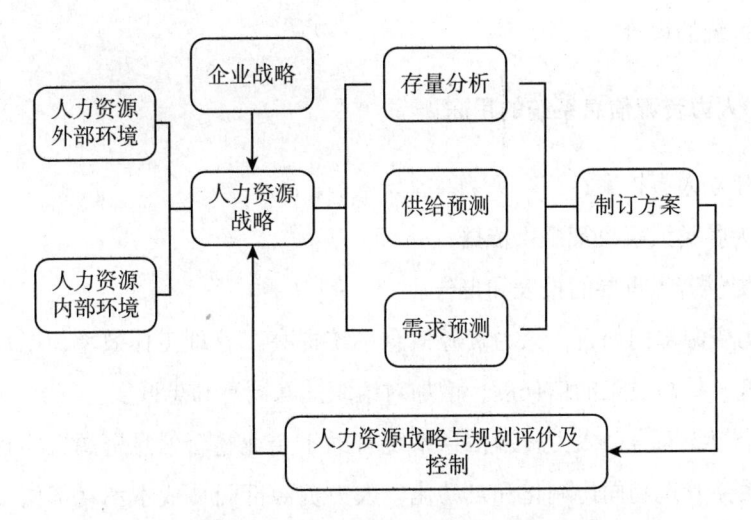

图 2-1 人力资源战略与规划的一般过程

六、人力资源信息系统

（一）人力资源信息系统的概念

人力资源信息系统是组织进行有关人及人的工作方面的信息的收集、保存、分析和报告的过程，是获得人力资源决策所需相关及时信息的有组织的方法。

（二）人力资源信息系统提供的信息应当具有的特征

及时、准确、简明、相关、完整。

（三）人力资源信息系统的建立应考虑的因素

(1) 企业发展战略及现有规模；
(2) 管理人员对人力资源有关数据要求掌握的详细程度；
(3) 企业内信息复制及传递的潜在可能性；
(4) 人力资源管理部门对人力资源信息系统的运用程度和期望；
(5) 其他企业人力资源信息系统的建立和运用情况。

（四）人力资源信息系统的建立过程

(1) 对系统进行规划；

（2）系统的设计与发展；

（3）系统的实施；

（4）系统的评价。

（五）人力资源信息系统的用途

（1）建立人事档案；

（2）为各类人事决策提供依据；

（3）提供若干重要的报表和报告。

对人力资源部门而言，人力资源信息系统提高了管理工作效率，增加了管理工作的透明度，提高员工的信任度，增加对组织的认同感和忠诚度。

对整个组织而言，人力资源信息系统有助于企业整合信息资源，实现了信息共享，员工关系管理趋向协调化和自动化，人力资源部门从成本消耗部门逐渐转向价值创造部门。

（六）企业如何引入人力资源信息系统

1. 引进方式

企业在缺乏专业人才时，可向开发商购买软件包；值得注意的是，成套购买的软件包可能出现与企业的人力资源管理制度不匹配的状况，反而降低工作效率；如购买软件成本过高，可以引进IT方面专业人才，成立由专家、开发商、咨询公司以及本企业人力资源人员组成的项目小组研究开发出适合本企业的人力资源信息系统。

2. 引进次序

先在特定部门的试点运行，首先在操作性较强的模块引入，如人事档案管理、薪酬管理模块，根据运行效果和员工的反馈意见来决定整体引入的可行性；若整个系统引进，员工短期内难以适应，可能会造成与企业的发展现状等的不匹配，取得事倍功半甚至是影响企业工作效率的后果；人力资源管理活动需要人的判断与分析来解决，所以以将人力资源管理所有活动计算机化是不合实际的。

3. 可能出现的问题以及注意事项

（1）要有整体规划意识，增加引进过程中各部门的衔接性；

（2）转变管理观念，进行业务流程重组；

（3）系统的设计要与企业的实际情况相结合，选择合适的软件；

（4）注意节约成本；

（5）在引进系统的初期，可能出现录入工作烦琐而引起人力资源部门员工的抵触，所以要对人力资源部门的工作人员进行专业技术的培训，让人力资源部门员工了解人力资源信息系统的先进性，并取得他们的支持，防止产生抵触情绪；

（6）引进系统后，计算机代替人力，使人力资源部门人员冗杂，可能面临裁员问题；

（7）存在信息安全方面的风险，应注意核心信息的保密工作。

第三节　人力资源规划的制定与实施

一、人力资源存量分析

（一）外部人力资源存量分析

1. 人力资源数量的概念

人力资源总数＝劳动力人力数量×质量（或者平均质量）

人力资源的数量，即一个国家或地区范围内劳动适龄人口总量减去其中丧失劳动能力的人口，加上劳动适龄人口之外具有劳动能力的人口。

2. 人力资源数量的构成

应严格区分以下概念：

就业人口＝适龄就业人口＋未成年就业人口＋老年就业人口

经济活动人口＝就业人口＋求业人口

人力资源总数＝劳动力人口数量×质量

人力资源总量＝劳动力人口数量×劳动力人口平均质量

3. 人力资源数量的影响因素

（1）人力资源总量及其再生产状况；

（2）人口的年龄构成；

（3）人口迁移。

4. 人力资源质量的概念

人力资源的质量，指人力资源所具有的体质、智力、知识和技能水平，它一般体现在劳动力人口的体质水平、文化水平、专业技术水平上，是区别不同的人力资源个体或总体的关键。

5. 人力资源质量的影响因素

（1）遗传和其他先天因素；

（2）营养因素；

（3）教育方面的因素。

6. 人力资源结构的概念及分类

人力资源结构，是指一个国家或一个地区的人力资源总体在不同方面的分布构成，它包括年龄、性别、质量、地区、城乡等方面。

（二）内部人力资源存量分析

1. 企业采用的内部人力资源数量分析的计算方法

工作分析法、动作研究法、工作抽样法、绩效分析系统法、管理幅度和线性责任图法等。

（1）工作分析法。

按照工作分析结果而编制的工作描述和工作规范为基础，计算完成各种工作所需的人员。

所需人员＝每月总工作量所需时间/（每人每日工作时间－休息时间）
　　　　　×每月工作日数

（2）动作研究法。

在工作地点测量工作人员做某项工作或每一操作单元所需的时间。

所需人员＝标准时间×一天目标生产量/每人每日工作时间

标准时间：是指生产一个单位产品所需要的时间，是由纯工作时间乘以（1＋休息比率）求得的。

（3）工作抽样法。

运用统计学中随机抽样的原理，按照等概率性和随机性的独立原则，对现场操作者或机器设备进行观测和记录，调查各种作业事项的发生次数和发生率，进行工时研究，以必需而最小的观测样本，来推定观测对象总体状况的一种现场观测的分析方法。

工作抽样法的步骤是先决定观察次数，再根据测量的结果计算工作的标准时间，然后运用动作研究法计算所需要的人员数量。

（4）绩效分析系统法。

记录作业人员在一两个月期间，每人每日工作的名称、工作时间和工作量。根据记录可了解到某项任务在某一时间内可完成哪些工作。每项业务的处理时间则根据统计方法设定标准,并以此为基础计算所需要的人员数量。

$$人员定额 = 每月工作量 \times 统计的标准 / (每人每月的工作时间 - 每人每月平均缺勤的时间) \times 开工率$$

(5) 管理幅度法。

管理幅度法指一位管理人员能够有效管理的下属人数。组织政策越明确,则管理幅度越大;当下属能力越强时,管理幅度也越大。这种方法根据垂直的组织层次决定合适的管理幅度,以便决定各层次的管理人数,最后计算出人员数额。

(6) 线性责任图法。

线性责任图法将组织内的业务与员工以矩阵的形式加以排列,并将各个员工对各项业务的责任计入矩阵表内。这样就明确地表现出业务和决策是由谁在何时进行以及达成的程度。通过线性责任图可了解组织内的责任与权限关系,作为计算人员定额的资料,也可以个别职务的责任程度和现在负责该职务的人数为基础,计算出在各责任水准上需要多少人员。

2. 人员类型分析

(1) 按职能划分:技术人员、业务人员、管理人员;

(2) 按性质划分:直接人员、间接人员。

3. 年龄结构分析

4. 工作流程分析

5. 岗位配置分析

6. 冗员分析

(1) 冗员的概念。

冗员是指超出企业正常生产经营活动实际需要的人员,包括正常的后备人员。

企业的冗员一般可分为两大类情况:第一类是素质与工作不相适应的人员,包括老弱病残人员、知识技能不足的人员。第二类是素质与工作适应但超过实际需要的富余人员,包括只愿干本职工作和希望调换工作的人员。

(2) 冗员的计算。

$$企业冗员 = 全部职工 - 实际需要 - 合理储备$$

7. 人力资源素质分析

企业的人力资源素质是指企业成员所具有的对企业生产力有直接和显著影响,并具有相对稳定性的品质特性。人力资源的素质分析可以从以下几方面进行:

(1) 人力资源的思想觉悟和企业的群体文化;

(2) 员工的知识技能水平;

(3) 员工的心理健康分析；

(4) 群体的知识及技能结构。

二、人力资源需求预测

人力资源需求指一个企业按照自己的发展规划，为生产一定量的产品或服务而需要招聘的员工数量和类型。

人力资源需求预测是指依据组织的发展前景、组织能力及岗位要求，综合考虑各种因素，对未来所需员工的类型进行估计的活动。

（一）人力资源需求的影响因素

人力资源需求的影响因素如表2-6所示。

表2-6　　　　　　　　　　人力资源需求的影响因素

宏观层面	微观层面
经济环境	企业战略
社会、政治和法律环境	企业的经营状况
劳动力市场	企业的管理水平、组织结构
技术进步	现有人力资源现状
外部竞争者	

（二）人力资源需求预测方法

1. 定性预测法

定性预测法包括零基预测法、自下而上预测法、德尔菲法、驱动因素预测法等。

（1）零基预测法。

以组织现有员工数量为基础来预测未来对员工的需求如果因为员工退休、被解雇或出于某种原因离开了公司，这个位置则不会自动补充人，公司必须进行人力资源需求分析，以确定是否有必要补充人；当需要设立新职位时，也要进行同样的分析。零基分析法的关键是要对人力资源需求进行详尽分析。

（2）自下而上预测法。

原理：每个部门的管理者最了解该部门的人员需求，程序：先由组织中的每个层次——从最低层开始——预测其需求,最终汇总得出人员需求的预测总数。

具体步骤是:

① 组织的基层管理人员根据以往的经验将未来一段时期的活动转为本部门人员的需求增减量,提出本部门各类人员的需求预测量,提出本部门各类人员的需求预测量;

② 再由上一级管理层对其所属的部门,进行人力的估算和平衡;

③ 通过层层估算,最后由最高管理层进行人力资源的规划和决策。

(3) 德尔菲法。

适用于对人力需求的中长期趋势预测,具体步骤:

① 成立研究小组,将人力资源需求预测设计成若干问题;

② 简明扼要地以调查方式列出预测问题,交给专家讨论评价;

③ 收回专家意见,统计、归纳结果,将整理好的结果以匿名形式反馈给各位专家;

④ 在此基础上,专家进行新一轮的回答;

⑤ 重复第③、④步,直到专家意见趋于一致;

⑥ 根据专家们的最终预测,制订人力资源需求预测方案。

(4) 驱动因素预测法。

有些与企业本质特性相关的因素主导着企业活动,从而决定企业的业务量,进而决定人员的需求量。驱动因素预测法就是要找出这些驱动因素,并根据这些因素预测人力资源需求。具体步骤:

① 寻找驱动因素;

② 分析驱动因素和人力资源需求之间的关系;

③ 预测驱动因素的变动;

④ 根据预测的驱动因素影响,预测人力资源需求。

2. 定量预测法

定量预测法包括回归分析法、趋势外推法、比率分析法、计算机模拟预测法。

(1) 回归分析法。

根据数学中的回归原理对人力资源需求进行预测。最简单的回归是"趋势分析",即只根据整个企业或企业中的各个部门,过去员工数量的变动趋势,来对未来的人力资源需求作出预测。比较复杂的回归方法是"计量模型分析法"。

(2) 趋势外推法。

根据人力资源历史和现有的资料,随着时间变化的趋势具有连续性的原理,运用数学工具对该序列加以引申，即从过去延伸至将来，从而达到人力资源的未来发展状况进行预测的目的。其通用的回归模型可表示为：

$$y = a + bx \quad (2-1)$$

其中，x 是时间变量，y 是人员需求数量，a、b 是待定值。

趋势外推预测法是当企业人力资源需求量在时间上表现出明显的均等趋势时才使用的。

根据历史数据，在坐标轴上绘出散点图；然后根据图形可以直观地判断拟合哪种趋势线，从而建立相应的趋势方程；根据趋势方程可以对未来某一时间人力资源需求进行预测。

（3）比率分析法。

通过特殊的关键因素和所需要的人员数量之间的一个比率来确定未来人力资源需求的方法。这种方法主要是根据过去的经验，将企业未来的业务活动水平转化为对人力资源的需要。

（4）计算机模拟预测法。

通过考虑影响人力资源需求的种种因素，建立预测人力资源需求的模型，将这些影响因素在未来可能的数值输入计算机，最终得到相应的人力资源需求方案。

三、人力资源供给预测

（一）人力资源供给的影响因素

（1）企业外部环境对人力资源供给的影响。

外部环境指：宏观经济状况、劳动力市场、工会组织、法令法规。

（2）企业内部环境对人力资源供给的影响。

组织战略、组织结构、企业人员流动与人力资源供给的关系。

（二）内部人力资源供给预测

内部人力资源供给预测的方法：接班人计划法、马尔可夫链预测分析、供给预测矩阵法等。

1. 接班人计划法

基本思路是：确定预测目标和工作范围，确定每个关键职位上的接替人选，评估接替人选目前的工作情况，根据个人的职业目标和组织目标确定职业发展需要预先实现供给。

步骤：

（1）根据组织结构图绘制人员接替的框架；

（2）评价每个人的当前绩效和提升潜能；

（3）预测职位空缺可能；

（4）预测替换这些空缺职位的人力资源供给情况；

（5）综合分析整个企业的人员替换情况，建立人力资源接替计划图；

（6）当职位出现空缺时，根据接替计划图预测出一些系列的人员变动。

2. 马尔可夫链预测分析

马尔可夫链预测分析是用来预测等时间间隔点上（一般为1年）各类人员分布状况的一种动态预测技术，这也是统计学中借鉴过来的一种定量预测方法。它的基本思想是找出过去人力资源流动的比例，依次来预测未来人力资源供给的情况。操作步骤：

（1）根据历史数据推算各类人员的转移率，得出转移率的转移矩阵；

（2）统计作为初始时刻点的各类人员分布状况；

（3）建立马尔可夫模型，预测未来各类人员供给状况。

注意：

（1）预测的难点是确定准确的转移率；

（2）当企业内部人员流动情况非常复杂时，不适用这种方法；

（3）当各类人员数量过少时，此法不适用。

3. 供给预测矩阵法

供给预测矩阵法是一种结构化表格进行人力资源供给预测并将预测结果标在表上的常用方法。在预测工作中，管理人员无论是采用直觉判断还是量化分析，都可以使用这个结构化表格。这个表格简明地总结了以下内容：（1）人力需求；（2）关键比率和指标；（3）预计的人员配置来源。

（三）外部人力资源供给预测

1. 市场调查预测

市场调查预测是企业人力资源管理人员组织或亲自参与市场调查，并在掌握第一手劳动力市场信息资料的基础上，经过分析和推算，预测劳动力市场的发展规律和未来趋势的一种方法。

市场调查的程序如下：

(1) 明确调查的目的和任务；

(2) 情况分析；

(3) 非正式调查；

(4) 正式调查；

(5) 数据资料的整理加工和分析。

市场调查的类型：

(1) 普查：这是一种全面性的调查；

(2) 抽样调查：一般采用随机抽样；

(3) 典型调查：选择一部分有代表性的调查对象进行调查，以此调查结果代表整体的情况。

2. 相关因素预测方法

相关因素预测方法是通过调查和分析，找出影响劳动力市场供给的各种因素，分析各种因素对劳动力市场发展变化的作用方向和影响程度，预测未来劳动力市场的发展规律和趋势。

四、人力资源规划体系的制定

（一）人力资源招聘任用规划

(1) 招聘任用的程序：招募、甄选、配置。

(2) 招募规划的步骤和内容。

① 拟订招募计划；

② 准备招募资料；

③ 确定招募途径。

(3) 甄选的程序：决定甄选日期、报名、资料审查、考试、面谈、体检、领导决定。

(4) 甄选的方法：笔试、口试、现场操作测试、心理测试、评价中心。

(5) 人力资源配置规划的具体内容：职前训练、试用、考核、正式任用。

（二）人力资源培训规划

(1) 一般组织中的培训系统模式：培训需求分析、培训计划、培训实施、培训评估。

(2) 培训需求分析的三个方面：组织分析、工作分析、人员分析。

（3）培训的评估。

（三）员工职业生涯规划

1. 影响员工职业生涯规划的因素

（1）个人因素：个性、父母的价值观、工作经验。

（2）组织因素：社会因素、组织形态、人力资源的运用、工作特性、产业发展前景。

2. 员工职业生涯规划的设计

（1）环境影响分析；

（2）确定职业导向；

（3）确立目标；

（4）执行计划；

（5）评估计划。

（四）人力资源流动规划

（1）一般组织人力资源流动的种类：晋升、调动、降职。

（2）晋升的方式：晋升考试、绩效考核。

（3）调动的目的与程序。

（4）降职的原因及实施原则。

（五）人力资源薪酬福利规划

（1）薪酬体系：基本薪酬、津贴、奖金。

（2）薪酬结构：设定薪酬等级和各等级间的差距。

（3）福利的概念。

（4）具体福利措施：经济性福利措施、娱乐性福利措施、设施性福利措施。

五、人力资源规划的实施

（一）人力资源规划的实施原则与路径

（1）实施原则：系统性原则、适应性原则、目的性原则、发展性原则以及协作性原则。

（2）实施路径：创业阶段、成长阶段、成熟阶段、衰退阶段。

（二）人力资源规划实施的步骤

（1）实施的战略步骤：健全完善阶段、改进提升阶段、持续改进阶段。

（2）实施的具体步骤：

① 人力资源战略环境分析；

② 企业人力资源现状评价；

③ 企业人力资源的供需预测；

④ 企业人力资源供需匹配不平衡的调整；

⑤ 人力资源规划实施的监控。

（三）企业如何保持人力资源供给与需求相平衡

（1）当供给和需求总量平衡、结构不匹配时，可用策略如下：

① 人员内部的重新配置，包括晋升、调动、降职等方法。

② 对人员进行有针对性的专门培训，使他们能够从事空缺职位的工作。

③ 进行人员的置换，释放那些企业不需要的人员，补充企业需要的人员，以调整人员的结构。

（2）当供给大于需求时，可用策略如下：

① 企业要扩大经营规模，或开拓新的增长点，以增加对人力资源的需求。

② 永久性的裁员或辞退员工，虽然这种方法比较直接，但由于会给社会带来不安定因素，往往会受到政府的限制。

③ 鼓励员工提前退休，就是给那些接近退休年龄的员工以优惠的政策，让他们提前离开企业。

④ 冻结招聘，就是停止从外部招聘人员，通过自然减员来减少供给。

⑤ 缩短员工的工作时间、实行工作分享或者降低员工的工资，通过这种方式也可以减少供给。

⑥ 对富余员工实施培训，这相当于进行人员的储备，为未来的发展做好准备。

（3）当供给小于需求时，可用策略如下：

① 从外部雇用人员，包括返聘退休人员。

② 提高现有员工的工作效率。

③ 延长工作时间，让员工加班加点。

④ 降低员工的离职率，减少员工的流失，同时进行内部调配，增加内部的流动来提高某些职位的供给。

⑤ 可将企业的有些业务进行外包。

第四节　人力资源规划的评价与控制

一、人力资源规划的评价与控制的必要性

（1）组织内部的非均衡性；
（2）人力资源规划环境的多变性；
（3）人力资源规划本身的不全面性；
（4）人力资源本身的能动性。

二、人力资源规划的评价与控制的作用

（1）能有效地保障人力资源规划的滚动实施；
（2）能有效地发现人力资源规划中的缺陷；
（3）能有效地将人力资源规划和人力资源管理战略进行无缝隙衔接，彼此良性互动；
（4）有助于显现人力资源部门的工作成绩；
（5）有助于生成支持人力资源管理决策的信息；
（6）有助于掌握人力资本的保值增值现状与发展趋势，保证人力资本的合理开发、配置与利用。

三、人力资源规划评价与控制的特征

循序渐进性、交互联动性、系统性。

四、人力资源规划评价与控制的五个基本要求

客观性、一致性、协调性、可行性、有利性。

五、人力资源规划的评价与控制的过程

（1）制定人力资源规划效益标准；
（2）衡量分析实际人力资源规划效益；
（3）定量定性评价实际人力资源规划效益状况；
（4）修整措施和应变手段。

六、人力资源规划的评价与控制的主要方法

（1）人力资源会计评价与控制法。
（2）人力资源关键指标评价与控制法。
（3）人力资源效用指数评价与控制法。
（4）人力资源指数评价与控制法。
（5）投入产出分析评价与控制法。
（6）人力资源调查问卷评价与控制法。
（7）人力资源声誉评价与控制法。
（8）人力资源审计评价与控制法。
（9）人力资源规划案例研究评价与控制法。
（10）人力资源成本控制评价与控制法。
（11）人力资源竞争基准评价与控制法。
（12）人力资源目标管理评价与控制法。
（13）人力资源利润中心评价与控制法。
（14）运用人力资源规划研究进行评价与控制。
（15）利用离任交谈方式进行人力资源规划的评价与控制。

案例 1　美国苹果公司的企业战略与人力资源战略

○ **苹果公司简介**

苹果公司（Apple Inc.）是美国的一家高科技公司，2007年由苹果电脑公司（Apple Computer, Inc.）更名而来，核心业务为电子科技产品，总部位于加利福尼亚州的库比蒂诺。苹果公司由史蒂夫·乔布斯、史蒂夫·沃兹尼亚克和Ron Wayn在1976年4月1日创立，在高科技企业中以创新而闻名，知名的产品有Apple Ⅱ、Macintosh电脑、Macbook笔记本电脑、iPod音乐播放器、iTunes商店、iMac一体机、iPhone手机和iPad平板电脑等。2012年8月21日，苹果成为世界市值第一的上市公司。

公司口号：Switch（变革）

年营业额：1565亿美元（2012财年）

员工数：72800（2012年）

经营范围：电子科技产品，包括电脑硬件、电脑软件、移动电话等

现任CEO：蒂姆·库克

世界"500强"：第19位（2013年）

○ **苹果公司大事年表**

1976年4月1日，苹果公司成立。

1977年，苹果发布Apple Ⅰ，但当时的Apple Ⅰ只是以电脑印刷电路板的形式来出售，之后发售最早的个人电脑Apple Ⅱ。

1980年，苹果发布Apple Ⅲ，但Apple Ⅲ成为苹果的一款失败产品。

1982年，推出Apple Lisa电脑。Lisa是乔布斯女儿的名字，Lisa因售价太高而最终停产，唯一的一笔订单是来自美国航天局。

1984年，推出革命性的Macintosh电脑。

2001年，推出iPod数码音乐随身听。

2004年，史蒂夫·乔布斯被诊断出胰腺癌，苹果股价重挫。

2004年，推出迷你版iPod mini数码音乐播放器，其金属外壳与其他机种歧异性极大。

2005年，推出第二代iPod mini迷你数码音乐播放器与iPod shuffle，其无显

示屏设计引起部分使用者不满。

2005年9月，推出iPod nano超薄数码音乐播放器，采用彩色显示屏。

2007年1月9日，苹果电脑公司首席执行官史蒂夫·乔布斯在Macworld年度会展上宣布，公司名称由"苹果电脑公司"改为"苹果公司"，乔布斯表示，之所以更改公司名称，是因为苹果电脑正由一家电脑制造商转变成消费电子产品供应商。

2007年，史蒂夫·乔布斯在Mac World上发布了iPhone与iPod touch。

2008年，史蒂夫·乔布斯在Mac World上发布（从信封中取出）了Mac-Book Air，这是当时最薄的笔记本电脑。

2009年6月25日，推出新款iPhone，命名为iPhone 3GS，S代表Speed，iPhone 3GS是当时iPhone中性能最好的一款，其运行速度是前两代iPhone的两倍多，并且加入了指南针、摄像等功能。

2010年4月3日，推出iPad系列产品（3G、wi-fi+3G）。

2011年5月6日（北京时间），苹果公司正式在中国零售点发售iPad 2，行货售价3688元起，每人限购2台。

2011年10月6日，苹果公司创始人史蒂夫·乔布斯去世，享年56岁。苹果公司官方网站首页换成乔布斯大幅照片，以及"1955~2011"字样。网站发布的消息说："苹果失去了一位富有远见和创造力的天才，世界失去了一个不可思议之人。"

2012年4月，苹果以超过5200亿美元的市值稳坐世界第一的位置，当年8月21日，以收盘价计算，苹果市值达到6235亿美元，创下美国上市公司有史以来的最高水平。

2012年9月13日凌晨（北京时间），苹果公司正式发布其新一代产品——iPhone 5，同时发布新的iPod touch，iPod nano。其中iPod touch将采用与iPhone 5同样的4寸屏幕及iOS 6操作系统，iPod nano也将采用全新的外观，不过有评论指新的iPod nano外观与先前发布的诺基亚Lumia 920如出一辙。

2012年10月24日凌晨，在美国加州召开新品发布会，正式推出第四代iPad及iPad mini平板电脑。

2013年9月21日凌晨，苹果公司正式发布了新一代的iPhone手机，这一代分为iPhone 5s和iPhone 5c两个版本，在中国定价分别为5288元和4488元起。

2013年7月，苹果公司在世界"500强"排行榜中公司排名第19位。在电脑方面，超过微软（Microsoft）成为世界第一大桌面软件公司。

北京时间2013年10月23日凌晨1点,苹果公司在旧金山芳草地艺术中心举办新品发布会,推出新款平板电脑iPad Air、Retina iPad Mini,新款13英寸/15英寸MacBook Pro Retina、新Mac Pro等5款硬件新品。此外,苹果还在发布会上发布了正式版OS X Mavericks。

○ 苹果公司产品及营销的差异化

苹果公司的产品极具差异化,如苹果公司在PC市场,由早期不断推出的Apple Ⅰ、Apple Ⅱ、Apple Ⅲ到近几年的iMac和MacBook Pro等新型款式,在数码通信领域推出的iPod系列、ipad系列、iPhone系列,并且几乎每次都会引起消费者的热捧。

1. 产品方面的差异化

iPhone的配置远远高于竞争对手。128MB的内存+专用图形芯片(一般不会在智能手机上出现)+4G~8GB储存空间,使iPhone成为一台超小型电脑。内置电池300小时的待机时间(智能手机平均待机时间在200小时左右),6小时的连续通话时间等都是iPhone在性能上的突破。

工作和娱乐功能兼备且都达到极致的iPhone,成为无所不能的智能信息终端。iPhone颠覆了手机游戏功能的概念;同时,2.0版本系统对Microsoft Exchange功能的支持,使其成为功能强大的商务机:即时更新日程表项目、邮件、联系人;自动检索网络;远程数据清除。

苹果手机以多点触屏取代手机键盘,在外观差异化的同时,便利软件开发者设定最符合软件需要的触摸按键位置。苹果在iPhone上采用了经过界面优化的桌面电脑操作系统Mac os x,使这一高配置的智能手机拥有了Mac os x的所有优点:运转迅速,界面华丽,操作简便。

2. 营销方面的差异化

苹果给自己的定位是高端,其电子产品更新速度快,生命周期短,无须打持久战,苹果用一个高的定价聚集更多的资金投入新的研发之中。

苹果公司的营销策略不同于其他产品的营销手段,它像一场魔术一样使它的产品充满神秘感,令人期待。苹果公司从产品设计到生产环节,直到官方正式发布前的最后一分钟,苹果力求不泄露任何产品细节。这一策略被称为"饥饿营销"。

苹果的饥饿营销已经上升到一个新高度。在苹果公司实施营销策略的过程中,他并没有控制产品产量来制造市场供不应求的假象,而是把产品的相关信息转化成一种市场饥渴，让消费者渴望了解苹果产品。

很少有这样一款手机在每一代上市前都要召开发布会，每场发布会都会给众人带来惊喜。苹果给人的印象是另类、前卫、时尚。上市数年，每年维持上千万台的销量。苹果已经不是在营销一部手机，或者一台电脑了，而是一个文化，它拥有着忠实的粉丝。苹果虽然资本雄厚，却从来不举办任何活动或冠名任何赛事，大有酒香不怕巷子深的寓意。

苹果建设了在线软件销售渠道：App Store（简称 AS）。软件开发者可将由 SDK 制作通过苹果审核的软件在 AS 发布，无须缴纳任何维护费用。软件售出所得收益由苹果及开发者三七分成。这就解决了之前 AS 市场上存在的诸多问题。

○ 苹果公司的企业文化与人力资源管理

苹果公司企业文化的核心是一种鼓励创新、勇于冒险的价值观。虽白手起家，小小的苹果电脑却在技术领域引发两次变革，迫使包括 IBM 和微软在内的每一家电脑（软件）公司都加入它开启的新潮流。不单是勇于创新，事实上，公司一直是我行我素，冒高风险，甚至反主潮流。公司的信条是进行自己的发明创造，不要在乎别人怎么说，一个人可以改变世界。

苹果的企业文化主要表现在以下几个方面：注重设计、忘记一切从头开始、坚信苹果比其他所有公司都强、永不服输、时刻关注细节、保密至上、卓越领导、产品至上、人才第一。苹果公司的企业文化与苹果创始人乔布斯的企业家精神和用人理念是分不开的。

1. 尊重人才

乔布斯很凶，与人交往向来不会掩饰自己的脾气，但仍有一批忠心耿耿的部下追随。为什么呢？最大的原因是尊重与激励。

乔布斯曾当众表示，他花了半辈子时间才意识到人才的价值。

尤其值得敬佩的一点是，当苹果公司受到 IBM、微软强烈冲击后，乔布斯并没有因为公司的不景气而裁掉员工，而是更加注重员工的价值，通过大力度的激励将员工利益与公司利益捆绑到一起，凝聚了人心，从而使苹果研发趋于稳定并保持快速发展。苹果公司有很棒的医疗保险计划，有慷慨的假期安排。员工们工作都很卖命，但是完事后，可以毫无压力地享受自己的生活——这是苹果一直宣示的理念。

2. 朋友式管理

除了注重激励以外，乔布斯很看重与员工之间的沟通。他的"朋友式管理"

一直被人津津乐道。在苹果,从来都不是为了管理而管理,也从来没什么等级观念。因为乔布斯注重与员工间保持密切的合作,他认为,大家在一起沟通才会使思维更加开阔,这也会最大限度地减少内耗,乔布斯一直致力于在苹果内部消除沟通障碍。这使得苹果的凝聚力大大增强,整体效率也大为提高。

3. 人才的"精简"

乔布斯认为一个小小的团队就可以运行一个巨大的齿轮,但是这个团队必须由顶尖的人物组成。乔布斯对团队成员的要求极高,并且无法忍受不够聪明的员工。在苹果里,有一些由顶尖人才组成的特殊组织形式:

A型工作组:由最优秀的成员组成较小的规模,结构简单。

"领头100人":乔布斯每年都要选择少数人到一个绝对安全、保密的地点,举行为期三天的紧张的战略会议。"领头100人"会议既是在公司以外进行的战略演习,也是打造公司传统的行动。

4. 员工绩效测评:平衡计分卡法

苹果公司采用平衡计分卡法对员工绩效进行测评:其中,在财务方面,苹果公司强调股东价值;在顾客方面,强调市场份额和顾客满意度;在内部运营方面,强调核心能力;在学习与成长方面,强调雇员态度。

苹果公司的管理层按以下指标分析了这些测评类型:①顾客满意度;②核心能力;③员工的投入和协调能力;④市场份额;⑤核心价值。

苹果公司平衡计分卡的实践表明,他们的5个绩效指标对帮助苹果公司的高级经理集中精力于自己的战略起了很大的作用。平衡计分法主要是作为一种规划手段,而不是控制手段。而且,除了股东价值之外,苹果公司的测评指标都可以从横向和纵向两个方面深入每一个职能部门。

(资料来源:根据葛逸尘,归希煜. 苹果公司的差异化组合竞争. 当代经济,2009(10);苹果CEO乔布斯用人与经营九大法则. 畜牧市场,2009(4)及其他相关资料整理)

思考题:

1. 应用相关理论,分析苹果公司的企业战略所属类型及其特点。
2. 苹果公司人力资源战略具有什么特点?与其企业战略相匹配吗?
3. 苹果公司人力资源战略有哪些不足,或将面临哪些挑战?

案例分析：

1. 应用相关理论，分析苹果公司的企业战略所属类型及其具体体现。

参考答案：

按照波特（Porter）的竞争战略类型划分，苹果公司选择的是差异化战略。差异化是通过树立良好的品牌形象和优秀的服务等方式提供独特的、受到顾客青睐的产品来创造竞争优势。差异化战略的核心是创新，是一种"人无我独有"的战略。苹果公司以发展为导向，引导企业不断地开发新产品，开拓新市场，提高竞争地位，增强企业的竞争实力。苹果公司差异化战略具体体现为：

（1）配置和性能差异化：iPhone 的配置远远高于竞争对手；

（2）用户界面（User Interface，UI）差异化：iPhone 与对手们最大的差异性体现在操作系统上；

（3）定价策略差异化：面向高端客户，定价较高；

（4）营销策略差异化：采用"饥饿营销"，所谓饥饿营销是指提供者有意调低产量，调控供求关系，给人供不应求的假象，维持高售价和利润率的目的；

（5）营销渠道差异化：建设了在线软件销售渠道：App Store（简称 AS）。

按照阿姆斯特朗（Mrmstrong）的竞争战略类型划分（将竞争战略分为：创新、质量、成本领先和雇佣比竞争对手更为优秀的人才四种战略），苹果公司的竞争战略接近于"通过雇佣比竞争对手更为优秀的人才获取竞争优势"类型的竞争战略，这可以从苹果公司在人力资源管理方面的理念和举措："尊重人才"、"朋友式管理"、"A 型工作组"、"领头 100 人"具体体现出来。

按照迈尔斯（Miles）和斯诺（Snow）的企业战略划分（将企业战略划分为防御者战略（Defender）、探索者战略（Prospector）和分析者战略（Analyzer）三种），苹果公司的竞争战略属于探索者战略，因为苹果公司是产品/市场的双重创新者，外部导向，持续地寻求新市场。

具体事例说明：

苹果公司曾经经历失败，1980 年，苹果发布 Apple Ⅲ，但 Apple Ⅲ 成为苹果的一款失败产品，1982 年，推出 Apple Lisa 电脑。Lisa 是以乔布斯的非婚生女儿的名字，Lisa 因售价太高而最终停产，唯一的一笔订单是来自美国航天局。然而，苹果并不气馁，1984 年，推出革命性的 Macintosh 电脑，2003 年，推出最早的 64 位元个人电脑 Apple PowerMac G5。

在产品设计和性能方面，苹果公司勇于创新，2004 年，推出迷你版 iPod mini 数码音乐播放器，其金属外壳与其他机种歧异性极大，2005 年，推出第二代 iPod mini 迷你数码音乐播放器与 iPod shuffle，其无显示屏设计引起部分使用者不满，很快，2005 年 9 月，推出 iPod nano 超薄数码音乐播放器，采用彩色显示屏。2008 年，史蒂夫·乔布斯在 Mac World 上发布（从信封中取出）了 MacBook Air，这是当时最薄的笔记本电脑；2009 年 3 月 11 日，推出新款 iPod shuffle，这是第一款可以语音发音的数码音乐播放器，体积更加小巧，几乎是上代的一半大小，2012 年 6 月 12 日凌晨 1 时（北京时间），苹果公司在旧金山举办的全球开发者大会（WWDC）上正式发布新一代移动操作系统 iOS 6，并推出全新 MacBook Pro 笔记本电脑等新产品，以及自主研发的 3D 地图应用。

在市场开发和营销方面，苹果同样勇于创新，以中国为例，2011 年 5 月 6 日（北京时间），苹果公司正式在中国零售点发售 iPad 2，行货售价 3688 元起，每人限购 2 台，2013 年 9 月 21 日凌晨，苹果公司正式发布了新一代的 iPhone 手机，这一代分为 iPhone 5s 和 iPhone 5c 两个版本，在中国定价分别为 5288 元和 4488 元起。

2. 苹果公司人力资源战略具有什么特点？与其企业战略相匹配吗？

参考答案：

苹果公司的企业文化鼓励创新、勇于冒险的价值观，公司的信条是进行自己的发明创造，不要在乎别人怎么说，一个人可以改变世界。乔布斯的用人理念是尊重人才、崇尚最优秀的顶尖人才、朋友式管理、绩效导向。这些文化和理念反映到人力资源战略的特点上，体现为强调创新和弹性、强调以个人薪酬为基础，同时又进行团队基础培训，使用绩效评估作为发展的工具。

从戈麦斯（Gomez）和麦加（Mejia）等人提出的与波特的竞争战略相协调的三种人力资源战略来看，苹果公司人力资源战略与其企业战略是相匹配的，见后表。

另一角度，苹果对员工的要求极高，雇用具有公司所需要的技能且可以马上使用的员工，充分利用员工的高技能，使员工的能力、技能与知识能够配合特定的工作。从柏德（Baird）和比奇勒（Beechler）的研究视角看，苹果的人力资源战略与迈尔斯和斯诺提出的"探索者战略"是匹配的，如表 2-7 所示。

表 2-7　　　　　　　苹果人力资源战略与企业战略的匹配

理论提出者	企业战略	组织要求	人力资源战略
波特；戈麦斯和麦加	差异化战略	1. 营销能力强 2. 注重产品的策划与设计 3. 公司以科技领先著称 4. 公司的环境可吸引高技能的员工、高素质的科技人员或具有创造力的人	1. 强调创新和弹性 2. 团队基础的培训 3. 强调以个人为基础的薪酬 4. 使用绩效评估作为发展的工具
迈尔斯和斯诺；柏德和比奇勒	探索者战略： 1. 持续地寻求新市场 2. 外部导向 3. 产品/市场的创新者	1. 不断地陈述改变 2. 组织结构的正式化程度低 3. 资源配置快速	效用者战略： 1. 雇用具有公司所需要的技能且可以马上使用的员工 2. 使员工的能力、技能与知识能够配合特定的工作

3. 苹果公司人力资源战略有哪些不足，或将面临哪些挑战？

参考答案：

一是太注重核心员工，可能造成对基层员工的忽略；二是过于注重精英文化，不利于集团的团结协作；三是乔布斯辞世后，苹果面临核心灵魂人物的缺失，其权威式管理难以沿袭，其天才般的创意难以替代。苹果面临着三星等对手激烈的竞争，并且陷入与三星等公司的诉讼或争端。

案例2　云南YC工程建设有限公司人力资源规划案例

云南YC工程建设有限公司于1998年8月成立，主要从事市政工程规划、设计，污水处理规划、设计，生活垃圾处理规划、设计及市政道路规划、设计等。公司成立以来，得到了云南省发改委、云南省建设厅、云南省环保局等部门的大力支持，通过自身的不断努力，逐步成长为云南省知名企业。

公司主要的业务领域涉及：排水、生活垃圾处理、城镇规划、市政道路、工程勘察、风景园林、绿化等。公司与ZD集团及云南YJ有限公司建立了战略合作关系，公司在国际建设领域有了突破性进展，并为公司逐步国际化建设战略奠定了坚实基础。

○ 公司战略与目标

公司战略：构建公司可持续发展能力，利用5年时间做大、做强企业，实现内外并举：国内取得公路工程总承包一级和市政工程总承包二级以上资质，谋求稳定和生存；国外成为"诚信合作、水平一流、管理规范、信誉可靠"的国际化专业施工承包商，并适当拉长产业链，"立足云南、服务全国、开拓境外"，真正成为一个国际化施工的交通重点企业。

公司的发展目标：

1. 管理目标

（1）成功申报公路工程总承包一级资质和市政工程总承包二级以上资质，构建国内综合竞争力。

（2）推进人力资源的管理与培养，完善薪酬考核激励机制，有效地实施A、B、C类员工的管理模式。

（3）完善项目法施工管理，以成本核算为核心，培养项目管理层团队和作业层团队，有效规范内部承包和合作单位的管理，严肃审计监察和责任追究制度。

（4）完善业务发展模式，国内市场依托集团强化市场开发水平，有条件地逐步推进区域性承包和联合承包经营；国外市场进一步与大型国际工程承包商建立深度合作关系，依托大型国企走专业化施工承包之路。

2. 效益目标

至2012年公司主营业务收入达到15亿元，其中国内市场10亿元，国际市场5亿元以上，主营业务利润率达到5%以上，公司净利润率达到2%以上。

○ 公司人力资源总体状况

2013年年初公司在职员工890人，其中男性650人，女性240人，其中本科以上学历130人，专科学历390人，专科以下学历370人，专业匹配度较高，本年度入职员工170名，离职员工110名。入职率为19.1%，离职率为12.3%。

近年来公司人力资源总体变动状况如表2-8所示。

表2-8　　　　　　　　YC公司人力资源总体变动状况

年度	年初人数	年末人数	入职人数	离职人数	离职率
2008	720	770	170	120	15.9%
2009	770	770	150	150	18.0%
2010	770	820	180	130	19.4%
2011	820	830	150	140	16.8%
2012	830	890	170	110	12.3%

公司目前设有工程部、预算部、财务部、综合部和材料部，人力资源管理工作主要由综合部操作，培训则是下放到各个职能部门，没有统一的人力资源战略和规划。在人力资源供给方面，在人员需求大幅增加的情况下，综合部采用各种有效手段，基本上满足了公司对人力资源的需求。

○ 公司人力资源流失情况

依据公司的未来战略和发展目标，YC公司希望在未来几年扩大公司的人力资源以应对发展，但回顾这几年，员工离职的现象较为普遍，离职率居高不下和扩大人力资源储备是急待解决的问题。

从离职的原因（见表2-9）看，主要集中在三个方面：一是更换工作，占离职总数的43%；二是公司辞退，占离职总数的22%；三是其他方面较分散，其中不满意公司工作安排占9%。

表2-9　　　　　　　　YC公司员工离职原因占比

到男女朋友处	7%	所学专业及经历不能支撑工作	4%
不满意公司工作安排	9%	公司辞退	22%
出国	2%	更换工作	43%
继续深造学习	6%	个人原因	7%

分析更深层次的原因，更换工作主要是员工不满公司当前的结构定位和自己的未来发展，以及部分因为工作环境的因素（公司最新发展海外业务，需在非洲长期工作等）；公司辞退则多因为员工不符合公司的发展要求，以及应付性的招聘导致的员工不合格。

从离职人员的分布来看，因更换工作离职的员工主要集中在综合部和工程部，这和综合部目前在公司的地位、薪酬等有密切的关系；工程部离职人员最多，一部分是员工想继续深造学习这一原因造成的（30人），属个人原因，其他方面的原因比较分散；因公司辞退而离职的员工主要集中在工程部和材料部。这一方面和招聘时因为选拔不到合适的人才而匆忙确定人员有关系，同时也和各部门对于人才素质要求的提高有关系。

由表2-10可以看出，离职员工相对集中在公司工作了不到2年的员工群中，占了离职员工总数的71%。这项数据比较突出。

表2-10　　　　　　　YC公司离职员工工作年限占比

小于1年	1~2年	2~3年	3~4年	4~5年	5年及以上
48.4%	22.6%	19.4%	6.5%	3.1%	0

分析原因，新员工不仅对自己的职业发展认识不清，还对公司的企业文化和工作氛围没有完全融入，工作志向不稳定，人心浮躁，易受社会及身边各项因素影响。所以造成了离职现象偏高。

○ 公司人力资源培训与开发情况

YC公司2012年全年共计开展各类培训46次：其中，管理培训7次，约占15.2%；技术技能培训29次，约占63%；资格培训2次，约占4.3%；代理产品培训共计4次；个性修炼培训共计4次。

管理培训主要有两个方面的内容：一是管理技能提高的培训，如3~4月开展的团队建设及提升凝聚力、部属教导与培育；二是质量管理方面的培训，如3月开展的ISO方面的培训。培训基本上都涉及了公司基层及以上管理人员，从培训效果反馈的情况来看，效果较好。

总体来说，管理方面的培训涉及面宽，也取得了较好的效果，但是从反馈的意见来看，多数参加培训的人员还希望对相关知识进行更深入的再学习培训。

技能培训方面：技能培训主要集中在工程部、材料部、财务部及预算部，相对2011年而言，2012年综合部也加强了技能方面的培训，如8月组织的计算机基础软件操作培训。

代理产品培训2012年度共参加4次，均通过了主办方的考核。

从总体上来看，员工培训方面，虽然由于种种原因没有达成培训计划，但是从已经开展的培训工作来看，还是取得了预期的效果。追究原因，主要包括新招员工不理想，入职培训难度大；培训的规范性和合理性不强，培训机制不健全。

另外，公司建立了培训教材库，为公司培训结合员工按照自己的喜好有选择性地学习创造了很好的条件。但是在培训工作方面还存在针对性问题和培训教材库的建立和完善等问题，这些问题需要在来年的培训工作中加以解决并一一提高。

（资料来源：根据云南某工程建设有限公司相关资料整理，具体单位名称不便明示。）

思考题：

1. 分析YC公司在员工流失方面存在的问题，并给出相应的对策。
2. 试给YC公司提出进一步改进员工培训方面的建议。
3. 从人力资源规划的角度对YC公司提出其他改进人力资源管理的建议。

案例分析：

1. 分析YC公司在员工流失方面存在的问题，并给出相应的对策。

参考答案：

YC公司的员工离职率过高，一是由于新员工对自己的职业发展认识不清；二是对公司的企业文化和工作氛围还没有完全融入，工作志向不稳定，人心浮躁，易受社会及身边各项因素影响。

要解决这一问题，应首先从招聘入手，招聘过程中充分沟通了解求职者的职业发展规划，招募那些认同公司发展前景和个人发展机会相得益彰的员工。一是应避免在招募新员工时出现应急性和盲目性，导致恶性循环；二是在入职培训这个环节要加强相关工作，让他们尽快认可公司的企业文化；三是在入职后尽快帮助其建立自己的职业发展规划；四是各部门主管应该加强和新入职员工的沟通，帮助其尽快熟悉工作内容，融入部门的工作氛围。

建议公司今后改进传统的招聘渠道，对于一些非常规的渠道加以利用，建设健全招聘渠道,保证充足的人才供给。为减少员工离职带来的影响:可以建立一个备用人才库,还应该通过加强与各部门间的沟通来提高工作的预见性,以增强应对人员离职缺口和淡季招聘难的问题。针对提高人员素质的问题:可以协同各部门完成招聘面试的规范性、科学性问题,主要是建立并完善面试题目和方法,逐渐将面试过程标准化。同时,应对各部门主管人员进行招聘方面的培训,提高各部门主管人员的招聘面试知识和技能。

人力资源管理部门加强与各部门之间的相互沟通,经常与各部门主管和各部门骨干人员沟通,了解他们对于本部门人员状况的态度;了解新进人员的工作状况和能力状况,向各部门提出改进的建议和意见;与部门骨干人员沟通,了解他们的思想、生活和工作状况,并及时反馈给部门主管和公司,以便做出相应的改善措施。

2. 试给YC公司提出进一步改进员工培训方面的建议。

参考答案:

在入职培训方面:公司要选派熟知岗位的人员担任培训师,由综合部设培训主管牵头培训,各职能部门主管拟定培训要求,派员支持培训实施。

在技术技能的培训方面:一是在公司内部开展多种形式如现场演示、研讨、座谈等形式的技术技能交流,以达到知识、经验共享的目的;二是抓好在技术技能培训方面相对薄弱的部门加强技术技能培训工作;三是针对不断涌现出来的新技术开展培训工作。

管理知识培训方面:一是针对上年度培训反馈的信息,满足大部分学员的共同需求;二是根据公司管理工作的需要,继续开展其他管理知识方面的培训。

培训工作系统建设方面:应加强对各部门培训工作的指导和检查,协助各部门进一步规范培训工作的系统开展。

培训评估方面:进行实时监控和评估,指标包括:入职培训及时完成情况、考核通过率,工作技能培训频数、考核通过率,员工绩效指标改进情况,培训投资效益情况等。

3. 从人力资源规划体系建设的角度对YC公司人力资源管理给出建议。

参考答案:

应当设立专门的人力资源部门,规范公司的人力资源管理工作。目前公司的人力资源工作主要由综合部操作,培训则是下放到各个职能部门,没有统一的人力资源战略和规划,导致人力资源工作缺乏系统性和战略性。

YC公司在人力资源供给方面,在人员需求大幅增加的情况下,采用各种有效手段，基本上满足了公司对人力资源的需求，在培训工作方面也取得了一些成效。

  今后，公司在人力资源体系建设和执行方面，包括以下几方面：（1）环境分析（含内部环境分析和外部环境分析）；（2）人力资源战略制定；（3）人力资源现状分析和需求预测（包括质量、数量、结构预测等）；（4）人力资源规划方案制定（包括定编定岗定员与劳动定额规划、招聘规划、培训与开发规划、人员调配与晋升规划、绩效规划、薪酬福利保险与激励规划、劳动关系规划、职业生涯规划等）；（5）人力资源规划评价与控制等方面的工作应整体加强，体现出人力资源管理的系统化、科学化、规范化。

第二章 人力资源战略与规划

案例3　空中客车公司人力资源战略管理案例

空中客车公司（Airbus），又称空客、空中巴士，是欧洲一家民航飞机制造公司，1970年12月于法国成立，由德国、法国、西班牙与英国共同创立。空中客车公司是欧洲最大的军火供应制造商欧洲航空防务航天公司（EADS）旗下企业。

○ 空客人力资源官获"最佳人力资源负责人"称号

欧洲宇航防务集团、空中客车公司首席人力资源官巴利先生被授予"年度最佳人力资源负责人"称号，颁奖仪式于2013年6月3日由翰德人力资源公司（Hudson）、费加罗报经济版（Le Figaro Economie）和Cadremploi集团在法国巴黎联合举行。该奖项于1997年设立，以表彰优秀的人力资源管理人才，并宣扬人力资源管理对于企业发展的重要作用和积极贡献。

这一奖项的评审团成员包括法国电视一台、罗格朗、索迪雅集团、塞利奥、娇兰、阿尔斯通、麦当劳、法国国家铁路公司、安达屋集团、路易威登、法国国家公职与国家行政管理总局和法国乔达国际集团等公司的人力资源负责人。巴利经过初选和面试，最终因其战略眼光和职业生涯的巨大成就获得"年度最佳人力资源负责人"称号。

巴利的两个老板——欧洲宇航防务集团首席执行官托马斯·恩德斯和空中客车公司首席执行官法布里斯·布利叶在第一时间向巴利表示祝贺，并在一份联合声明中表示："同时负责子、母两个公司的人力资源工作并向两个老板汇报是非常具有挑战性的，巴利先生当之无愧。"

托马斯·恩德斯说："我在空客工作的五年中，巴利负责执行多项人力资源发展项目，其中一项就是由我本人发起的'提高员工信任度'的项目。这个项目的主要目的是通过向员工授权和分权，减少公司内部的官僚主义和官僚作风，以促进企业文化发展。在过去的一年中，巴利和他所领导的人力资源团队一直致力于欧洲宇航防务集团和空中客车公司在图卢兹建立公司总部及其人力资源机构的整合。巴利在空中客车公司的人力资源管理实践，使我们坚信他将为欧洲宇航防务集团的人力资源管理做出巨大贡献。"

法布里斯·布利叶说："空中客车公司能够取得今天的成就，巴利先生功不可没"。他说："2007年巴利加入空中客车公司，他所领导的人力资源部门为公司招聘专业人才，注入新鲜能量，成为公司业务发展部门的真正合作伙伴。

巴利先生为公司引进了如何应对企业变革的全新工作方法和思路，并通过招聘和培训等传统的人力资源工作实践，在公司内部倡导和推广领导力、员工参与以及高效的工作态度和方法。"

2012年6月，巴利开始整合母公司欧洲宇航防务集团和子公司空中客车公司的人力资源工作。他在颁奖仪式上说，能够得到同行的认可，他感到非常荣幸。"我尤其感到骄傲的是，我所获得的这个荣誉是我在欧洲宇航防务集团以及2003年我在欧洲直升机公司和2007年空中客车公司所领导的人力资源团队共同努力的结果。一个优秀的人力资源负责人离不开一个优秀的人力资源管理团队和他所管理的每一个员工。所以这个荣誉应该属于我的团队和我们所服务的公司。"巴利说："欧洲宇航防务集团将成为一个更加国际化并且不断发展的公司和一个极具吸引力的公司。2013年我们计划招聘5000名新员工，我们的目标是将公司打造成一个能够让所有员工享受工作的地方。我的座右铭是'人力资源将通过人才为公司创造价值'。拥有全身心投入的员工和大胆谏言的经理，并帮助它的员工实现他们的理想的公司才能成为高效的公司。使公司成为一个高效的公司是我工作的目标，因为高效的公司才是具有竞争力的公司。"

○ **空客人力资源战略与实施**

人力资源战略以公司发展战略为起点，同时为公司发展战略提供重要支撑。空客公司制定了2020年的技术战略，提出在2020年飞机研制中复合材料的应用要达到70%。为此，空客公司制定了相应的人力资源发展战略，确保复合材料人才在技术人员组成中要达到一定的比重。

1. 胜任力驱动

空客公司以战略意义和核心能力为组合要素，做好企业核心胜任力的甄别，把业务分为核心、提升、保有、外包四大类型，有针对性地加以扬弃。通过企业胜任力管理，空客公司只保留属于核心价值的业务，其余一律外包，也就是做系统集成商。同时，空客公司从2005年开始在人员管理中推进胜任力项目，2008年在重大项目管理、复合材料、电子集成和生产工程等10个关键工作岗位进行了应用，2009年扩展到15个关键岗位，逐步形成了以胜任力管理为驱动，促进战略价值、薪酬管理、员工开发、绩效沟通、人员招聘、职业生涯发展、继任者计划等管理模块的实施，提高企业核心竞争力。

2. 业务伙伴

在空客公司各个卓越中心（COE），包括机身、机翼，以及工业流程、项目、工程、采购、客户服务、对外关系、中心职能、财务和信息化等业务板块和管理部门，均设置了人力资源业务伙伴岗位，使其深入了解并负责该业务的人力资源开发管理。各部门、各业务版块与人力资源业务伙伴成为一一对应的伙伴关系，其中人力资源业务伙伴接受业务部门和空客公司人力资源部门的双重领导。

3. 以人为本

空客公司尊崇透明、互动的绩效沟通方式，部门经理和员工共同商定绩效目标，定期就绩效完成情况进行交流互动，以绩效管理促进企业成长，同时实现员工职业发展。对员工职业生涯发展的重视是欧洲航空企业的显著特点。空客公司员工在同一个岗位工作年满5年后，允许其提出变换工作岗位的要求，公司尽力进行满足。

4. 文化融入

空客公司在人力资源管理中着重强调六大文化，即：富有探索精神、推动创新和追求忠诚度、围绕客户价值观、团队合作与全球化整合、面对现实和保持完整、个人发展。

在空客公司绩效考核中，员工考核结果的80%取决于自身部门和个人业绩，20%取决于自身行为对他人的影响，这推动了团队合作精神在整个组织中的弘扬。

○ 人力资源共享服务中心管理模式

空客公司目前实行的"四位一体"人力资源矩阵管理，是对战略性人力资源管理的生动实践。航空工业是全球性产业，跨国家、跨地域研制生产必将成为常态，空客公司是一个多国公司，矩阵式的管理架构不仅适用于人力资源，事实上也应用在每一个业务层面。集团公司总部定位于战略管控、资源配置、统筹协调、绩效监控、成为决策中心，在HRM方面的主要任务是制定人才宏观政策、提供业务指导和咨询，实施全集团人力资源宏观管控；子公司成为管理中心、利润中心，在HRM方面的主要任务是结合实际，制定本子公司的人力资源工作制度、流程、规划，对成员单位进行具体的业务指导和管控；成员单位是成本中心，在HRM方面的主要任务是要做好执行和具体操作。

空客公司"四位一体"的另一个重要组成部分——共享服务中心（SSC）并不是空客公司的专利。目前，世界"500强"中大多数采取了共享服务的模式，国内企业海尔集团、新奥集团、中国网通等也正在使用共享服务中心管理模式。但总体来说，在我国人力资源领域，共享服务应用还比较少。

作为一个集团公司性质的企业，建立人力资源共享服务中心能提高人力资源运营效率，更好地服务业务单元，总部人力资源部门也能更专注于战略性人力资源管理的实施，实现战略转型。人力资源共享服务是一种新的管理模式，实现它的关键是要整合资源，推动组织变革与创新。事实上，各个企业中的许多人力资源具体工作都大同小异，包括新员工招聘、基本薪酬管理、人员素质测评、在职培训等，这些都可以统一打包处理。如果建立集团公司人力资源共享服务中心统一集中相关工作，不但可以提高集团公司人力资源开发管理的政策一致性、工作科学性，也能够降低各单位在人力资源开发与管理中的成本。

从空客公司来看，其人力资源管理专业化程度已经比较高：无论是人力资源开发管理信息系统对绩效管理、胜任力管理的支撑，还是总部专家中心在劳资关系与社会政策管理、雇佣与能力管理、奖励与组织管理、人才与执行管理、文化与变革管理等方面的深入研究，都表明其有一支高素质、专业化的人力资源工作者队伍。空客公司首席人力资源官巴利先生就是其中的杰出代表之一。

（资料来源：《空中客车首席人力资源官巴利（Thierry Baril）被授予"年度最佳人力资源负责人"称号》，空中客车公司（Airbus）官方网站（中国）2013年6月4日新闻稿）

思考题：

1. 归纳空客人力资源战略的内容和特征，并对其进行评价。
2. 什么是人力资源共享服务中心？它的功能和作用如何？分析这一管理模式的适用性。
3. 人力资源战略形成有哪两种模式？分别有哪些主要特征？

案例4 三个城市最低工资回归分析

○ 基本介绍

最低工资，是指为了保护劳动者的基本生活，在劳动者法定工作时间提供了正常劳动的前提下，其雇主（或用人单位）支付的最低金额的劳动报酬。最低工资一般由一个国家或地区通过立法制定。在国外，除了政府可以制定最低工资之外，某些行业的组织也可以自行制定该行业的最低工资。最低工资可以用月薪制定，也可以用每小时的时薪制定。最低工资的制定反映了监管机构对劳动者权益的保护。在国外，最低工资是政府对劳动市场的正当干预。

我国《劳动法》第四十八条规定，国家实行最低工资保障制度。用人单位支付劳动者的工资不得低于当地最低工资标准。最低工资标准每年会随着生活费用水平、职工平均工资水平、经济发展水平的变化而由当地政府进行调整。我国劳动和社会保障部《最低工资规定》于2003年12月30日颁布，2004年3月1日起施行。最低工资标准的确定和调整方案，由各省、自治区、直辖市人民政府劳动保障行政部门会同同级工会、企业联合会/企业家协会研究拟订，并报经劳动保障部同意。

○ 最低工资的构成

确定最低工资标准一般要考虑的因素有：当地城镇居民生活费用支出、职工个人缴纳社会保险费、住房公积金、职工平均工资、失业率、经济发展水平等。确定的方法通常有比重法和恩格尔系数法。比重法是确定一定比例的最低人均收入户为贫困户，再统计出其人均生活费用支出水平，乘以每一就业者的赡养系数，加上一个调整数。恩格尔系数法是根据有关数据，计算出最低食物支出标准，除以恩格尔系数，再乘以赡养系数，加上调整数。

下列项目不作为最低工资的组成部分，单位应按规定另行支付：

(1) 个人依法缴纳的社会保险费和住房公积金；
(2) 延长法定工作时间的工资，即加班工资；
(3) 中班、夜班、高温、低温、井下、有毒有害等特殊工作环境、特殊条件下的津贴；
(4) 伙食补贴（饭贴）、上下班交通费补贴、住房补贴。

○ 三城市的最低工资标准数据

我国内地所有省、自治区、直辖市人民政府均正式颁布实施了当地的最低工资标准。以下选取了三个较有代表性的城市，查阅相关统计资料得到其近十年来的最低工资标准数据如表2-11、表2-12和表2-13所示。

表2-11　　　　　　　　　海口市最低工资标准

年　　份	2002	2003	2004	2005	2006	2007
最低工资标准（元/月）	450	450	500	500	580	630
年　　份	2008	2009	2010	2011	2012	2013
最低工资标准（元/月）	630	630	630	830	830	1050

表2-12　　　　　　　　　成都市最低工资标准

年　　份	2000	2001	2002	2003	2004	2005	2006
一档区最低工资标准（元/月）	240	240	340	340	450	450	580
二档区最低工资标准（元/月）	215	215	310	310	400	400	510
年　　份	2007	2008	2009	2010	2011	2012	2013
一档区最低工资标准（元/月）	650	650	650	850	850	1050	1200
二档区最低工资标准（元/月）	550	550	550	780	780	960	1070

注：一档区包括成都市锦江区、青羊区、金牛区、武侯区、成华区、成都高新区、龙泉驿区、青白江区、新都区、温江区、都江堰市、双流县、郫县、新津县等14个区（市）县；二档区包括成都彭州市、邛崃市、崇州市、金堂县、大邑县、蒲江县等6个县（市）。

表2-13　　　　　　　　　上海市最低工资标准

年　　份	2003	2004	2005	2006	2007	2008
最低工资标准（元/月）	570	635	690	750	840	960
年　　份	2009	2010	2011	2012	2013	
最低工资标准（元/月）	960	1120	1280	1450	1620	

从上述表格可以看出：

海口、上海、成都三个城市的最低工资标准逐步上升，上海每年调整一次（除2008年），成都和海口至少每两年调整一次，但三个城市在2008年和2009年的最低工资标准没有调整，其原因是受到经济危机的影响，人力资源和社会保障部为了减缓企业的负担，稳定就业岗位，暂缓调整最低工资标准，以应对经济危机。

三个城市的最低工资标准水平呈现上海＞成都＞海口，体现了我国地区经济、居民收入发展水平的差异性。

（资料来源：根据海南省人力资源和社会保障厅网站 www.hi.lss.gov.cn、上海市人力资源社会保障网 www.12333sh.gov.cn、四川省人力资源和社会保障厅网站 www.sc.hrss.gov.cn 和其他相关资料整理）

思考题：

1. 运用统计软件对三个城市的最低工资进行回归分析，描述各城市的最低工资发展态势，得出三城市未来5年的最低工资预测值。

2. 根据上题得到的最低工资发展趋势，分析该趋势对企业人力资源需求的影响。

3. 影响人力资源需求的因素主要有哪些？

案例5　三亚学院师资队伍发展战略问题与对策

○ 学校发展战略

三亚学院是由吉利集团投资于2005年经由教育部批准成立的三亚市第一所民办普通本科院校，坐落于海南省最南端的热带海滨城市三亚市落笔洞风景区。自2005年创办以来，三亚学院取得了快速的发展，目前拥有约2万人的在校学生，占地面积3000亩，在职全职教职工1000余人。学校拥有学术交流中心、艺术中心、实验中心、计算机中心、高科技图书馆、标准游泳池、高尔夫练习场、现代体育场、风雨运动场以及篮排网球场等系列现代化教学、生活设施。截至2013年，学校下设13个教学学院和1个教学部，开设了60个本科专业（含专业方向），覆盖法学、文学、经济学、管理学、工学、理学、农学、教育学、艺术学等九个学科门类。

在2012年中国独立学院排行榜"100强"中，三亚学院排名第三，并于2012年由"海南大学三亚学院"升格为"三亚学院"，在部分省市的录取批次为本科第二批。

三亚学院自2004年筹建以来，在海南省省委省政府和三亚市市委市政府的全力呵护下，学校以"让学生更好地走向社会"为使命，坚定"成为高水平民办大学的最优秀代表"，注目国际、前瞻未来、紧贴社会、创业创新，保持着高效率高质量的发展状态。

2011年，该校开启"十年卓越进程"，以质量建构式内涵发展为核心，以更加开阔的视野、更有效的办法，集中更多样的资源，走多样化、高水平、跨越式发展之路。通过高校联合和创新创业强校、人才质量立校、特色品质兴校的战略，该校精心实施人才培养工程、学科建设工程、队伍建设工程、科学研究工程、国际化工程、升办学层次建设工程、科技创新园工程、创业教育工程、校园规划与建设工程、办学特色工程等十大工程，全面提升三亚学院办学品质，建设高水平特色大学，以更优秀质量的教育服务于学生，服务于社会。

实施"三亚学院人才战略"，建立一支结构合理、高水平有能力、适合学院发展，且能与学院共奋进的教师队伍是未来实现创建"高水平特色"大学目标的核心因素。

○ 教师队伍来源与结构

三亚学院目前共有教职员工1000余名，专职教师900余名，学院的教师队伍主要来源于以下几个方面：

从国内、外高校引进的有丰富教学经验的优秀教师；

来自国内、外重点大学的以硕、博士为主的优秀应届毕业生；

部分专业有来自国内外各学科、各专业行业内有名的专家、教授。

根据学科建设需要，来源于大型企事业单位实践经验丰富且有一定理论水平的双师型优秀教师。

三亚学院目前的教师队伍主要是退休返聘教师、本科或硕士刚毕业被录用的青年教师和具有讲师以上职称或博士学位的中青年骨干教师等三部分组成。师资队伍结构如下：

1. 学位结构

通过分析三亚学院的教师学位结构表（见表2-14），可以看出，三亚学院教师的学位大部分在硕士及硕士层次以上，具有硕士学历及以上的教师所占比例为66%。而博士学历的教师所占比例偏少，仅占10%。

表2-14　　　　　　　三亚学院教师学位结构

类别	博士	硕士	学士
比例	10%	56%	34%

2. 职称结构

通过对教师的职称结构（见表2-15）分析，可以看出三亚学院教师中级职称和高级职称占教师总数的比重比较大，而初级职称和其他无职称教师占教师总数的比重比较小。但高级职称的教师大部分是50岁以上的退休老教师，中青年教师高级职称比例偏小。

表2-15　　　　　　　三亚学院教师职称结构

类别	高级	中级	初级或无职称
比例	32.20%	40.80%	27%

3. 年龄结构

从表2-16中可以看出，处在中年阶段30~49岁的教师比例占所有教师

35%的比例，比例太小，还不到50%。30岁以下和50岁以上两头年龄阶段的教师共占65%，比例偏高。

表2-16　　　　　　　　　三亚学院教师年龄结构

类别	30岁以下	30~49岁	50岁以上
比例	30%	35%	35%

○ 存在的问题

由于三亚市地属后发展经济城市，主要经济来源依靠旅游产业，当地的基础教育、公共设施和服务等资源相对薄弱，且政府缺乏配套的硬性人才引进措施，当地的企事业单位面临着高端人才难引进、人才短缺的困扰。作为办学历史不久、地处三亚市的三亚学院也遇到了同样的问题。目前制约三亚学院进一步发展的人才问题主要有：教师年龄结构相对不合理，呈年轻化和年老化的两头"哑铃式"状态；部分年轻教师归属感不强，相对不稳定；许多返聘的退休教师缺乏工作热情，以来三亚安度晚年的心态比较明显，不能起到有效发挥余热和"传帮带"的作用。

具体存在的问题见如下分析：

（1）30岁以下的青年教师偏多导致学院教师跳槽率加大。年轻人就业选择面较宽，具有一定的随机性，这就加大了三亚学院教师的流失率。部分年轻教师更倾向于节奏快、高挑战性的工作，所以三亚学院教师跳槽到其他公司的不少；部分青年教师计划继续学习和深造，但是三亚学院"朝九晚五"的坐班制以及学院并未允许教师停薪留职去学习，让教师继续深造受到阻碍，所以有部分青年教师选择辞职来继续自己的学业。

（2）从前面三个表格可以看出，三亚学院青年教师和老年教师居多，青年教师容易跳槽；老年教师工作的激情和动力相对青年教师较弱；对中年教师来说，他们倾向于不太愿意离开公办高校而到民办高校就职。这些方面从侧面也反映了民办高校与公办院校相比，在福利待遇以及稳定性方面还有一定差距。

（3）太年轻的教师以及职称较低的教师在教学、实践方面经验尚待加强，在培养学生方面也会有一定的不足。由于学院已经度过建设初期快速组织教师队伍来满足学院教学需求的状态，进入师资队伍结构调整，提高教师队伍水平，步入学院内涵建设发展关键时期。因此需要重点关注具有副高以上职称或具有博士学位的中青年骨干教师队伍的引进工作。

(4) 地理位置给教师生活、学习带来了不便。虽然三亚学院的地理环境很优美，但是毕竟因为地处城郊，交通不便利，生活物资与城市的相比也有很大差距。三亚学院教师普遍认为学院附近的生活成本偏高。同时，因为学院不在城市里，有不少教师认为照顾家庭有一定困难。

(5) 民办高校教师的人事关系挂靠在劳动市场的人才交流中心，民办高校的教师觉得工作竞争大，压力也大，职业风险较高。所以有志于教育事业的教师也难免会更倾向于公办学校。这就造成了三亚学院部分有学历、高职称的教师跳槽到公办学校。

(6) 绩效考核制度的不完善让教师觉得缺乏工作成就感，导致教师跳槽。学院对于表现好坏的奖惩机制不完善，致使教师缺乏工作动力，认为"干多干少一个样，干重干轻一个样，干与不干一个样"，从而严重打击了教师的工作积极性。教师认为在三亚学院工作没有成就感，成长空间不大，所以也有部分教师因为这个原因选择了辞职。

高等院校的性质决定了教师队伍必须稳定，教师队伍的不稳定性会给学院教学以及管理带来困扰。目前，学院教师普遍存在一种打工心态，对学院的归属感不强。没有相对稳定的师资队伍，教学质量难以得到保障，更谈不上学科建设的稳定发展，同时也提高了学院的人力资源成本，影响了学院的长期发展。

○ 对策措施

为了提高学校的办学水平，更好地吸引和留住高级人才，从根本上提升学校核心竞争力，三亚学院对教师管理策略进行了积极的探索与实践。在未来十年的"卓越进程"中，三亚学院要走现代大学之道，创造一个现代化的大学，需要继续引进并培养一批能与学院阳光事业共发展、有事业心的中青年骨干人才，继续加强人才软环境建设，积累软资源，打造一支优秀的人才队伍。

(1) 树立新的人才理念。学院突破了传统意义上只简单重视学历、职称的人才观，提出了"有才就用"、"唯才是用"、"合适的人才就是优秀的人才"、"轻相马、重赛马"等一系列价值一致、适宜学院自身发展和现代社会实际要求的人才理念，在确保人才同质性的同时，将"本土适应"、"本土亲和"、"本土职责"与"本土作为"作为检验人才的一大关键。

(2) 采取多渠道引进聘任人才。三亚学院在干部聘任制度上，不唯学历、资历而论，敢于启用有能力的人才，为教师发挥才干创造优良的制度环境。一是引进全职人才，主要是管理岗位、满足教学和科研基本需要的教师和高层次人才；二是引进兼职人才，在全国范围内遴选与三亚学院办学战略与学科专业建设相符、办学急需的优秀师资来进行授课、讲座，例如，三亚学院的开办的"三亚大讲堂"，"中青年骨干人才战略高级研修班"，分别聘请了国内外百余位著名学者讲学；三是搭建"会议平台"，先后举办了中俄、中德、国际旅游岛人才战略、国际人学会等多个国际会议论坛，与多个发达国家及国内发达地区高层次人才互动交流，在提升学院知名度的同时，也吸引了大批人才来院工作。

（3）培训与考核评估。教学需要创新，因此教师需要不断加强学习以提高自身素质和能力，三亚学院正逐步建立起教师继续学习、深造及培训体系。学校对教师实施的培训主要有岗前培训、骨干教师培训、专业研讨、校际学术会议、学术交流、学历教育培训、教育信息技术培训等形式。专项、系统地开展各类培训，保证人才有效性。

为防止出现"引进时是人才，入校后沦落为普通人"的消极行为，杜绝集体平庸的现象，学院通过系统的"岗前培训"、"在岗培训"、"定期培训"等方式，以及"教学年终评估"、"科研阶段评估"、"全院全员年终考核"等机制不断强化个人的职业意识和竞争意识；另外，通过"待岗学习培训制度"促使暂时落伍教职工适应环境、积极工作，以保证人才普遍的积极性和组织持续高昂的士气。

对于新入职的教师，专门设立为期一年制的培训办法，为每位新教师安排对应的导师进行一对一的辅导培训，帮助他们理解教师职业的意义、素养、操守，加强主人翁责任感和奉献精神；教育他们认识、理解并践行三亚学院的基本理念、基本制度和基本文化，明确三亚学院教师职责规范；促使他们初步掌握教学基本理论和基本技能，过好课堂教学关；带领他们尽快融入以"志业、敬业、专业、乐业、有团队精神"为价值向度的三亚学院师资团队，使他们成为合格的三亚学院教师。

（4）薪酬福利。三亚学院在薪酬体系设计上注意发挥激励作用，首先，学院通过保证教师在同行业中具有竞争力的基本工资，普遍提高各类教职工的薪酬待遇，水涨船高，不断洞察市场平均工资水平，提高教职工的工作积极性。其次，学院在薪酬分配上打破"大锅饭"，不唯资历唯能力，2009年三亚学院出台一套绩效考核办法，实行薪酬与绩效挂钩，分别针对部门工作、中层干部、教师、辅导员以及职能管理人员进行同层横向考核。对教师的考核内容主要包括教师教学任务、科研（含教改）任务完成情况、工作态度以及综合素质的表现。从一定程度上激励了教职员工，提高了他们的工作主动性。

三亚学院的福利主要包括：保险福利主要有养老保险、失业保险、医疗保险、住房公积金、生育福利等；经济性福利额外收入，即特殊节假日的奖金、实物分配等。

除了薪酬福利，三亚学院物质激励还包括年终奖、专项奖、科研津贴、岗位津贴、期权奖励等。专项奖根据所获得的各种奖项确定，科研津贴根据科研成果确定，岗位津贴是以所担任职务为依据。

（5）其他措施。此外，三亚学院还不断投入，出台系列优化激励措施、稳定人才的政策，包括以下几点：

① 本着"有恒产才有恒心"的人才思路，从2005年起酝酿并落实为教师提供优惠的"高知园区"住房和相应的购房补贴，解决人才的安居乐业的基本问题。

② 积极解决教职工子女的上学及家属就业等困难。

③ 设立绩效考核奖金体系。

④ 为专业主任及以上教师配备笔记本电脑。

⑤ 持续增加教学活动经费的投入。

⑥ 提高对有才华有潜力教职工科研工作的资助力度。

⑦ 扩展教职工不断竞争和合作发展的平台，使教职工实实在在感受和共享学院发展的成果。

⑧ 由于校区地处市郊，所以每天开通通往市区和海边教师交通车，校内电瓶车接送教职工上下课等，不断完善和优化师生工作、学习和生活的环境。学院希望通过这些福利激励来免除教师的后顾之忧，从而加强教师对学校的归属感，以便更大程度地激发教师的工作热情。

○ **仍待解决的问题**

三亚学院在教师管理方面采取了卓有成效的措施，但仍存在以下一些问题尚待解决。

1. 教师民主参与决策问题

首先，管理部门、院领导与教师沟通不多，双方信息交流较少。虽然自2010年学校开启卓越进程以来，学校领导已经开始重视学校的民主参与度问题，在具体制定某项涉及较大问题的政策时会通过大会的形式先征求各层教职工的意见，但是由于各学院领导在参与民主的过程中理解能力和执行力的不足，使得在执行民主管理的过程中教师的民主参与程度积极性和责任性不够,造成教师对学校管理参与实际上较少,对学院的一些行政活动了解也不多,使得教师与行政部门互相之间存在着不信任感和沟通不够畅通,对学校的文件、制度、理念、文化理解有所偏差。例如,由于教师和行政人员双方都不明白对方的工作内容及工作压力,行政人员容易产生教师课时费挣得多,工作单纯、轻松这些歪曲的想法,而教师则容易产生行政人员不用面对学生,天天坐办公室,工作闲等错误的想法。其次,尽管学校领导提倡一切行政部门都是为老师服务的,且在每次大会和绩效考评中也非常重视行政管理部门的服务质量和服务态度,但是,少数分院领导来自原来公办院校,受到"官本位"思想的影响,部分学院由行政权力管理和控制学院教师行为的现象还是存在,教师在所管理的分院的地位没有提高到应有的位置,几乎每一个本来的"服务部门"都变成了"权力部门",这大大影响了教师的积极性。

2. 目标管理问题

一个人的价值是社会价值和自我价值的统一,所以建立教师激励机制的目标是实现学院的办学目标,那么就需要将这一宏观目标具体化,并且还需要根据不同时期设置不同的工作目标,建立的激励机制应当是动态的、发展的。例如,三亚学院在建校初期并没有相关的培训、科研、教改等方面的激励制度,但是发展到现在,学院必然要考虑这些环节的激励机制。学院不同发展时期设置的工作目标能够帮助教师更清楚地了解学院发展的态势,从而更加清楚地明白自己应当奋斗的方向。

3. 培训与发展问题

三亚学院的培训在涉及具体各个学院、专业时并没有完全针对不同教学单位的教师需求或者岗位需求进行设置,只是构建一个总体的培训方案,而且监督和检查的力度不够,责任也不够明确,所以各个分院在执行过程中容易与学校的总体培训目标脱轨,使这些系部的培训流于形式,造成培训的效果大打折扣。另外,三亚是一个科学研究信息交流相对封闭的地方,而且三亚学院与其他高校的交流也较少,尤其是普通教师与其他高校教师的学术交流很少,这样容易造成学院文化过于封闭的现象,不利于开拓教师的眼界和提高学术水平。除了校内培训外,很多中青年教师有进一步深造的想法,特别是一些硕士学历的教职工,经调查,有60%硕士学历的教师对学校在学历深造方面表示不满意。

4. 职业生涯管理问题

职业生涯,是指一个人一生中连续担负的工作职业和工作职务的发展道路。

一个人的事业究竟应向哪个方向发展，可以通过制定一个生涯规划明确起来。生涯规划是一个人确定自己今后想要从事什么职业、什么组织工作、担任什么职务或职位，并且为达到这个目标所进行的必要的知识、能力等方面的不断提高而做出的规划。在民办高校中，由组织与个人共同制定一个符合教师发展的生涯规划，使教师明确自己一生将要奋斗和可能实现的目标，是高校树立"以人为本"管理理念的核心，既是高校吸引人才和留住人才的有效手段，也是高校长期健康持续发展的关键所在。可是，职业生涯规划在我国还是一个新生事业，只有一部分外资、合资企业以及个别国内大型企业引入生涯管理。我国民办高校在这方面基本还处于空白地带，有的民办高校虽涉及一点生涯规划，但也是"蜻蜓点水"，"犹抱琵琶半遮面"。帮助教师制定一份有效的生涯规划，是民办高校吸引人才和留住人才的保证，更是民办高校实现从传统人事管理向现代人力资源管理转变的必经之路。

5. 薪酬福利方面的问题

（1）学院的基本工资大部分主要取决于教师的学历、职称、岗位等因素，绩效的等级差别不大。同时，校内岗位津贴所占比重较小，导致实际收入与工作业绩直接联系的不是很大，容易产生同工不同酬或同酬不同工的现象。例如，在行政管理岗位上年轻教师承担的岗位任务很重，每天需要坐班，尤其是各分院办公室主任、辅导员或班主任等行政工作人员，岗位职责里要求他们不仅要完成专任辅导员或班主任的各种烦琐的日常行政事务，又要做好办公室各种琐碎的杂事。但薪酬得到的奖励不多，甚至学历工资比教师岗位学历基础工资还低。

（2）由于对教职工每年通过考核优秀增加的津贴不高，绩效考核体系所发挥的激励作用有限，给绝大多数的教师带来多做少做一个样，做与不做一个样的错误认识。虽然，在基本工资上实行的是年薪制，但大多是原来公办高校的老模式，每月按基本工资、各项补贴、校内津贴三部分构成发放工资，只有担任干部职务的人员增发了与职务和业绩相联系的岗位工资、绩效奖金、专项津贴，根据赫兹伯格的双因素激励理论，显然不足以对教师这类高层次人才形成足够的激励。

6. 绩效考核问题

学院在年终奖分配制度上显得随意性比较大，曾有教师戏称发年终奖就像摸彩票——全靠运气。学院没有明文规定年终奖的分配制度。系部的年终奖分配往往由系部负责人来执行，但是系部负责人与普通教师接触不太多，对于普通教师的表现，教研室主任级别相对较了解，而系部负责人在分配时有时未能参考教研室主任的意见，在分配时就容易出现打印象分的情况，这样很容易挫伤优秀员工的工作积极性，放弃努力，甚至会让教师产生一种歪曲的想法，那就是不需要脚踏实地地工作，只需要在系部或院领导面前多露脸，表现活跃就可以。由此可见，这样的分配制度会影响学院办公环境以及师德、校风建设，对于一个学院的文化建设无疑是一块"绊脚石"。

7. 教师职业荣誉感问题

"荣辱之心，人皆有之"，从理论上讲，人们的需要是从生理需要到社会需要再到精神需要不断由低级向高级发展的，当个人的物质利益得到满足后，社会需要和精神需要就占据主要地位。显然，民办高校教师有受到信任，获得表扬、肯定和接受荣誉、提高知名度的需要。合理运用荣誉激励，往往能够取得物质激励所不能达到的激励效果。但由于受内外环境的影响，该校教师在各种先进的评比、参加竞赛活动方面还是存在一定的不公平待遇，该校内部的评优也往往流于形式。

（资料来源：傅萍：《三亚学院教师激励机制研究》，海南大学 MBA 硕士学位论文，2013 年，有删改）

思考题：

1. 结合案例材料和有关理论，分析三亚学院师资队伍发展所面临的外部环境和内部环境。

2. 针对三亚学院在师资管理方面存在的问题和已经采取的措施，你有什么评价？有什么更好的改进措施？

3. 为了实现三亚学院的发展战略，在师资队伍发展的战略和规划方面，应如何进行匹配性地设计？

本章参考文献

[1] 赵曙明. 人力资源战略与规划（第三版）. 北京：中国人民大学出版社，2012.

[2] 空中客车首席人力资源官巴利（Thierry Baril）被授予"年度最佳人力资源负责人"称号，空中客车公司（Airbus）官方网站（中国）2013 年 6 月 4 日新闻稿。

[3] 傅萍. 三亚学院教师激励机制研究. 海南大学 MBA 硕士学位论文，2013.

[4] 上海市人才发展"十二五"规划. 上海市人力资源和社会保障网.

第三章 工作分析

第一节 工作分析概述

一、工作分析的含义

分析者采用科学的手段和技术,直接收集、比较、综合有关工作的信息,就工作岗位的状况、基本职责、资格要求等做出规范的描述与说明,为组织特定的发展战略、组织规划、人力资源管理以及其他管理行为服务的一种管理活动。

工作分析是就岗位进行分析,是一个收集、加工和处理岗位相关信息的过程,以图全面了解和明确该岗位在公司内的岗位目标、职责、权限等信息。具体包括岗位有关 Why、What、How、Who 的问题。不是针对任职者个人的分析,而是针对岗位的分析,是事实不是判断。

二、工作分析的类型

(1) 按客体分布范围分:有广义和狭义之分。

广义:针对整个国家和社会范围内岗位工作的分析;

狭义:针对某一企业/组织内部各岗位工作的分析。

(2) 按目的分:分为单一目的型和多重目的型。

（3）按工作分析的切入点分：分为岗位导向型、人员导向型、过程导向型。

岗位导向型：主要是针对工作任务调查；

人员导向型：主要是分析人员工作行为；

过程导向型：主要是针对生产环节调查。

三、工作分析的目的

（1）促使工作的名称与含义在整个组织中表示特定而一致的意义，实现工作用语标准化。

（2）确定工作要求，以建立适当的指导与培训内容。

（3）确定员工录用与上岗的最低条件。

（4）为确定组织的人力资源需求、制订人力资源计划提供依据。

（5）确定工作之间的相互关系，以利于合理的晋升、调动与指派。

（6）获得有关工作与环境的实际情况，利于发现导致员工不满、工作效率下降的原因。

（7）为制定考核程序及方法提供依据，以利于管理人员执行监督职能及员工进行自我控制。

（8）辨明影响安全的主要因素，以及时采取有效措施，将危险降至最低。

（9）为改进工作方法积累必要的资料，为组织的变革提供依据。

四、工作分析活动五环节

工作分析的整个过程包括五个环节：计划、设计、信息分析、结果表述、运用指导。

（一）计划

（1）确定工作分析的目的与结果使用的范围，明确所分析的资料到底用来干什么，解决什么的管理问题；提出原来任职说明书主要条款存在的不清楚、模棱两可的问题或对新岗位任职说明书提出拟解决主要问题。

（2）明确分析客体，选择分析样本，以保证分析样本的代表性与典型性。

（3）确定所要分析的信息内容与方式，预算分析的时间、费用与人力。

（二）设计

（1）选择分析方法与人员。人员的选择主要由经验、专业知识与个性品质等来决定。

（2）组建工作分析小组，分配任务与权限。工作小组一般由工作分析专家、岗位在职人员、上级主管等参加。

（3）作好时间安排，制定分析标准。

（4）选择信息来源。信息来源包括工作者、主管、顾客、分析专家、词典、文献汇编等。

（三）信息分析

信息分析即收集、分析、综合所获得的信息资料。包括四个方面的分析：

（1）工作名称分析：工作特征的分析与概括、名称的选择与表达；

（2）工作规范分析：工作任务、工作责任、工作关系与工作强度的分析；

（3）工作环境分析：包括物理环境、安全环境与社会环境的分析；

（4）工作条件分析：必备的知识、经验、技能和心理素质的分析。

此环节的具体工作包括：仔细审核、整理获得的各种信息；创造性的分析、发现有关工作与工作人员的各种关键成分；归纳总结出工作分析的必须材料和要素。

（四）结果表述

对工作分析的结果进行总结，编制规范的工作分析结果，主要有四种表述形式：工作描述、工作说明书、资格说明书、职务说明书。

（五）运用指导

通过工作分析，将职位划分为不同的类别和等级，为进行人力资源管理各项工作提供基础与依据。具体工作内容包括：宣传、贯彻、应用、改革、完善等。

五、工作分析中的术语

工作要素：工作中不能再继续分解的最小动作单位。

任务：为达到某一明确目的所从事的一系列活动，任务是要素的集合。

职责：组织要求的在特定岗位上需要完成的任务，职责是任务的集合。

职权：依法赋予的完成特定任务所需要的权力。

职位：某一时间内某一主体所担负的一项或几项相互联系的职责集合。职位一般和职员一一对应，一个职位即一个人。

职务：主要职责在重要性与数量上相当的一组职位的集合或统称。职务与职员不是一一对应，一个职务可能有几个人分担，即可能不止一个职位。如"副厂长"的设置。

职业：是不同时间内，不同组织中，工作要求相似或职责平行（相近、相当）的职位集合，如会计、工程师等。

职业生涯：一个人在其生活中所经历的一系列职位、职务或者职业的集合或者总称。

职系（职种或工作族）：由两个或两个以上有相似特点的工作组成，指职责繁简难易、轻重大小及所需资格并不相同，但工作性质相似的所有职位集合。如人事行政、社会行政、财税行政等都属于不同的职系。每个职系就是一个职位升迁的系统。

职组（职群）：工作性质相近的若干职系的集合。如人事行政和社会行政可以称为普通行政职组，财税行政与保险行政可以并入专业行政职组。

职门：若干工作性质大致相近的所有职组的集合。

职门：若干工作性质大致相近的所有职组的集合。如行政职门包括人事行政、社会行政、财税行政与保险行政等。

职级：在同一职系中，繁简难易、轻重大小及任职务条件十分相似的所有职位的集合。工作内容、难易程度、责任大小、所需资格皆很相似的职位。

职等：工作性质不同或主要职务不同，但其困难程度、职责大小、工作所需资格等条件充分相同的职级为同一职等。

第二节　工作分析的内容与结果

一、工作分析的具体内容

工作分析的具体内容包括岗位责任、资格条件、工作环境和危险性，以及其他相关信息。

（一）岗位责任

岗位责任是工作分析内容的主要部分。

1. 责任的种类

工作责任大体可分为两类：

（1）管理责任。这种责任是影响其他人员工作的方式，或对他们的工作进行帮助和指导。

分析管理责任应考虑的因素有：被管理层的人数，管理的性质和程度，管理的公开程度，管理是直接的还是间接的，管理工作的类型，管理对象的熟练程度（如是不熟练的、半熟练的、还是熟练；是专业的还是业余的）。

（2）非管理责任。这种责任包括制作产品的责任，保管某些特定材料其不受损害的责任，保护机器和设备的责任，与其他人员合作的责任，保护他人安全的责任等。

2. 如何对岗位责任进行简洁明了的描述

（1）用主动性的功能动词来描述。

每句话都要用主动性的功能动词开，如检测、分类、衡量等。

（2）使用专业术语。

尽可能地避免含义模糊的术语。要用一些可以明确表述工作步骤术语或短语。例如，当从事"手雕木制品"的工作时，不要描述成"制木制品"，因为"制作"远不及"手雕"含义明确。

尽可能地从数量上予以描述。例如，要用"切入木头4厘米"；要说"提25千克的物体"，而不是"提起很重的物体"。

（3）记录任务。

要对某项工作责任做出有意义的描述，不仅要给出该项责任中各个不同活动的说明，而且要说出它们之间的联系，要使读者了解到各项活动之间的关系。

（4）注意任务的先后顺序。

某些与制作产品有关的工作，排列任务最简单的方法是按照时间顺序，或者按产品制作的过程环节排列。还有一些工作，特别是相互关联的一系列活动，则必须根据功能重新排列，以便能够以一种更有逻辑性的、更容易理解的方式来描述工作，突出主要任务。

（5）刻画任务的质量和数量要求。

对每项任务给予质量和数量方面的明确规定，有利于工作者的操作。

(6) 写好开场白。

这是工作描述中最有效的开头。开场白是多个短语，介绍每项任务。应该先以描述做什么的主要动词组成动宾词组，然后对如何去做以及为什么这样做予以详细说明。

（二）资格条件

资格条件分析的内容包括工作经验、智力水平、技巧和准确性、体力要求、其他心理素质要求。

1. 工作经验

工作经验是指完成岗位工作、解决相关问题的实践经验。分析工作经验要考虑的因素有：

(1) 完成工作任务所做决定的性质和对经验的依赖；

(2) 对管理的重要程度；

(3) 工作人员实践经验的深度和广度；

(4) 获得经验的途径：实践、教育、培训，还是兼而有之；

(5) 工作是否需要书面指令；

(6) 工作中是否需要机器维修、装卸设备方面的知识；

(7) 工作是否要用到数学知识，所需数学知识的类型；

(8) 工作中是否用到特定方式；

(9) 需要什么工具或仪器；

(10) 需要用到哪些原材料，工作人员是否具备哪些相关知识；

(11) 工作人员是否需要对相关成果进行检查和核对，他们需要具备哪些相关知识；

(12) 工作人员是否懂得其下属的工作。

2. 智力水平

智力水中涉及头脑反应、注意力集中程度和计划水平等方面的要求。智力水平包括的四种能力是：独立能力、判断能力、应变能力、敏感能力。

3. 技能要求

这里的技能要求是指技巧和准确性，技巧是指速度、敏捷程度、反应能力等；准确性反映生产产品，调配设备的精确程度，允许范围内的误差等。

4. 体力要求

一般用体力活动的频率和剧烈程度来衡量。

分析体力时应考虑下列活动的要求：
☆行走　弯曲　携带　手势　平衡　伸展　投掷
☆谈话　爬行　下跪　推进　听取　攀缘　坐
☆站立　传递　手触　闻　转身　举起　感觉
☆休息

5. 其他心理素质要求

例如，品德、兴趣、情趣，这些方面解决了是否愿做，以及是否可以做好的问题。对相关心理素质的描述包括责任心、认真、仔细、严谨、虚心、随意、好动、外向等。

（三）工作环境和危险性

分析工作环境时应该考虑的因素有：
○室内　阴冷　变化　爆炸　室外　时间限制
○机器损伤　紫外线辐射　炎热　整洁程度
○寒冷　气味　单独工作　合作　温度聚变
○阳光　尘埃　通风等

分析危险性时应该考虑的因素有：
○烧伤　骨折　扭伤　残疾　听力失真　心理压力
○过度刺激　视力衰弱　职业病　突然死亡等

（四）其他相关信息

（1）工作概括：工作分析的主题、日期、名称、代号、工作人数及性别分类、工作分析的主体的别名。

（2）经验和培训：最低要求、优先权（一般在劳动力市场供求关系不太紧张时才会用到）。

（3）与其他工作的关系：包括组织内部联系和外部联络。

（4）非工作行为条件：相关证书、工具和设备、年龄限制、婚姻状况、国籍、政治面貌、对工作的适应程度等。

（5）说明：资料背景、使用的设备和原材料、技术术语的定义等。

二、工作分析的结果与表现形式

工作分析的直接结果形式是工作描述，其再生形式包括：工作说明书、资格说明书、职务说明书。

（一）工作描述

工作描述主要是对工作环境、工作要素及其结构关系的说明（见表3–1）。工作描述的显著特征在于：它以一种概括而简明的形式向人们直接描述了工作是什么（What），为什么做（Why），怎样做（How）以及在哪里做（Where）等基本信息。

表3–1　　　　　　　　　　　　工作描述的内容

项　　目	具体内容
工作识别项目	名称、副标题、代码、等级、工资类别、地位、汇报关系
工作概要	对工作任务、目的及结果形式的全面简明的描述
手段	机器（M）、工具（T）、装备（E）、工作辅助设施（WA）
材料	原料、半成品、物资、资料、其他用于工作的材料
技术和方法	把原料输入变成产出的专门方法
任务行为	（1）产出数量/质量、技术和方法、行为和工艺流程的管理模式和规定； （2）对所做工作的描述，包括：人员与资料、人、物以及完成工作应该遵循的指导方针之间的相互影响
环境	物理的、心理的、情感的环境，雇佣关系状况，与其他工作的相互关系
补充信息	以上未提及的，但是对操作化目标制定必要而且有用的细节术语的解释

资料来源：萧鸣政．工作分析的方法与技术（第三版）．北京：中国人民大学出版社，2010：10.

（二）工作说明书

工作说明书又称职位说明书、职位描述、职位界定或岗位说明等，主要是对某一职位或岗位工作职责任务的说明。它仅描述职位本身，而与从事或即将从事此工作的人员无关。

职位说明书包括的常规内容有：

（1）职位名称；（2）组织关系；（3）工作目标（摘要）；（4）主要职责；（5）工作知识；（6）能力要求；（7）技能要求；（8）个性倾向；（9）经验；（10）教育/训练；（11）身体要求；（12）工作环境；（13）与其他岗位的关系；（14）工作时间；（15）工作人员的特性；（16）选任方法。

某车间技术人员职务工作说明书如表3–2所示。

表 3-2　　　　　　　　　某车间技术人员职务工作说明书

职务：实验车间技术员	职务编号：15038
部门：技术开发部	职务等级：8

工作范围	从事实验工作，包括零部件的设计、加工、装配和改造
责任范围	1. 根据图纸或工程师的口头指示，运用各种机械工具或安装设备，加工、改造产品； 2. 与工程师及车间主任一道，改进生产工艺； 3. 操作机床、使用焊枪并从事钳工的工作； 4. 阅读有关图纸及说明； 5. 指导本车间工人操作机器
仪器、设备及工具	普通车床、六角车床、成型机、钻孔机、磨削机、电锯、冲压机、测量仪及其他手工工具
资格条件	高中毕业或具有同等学历，具备 3~4 年操作各种机械设备的经验，有较高的理解、判断能力，会看图纸，能熟练完成实验操作，身体健康

资料来源：萧鸣政.工作分析的方法与技术（第三版）.北京：中国人民大学出版社，2010：17.

（三）资格说明书

资格说明书主要用于说明任职者需要具备的资格条件及其胜任该项工作的相关素质。资格说明书一般由该岗位的上级主管、任职者及工作分析人员共同编制。

资格说明书的主要形式包括计分图示式、表格式和文字表达式。

（1）计分图示式。

这种方法一般把操作活动所涉及的能力归纳为 25~30 种，然后通过对话和问卷等手段，对所分析的职务的每种能力用 5 点表记分（也可用 7 点或 11 点）。

（2）表格式。

用表格的形式来描述任职资格，表达对任职者所要求的品质、各种品质的重要性、训练时间和原因等内容。

（3）文字表达式。

用文字来描述岗位工作对任职者心理品质的具体要求，具有突出重点、分析细致的优点。缺点是：缺乏量的估计，无法对所需要的心理特征进行定量的分析。

（四）职务说明书

职务说明书是工作描述再生形式中最为完整的一种，对某一职务工作职责权限及其任职资格等内容进行全面的说明，包括工作说明书和资格说明书中所有的甚至更多的内容。

职务说明书具体内容包括：工作状况、工作概要、工作关系、工作任务与责任、工作权限、考评标准、工作过程与方法、工作环境、工作工具、任职资格条件、福利待遇及其他说明。

第三节 工作分析的基本方法

一、观察分析法

（一）含义及要求

一般是由有经验的人，通过直接观察的方法，记录某一时期内工作的内容、形式和方法，并在此基础上分析有关的工作因素，达到分析目的的一种活动。观察的形式有公开观察、隐蔽观察、他人观察与自我观察等。

在观察中，所有重要内容都要记录下来，一般以标准格式进行记录；同时应选择不同的工作者在不同的时间内进行观察，目的是消除分析者对不同工作者行为方式上的偏见，消除工作情景和时间上的偏差。

（二）适用的范围

一般来说，观察分析法比较适用于短时期的外显特征的分析，适合于比较简单、不断重复、容易观察的工作分析，如流水线上的作业工人、警察、飞机驾驶员等；而不适合于隐蔽的心理因素的分析，不适合于没有时间规律与表现的工作，如脑力活动（律师、设计工程师、科学家），突发或偶发事件（如地震救援等）。

（三）优点与局限性

优点：通过观察，把有关工作各部分的内容、原因、方法、程序、目的等信息记录下来，把取得的职务信息加以整理。可以了解到广泛的信息，取得的信息比较客观和正确。

局限性：

（1）要求观察者有足够的实际操作经验；

(2) 不适用于工作循环周期长的工作；

(3) 不能得到有关任职者资格要求的信息。

(四) 分类

在具体实施中，观察分析法有工作者自我记录法和写实性工作分析法两种。

1. 工作者自我记录法

当观察者与被观察者合二为一时，观察分析就成为工作者自我记录法，即工作者按照标准格式，如工作日志形式，及时详细地记录自己的工作内容和感受，然后在此基础上综合分析，实现工作分析的目的。这一方法适用于管理岗位或其他随意性大、内容复杂的岗位工作分析。

工作日志法由本人记录最为经济和方便，一般要连续记录10天以上。因为记录者可能会带有主观色彩，因此，要求事后要对记录分析结果进行必要的检查矫正，这一工作可以由工作者的直接上级来实施。工作日志示例如表3-3所示。

表3-3　　　　　　　　　　工作日志示例

工作日志（封面）

姓名：
年龄：
岗位名称：
所属部门：
直接上级：
从事本业务工龄：
填写日期：自月日至月日

工作日志填写说明（封二）

(1) 请您在工作开始前将工作日志放在手边，按工作活动发生的顺序及时填写，切勿在一天工作结束后一并填写。
(2) 要严格按照表格要求进行填写，不要遗漏细小的工作活动，以保证信息的完整性。
(3) 请您提供真实的信息，以免损害您的利益。
(4) 请您注意保存，防止遗失。
感谢您的真诚合作！

工作日志记录表

5月29日工作开始时间8：30　　　　工作结束时间17：30

序号	工作活动名称	工作活动内容	工作活动结果	所耗时间（分钟）	备注
1	复印	协议文件	4页	6	存档
2	起草公文	贸易代理委托书	800字	75	报上级审批
3	贸易洽谈	玩具出口	1次	240	承办
4	布置工作	对日出口业务	1次	20	指示

续表

序号	工作活动名称	工作活动内容	工作活动结果	所耗时间（分钟）	备注
5	会议	讨论东欧贸易	1次	90	参与
…					
16	请示	贷款数额	1次	20	报批
17	计算机录入	经营数据	2屏	60	承办
18	接待	参观	3人	35	承办

资料来源：萧鸣政. 工作分析的方法与技术（第三版）. 北京：中国人民大学出版社，2010：91-92.

2. 写实性工作分析法

当观察的对象与内容为某个片断时，常采用写实法。通过对工作内容和过程的如实记录，当大量的事实记录下来后，按照它们所描述的内容进行归类，最后就可以清晰地了解实际的工作，有助于对工作及其任职者的全面了解。

二、主管人员分析法

由主管人员通过日常的管理权力来记录与分析所管辖人员的工作任务、责任与要求等因素。这一方法的理论依据是主管人员对这些工作有相当深刻的了解。这种方法可能会由于主管人员存在一些偏见而带来分析结果的偏差，消除偏差的方法是可将这一方法与工作自我记录法相结合。

采用主管人员分析法常用表格有：工作调查表、职位工作分析表。工作调查分析表示例如表3-4所示。

表3-4　　　　　　　　　　工作调查分析表示例

职位名称：	职位编号：
部门：	有效日期：
工作地点：	职等：
主管	工资单编号：
职位设置目的：	

续表

主要职责：
_____
_____

所管人数：　　　（1）直接管理人数：　　　（2）间接管理人数：
制表：　　姓名：　　职务：　　签字：　　日期：
审核：　　姓名：　　职务：　　签字：　　日期：
工资主管审批：　　姓名：　　　　日期：
终审：　　姓名：　　日期：
终审：　　姓名：　　日期：
组织结构：（以方框图描述）
直接主管：　　职位名称：　　职等：
本职位：　　职位名称：　　职等：
直属职位：　　职位名称：　　职等：
职位名称：　　职等：
职位名称：　　职等：
任职要求：
受教育程度方面：
_____
_____

经验方面：
_____
_____

资料来源：萧鸣政. 工作分析的方法与技术（第三版）. 北京：中国人民大学出版社，2010：94-95.

三、访谈分析法

当工作分析人员不能够实际去做观察、不可能去现场观察或者难以观察工作者时，则可以采用访谈的方式。访谈分析法既适用于短时间可以把握的生理特征分析，也适用于长时间才能把握的心理特征分析。

采用访谈法时应事先准备好问卷或提纲。访谈的对象可以是工作者、主管人员或者工作者的同级与下级。从形式上分，可以采用个别访谈或集体访谈；从程度上分，可以采用一般访谈或深度访谈。

四、问卷调查分析法

这一方法是最通用的工作分析方法，通过结构化的问卷来收集信息，不必亲临

· 97 ·

现场观察。

这一方法的成功关键在于问卷的设计是否科学合理。问卷可分为通信问卷与非通信问卷的集体问卷、检核表问卷与非检核表问卷、标准化问卷与非标准化问卷、封闭式问卷与开放式问卷等。

问卷调查表由工作执行者填写，包括基本资料、工作时间要求、工作内容、工作责任、任职者所需知识技能、工作的劳动强度、工作环境等内容。

用于民警工作分析的检核表如表 3-5 所示。

表 3-5　　　　　　　　用于民警工作分析的检核表

民警任务调查表

逐步核对，在符合本职任务的项目上划"√"，并说明它对工作的重要性

代号	N	1	2	3	4	5
重要性	无关	很低	低	一般	高	很高

1. 保护交通事故现场证据_____
2. 在经常发生事故的地段注意防止新事故_____
3. 使用闪光信号灯指挥交通_____
4. 使用交通灯指挥交通_____
5. 捕捉违章驾驶员并填写情况表_____
6. 估计驾驶员的驾驶能力_____
7. 对违反交通规则的人解释交通规则和法律知识_____
8. 跟踪可疑车辆，观察违章情况_____
9. 签发交通传票_____
10. 对违反交通规则的人发出警告_____
11. 监视交通情况，搜寻违章车辆和人员_____
12. 检查驾驶执照或通行证_____
13. 参加在职培训_____
14. 参加射击训练_____
15. 操作电话交换机_____
16. 擦洗和检查装备_____
17. 维修本部门的交通工具_____

资料来源：萧鸣政. 工作分析的方法与技术（第三版）. 北京：中国人民大学出版社，2010：103-104.

五、其他工作分析的方法

其他工作分析的方法还有工作实践分析法、文献资料分析法等。

工作实践分析法是通过工作分析人员亲自参加、从事被分析工作来实现工作分析目的的方法。文献资料分析法通过查阅、分析相关的文献资料来达到工作分析的目的。

第四节 任务分析、人员分析和方法分析

一、概述

任务分析、人员分析和方法分析是工作分析的综合方法。工作分析的综合方法是建立在工作分析基本方法与工具之上的较为复杂的方法。任务分析侧重于工作内容结构的分析,人员分析侧重于工作要求方面的分析,方法分析侧重于工作方法的揭示。

二、任务分析

(一) 基本概念

任务是工作活动中一组具有特定目标的行为组合。任务是工作的组成部分,一项工作就是分配给某人的一组任务,工作由特定人员、职位或者工作种类承担的所有任务组成。

(二) 任务分析的步骤

任务分析是自上而下进行的,具体包括以下步骤:
(1) 制订任务分析方案,确定执行这一方案所要求的人员条件,明晰其职责,并对相关人员进行培训;
(2) 进行工作系统职能和工作系统运行分析;
(3) 形成任务分析的结果描述。

(三) 任务分析的基本方法与工具

基本方法和工具有五种:决策表、流程图、语句描述、时间列、任务清单。

1. 决策表

决策表把工作活动中的条件与行动加以区分,根据不同的条件采取不同的对策,并以表格的形式揭示出来。加油工作的决策分析如表 3-6 所示。

表3-6　　　　　　　　　　加油工作的决策分析表

条件	A：需要加油	Y	Y	Y	N	N	Y = 条件具备
	B：油没有加够	N	Y	N	Y	N	N = 条件不具备
	C：需要擦挡风玻璃	N	N	Y	N	N	
行动对策	对策1：加油	√		2			
	对策2：检查是否加够		3				
	对策3：询问是否加满		4		√		进行"√"的行动或按号码顺序行动
	对策4：擦洗			2			
	对策5：收费	√	1	1			
	对策6：无行动					√	

资料来源：萧鸣政．工作分析的方法与技术（第三版）．北京：中国人民大学出版社，2010：123．

2．流程图

流程图又叫逻辑树，它以工作活动流程图的形式来揭示工作任务的操作要素和流向。

3．语句描述

语句描述，通过语言形式来揭示工作任务中的要素、关系及其运作要求。例如，劝说顾客去买汽车，前半句为工作内容，后半句为工作目标。

语句描述要注意以下几点：

（1）尽量使用主动句；

主动句结构为：行动者—行为—行为目标。

（2）一项任务描述中，只能包含一个行动和一个目标。

（3）尽量用定量化语句。

4．时间列

依据工作时间长短与顺序来揭示整个工作过程中各项任务的轻重与时间关系。表3-7的"记实分析总表"是时间列的示例。

表3-7　　　　　　　　　　记实分析总表

序号	工作活动名称	所耗时间（分钟）	发生次数
1	复印	6	5
2	起草公文	75	8
3	贸易洽谈	240	7
4	布置工作	20	5

续表

序号	工作活动名称	所耗时间（分钟）	发生次数
5	会议	90	5
6	请示	20	1
7	计算机录入	60	1
	总计	511	32

5. 任务清单

任务清单把岗位工作活动中所有的任务逐一列出，让被调查的人选择并标明前后顺序、重要程度或困难程度等。

任务清单是把工作任务按照职责或其他标准以一定的顺序排列起来，然后由任职者根据自己工作的实际情况对这些任务进行选择、评价等，最终理顺并形成该工作的工作内容。

（四）方法比较与应用

任务分析方法比较如表3-8所示。

表3-8　　　　　　　　任务分析方法比较一览表

	决策表	流程图	语句描述	时间列	任务清单
表现形式	表格	工作活动流程图	语言	工作时间长短和顺序	列出所有任务
表现特点	抓住任务的条件、形式，把工作活动的条件与行动加以区分，用表格形式建立条件与行动的对应关系。	用工作活动流程图揭示工作任务的操作要素与流向。	通过语言形式来揭示工作任务中的要素、关系及运作要求。	依照工作时间长短与顺序来揭示整个工作过程中各任务的轻重与关系的形式。	列出所有任务，让被调查者选择并标明前后顺序、重要程度或困难程度等。

资料来源：萧鸣政. 工作分析的方法与技术（第三版）. 北京：中国人民大学出版社，2010：125.

（五）编制任务描述书

进行任务分析后，我们就要编制任务描述书，表现有关的分析成果。任务分析描述书又叫任务分析表。分析表的内容包括：

（1）操作序列图；

(2) 从操作序列中提取的主要任务清单；

(3) 规范任务描述书的专业术语清单；

(4) 可用来核实有关数据的模拟装置或操作设备；

(5) 其他所需物品。

三、人员分析

（一）基本概念

人员分析是对工作人员与工作有关的个性特征进行分析和描述。

（二）人员分析的内容

人员分析的内容包括分析与工作有关的人员的能力、技能、知识、资格、个性、兴趣、价值观、态度、动机等。常用到的词汇"KSAO"是"知识、技能、能力和其他个性特征"的英文缩写，它是泛指与工作有关的个人特征。

（三）人员分析的方法与技术

人员分析的主要方法和技术有：美国劳工部（DOL）系统、职能分析系统、医疗人员分析系统（HSMS）、职位分析问卷（PAQ）、能力分析量表（ARS）、关键事件分析技术（CIT）、工作要素分析方法（JEM）。

（1）DOL系统是美国劳工部开发和使用的一个职位定向分析系统，其人员分析内容是直接从工作描述中得出的，可以分析工作人员应具备的六种个人特征，包括教育与培训（含学历教育、职业培训）、才能、气质、兴趣、身体要求和环境条件。这种方法是工作分析的基础系统，易于理解和使用，并产生了很大影响，其缺点是量表粗糙、术语混乱。

（2）职能分析系统最大的贡献在于提出了普通教育量表和个人技能分类方法（分为适应技能、职业技能和特殊技能）。

（3）医疗人员分析系统（HSMS）含有一个确定任务所需技能水平的步骤与网状系统，依据各项任务采用现成的18个量表来认定技能。它所关注的是工作者应具备的行为类型和水平，所以实际运用起来方便有效，为HSMS人员分析奠定了基础，在实现平等就业方面获得了好评。这种方法也有一定局限性，如在技能需求界定上依赖于对任务的描述过程，并且该系统中一半的技能在很大程度上和医疗保健相关，所以对其他产业或领域缺乏普遍意义。

(4) 职位分析问卷（PAQ）是一个工作者定位系统，包括与工作有关的众多工作行为，界定了68种人员特征，这些特征基本上取自《职业名称大辞典》，在这68种特征中，41种智能特质，27种属兴趣和气质因素。这些人员特征适用于许多工作和工作情境，但篇幅过长，此工具长达28页，解释复杂，其元素和特征有一定的局限性。

(5) 能力分析量表（ARS）研究对象是比工作技能更复杂的能力，提出了一份人员能力表和一系列确定特定工作对人员能力需要的方法。该系统提出了37种能力并归纳成4类能力：智能、体能、心理动能、对感知的处理能力；使用两种方法来进行人员分析：一是使用量表，二是使用流程图。该系统覆盖面广且设计先进，但并不完善，不适用于描述含有多种元素、多重关系、充满变化的工作。

(6) 关键事件分析技术（CIT）的优点在于通过事件反映实际状况，将关键事件转化为用个人特征条目来描写的行为类别或行为维度，为推断关键的KSAO提供了逻辑基础。这一方法的缺陷是：基本行为可能被忽略、报告可能被歪曲、经常带有明显的主观性。运用这种技术需要极高的技巧，有时需要采用第二次转换，两重转换提供了不同观点和交叉验证的机会。

(7) 工作要素分析方法（JEM）是美国联邦人事管理署开发的，为联邦政府职员甄选编制测验题提供了依据。工作要素包括知识、技能、能力、愿望、兴趣、个人特征等，这一方法通过对工作素质类别（四个类别的划分：几乎不可接受的素质、优良素质、可导致损失的素质、现实素质）与等级划分（可分为三个等级），来分析与确定某项工作应该要求的素质或子要素。其操作方法具有客观性，但过于依赖职位分析者来总结素质。

四、方法分析

（一）基本概念

方法分析是指过程分析或程序分析，它是以整个工作过程中的"方法"为分析对象的，是在任务、步骤等静态分析的基础上再作动态分析，以便找到改进工作流程和提高工作效率、效果的优化途径。

（二）分析思路和对象

方法分析的思路一般是从宏观到微观，从整体到局部，从大的方面到小的细节，逐步深入地分析整个工作活动。

方法分析的对象包括：工作流程、方案方式、动作（作业行为）。

(三) 方法分析技术

1. 问题回答分析技术

通过提问的方式进行目的分析、地点分析、顺序分析、人员分析和方法分析，以消除工作中的多余环节，合并同类活动，使工作流程更为经济、合理和简捷。

问题回答分析技术有五个操作步骤：（1）目的分析；（2）地点分析；（3）顺序分析；（4）人员分析；（5）方法分析。

2. 有效工时利用率分析技术

通过对工作过程中各种行为实际花费时间的分析，揭示整个工作过程组织的合理性与有效性，从而更加充分、合理地利用工作时间。

有效工时利用率的计算公式如下：

$$有效工时利用率 = (制度工时 - 停工工时 - 非工作工时 - 休息生理系原工时) / 制度工时 \times 100\%$$

3. 鱼刺图分析技术

针对问题的原因，采取发散性思维的方法，把所有可能对问题产生影响的因素反映在一张图上，从而找到问题的原因所在并提出改进措施和优化方案。

鱼刺图分析技术的操作步骤是：

（1）明确现有方法问题所在；
（2）画出现有方法所有影响因素与问题的关系图；
（3）从所画的鱼刺图中找到产生问题的原因；
（4）根据所确定的原因，提出改进措施。

作图时的注意事项有：

（1）充分发扬民主，把各种意见记录下来；
（2）原因分析应当细到便于采取具体措施为止；
（3）大原因未必是主要原因；
（4）措施实施后，还应再用排列表等检查其效果。

4. 路径分析技术

路径分析技术实际上是一种研究多个变量之间多层因果关系及其相关强度的方法。由美国遗传学家 S. 赖特于 1921 年首创，后被引入社会学的研究中，并发展成为社会学的主要分析方法之一。路径分析的主要目的是检验一个假想的因果模型的准确和可靠程度，测量变量间因果关系的强弱。

路径分析技术的操作步骤是：

(1) 明确方法问题所在；
(2) 找出影响工作方法的所有因素，开列在图纸上；
(3) 定性分析，确定所有因素之间的影响方向，确定双向还是单向；
(4) 定量分析，确定所有因素在各影响方向上的大小；
(5) 确定实质影响因素，提出解决方案和措施。

5. 网络分析技术

通过网络图形式和数字计算，对现有工作方法进行逻辑分析的一种技术。网络分析技术的操作步骤是：广泛采用的网络分析技术有关键路线法（Critical Path Method，CPM）和计划评审法（Program Evaluation and Review Technique，PERT）。

1956年，美国杜邦公司在制定企业不同业务部门的系统规划时，最早采用关键路线法，其基本思想是：将计划编制成网络图，在一个庞大的网络图中找出关键路线。对各关键工序，优先安排资源，挖掘潜力，采取相应措施，尽量压缩需要的时间。完成各个工序需要时间最长的路线称为关键路线，或称为主要矛盾线，组成关键路线的工序称为关键工序。如果能够缩短关键工序所需的时间，就可以缩短工程的完工时间。而缩短非关键路线上的各个工序所需要的时间，却不能使工程的完工时间提前。即使在一定范围内适当地拖长非关键路线上各个工序所需要的时间，也不至于影响工程的完工时间。

1958年，美国海军武器规划局，在制订研制"北极星"导弹计划时，应用了计划评审法，该方法注重于对各项工作安排的评价和审查。鉴于两种方法的差别，CPM主要应用于以往在类似工程中已取得一定经验的承包工程；PERT更多地应用于研究与开发项目。

6. 程序优化技术

通过对各项工作任务作不同的排列与组合，寻找最佳操作方式。具体是在已有的流向图的基础上，检查并把它调整为最优。

程序优化技术的操作步骤是：
(1) 做好第一个流向图；
(2) 检查所作的流向图是否最优；
(3) 把流向图调整为最优。

7. 数学技术

最常用的是线性规划分析技术，其操作步骤是：通过线性规划技术找出最优解，再把最优解与现行工作方法中的解进行比较以找出实际差距，最后根据实际差距与有关条件找出改进措施。

案例1　城管执法人员的岗位分析

"城管"是城市管理行政执法局或城市管理综合行政执法局执法人员的简称，对城管执法人员岗位的理解，请阅读以下三个材料，并查阅相关资料，回答后面的思考题。

○ 什么是"城管"，国外媒体的报道

1. 中国地方执法者，在执行任务过程中常常会卷入一些公众冲突事件。——《泰晤士报》
2. 主要的任务就是驱赶街头无照商贩，以及检查各类许可证。——《印度媒体》
3. 一些处理轻微犯罪和无序状态的雇员。——《卫报》
4. 一种警察力量。——《每日电讯报》

○ 湖南××县城管被曝打死瓜农，受害者曾是劳模

2013年7月17日上午，湖南××县城管局工作人员在执法过程中，与南强莲塘村村民邓××发生争执冲突，邓××死亡。

事发地位于湖南郴州××县文昌路桥头，多名目击者称，2013年7月17日上午，邓××夫妇在临武大道摆摊卖西瓜，被城管以无着装、无证经营的理由罚款100元，并从邓三轮车上搬走一些西瓜。邓××的妻子上前阻拦，与城管发生推搡。随后，邓氏夫妇将西瓜摊转移到舜峰镇政府门口。

目击者何先生称，上午10点左右，邓氏夫妇准备将小车上的西瓜卸下时，10多名城管赶到，双方再次发生争执，"邓先生夫妻俩遭到七八个城管殴打，随后邓先生躺地上一动不动。"

死者小姨子黄女士回忆，7月17日上午9点，其姐姐和姐夫在解放南路卖西瓜，突然来了十几个城管，一句话也没说，把三轮车上的西瓜搬到城管车上，"当时姐姐在一边求情让把西瓜和秤还给他们，但城管不愿意。"之后其姐姐和城管起了争执，10点半左右，其姐姐和姐夫推着剩余的西瓜转移到文昌路桥头去卖，随后城管也跟了过来，"他们一下车就抢姐夫的大秤，同时，五六名城管用秤砣和铁棍朝姐姐、姐夫两人身上打去，并拳脚相加……"

另一位在现场目击了整个事情经过的死者家属补充说，一个城管拿起了秤砣砸向邓××头部，邓当即倒在了地上，邓倒下时，并没有当场死亡。救护车

大概过了一个多小时之后才来。但那个时候邓××已经死掉了。

邓××死亡后，遗体一直摆在事发现场，一些群众自发围了起来。其间，城管欲来搬运尸体，被现场群众阻止。据邓一名家属介绍，邓××是××县南强乡莲塘村人，56岁，卖的瓜也是自己家种的，平时为人很老实，还曾经被××县农业局评为种植劳模。

2013年7月18日下午，××县政府宣传部门发布通报称，昨天上午，××县城市管理行政执法局工作人员在执法过程中，与南强镇莲塘村民邓××发生争执，邓××突然倒地死亡。

事件发生后，县委、县政府立即召开会议研究部署，全力做好善后处置和慰问工作，全力查清事件原因。同时，他们成立了事件调查组、群众工作组、维护稳定组、善后工作组等，立即开展工作。

○ 31岁城管队员被小贩刺死

2010年8月30日早晨，××市蔬菜副食品批发市场附近的一马路市场发生命案，当地几名城管队员在依法进行马路市场管理时，一名31岁的队员在毫无防备的情况下，遭一名摊贩持刀袭击，胸腹部被连捅两刀后倒地。该城管队员因伤势过重，经医院抢救无效死亡。事发后，行凶摊贩潜逃，3小时后即被擒获。当天，当地有关部门认定死亡城管队员因公殉职。

2010年8月30日早上9点，在事发现场，每天早晨摊贩聚集、秩序混乱的场景已经不再，道路也被清扫得干干净净，丝毫看不出"马路市场"的迹象。但在××蔬菜副食品批发市场南侧围墙外的巷口处，一大摊血迹仍依稀可见。附近一报亭的摊主说，她早上7点来开门时，这里已经围了一大群人，大家都在议论城管人员被捅的事，那摊血好像就是城管被捅倒地后留下的。

原来，当日早上5时，早起的××市崇川区城管局和平桥中队城管队员刘××与同事以及协管员4人，像往常一样对阻碍交通、妨碍市容的"马路市场"进行管理。该"马路早市"位于市区濠西路××蔬菜副食品批发市场南侧围墙外，华东轻纺城对面。大约5点10分许，城管队员刘××等人在对一名占了快车道卖冬瓜的流动摊贩进行管理。在管理中，刘××暂扣了该菜贩的电子秤，并告知次日到城管局接受处理。其后，该菜贩跟随继续在现场进行管理的城管队员刘××讨要电子秤未果，遂拔出随身携带的水果刀威胁刘××，要求其归还电子秤。刘××见状上前抓住菜贩双手欲将其制服。相持中，菜贩持水果刀刺中刘××右中腹部，后挣脱后又持刀朝刘××左胸部刺去，致刘××当场倒地。行凶后，菜贩逃脱，但3小时后被抓获。

事发后，刘××被紧急送往××市第一人民医院，但经医院全力抢救，终因伤势过重，不幸身亡。据了解，刘××，当年31岁，部队转业，2009年刚被崇川区城管局和平桥中队录用为城管队员。

（资料来源：综合以下资料，有删改。潘珊菊：《湖南临武县城管被曝打死瓜农》，京华时报2013年7月18日A20版；郭小川：《江苏南通城管遭摊贩刺死被认定为因公殉职》，扬子晚报2010年8月31日A03版）

思考题：

1. 城管人员需要具备哪些任职条件？你认为是否有必要为城市管理执法人员配备更好的防护设备？请结合工作描述中的"工作手段（装备）"分析之。

2. 城管执法人员的工作任务与职责如何确定？试为其编制岗位说明书\职务说明书。

3. 为防止案例中类似事件的发生，你还有哪些好的建议？

案例分析：

1. 城管人员需要具备哪些任职条件？你认为是否有必要为城市管理执法人员配备更好的防护设备？请结合工作描述中的"工作手段（装备）"分析之。

参考答案：

城管人员应具备下列任职条件：

(1) 具有正确的价值观，爱岗敬业；

(2) 具备一定文字处理和文案书写能力；

(3) 会讲普通话，懂本地方言者优先；

(4) 具备较强的沟通能力，能同执法客体进行有效沟通，保证高效执法；

(5) 熟悉城市管理相关政策法规及条例，做到按章执法；

(6) 具备良好的职业道德操守，能够做到文明规范执法；

(7) 具备灵活果断处理突发事件的能力，能够控制突发事件现场，保证处理决策及时有效合法；

(8) 体质强健，身体素质过硬，具备较高自我防卫能力；

(9) 具备一定驾驶技能，能够熟练驾驶一般机动车辆；

(10) 其他条件还包括：文化程度、年龄、身高、形象的要求等。

为城市管理执法人员配备更好的防护设备，我们认为是合理的，理由如下：

(1) 为了城管人员人身安全着想，因为暴力抗拒执法事件时有发生；

(2) 装备精良，更具正规化和威慑力，提高执法威信；

(3) 更好的装备，能增强城管人员的自信，激发城管人员的工作热情，提高执法效果。

事实上，目前北京等地已为城市管理执法人员配备了更好的防护设备，起到了好的效果。

可为城市管理执法人员配备的工作材料和防护装备包括：相关政策法规的宣传手册，制服，防刺背心、头盔、防割手套、通信工具、货车、载人面包车、机动摩托车等。

2. 城管执法人员的工作任务与职责如何确定？试为其编制岗位说明书\职务说明书。

参考答案：

城管人员的工作任务包括以下内容：

(1) 城管知识宣传：深入社区居民义务宣传和讲解城市管理有关知识，包括城市管理法律法规、节水爱水知识、文明乘车规则、燃气安全知识、环境卫生知识等内容；

(2) 行政执法：参与城管执法队员日常执法工作，包括规劝摊贩无证经营、违反市容秩序等行为；

(3) 环境卫生监督：参与城市市容市貌监督工作，包括参加城乡结合部和城中村的整治工作，查找城市卫生死角；

(4) 文明意识倡导：通过参加各类活动，在市民中积极倡导文明理念、公德意识，劝导市民的不文明行为，如随地吐痰、乱扔垃圾、破坏绿化、不给老弱病残让座、破坏公共市政设施、不排队上车等；

(5) 公共设施维护：参与市政设施、园林绿化、内河设施等城市基础设施的养护，积极带动市民增强爱护公共设施意识；

(6) 园艺、水、气服务：为社区居民提供家庭养花、插花、树木选购和绿化养护等服务，提供家庭自来水管道维修、燃气安全咨询等服务；

(7) 城管指挥：主要任务是科学布置安排执法行动，准确把握处罚依据和尺度，适时宣传有关政策，灵活驾驭行动进程，客观总结行动成效。

城管人员的工作职责包括：

(1) 宣传动员城市居民树立文明意识，美化居家环境；

(2) 进行日常化、经常化的城市管理工作，保持城市卫生清洁整齐；

(3) 维护城市交通秩序畅通，市场秩序安全；

(4) 对在城市街道两侧商用建筑进行规范化管理，对城区内违章建筑及时发现，并下发停工拆迁通知；

(5) 制止和监督城市范围内的单位、摊点、住户的乱堆、乱放、乱建、乱挖、乱搭、乱贴、乱画、乱设摊点、乱架线、乱设标牌和广告牌等，对此类现象进行整治，对违规者进行登记。

我们编制的城管执法工作人员职务说明书（样本）如表3-9所示。

表3-9　　　　　　城管执法人员职务说明书（样本）

职务名称	城市管理行政执法员	所属部门	城管局城管执法大队
直接上级	城管执法大队队长	编写日期	2013-9-23
工作概要	负责执行城市管理政策法规条例，有效管理城市，维护城市良好秩序，确保市容市貌整洁，宣传城市管理相关制度规定，规劝违法人员遵守法律，提高人民群众的文明意识。		
工作关系	A. 外部联系（协调关系） 1. 环境保护局 2. 水务局 3. 住房和城乡建设局 4. 农业和林业局 5. 消防局 6. 国土资源局 7. 规划局		B. 内部联系（协作关系） 1. 服从执法大队队长领导和指挥 2. 贯彻执行城管局长指示精神 3. 加强同内部各科室的信息沟通及工作协调
工作任务	1. 城管知识宣传：深入社区居民宣传和讲解城市管理有关知识，包括城市管理法律法规、节水爱水知识、文明乘车规则、燃气安全知识、环境卫生知识等内容； 2. 行政执法：参与城管执法队员日常执法工作，包括规劝摊贩无证经营、扰乱市容秩序等行为； 3. 环境卫生监督：参与城市市容市貌监督工作，包括参加城乡结合部和城中村的整治工作，查找城市卫生死角，抓好公共卫生和疾病防治工作； 4. 文明意识倡导：通过参加各类活动，在市民中积极倡导文明理念、公德意识，劝导市民的不文明行为，如随地吐痰、乱扔垃圾、破坏绿化、不给老弱病残让座、破坏公共市政设施、不排队上车等； 5. 公共设施维护：参与市政设施、园林绿化、内河设施等城市基础设施的养护，积极带动市民增强爱护公共设施意识； 6. 园艺、水、气服务：为社区居民提供家庭养花、插花、树木选购和绿化养护等服务，提供家庭自来水管道维修、燃气安全咨询等服务； 7. 城管指挥：科学布置安排执法行动，准确把握处罚依据和尺度，适时宣传有关政策，灵活驾驭行动进程，客观总结行动成效		

续表

工作职责	1. 宣传动员城市居民树立文明意识，美化居家环境； 2. 进行日常化、经常化的城市管理工作，保持城市卫生清洁整齐； 3. 维护城市交通秩序畅通，市场秩序安全； 4. 对在城市街道两侧商用建筑进行规范化管理，对城区内违章建筑及时发现，并下发停工拆迁通知； 5. 制止和监督城市范围内的单位、摊点、住户的乱堆、乱放、乱建、乱挖、乱搭、乱贴、乱画、乱设摊点、乱架线、乱设标牌和广告牌等，对此类现象进行整治，对违规者进行登记
工作职权	1. 行使市容和环境卫生管理方面的行政处罚权； 2. 行使城市规划管理部分处罚权，拆除不符合市容市貌的建筑物和设施； 3. 行使园林绿化管理和市政管理方面的行政处罚权； 4. 对工商行政管理方面的无照经营和违反规定随意摆摊设点行为进行处罚； 5. 行使公安交通管理方面的机动车和非机动车侵占道路及违规经营行为的行政处罚权； 6. 行使环境保护管理方面的法律规章规定的对生活噪声污染，建筑施工噪声污染的行政处罚； 7. 行使城市河湖管理、节水管理方面的处罚权； 8. 行使法律、法规、规章规定或党委、政府规定的其他执法权限
工作地点	所辖城市街道和小区　　工作时间　1. 正常上班时间 　　　　　　　　　　　　　　　　　2. 特殊情况加班：时间待定
工作手段（装备）	相关政策法规的宣传手册，制服、防刺背心、头盔、防割手套，通信工具，货车、载人面包车、机动摩托车等
任职资格及能力要求	A. 基本资格 1. 性别 2. 年龄 3. 身高 4. 学历、经验等 B. 能力及技能要求 1. 具备一定文字处理和文案书写能力，能够定期有效总结工作经验教训，能够制作相关宣传手册等； 2. 会讲普通话，懂本地方言者优先； 3. 具备较强的沟通能力，能同执法客体进行有效沟通，保证高效执法； 4. 熟悉城市管理相关政策法规及条例，做到按章执法； 5. 具备灵活果断处理突发事件的能力，能够控制突发事件现场，保证处理决策及时有效合法； 6. 体质强健，身体素质过硬，具备较高自我防卫能力； 7. 具备一定驾驶技能，能够熟练驾驶一般机动车辆。 C. 其他素质要求 1. 具有正确的价值观，爱岗敬业，树立群众观，践行为人民服务宗旨； 2. 具备良好的职业道德操守，做到文明规范执法，促进城市氛围和谐； 3. 具有较好的形象气质

3. 为防止案例中类似事件的发生，你还有哪些好的建议？

参考答案：

为防止案例中类似事件的发生，我们的建议如下：

(1) 对城管执法人员进行选拔、培训，择优上岗，并定期考核和培训，提升城管执法人员素质，做到文明执法；

(2) 保证城管薪酬福利，消除不满情绪，提高工作积极性；

(3) 设置相关监督岗位，对不文明执法和暴力抗法进行监督并严厉打击，对文明执法和文明商贩进行表扬和奖励；

(4) 政府应科学合理地规划、设置商贩交易区；

(5) 对商贩进行一定的思想教育和政策宣传；

(6) 设立商贩联合会，保护商贩的合法权益，增强商贩凝聚力；

(7) 定期组织商贩联合会与城管部门的沟通，保障双方关系和谐，有利于双方工作的顺利进行。

案例2　空中交通管制员工作任务

国内空中交通管制单位没有进行系统的管制岗位工作任务分析，因而空管单位缺乏甄选、培训和考核管制员的科学依据，不能有效地对管制员进行科学的管理，影响管制单位对管制员的管理效率。

一、管制工作任务之间的相互关系

空中交通管制的目的是防止航空器与航空器相撞，防止航空器与障碍物相撞，维持并加速空中交通的有秩序的活动。通常采用的方法为程序管制和雷达管制，虽然方法不同，但是管制员最终都是通过保证航空器之间的水平间隔、横向间隔和纵向间隔来确保飞行安全，以确保飞机有秩序、安全地飞行。在此基础上，利用相关工作任务分析方法与中国实际管制工作相结合，借鉴国外的研究成果，确定管制工作的主要任务以及这些工作任务之间的关系，更全面地分析和理解ATC的工作，制定中国ATC的工作任务模型。管制员工作任务分为以下10个过程，如表3-10所示。

表3-10　　　　　　　　工作任务模型

管理过程：注意力转换	
五个主任务过程 任务1：接管席位/建立心理图式 任务2：监控 任务3：处理常规情况 任务4：处理请求/协助飞行员 任务5：解决冲突	四个子任务过程 子任务1：更新心理图式—保持情景意识 子任务2：检查 子任务3：寻找冲突/检查是否安全 子任务4：发布指令

这五个主任务过程和一个管制过程是管制员的主要工作任务，也是管制工作中最为常见、重复次数最多的过程，他们以监控为中心，相互关联。四个子任务是执行每一个主任务过程和管制过程中需要应用到的任务，贯穿于五个任务和一个管制过程之中。图3-1给出了任务过程、管制过程之间的相互关系流程图，表示了管制过程和五个任务过程之间的关系。从"接管席位"开始，进入"监控"过程，"监控"过程可以转换到另外三个任务过程：如果有潜在冲突，那么转换到"解决冲突"任务中；如果管制员接收到飞行员的请求，那么执行"处理请求/协助飞行员"的任务过程；如果有正常的飞行冲突，转到"处理常规情况"。其中，"处理常规情况"最终根据实际需要重新回到监控状

态或指向"解决冲突过程"。"解决冲突过程"和"处理请求/协助飞行员"又通过"转换注意力"完成现在任务和高优先级任务之间的转换,从而完成管制任务。

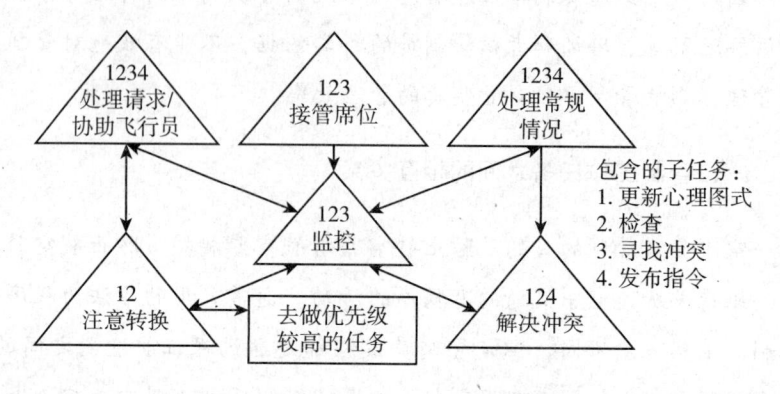

图 3-1 工作任务之间的相互关系

二、管制工作任务分析模型

由于篇幅有限这里只以管制员"接管席位"和"解决冲突"任务为例详细分析管制员交接班过程模型和管制员解决飞行冲突模型。

（一）接管席位

接班是管制员上班后的第一个任务,是管制员所有任务的开始,由图 3-2 接管席位模型表示,接班过程从交班前的简报开始,在管制员接班之前,他们需要更新工作情况信息,如使用工作频率、跑道变化情况、程序的变化以及与邻近扇区的协议变化等。这些信息在班前会议上由带班主任口头描述,或写在信息板上。根据对我国管制员的问卷调查显示,班前会议的主要内容是：当天的空军活动情况,是否有专机或者VIP,是否有通用航空飞行、跑道变化情况,天气是否有重大变化,是否有流量控制情况等。

在管制员接管席位的过程中,管制员就在大脑中构建起实际的空中交通状况下（飞行流量、天气）自己所辖扇区的特性,由交班管制员介绍当前的情况,交班管制员对接班管制员的介绍主要着重于一些潜在的冲突或者预期到的问题,以及他们准备怎样处理这些问题。他们也会告诉接班管制员一些特殊的或非正常的情况,已经做过哪些协调和一些特殊的天气情况。

在飞行流量较大时,接班管制员可能要在交班管制员为他做介绍之前先观察正在进行的活动一段时间,通过先前的检查,结合自己的心智模式收集的实际情况信息,建立自己对当前情况的心理图式,并且初步推断出即将交班管制

第三章 工作分析

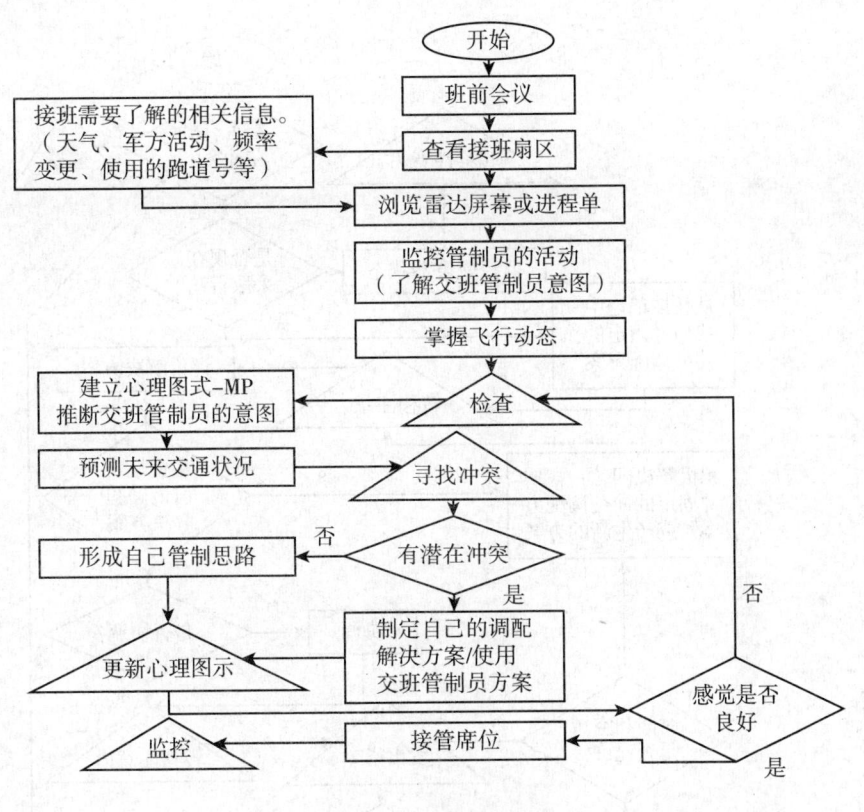

图 3-2 接管席位模型

员的扇区预案。根据自己建立的心理图式,他们预期未来交通情况的发展趋势,包括首次的冲突检测。如果没有冲突,则会根据自己的预期建立一个扇区预案,心理图式再一次被更新,区域管制员对当前情况做出评价,如果是安全的,即他们感觉良好,正式接管席位。如果有潜在冲突,他们会重新回到检查阶段。

(二) 解决冲突

"解决冲突"是管制员的核心任务之一,也是管制员的最终目的(图 3-3 是解决冲突模型)。"解决冲突"过程在预期是否有潜在冲突的时候开始,如果没有潜在飞行冲突,管制的管制直接转换到"监控"任务上,如果此时就有冲突,管制员就必须决定是立刻对冲突采取行动还是继续监视这个潜在的冲突一段时间。

如果他们选择了监控这个冲突一段时间,他们必须不时地转换注意力。如果他们决定行动,必须尽力去从基于自己经验的情景记忆中获得紧急解决方案即从长期记忆中找回固定的调配方案,根据管制员的陈述,这些冲突解决方案

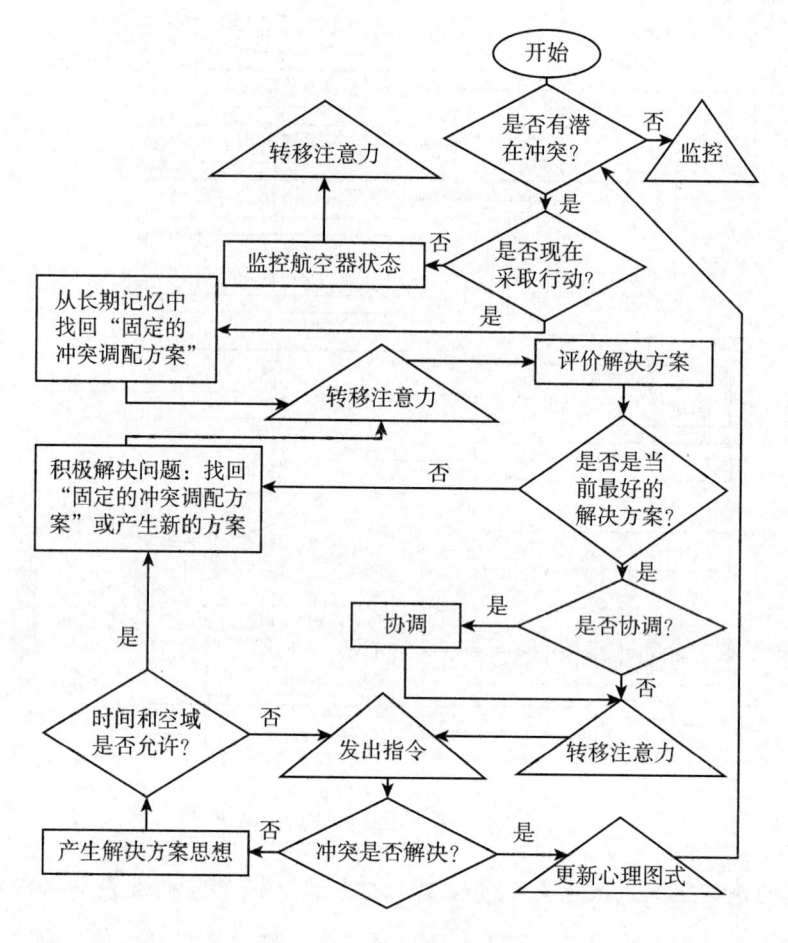

图 3-3 解决冲突模型

资料来源：项恒. 空中交通管制员工作任务分析. 空中交通管理，2008（9），有删改。

的集合被叫做"冲突解决库"。寻求解决方案时，首先采用"常规解决方案"。当管制员需要转移注意力到其他的问题或任务时，这个过程就会被打断。从情景记忆中获得的解决方案依然要经过评估。如果常规方案不适用或者说效果不能令自己满意，管制员需要从他们的"冲突解决方案库"中寻找一些"非常规"的方法或者通过基于知识型的问题解决方案解决问题。一旦他们找到了最好的解决方案，有必要的情况下，会与同事协调。在管制员向飞行员发出指令时，他们会转移注意力到高优先级的任务。如果飞行冲突最终解决，心理图式得到更新。管制员重新开始"冲突解决过程"或者重新回到监控状态。如果飞行冲突没有解决，管制需要重新寻找新的解决方案。在时间资源和空域资源允许的情况下，管制员会尽量寻求其他方案。这就是管制员"解决冲突"工作模型。

第三章　工作分析

思考题：

1. 请分析空中交通管制员的工作内容，并根据其行为特点，编制行为分析表。

2. 案例中的任务分析与一般的任务分析比较，异同点是什么？你从中得到那些启示？

3. 案例中任务分析的价值与作用是什么？

案例分析：

1. 请分析空中交通管制员的工作内容，并根据其行为特点，编制行为分析表。

参考答案：

空中交通管制员（Air Traffic Controller）是指管制员执照持有人（简称持照人）具有符合要求的知识、技能和经历、资格，并从事特定空中交通管制工作的人员。空中交通管制员在机场、地区空管局等地工作，负责指挥飞机的起降以及飞行过程中的安全监控，经常成天在塔台工作，较少为世人所知。

空中交通管制员主要工作内容一般分为塔台管制、进近管制、区调管制。

塔台管制：是高度最低、离机场最近的管制。管制员要管制跑道之外的地面上所有航空器的运动，负责给出航空器开动许可、进入滑行道许可，防止滑行途中和其他飞机、车辆、地面障碍物等相碰撞；对于进港的飞机，一般负责指挥500米以下、10公里以内的飞行与降落，给出飞机的起飞或着陆许可，安排飞机的起降顺序，安排合理的飞机放行间隔，保证安全。

进近管制：飞机下降对准跑道的飞行叫做进近。在进近阶段，驾驶员必须把注意力高度集中在准确的操作中，进近管制员则依靠无线电话和雷达管理这些在进近管制区飞行的飞机，把飞机接引到仪表着陆系统的作用范围内并把指挥降落的任务交给塔台管制员。对于起飞的飞机，进近管制员从塔台管制员手中接过指挥权，引导飞机进入航线。

区调管制：负责飞机的航路飞行指挥包括各飞行管制区的交接。负责向本管制区内受管制的航空器提供空中交通管制服务；受理本管制区内执行通用航空任务的航空器以及在非民用机场起降而由民航保障的航空器的飞行申请，负责管制并向有关单位通报飞行预报和动态。

编制空中交通管制员行为分析如表 3-11 所示。

表3-11　　　　　　　　　　空中交通管制员行为分析

过程	活动	具体行为	行为阐述
1. 感知	寻找和接收信息	监视	监视雷达显示屏
		觉察	察觉是否会有"交通堵塞"现象
	识别物体、活动	识别	识别雷达显示屏上的标识信息
		定位	能根据显示屏定位飞机位置
2. 认知	信息处理	记忆	记忆飞机位置
	解决问题、做出决策	计算	计算飞机时速，预测空中交通状态
		分析	分析出现某一现象的原因
		决策	及时作出决策，辅助飞行人员
3. 沟通	与飞行员之间进行沟通	回答	及时回答飞行员的问题
		通知	根据飞行的各个阶段，及时通知飞行人员相关事宜
		记录	对飞行过程中的重要信息做记录
		指导	指导飞行人员解决一些突发状况

2. 案例中的任务分析与一般的任务分析比较，异同点是什么？你从中得到那些启示？

参考答案：

案例中的任务分析与一般的任务分析比较，不同点如下：

(1) 分析方法不同。案例中的任务分析除了运用通常的任务分析方法，还借鉴国外的研究成果，结合国内空中交通管制发展实际，全面、综合地分析ATC的工作；而一般的任务分析方法有决策表、流程图、语句描述、时间列和任务清单，各种方法较为单一，具有局限性，并且可能不符合国际规范。

(2) 分析效果不同。案例中将任务分为管理过程、五个主任务过程和四个子任务过程，给出了这10个过程之间的详细的关系流程图，并制定出ATC工作模型，使ATC岗位职责和各项任务得到逐一归纳与整理，分析结果清晰、系统、规范。

(3) 此外，案例中所分析的任务本身也与一般的任务有所不同。一是工作任务之间的关系不同。管制员的主要工作任务以监控为中心，相互关联，是"开始—选择—完成—开始"的循环过程。而一般任务之间的关系有四种：①FS（完成—开始）关系；②SS（开始—开始）关系；③FF（完成—完成）关系；④SF（开始—完成）关系。二是子任务和任务之间的关系不同。此案例中四个子任务贯穿于五个任务和一个管制过程之中，子任务内容都是相同的，而对于一般任务的子任务而言，每个任务对应的子任务是不同的。

案例中的任务分析与一般的任务分析比较，相同点如下：

（1）分析的对象和基本内容是一样。都是在分析工作者的工作过程，对构成岗位职责的各项任务逐一归纳与整理，使之清晰化、系统化与模块化的过程。

（2）分析的目的和意义是相同的。都是为了更好地完成一项工作，都是为了检查出在操作过程中是缺少某些必要的操作，还是多出了一些不必要的操作。

从此案例的任务分析中可以得到的启示有：

（1）根据任务分析的内容选择合理的分析工具，即根据具体的职位，采取具体的方法，尤其是针对某个特殊的行业和工种。

（2）任务分析的各种分析方法具有各自的局限性，实际应用中应考虑综合采用多种分析方法。

（3）所学的工作分析方法可能会滞后，必要时在任务分析过程中要结合新的研究成果。对于一些国际通行的工作岗位，应结合国内外的先进经验进行综合分析。

（4）做技术性很强工作的任务分析时，需要工作分析人员有较高的专业知识，并且要求分析过程严谨，有条理。

3. 案例中任务分析的价值与作用是什么？

参考答案：

该案例中任务分析的价值与作用有以下几点：

（1）通过案例中的任务分析，可以得出"解决冲突"是ATC最核心的任务，细化的任务分析能够总结出交通管制员在执行任务中减少和排除错误的方法，以此对ATC进行培训，可有效防止航空器与航空器的碰撞，减少经济损失。

（2）利用综合工作分析方法与我国实际管制工作相结合的任务分析，能更全面地分析和理解ATC的工作，包括工作内容、岗位职责、权限、关系和任职要求，形成科学的空中交通管制员的工作说明书，使管制员的工作更加规范、有条理。

（3）空中交通管制员工作任务分析是ATC人力资源开发与管理的基础。工作分析所获得的信息不仅是分析管制员岗位存在的问题并提出改进方案的重要依据，而且可以作为空中管制单位科学选拔、培训和考核管制员的依据，提高空中交通管制单位对管制员的管理水平，提高航空行业的整体素质，确保航空畅通安全，防止空难事故发生。

案例3　某单位人力资源部经理岗位描述

下面是某单位的人力资源部经理岗位描述，请认真阅读后，分析回答后面的思考题。

人力资源部经理

岗位名称：人力资源部经理

直接上级：行政总监

直接下级：人事部主管、培训部主管

本职工作：负责公司人力资源的管理，为公司提供和培养合格的人才。

直接责任：

(1) 根据公司实际情况和发展规划拟定公司人力资源计划，经批准后组织实施。

(2) 制订人力资源部年度工作目标和工作计划，按月做出预算及工作计划，经批准后施行。

(3) 组织制订公司用工制度、人事管理制度、劳动工资制度、人事档案管理制度、员工手册、培训大纲等规章制度、实施细则和人力资源部工作程序，经批准后组织实施。

(4) 制订人力资源部专业培训计划并协助培训部实施、考核。

(5) 加强与公司外同行之间的联系。

(6) 负责在公司内外收集有潜力的和所需的人才信息并组织招聘工作。

(7) 审批公司员工薪酬表，报总经理核准后转会计部执行。

(8) 组织办理员工绩效考核工作并负责审查各项考核、培训结果。

(9) 制订述职周期经批准后安排述职活动。

(10) 审批经人事部核准的过失单和奖励单，并安排执行。

(11) 受理员工投诉和员工与公司劳动争议事宜并负责及时解决。

(12) 按工作程序做好与相关部门的横向联系，并及时对部门间争议进行协调处理。

(13) 负责人力资源部主管的工作程序和规章制度、实施细则的培训、执行和检查。

(14) 及时准确传达上级指示。

(15) 定期主持人力资源部的例会，并参加公司有关人事方面的会议。

(16) 审批人力资源部及与其相关的文件。

(17) 了解人力资源部工作情况和相关数据，收集分析公司人事、劳资信息并定期向总经理、行政总监提交报告。

(18) 定期向行政总监述职。

(19) 在必要情况下向下级授权。

(20) 制定直接下级的岗位描述，定期听取述职并对其做出工作评定。

(21) 指导、巡视、监督、检查所属下级的各项工作。

(22) 受理下级上报的合理化建议，按照程序处理。

(23) 及时对下级工作中的争议作出裁决。

(24) 填写直接下级过失单和奖励单，根据权限按照程序执行。

(25) 培训和发现人才，根据工作需要按照申请招聘、调配直接下级，负责直接下级岗位人员任用的提名。

(26) 根据工作需要进行现场指挥。

(27) 指定专人负责本部门文件等资料的保管和定期归档工作。

(28) 指定专人负责本部门和下级部门所使用的办公用具、设备设施的登记台账、定期盘点、报损报失等工作。

(29) 关心所属下级的思想、工作、生活。

(30) 代表公司与政府对口部门和有关社会团体、机构联络。

领导责任：

(1) 对人力资源部工作目标和计划的完成负责。

(2) 对公司人力资源的合理配备和公司所需人才的及时补充负责。

(3) 对公司招聘的员工素质负责。

(4) 对及时合理合法解决公司与员工的劳动争议负责。

(5) 对已批准的奖惩决定执行情况负责。

(6) 对提供给决策部门的人员编制及劳动工资测算数据的合理、准确性负责。

(7) 对公司人事、劳资档案的齐全、完整与定期归档负责。

(8) 对人力资源部工作程序和负责监督检查的规章制度、实施细则的执行情况负责。

(9) 对所属下级的纪律行为、工作秩序、整体精神面貌负责。

(10) 对人力资源部预算开支的合理支配负责。

(11) 对人力资源部所掌管的公司秘密的安全负责。

（12）对人力资源部给公司造成的影响负责。

主要权力：

（1）对公司编制内招聘有审核权。

（2）对公司员工手册有解释权。

（3）有关人事调动、招聘、劳资方面的调档权。

（4）对限额资金的使用有批准权。

（5）有对人力资源部所属员工和各项业务工作的管理权和指挥权。

（6）对所属下级的工作有指导、监督、检查权。

（7）有对直接下级岗位调配的建议权、任用的提名权和奖惩的建议权。

（8）对所属下级的管理水平和业务水平有考核权。

（9）有代表公司与政府相关部门和有关社会团体、机构联络的权力。

管辖范围：

（1）人力资源部所属员工。

（2）人力资源部所属办公场所及卫生责任区。

（3）人力资源部办公用具、设备设施。

（资料来源：根据某单位人力资源部相关文件整理，具体单位名称不便明示）

思考题：

1. 试结合自己所学知识，对上述"人力资源部经理岗位描述"进行分析与评价，说明其优点与不足分别是什么？

2. 如果要将上述文本改编成"人力资源部经理职务说明书"，还需要增加哪些内容？如何来获得这些内容，你会采取什么方法来做？

3. 试比较"方法分析"、"人员分析"和"任务分析"的异同。

案例4　幼儿园虐童案：调查与反思

○ **浙江温岭虐童幼师多次将学生倒插垃圾桶虐待**

2012年10月24日，浙江温岭一幼儿园老师虐待幼儿的照片在网上曝光，该教师揪着儿童两只耳朵，致使其身体悬空，儿童号啕不止，教师却神情愉悦。

温岭警方查明，颜某自2010年在温岭城西街道蓝孔雀幼儿园工作以来，多次对幼儿园学生以胶带封嘴、倒插垃圾桶等方式进行虐待，并拍照取乐。

而在颜某的空间里，被网友搜出的有关幼儿园照片多达702张，不少是虐童的照片。其中一张图片说明为"活该"，当有网友评论建议她"删掉这些照片"时，她回复称："没事"。网上流传的用双手拎起幼童双耳照片，是2012年10月上旬，颜某在实施该行为时，要求同事童某帮助拍摄的。

据温岭一家媒体记者说，事发之后，他曾采访过这两名老师，随后该两位老师就被警方控制。颜某出生于1992年，帮她拍照的童某还是个实习生，两人一起管小二班。据两人讲述，当时，拍照的童某制止过颜某，但是颜某坚持要拍。记者回忆，他见到颜某时，颜某两眼发红，说那个孩子很顽皮，但当时并没有犯错。她自己很内疚，要向家长道歉，希望他们能够原谅她的的无知。

2012年10月25日，浙江省温岭公安部门表示，对幼儿园发生的女教师虐待幼童的案件，经过调查后依法对两名涉案女教师做出处理，颜某涉嫌寻衅滋事，予以刑事拘留，另一名参与拍照的女教师童某因寻衅滋事被处罚行政拘留7天。同时，警方进一步进行调查。

○ **浙江教育厅回应幼儿园虐童案：将严格准入门槛**

2012年10月26日上午，浙江省教育厅方面就浙江温岭幼儿园虐童事件举行了新闻发布会。

参加发布会的有教育界的三位同志，主要发布者是浙江省教育厅一位副巡视员。对浙江温岭幼儿园教师虐童事件，教育厅的主要态度是：该事件反映了个别教师责任心、爱心、依法从教意识严重缺失，也暴露出教育主管部门对幼儿园管理的严重不到位，教育行政部门在教师教育、培训、招录、管理和日常工作行为的监管等方面都存在着明显的漏洞。对此，教育厅非常内疚，对受害的家长表示道歉。事发之后第二日，教育厅已经派了一个专门的调查组到温岭去调查。

在发布会上大家最关心的问题是，有消息曝出，这位虐童的教师颜某是没有教师资格证的，大家比较关心教师资格门槛问题。在通报会上，教育厅表示，以后要严格教师准入门槛。在考察中发现明显不适合从教的，要调离教师岗位。对普遍存在的幼儿园没有取得教师资格证的相关从业人员，要通过培训和考试来解决在岗教师资格证不达标的问题。以后新进的教师必须具有教师资格证，并将其作为录用的前提条件。教育部门将在当年11月之前对全省的师德师风进行一次排查，并且要求全省各地学校包括幼儿园等都要吸取深刻的教训，来防止和杜绝这类事件的再次发生。

○ 山东省有83%的幼师无资格证，公办园民办园相差大

幼儿园老师体罚或虐待孩子现象时有发生，从狂扇女童耳光到揪耳朵提起，手段和花样不断升级。2011年，济南一家幼儿园15名孩子被老师罚金鸡独立、下跪、双手抱头蹲下等动作，还有蹲厕所、蹲小黑屋、抓头发、打屁股、看恐怖片等虐童行为，轰动整个山东教育界。

根据山东省教育厅2012年9月统计数据，全省有83%的幼儿教师未取得幼儿教师资格证书，17%的园长未取得园长任职资格培训证书，其中德州市和莱芜市取得教师资格证书的幼儿教师占比为0∶3.2。

在公办幼儿园和民办幼儿园，持证上岗幼儿教师数量差距悬殊。一般公办幼儿园，如果老师没有幼儿教师资格证书根本不可能进去。青岛公办幼儿园2012年仅占全市幼儿园总数的11%，少数的有证幼师首选都是数量稀少的公办幼儿园。

对于民办幼儿园则完全是另一种情况，青岛小剑桥幼儿园尹园长指出，由于学前教育尚未纳入义务教育范围，许多民营幼儿园教师虽然有教师之名，却没有正式的教师编制，在待遇上和公办教师相差很悬殊，因此造成不少民营幼儿园教师流动性较大。

"很多幼儿园尤其是民办幼儿园的老师根本没有证。据了解，国内多起幼师虐童事件都是无证老师所为，一家幼儿园如果幼儿老师流动性很高，抱着'临时工'心态和孩子相处，那么怎么能够保证不出事呢？"青岛李沧区教工幼儿园朱园长认为，幼儿教师是专业性较强的工作，没有经过严格培训是很难干好的，也会严重影响教学成果。

青岛市教育局学前教育处李处长认为，防止虐童事件发生，监管体制最为重要，"虐童行为性质非常恶劣，不能出了问题再去想着怎么补救，而是要提前预防，不让虐童事件发生，这就需要幼儿园、家长、社会、教育部门联手共同监督，及时干预。"

21世纪教育研究院熊副院长认为，幼师虐童已经不是单纯的道德问题，而是法律问题，直接违反《未成年人保护法》，应该由司法机关调查并追究法律责任，而不是辞退了事，此类问题应该从职业规范角度、法律与制度层面解决，而不是反复倡导师德。熊丙奇还建议，幼儿教师工作有特殊性，还应该对幼师心理问题进行了解，采取适当方式进行解决。

○ 教育部正式公布幼儿园教师专业标准

并为促进幼儿园教师专业发展，建设高素质幼儿园教师队伍，根据《中华人民共和国教师法》，教育部2012年颁布出台了《幼儿园教师专业标准（试行）》[2012] 1号文件（以下简称《专业标准》）。

幼儿园教师是履行幼儿园教育工作职责的专业人员，需要经过严格的培养与培训，具有良好的职业道德，掌握系统的专业知识和专业技能。《专业标准》是国家对合格幼儿园教师专业素质的基本要求，是幼儿园教师开展保教活动的基本规范，是引领幼儿园教师专业发展的基本准则，是幼儿园教师培养、准入、培训、考核等工作的重要依据（见表3–12）。

表3–12　　　　　　幼儿园教师专业标准（试行）基本内容

维度	领　域	基本要求
专业理念与师德	（一）职业理解与认识	1. 贯彻党和国家教育方针政策，遵守教育法律法规。 2. 理解幼儿保教工作的意义，热爱学前教育事业，具有职业理想和敬业精神。 3. 认同幼儿园教师的专业性和独特性，注重自身专业发展。 4. 具有良好职业道德修养，为人师表。 5. 具有团队合作精神，积极开展协作与交流
专业理念与师德	（二）对幼儿的态度与行为	6. 关爱幼儿，重视幼儿身心健康，将保护幼儿生命安全放在首位。 7. 尊重幼儿人格，维护幼儿合法权益，平等对待每一个幼儿。不讽刺、挖苦、歧视幼儿，不体罚或变相体罚幼儿。 8. 信任幼儿，尊重个体差异，主动了解和满足有益于幼儿身心发展的不同需求。 9. 重视生活对幼儿健康成长的重要价值，积极创造条件，让幼儿拥有快乐的幼儿园生活

续表

维度	领域	基本要求
专业理念与师德	（三）幼儿保育和教育的态度与行为	10. 注重保教结合，培育幼儿良好的意志品质，帮助幼儿形成良好的行为习惯。 11. 注重保护幼儿的好奇心，培养幼儿的想象力，发掘幼儿的兴趣爱好。 12. 重视环境和游戏对幼儿发展的独特作用，创设富有教育意义的环境氛围，将游戏作为幼儿的主要活动。 13. 重视丰富幼儿多方面的直接经验，将探索、交往等实践活动作为幼儿最重要的学习方式。 14. 重视自身日常态度言行对幼儿发展的重要影响与作用。 15. 重视幼儿园、家庭和社区的合作，综合利用各种资源
	（四）个人修养与行为	16. 富有爱心、责任心、耐心和细心。 17. 乐观向上、热情开朗，有亲和力。 18. 善于自我调节情绪，保持平和心态。 19. 勤于学习，不断进取。 20. 衣着整洁得体，语言规范健康，举止文明礼貌
专业知识	（五）幼儿发展知识	21. 了解关于幼儿生存、发展和保护的有关法律法规及政策规定。 22. 掌握不同年龄幼儿身心发展特点、规律和促进幼儿全面发展的策略与方法。 23. 了解幼儿在发展水平、速度与优势领域等方面的个体差异，掌握对应的策略与方法。 24. 了解幼儿发展中容易出现的问题与适宜的对策。 25. 了解有特殊需要幼儿的身心发展特点及教育策略与方法
	（六）幼儿保育和教育知识	26. 熟悉幼儿园教育的目标、任务、内容、要求和基本原则。 27. 掌握幼儿园环境创设、一日生活安排、游戏与教育活动、保育和班级管理的知识与方法。 28. 熟知幼儿园的安全应急预案，掌握意外事故和危险情况下幼儿安全防护与救助的基本方法。 29. 掌握观察、谈话、记录等了解幼儿的基本方法。 30. 了解0～3岁婴幼儿保教和幼小衔接的有关知识与基本方法
	（七）通识性知识	31. 具有一定的自然科学和人文社会科学知识。 32. 了解中国教育基本情况。 33. 掌握幼儿园各领域教育的特点与基本知识。 34. 具有相应的艺术欣赏与表现知识。 35. 具有一定的现代信息技术知识
专业能力	（八）环境的创设与利用	36. 建立良好的师幼关系，帮助幼儿建立良好的同伴关系，让幼儿感到温暖和愉悦。 37. 建立班级秩序与规则，营造良好的班级氛围，让幼儿感受到安全、舒适。 38. 创设有助于促进幼儿成长、学习、游戏的教育环境。 39. 合理利用资源，为幼儿提供和制作适合的玩教具和学习材料，引发和支持幼儿的主动活动

续表

维度	领　域	基本要求
专业能力	（九）一日生活的组织与保育	40. 合理安排和组织一日生活的各个环节，将教育灵活地渗透到一日生活中。 41. 科学照料幼儿日常生活，指导和协助保育员做好班级常规保育和卫生工作。 42. 充分利用各种教育契机，对幼儿进行随机教育。 43. 有效保护幼儿，及时处理幼儿的常见事故，危险情况优先救护幼儿。
	（十）游戏活动的支持与引导	44. 提供符合幼儿兴趣需要、年龄特点和发展目标的游戏条件。 45. 充分利用与合理设计游戏活动空间，提供丰富、适宜的游戏材料，支持、引发和促进幼儿的游戏。 46. 鼓励幼儿自主选择游戏内容、伙伴和材料，支持幼儿主动地、创造性地开展游戏，充分体验游戏的快乐和满足。 47. 引导幼儿在游戏活动中获得身体、认知、语言和社会性等多方面的发展。
	（十一）教育活动的计划与实施	48. 制订阶段性的教育活动计划和具体活动方案。 49. 在教育活动中观察幼儿，根据幼儿的表现和需要，调整活动，给予适宜的指导。 50. 在教育活动的设计和实施中体现趣味性、综合性和生活化，灵活运用各种组织形式和适宜的教育方式。 51. 提供更多的操作探索、交流合作、表达表现的机会，支持和促进幼儿主动学习。
	（十二）激励与评价	52. 关注幼儿日常表现，及时发现和赏识每个幼儿的点滴进步，注重激发和保护幼儿的积极性、自信心。 53. 有效运用观察、谈话、家园联系、作品分析等多种方法，客观地、全面地了解和评价幼儿。 54. 有效运用评价结果，指导下一步教育活动的开展。
	（十三）沟通与合作	55. 使用符合幼儿年龄特点的语言进行保教工作。 56. 善于倾听，和蔼可亲，与幼儿进行有效沟通。 57. 与同事合作交流，分享经验和资源，共同发展。 58. 与家长进行有效沟通合作，共同促进幼儿发展。 59. 协助幼儿园与社区建立合作互助的良好关系。
	（十四）反思与发展	60. 主动收集分析相关信息，不断进行反思，改进保教工作。 61. 针对保教工作中的现实需要与问题，进行探索和研究。 62. 制定专业发展规划，不断提高自身专业素质。

资料来源：综合以下资料，有删改。李超：《涉嫌寻衅滋事虐童幼师刑拘》，新京报2012年10月26日A13版；陈瑜艳：《浙江教育厅回应幼儿园"虐童"案：将严格教师准入门槛》，中国之声《央广新闻》2012年10月26日报道；单俊楠：《青岛1.6万幼师六成无资格证入职门槛将提高》，半岛都市报2012年10月26日A03版。

思考题：

1. 幼儿园教师应具备哪些任职条件？其工作任务与职责如何确定？任务分析与职责分析是一样的吗？它们之间的异同是什么？

2. 试参考教育部颁布的幼儿园教师专业标准，编制幼儿园教师职务说明书。

3. 为防止案例中类似事件的发生，你有哪些思考与建议？

案例5　变化与挑战：工作分析过时了吗

阅读下面的材料，分析目前工作形式和经营环境的变化，思考工作分析是否过时了？

○ 自我管理型团队

自我管理型团队通常由10~15人组成，他们承担着以前自己的上司所承担的一些责任。一般来说，他们的责任范围包括计划和安排工作日程、控制工作节奏、决定工作任务的分配、安排工间休息。完全的自我管理型团队甚至可以挑选自己的成员，并让成员相互进行绩效评估。世界上许多知名的大公司都是推行自我管理团队的典范。

自我管理型团队模式最早起源于20世纪50年代的英国和瑞典，如沃尔沃现在的管理模式非常先进，其位于武德瓦拉的生产基地，完全由自我管理型团队进行整辆轿车的装配。在美国，金佰利、宝洁等少数几家具前瞻意识的公司在60年代初开始采用自我管理型团队模式，并取得了良好的效果。

伊顿公司（Eaton Corp）全球制管部下属的一家工厂给我们提供了如何在工业生产中使用自我管理团队的例子。这家工厂位于阿肯色州奥索卡山的心脏地带，生产供卡车、拖拉机以及其他重型设备使用的液压管。1994年，管理层放弃了生产线模式，把工厂的285名工人组织成50多个自我管理团队。他们可以自己安排工作日程，选择新成员，与供应商谈判，给顾客打电话，处理问题员工。1993~1999年，工厂对顾客提出问题的回应时间缩短了99%，生产率与成品率都提高了50%以上，产品失误率下降了近一半。

○ "我讨厌官僚机制"

格雷是互动媒体公司Tech Target的创始人兼首席执行官，他讨厌官僚机制。因此他创建了一个这样的工作场所：210名员工随自己高兴，自由来去。没有限制工作时间的政策，也没有详细的病假或假期时间。员工愿意休多少天就休多少天，他们也有在自己生产效率最高时工作的自由——即使是在午夜到凌晨4点也可以。需要一天的时间带你的孩子去野营吗？没问题。格雷说，那种设置具体的病假天数的想法"太专制了，让我无话可说"。他相信他的员工都富有责任感。

格雷说："这不是一个乡村俱乐部。"他们辛辛苦苦设计了一个雇佣流程来筛选最具自主性的人。管理人员会设置需要积极进取的季度目标，员工也获得很多的独立自主权来实现目标。但公司也不容忍失败。例如，在一年中，格雷解雇了7%的员工，因为他们没有达成目标。虽然时间很灵活，员工每周经常要工作至少50个小时。且不说他们工作的时间，他们还被要求可以通过电子邮件、手机或即时通讯随时找到他们。

格雷的方法似乎是有效的。公司2003年的销售额为3500万美元，比2002年增加了30%。

○ A公司高层的决策

A公司是一家从事软件开发与生产的股份有限公司。A公司高层坚信，科学的管理能带来巨大的效益和收益，因此他们非常重视采用现代管理技术和手段。公司专门找人对此进行了细致的分析和调研。

在2009年10月公司进行了大规模的工作分析，并根据工作分析的结果，编制了各岗位的工作说明书，规定了各个岗位的编制，制定了各个岗位的薪酬水平。在初期，这些变革确实给企业带来了高效率和高收益，但是后来的发展却事与愿违。从2010年7月开始，各部门经理就不断抱怨职务说明书不符合其部门现在的主要职责和任务，人员编制禁锢了其部门与公司的发展，薪酬水平也不能体现各岗位的实际工作，公司员工的士气大大下降等。A公司现在正处于一种尴尬的境地。

公司专门找人对此进行了细致的分析和调研，得出的结论是，随着生产技术的飞速发展，产品生命周期逐渐缩短（大约为12个月）。有了职位说明书后，降低了人力资源的使用弹性。当今软件开发所要求的产品知识更新速度极快，相应的，任职人员的任职条件也会随之变化，刚刚通过工作分析所得到的职务说明书基本上不起什么作用。所以该公司高层领导决定不再进行工作分析，也不再使用工作说明书和任何工作分析的结果。

（资料来源：罗宾斯. 组织行为学（第12版）. 北京：中国人民大学出版社，2008：284-285，483；萧鸣政. 工作分析的方法与技术（第三版）. 北京：中国人民大学出版社，2010：246-247）

思考题：

1. 随着时代的进步，工作岗位的内容发生了变化，工作分析是否变得毫无价值了？为什么？

2. A公司高层作出不再进行工作分析,不再使用职务说明书和任何工作分析的结果的决定是否有道理?为什么?怎样解决A公司工作分析中所面临的问题?

3. 结合案例材料,并查阅其他资料,探讨工作分析的发展趋势、应用领域与应用方式。

本章参考文献

[1] 萧鸣政. 工作分析的方法与技术(第三版). 北京:中国人民大学出版社,2010.

[2] 潘珊菊. 湖南临武县城管被曝打死瓜农受害者曾是劳模. 新华网,2013-7-18.

[3] 郭小川. 江苏南通城管遭摊贩刺死被认定为因公殉职. 新华报业网,2010-8-31.

[4] 项恒. 空中交通管制员工作任务分析. 空中交通管理,2008(9).

[5] 李超. 涉嫌寻衅滋事虐童幼师刑拘. 新浪网,2012-10-26.

[6] 陈瑜艳. 浙江教育厅回应幼儿园"虐童"案:将严格教师准入门槛. 新浪网,2012-10-26.

[7] 单俊楠. 青岛1.6万幼师六成无资格证入职门槛将提高. 狐网教育频道,2012-10-26.

[8] 练情情. "万里长征图"走红记. 广州日报,2013-8-14、AII8.

[9] 罗宾斯. 组织行为学(第12版). 北京:中国人民大学出版社,2008:284-285,483.

第四章 招聘与选拔

第一节 员工招聘概述

一、员工招聘的概念

员工招聘是指根据企业人力资源规划所确定的人员需求,寻找、吸引有能力的申请者的活动过程。具体地说,员工招聘是企业根据人力资源规划和职务分析的数量与质量的要求,通过信息的发布和科学甄选,获得本企业所需的合格人才,并安排他们到企业所需岗位工作的活动和过程。

员工招聘由两个相对独立的过程组成,一是招募,二是选拔聘用。招募是聘用的基础和前提,聘用是招募的目的。招募主要是以宣传来影响,达到吸引人应聘的目的;而聘用则是使用各种选择方法和技术挑选合格员工的过程。

二、招聘的原则

(一)公平竞争原则

公平竞争原则是指通过履历分析、结构化面试、心理和行为测验、业绩考核、资信调查等一系列方法手段来确定申请者的优劣和决定人员的取舍,而不是靠招聘主管的直觉、印象、私人关系来选人。在招聘中应坚持平等就业、相互选择、公平竞争、不得歧视妇女等原则。

（二）全面系统原则

全面系统原则指尽可能地采取系统、合理、科学的评价方法，通过对申请者上级、下级、平级同事以及其直接或间接服务的客户进行德、能、勤、绩等方面实事求是的调查，客观地衡量申请者的竞争优势与劣势以及其与职位、企业间的适宜性。

（三）能级对应原则

能级对应原则指在企业人力资源开发与管理中，应将人的能级与管理所要求的能级对应起来。各类能级必须动态地对应，保证人们在各个能级中能够自由地流动，从而实现"人岗匹配"。

（四）择优录取原则

择优录取原则指好中取好、差中取优，这是招考录用的核心。企业最根本的竞争源泉就是人。员工如果缺乏内在竞争力，企业的生命力也不可能长远。因此，在员工选择录用过程中，应该深入了解、全面考核、认真比较、谨慎筛选，确保真正实践"择优"原则。

（五）效率优先原则

效率优先原则指竭力用尽可能少的费用，在尽可能短的时间内录取到高素质、适应企业需要的人员。招聘成本包括：招聘时所花的招聘成本；因员工离职，重新再招聘时所花的重置成本；因招聘不当给企业带来损失的机会成本。

（六）双向选择原则

双向选择原则在劳动力市场日渐完善的条件下，双向选择也就成为招聘者和求职者的最佳选择。招聘者在劳动力高超搜寻令他满意的劳动者，而求职者也在劳动力市场上寻找心仪的用人单位，双方应处于平等的法律地位。

三、员工招聘的程序

员工招聘是一个复杂、完整、连续的程序化操作过程，大致可分为制订招聘计划、发布招聘信息、应聘者资格审查、测评与甄选、录用决策、招聘评估六个阶段。其中,制订招聘计划包括招聘需求的确定、招聘计划的编制和审批。发布招聘信息包括发布渠道的选择、宣传活动的开展等。应聘者资格审查则涉及求职申请表的设计、申请资格的确定和资格审查等。测评与甄选主要包括面试、笔试和其他各种测评活动、体检和背景调查。录用决策则包括发出录取通知、签订劳动合同以及试用期的管理等。招聘评估主要是对招聘结果的成效评估和对招聘方法的效益评估。具体招聘程序如图4-1所示。

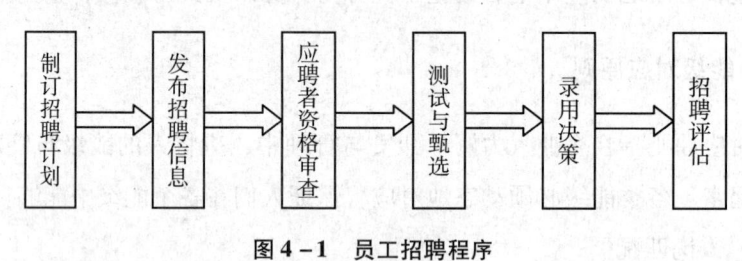

制订招聘计划 → 发布招聘信息 → 应聘者资格审查 → 测试与甄选 → 录用决策 → 招聘评估

图4-1 员工招聘程序

第二节 员工招聘渠道

一、内部招聘与外部招聘的比较

在招聘前,企业要明确是以内部招聘为主,还是以外部招聘为主。两者各有优缺点,如表4-1所示。

表4-1 内部招聘与外部招聘的比较

	优 点	缺 点
内部招聘	1. 员工对企业文化、管理方式熟悉 2. 招聘和培训成本低 3. 提高现有员工士气 4. 对员工熟悉、胜任工作比率高	1. 员工来源狭小 2. 引发员工为晋升而产生的矛盾 3. 创新性不足 4. 易形成近亲繁殖现象
外部招聘	1. 来源广泛,可优中选优 2. 引入新工作观念和方法 3. 避免内部竞争造成紧张气氛 4. 扩大企业的知名度 5. 易推动企业变革	1. 人才获取成本高 2. 新员工适应企业环境时间长 3. 降低现有员工的士气 4. 易产生光环效应

二、广告招聘

广告招聘是企业招聘人才最常用的方法。广告招聘是指通过大众媒介把企业的招聘信息传达给符合企业需要的人,并促使其采取响应行动的行为。

招聘广告的常规信息发布渠道主要有:①报纸;②杂志;③广播电视;④互联网;⑤印刷品。表4-2比较了上述五种信息发布渠道各自的优劣。

表4-2 五种招聘信息发布渠道的比较

媒介种类	优　点	不　足
报纸	1. 发行量大 2. 信息传递迅速,周期短 3. 广告大小机动灵活 4. 分类广告为求、供职者提供方便	1. 读者群不固定,针对性差 2. 保留时间短,易被人忽略 3. 印刷质量与纸质可能会限制广告设计
杂志	1. 印刷质量好 2. 保存期长,可不断重读 3. 广告大小弹性可变 4. 对目标群体的针对性强	1. 传播周期较长 2. 短时间难见成效 3. 发行的地域可能较为分散 4. 广告的预约期长
广播电视	1. 受众面广 2. 信息难以让人忽略 3. 有较强的视听冲击力 4. 利于自我形象宣传	1. 成本较高 2. 只能传送简短信息 3. 缺乏持久性
互联网	1. 覆盖面广,选择余地大 2. 方便快捷,不受时空限制 3. 可单独发布,也可集中发布 4. 广告设计、制作灵活 5. 成本较低	1. 信息过多容易被忽视 2. 须具备上网条件和计算机运用能力
印刷品	制作精美,易引起求职者兴趣	1. 宣传力度有限 2. 容易被随手丢弃

三、校园招聘

校园招聘指企业招募人员直接到学校招聘企业所需的人才。目前校园招聘的方式主要有张贴招聘海报、举办招聘讲座等方式。

进行校园招聘时,必须注意以下几方面的问题:①准备好介绍公司概况的小册子和现场演示所需的资料、电子文件和相关设备。②选择进入招聘的学校和专业。③组成招聘小组。招聘小组应人力资源部人员，用人部门主管和了解学校情况的人组成。④做好面试准备。⑤了解国家关于大学生就业的相关政策。

四、招聘会招聘

招聘会是借助一定的场所，组织和应聘者面对面地进行双向选择的一种人力资源市场。如定期或不定期举办的人才交流会、每周末为下岗员工设立的免费劳动力市场等。招聘会又可分为综合性招聘会和专场招聘会。主要区别在于专场招聘会是面向特定群体举办的，如校园招聘会、海归人才招聘会、下岗员工招聘会等。它是由供需双方在招聘会现场进行面对面地商谈，快速、高效、低成本，是一条行之有效的招聘与就业途径。

五、职业中介机构推荐

职业中介机构承担着双重角色：既为企业择人，也为求职者择业。借助于这些机构，组织与求职者均可获得大量的信息，同时也可传播各自的信息。职业中介机构有很多类型：职业介绍所、人才交流中心、猎头公司等。通过职业中介机构招聘员工需要交纳一定的中介费，但对于尚未设立人力资源部门或需要立即填补职位空缺的企业来说，却可大大缩短招聘时间、节约企业费用。如果需要长期借助职业介绍机构时，企业应该把职务说明书和相关要求告知职业介绍机构，并委派专人同几家机构保持稳定的联系。

六、熟人推荐

熟人推荐一般指通过本企业员工、客户或者合作伙伴的推荐来进行招聘。这种招募方法的优点是：招募成本低；推荐人对应聘人员比较了解；应聘人员一旦录用，离职率比较低。它的缺点是：容易形成帮派或非正式的小团体，造成管理上的困难；如果不加控制，会出现任人唯亲现象；选择范围比较小。

第三节　人员甄选方法

一、笔试法

笔试是让应聘者在试卷上笔答事先拟好的试题，然后根据应聘者解答的正确程度予以评定成绩的一种甄选方法。

笔试法作为一种重要的考试方法，具有很多优点：①可大规模进行，成本相对低，耗时少，效率高；②试卷的评分相对客观公正；③不用面对考官，应聘者压力小；④覆盖较广的知识面，有利于尽量准确地考察应聘者是否具有所需要的知识水平。

但是笔试法也存在一定的局限性，如无法考察应聘者的工作态度、灵活应变能力、操作能力等；由于事先给出几个答案，容易猜对一些题目；限制人的创造力和发散性思维，不能给应聘者充分表达见解的机会；易出现高分低能的现象。

二、面试

面试是专门设计以从应聘者对口头询问的回答中获得信息的过程，从这些获得的信息中主考官可以预测应聘者未来的工作表现。

（一）面试流程

面试流程可分为三个阶段：面试准备、面试提问和结束面试。

1. 面试准备

准备工作包括：确定面试的目的；认真阅读应聘对象的求职申请表，制定面试提纲，明确面试中要证实的疑点和问题，针对不同的对象确定不同的面试侧重点；确定面试的时间、地点，并制定面试评价表。

2. 面试提问

按照面试提纲展开，所提问题可根据求职申请表中发现的疑点，先易后难逐一提出。应注意：多问开放式的问题，让应聘者多讲；不要暴露面试者的观点和想法，不要让对方了解你的倾向，并迎合你，掩盖他真实的想法；所提问题要直截了当，语言简练，有疑问可马上提出，并及时做好记录；聆听时，可进行一些澄清式或封闭式的提问，但不要轻易打断应聘者的讲话；注意观察非语言的行为，如面部表情、眼神、姿势、讲话的声调语调、举止，从中可以反映出对方的一些个性、诚实度、自信心等。

3. 面试结束

面试结束阶段主要包括：整理面试记录，填写面试评价表，核对有关材料，做出总体评价意见。应注意：面试结束时要给应聘者以提问的机会；不管录用与否均应在友好的气氛中结束面试；如果对某一对象是否录用有分歧意见时，不必急于下结论，还可安排第二次面试。

(二) 面试方法

根据面试内容是否严格设定，面试方法可分为结构化面试、非结构化面试和半结构化面试。

1. 结构化面试

结构化面试，也叫标准化面试，是根据预先制定的问题、评价方法和评价标准，严格遵循特定程序，通过测评人员与应聘者面对面的交流，再做出评价的过程。

结构化面试的思路是对同岗位或同类型应聘者，用同样的语气和措辞、按照同样的顺序、问同样的问题，按同样的标准评分。好处是可以对不同的应聘者的回答进行比较，信度和效度较高。但这种面试不可能进行话题外的提问，限制了谈话的深度。

2. 非结构化面试

非结构化面试是指在面试之前，面试官并没有预先设定面试内容、面试程序与形式。面试过程中主考官无固定题目，让应聘者自由地发言议论、抒发情感，意在观察应聘者的知识面、价值观、谈吐和风度，了解其表达能力、思维能力、判断能力和组织能力等。这种面谈的好处是主考官和应聘者在问答过程中都比较自然，应聘者回答问题时也可能更容易敞开心扉。但是由于对每个应聘者所问的问题是不一样的，面试的信度和效度都可能受到影响，所花费时间也较长。

3. 半结构化面试

这是将前面两种方法结合起来进行的面试，能有效避免结构化面试和非结构化面试的缺点。

(三) 面试的优缺点

1. 面试的优点

面试，它能够在员工招聘中占很重要的地位，就在于它有许多其他测试方法没有的优点，主要有以下一些优点：

（1）灵活性强。

面试可以在许多方面收集有用的信息，主试可以根据不同的要求，对被试者提各种各样的问题，有时在某一个方面可以连续提多种问题，全面深入地了解被试者。

（2）可以进行双向沟通。

在面试时，主试可以向被试者提问，被试者也可以向主试提问。主试在了解被试者的同时，有时被试者也在了解主试，这样对于招聘工作有比较积极的作用。

（3）可以多渠道地获得被试者的有关信息。

面试不但可以通过提问来了解有效的信息，还可以通过观察，包括看、听、问等来获取有关被试者的信息，以便正确地了解被试者的心理素质。

2. 面试的缺点

面试虽然有上述的优点，但是它也存在一些不容忽视的缺点。

（1）时间较长。

一次面试短则几分钟，长则半天。因此，如果大规模的人员招聘运用面试，效果就不会理想；如果面试时间太短，不容易了解到足够的信息，面试又失去了意义。

（2）费用比较高。

因为面试需要聘请专家，而且时间比较长，这样面试的费用就不得不增加。

（3）不容易数量化。

面试数据往往可以定性，但不容易定量，因此在统计的时候比较困难。

（4）主观性强，可能存在各种偏见。

不管面试的专家如何高明，但他毕竟是人，是人总有一定的偏见，因此偏见在面试中是不可能完全排除的障碍。

(四) 面试中常见的错误

（1）首因效应。首因效应是指与陌生人初次见面时留下的印象及所产生的心理效应。主考官易于被最初阶段的表现所迷惑，往往用其最初阶段的表现取代其他阶段和全过程的表现。

（2）晕轮效应。晕轮效应是指事物某一方面的突出特点掩盖了其他方面的全部特点。应聘者在测试过程中表现出来某一突出的特点容易引起主考官的注意，而使其他素质的表征信息被忽视。

（3）投射效应。投射效应是指在认知过程中，认知主体拿自身的兴趣爱好等去认知客体的心理趋势。

（4）关系效应。关系效应是指主考官以我为中心，把应聘者和自己心理适应上的关系的远近亲疏作为测评依据的心理趋向，选择那些善于取悦于自己的应聘者。

（5）诱导效应。诱导效应是指在面试活动中普通主考官易受地位或权威高的主考官认知态度的影响，左右其评价。

（6）容貌效应。面试者应避免歧视外貌不吸引人的应征者和提防因应征者的某些长处（或短处）而对他做出整体的有利（或不利）评分。

三、心理测评法

所谓心理测试就是通过一系列的科学方法来测量被试者的能力和个性等方面的差异的一种科学方法。心理测试在西方国家组织人员招聘录用中应用得十分广泛，许多组织不但用心理测试挑选员工，而且也用来确定哪些员工有比现任职位更高的能力。

心理测试有很多类型，能力测验和人格测验是其两个主要组成部分。能力测试是根据个人能做的事情对他们进行分类。常见的能力测试包括一般能力测验、特殊能力测验、创造力测验、一般职业适应性测验等。而人格测验则是根据个人是什么人来对他们进行归类。目前常使用的人格测验方法多达数百种，由于依据的理论不同，所采用的方法也不同。主要的方法有自陈量表法、投射法、情境法、评定量表法等，如图4-2所示。

四、评价中心

评价中心是近几十年来西方组织中流行的选择和评估管理人员尤其是中高级管理人员的一种人员测评方法。测评人员一般由组织招聘部门的高级管理人员和组织外聘的心理专家共同组成。评价中心最重要的方法是模拟情境测验，其中又包括公文筐测验、无领导小组讨论、角色扮演、管理游戏等。

1. 公文筐测验

公文筐测验是评价中心技术中最主要的活动之一，也是对管理人员潜在能力最

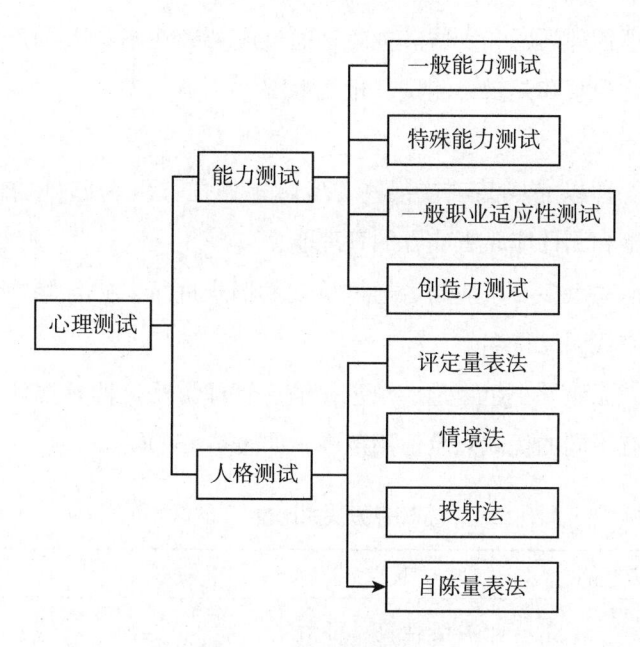

```
心理测试 ┬ 能力测试 ┬ 一般能力测试
         │        ├ 特殊能力测试
         │        ├ 一般职业适应性测试
         │        └ 创造力测试
         └ 人格测试 ┬ 评定量表法
                  ├ 情境法
                  ├ 投射法
                  └ 自陈量表法
```

图 4-2　心理测试法分类

主要的测评方法。测验时发给应试者一篮子公文，包括下级呈上来的报告、请示、计划、预算，同级部门的备忘录，上级的指示、批复、规定，外界用户、供应商、银行、政府有关部门乃至所在社区的函电、传真、电话记录，甚至还有群众检举或投诉信等。要求应聘者在规定时间内处理完毕，并且还要通过文字或口头方式报告他们处理的原则与理由。评价人员将依据应聘者对文件的处理是否按主次、轻重、缓急有条不紊地开展工作，是否能有效地授权等，由此判定应聘者的分析、决策、分派任务的能力及对于工作环境的理解与敏感程度。

2. 无领导小组讨论

无领导小组讨论是评价中心应用较广的测评技术。就是把几个应聘者（一般是 5~7 人）组成一个小组，给他们提供一个议题，事先并不确定主持人，让他们通过小组讨论的方式在限定的时间内（一小时左右）给出一个决策。评价者将根据每一个应聘者在讨论中的表现，从以下几个方面进行评价：领导欲望、主动性、口头表达能力、自信程度、抵抗压力的能力、分析问题能力、创造性解决问题能力、人际交往能力等。这些素质和能力是通过被评者在讨论中所扮演的角色（如主动发起者、组织指挥者、鼓动者、协调者等）的行为来表现的。

3. 角色扮演

角色扮演是一种主要测评应聘者人际关系处理能力的情景模拟活动。在这种活动中，主考官设置一系列尖锐的人际矛盾和冲突，要求应聘者扮演某一角色并进入角色情景,去处理各种问题和矛盾。主考官通过应聘者在不同人员角色的情境中表现出来的行为进行观察和记录,测试其相关素质。

4. 管理游戏

管理游戏是一种以完成某项或某些"实际工作任务"为基础的标准化模拟活动,通过活动观察和测评应聘者实际的管理能力。

因为模拟的活动大多要求应聘者通过游戏的形式进行,并且侧重评价应聘者的管理潜质,管理游戏因此得名。

公文筐测验、无领导小组讨论、角色扮演、管理游戏这四种测评方法适合考察不同的能力,具有不同的优缺点及适用范围,如表4-3所示。

表4-3 测评方法的比较

测评方法	考察能力	优点	缺点	适用范围
公文筐测验	计划能力、逻辑思维能力、决策能力、授权	灵活性高;可对个体直接观察;可预测潜能;从多维度评价一个人的管理能力	编制成本高;评分较难	适合中高层管理人员
无领导小组讨论	领导能力、协调能力、影响力、合作能力、表达能力	提供充分展现其才能和人格特征的舞台;评价效果好;操作灵活	对评委要求比较高;评委容易混淆绝对评价标准和相对评价标准;对测验材料的要求较高	适合于各层管理人员,人事管理及营销管理人员,不适合财务、研发等岗位
角色扮演	信息获取能力、人际沟通能力、团队协作能力	参与性强;灵活性高;不用为自己的行为担心,不会造成不良影响;应聘者获得多种经验和锻炼机会	对内容设计要求高;容易受到他人影响;表现易脱离现实	适用于培训可操作的能力素质,如推销员业务培训、谈判技巧培训等
管理游戏	分析能力、创新能力	能突破实际工作情景时间与空间的限制;模拟内容真实性强,具有趣味性	操作不例观察;设计成本高	适合于市场营销管理、财务管理、人事管理、生产管理等岗位

第四节　人员聘用与招聘评估

一、人员聘用

经过笔试、面试、评价中心几轮甄选过后，为人员聘用提供了较为客观的依据，接下来的工作就是背景调查、体检，并确定聘用人员名单及办理试用、正式聘用的相关手续。

（一）背景调查

背景调查就是对应聘者的与工作有关的一些背景信息进行查证，以确定其任职资格，有助于挑选出合格的候选人。

（二）体检

体格检查是聘用时不可忽视的一个环节。不同的职位对健康的要求有所不同。例如，士兵要求有良好的视力、厨师必须不能有传染病等。一些对健康状况有特殊要求的职位在招聘时尤其要对应聘者进行严格的体检。

（三）聘用与辞谢

在整个招聘过程中，人员招募、甄选和聘用工作的每个环节都包括两种过程结果：聘用过程和辞退过程。

（四）签订劳动合同

劳动合同是确立劳动关系的法律文书，也是劳动者与用人单位之间形成劳动关系的基本形式。劳动合同的双方当事人依法签订劳动合同，是促进劳动关系良好运行，以及预防、妥善处理劳动争议的前提条件。

二、招聘评估

招聘过程结束以后，应该对招聘活动进行及时的评估。招聘评估主要包括招聘成本评估、聘用人员评估和综合评估。

（一）招聘成本评估

招聘成本评估是鉴定招聘效率的一个重要指标，主要包括招募、选拔、聘用、安置及适应性培训的成本。

（1）招募成本。招募成本是为吸引和确定企业所需内外人力资源而发生的费用，主要包括招募人员的直接劳务费用和间接劳务费用。直接劳务费用是指招聘洽谈会议费、差旅费、代理费、广告费、宣传材料费、办公费、水电费等。间接劳务费用是指行政管理费、临时场地及设备使用费等。其计算公式为：

$$招募成本 = 直接劳务费用 + 直接业务费用 + 间接管理费 + 预付费用$$

（2）选拔成本。选拔成本主要包括以下几个方面：初步口头面谈，进行人员初选；填写申请表，并汇总候选人员资料；进行各种书面或口头测试，评定成绩；进行各种调查和比较分析，提出评论意见；根据候选人员资料、考核成绩、调查分析评论意见，召开负责人会议讨论决策聘用方案；最后的口头面谈，与候选人讨论聘用后职位、待遇等条件；获取有关证明材料。通知候选人体检；在体检后通知录取与否。

$$选拔面谈时间费用 = （每人面谈前准备时间 + 每人面谈时间）\\ \times 选拔者工资率 \times 候选人数$$

汇总申请资料费用 =（印发每份申请表资料费 + 每人资料归总费）× 候选人数

考试费用 =（平均每人的材料费 + 平均每人的评分成本）× 参加考试人数 × 考试次数

测试评审费用 = 测试所需时间 ×（人事部门人员的工资率 + 各部门代表的工资率）× 次数

体检费 = [（检查所需时间 × 检查者工资率）+ 检查所需器材、药剂费] × 检查人数

（3）聘用成本。聘用成本包括录取手续费、调动补偿费、搬迁费和旅途补助费等由聘用引起的有关费用。这些费用一般都是直接费用。计算公式如下：

$$聘用成本 = 录取手续费 + 调动补偿费 + 搬迁费 + 旅途补助费等$$

（4）安置成本。安置成本是为安置已录取职工到具体的工作岗位上时所发生的费用。

$$安置成本 = 各种安置行政管理费用 + 必要装备费用 + 安置人员时间损失成本$$

（二）聘用人员评估

聘用人员评估是指根据招聘计划对聘用人员的数量和质量进行评估的过程。判

断招聘数量的一个明显方法就是看职位空缺是否得到满足，雇佣率是否真正符合招聘计划的设计。衡量招聘质量是按照企业的经营指标类型来分别确定的。在短期计划中，企业可根据求职人员的数量和实际雇佣人数的比例来认定招聘质量。在长期计划中，企业可根据接受雇佣的求职者的转换率来判断招聘的质量。由于存在很多影响转换率和工作绩效的因素，因此对招聘工作质量的评估十分不易。聘用人员的数量可用以下几个数据来表示。

（1）聘用比。聘用比＝聘用人数/应聘人数×100%

（2）招聘完成比。招聘完成比＝聘用人数/计划招聘人数×100%

（3）应聘比。应聘比＝应聘人数/计划招聘人数×100%

（三）综合评估

在实际招聘评估过程中，可以使用一些客观因素或指标来进行评估，如不同来源申请人的招聘成本、不同来源的新员工的工作绩效或者留职率等指标。

案例1　耐顿公司的招聘失败案例

耐顿公司创立于2003年年初，是一家主要生产、销售医疗药品的企业。随着生产业务的扩大，为了对生产部门的人力资源进行更为有效的管理开发，2010年年初，总经理把生产部门的经理于欣和人力资源部门经理霍建华叫到办公室，商量在生产部门设立一个处理人事事务的职位，工作主要是生产部与人力资源部的协调工作。最后，总经理说希望通过外部招聘的方式寻找人才。

在走出总经理的办公室后，人力资源部经理霍建华开始一系列工作，在招聘渠道的选择上，人力资源部经理霍建华设计两个方案：第一个方案，在本行业专业媒体中做专业人员招聘，费用为15000元，好处是：对口的人才比例会高些，招聘成本低；不利条件：企业宣传力度小。第二个方案，在大众媒体上做招聘，费用为40000元；好处是：企业影响力度很大；不利条件：非专业人才的比例很高，前期筛选工作量大，招聘成本高；初步选用第一种方案。总经理看过招聘计划后，认为公司处于初期发展阶段不应放过任何一个宣传企业的机会，于是选择了第二种方案。

该公司招聘广告刊登的内容如下：

耐顿公司诚邀您加盟，就业机会就在眼前。

1个职位：对于希望发展迅速的新行业的生产部人力资源主管。

主要职责：主管生产部和人力资源部两部门协调性工作。

抓住机会！充满信心！

请把简历寄到：耐顿公司人力资源部收

在一周内的时间里，人力资源部收到了800多封简历。霍建华和人力资源部的人员在800份简历中筛出70封有效简历，经筛选后，留下5人。于是他来到生产部门经理于欣的办公室，将此5人的简历交给了于欣，并让于欣直接约见面试。部门经理于欣经过筛选后认为可从两人中做选择——李楚和王智勇。他们将所了解的两人资料对比如下：

姓名/性别/学历/年龄/工作时间/以前的工作表现/结果

李楚，男，企业管理学士学位，32岁，有8年一般人事管理及生产经验，在此之前的两份工作均有良好的表现，可录用。

王智勇，男，企业管理学士学位，32岁，有7年人事管理和生产经验，以前曾在两个单位工作过，第一位主管评价很好，没有第二位主管的评价资料，可录用。

从以上的资料可以看出，李楚和王智勇的基本资料相当。但值得注意的是：王智勇在招聘过程中，没有上一个公司主管的评价。公司通知俩人，一周后等待通知，在此期间，李楚在静待佳音；而王智勇打过几次电话给人力资源部经理霍建华，第一次表示感谢，第二次表示非常想得到这份工作。

生产部门经理于欣在反复考虑后，来到人力资源部经理室，与霍建华商谈何人可录用，霍建华说："两位候选人看来似乎都不错，你认为哪一位更合适呢？"于欣："两位候选人的资格审查都合格了，唯一存在的问题是王智勇的第二家公司主管给的资料太少，但是虽然如此，我也看不出他有何不好的背景，你的意见呢？"

霍建华说："很好，于经理，显然你我对王智勇的面谈表现都有很好的印象，人嘛，有点圆滑，但我想我会很容易与他共事，相信在以后的工作中不会出现大的问题。"

于欣："既然他将与你共事，当然由你做出最后的决定。"于是，最后决定录用王智勇。

王智勇来到公司工作了六个月，在工作期间，经观察：发现王智勇的工作不如期望得好，指定的工作他经常不能按时完成，有时甚至表现出不胜任其工作的行为，所以引起了管理层的抱怨，显然他对此职位不适合，必须加以处理。

然而，王智勇也很委屈：在来公司工作了一段时间，招聘所描述的公司环境和各方面情况与实际情况并不一样。原来谈好的薪酬待遇在进入公司后又有所减少。工作的性质和面试时所描述的也有所不同，也没有正规的工作说明书作为岗位工作的基础依据。

思考题：
1. 该公司在招聘过程中存在哪些问题？此次招聘失败，到底是谁的问题呢？
2. 在招聘过程中，如何避免出现类似的问题？

（资料来源：佚名：《一个真实的招聘失败案例分析》，选拔招聘．中国人力资源网．2010－03－02. http：//www.hr.com.cn/p/1423412256）

案例分析：

此次招聘工作在招聘流程结束后没有对整个招聘工作进行科学的评估，它看似完成了，但实际是个"失败"结果。耐顿公司总经理也许没有想过：录用王智勇失败的主要原因是企业人力资源管理和流程不足及招聘中出现的种种失误或错误。由于招聘工作不是分离于其他人力资源管理活动而独立存在的，因此它的失败同时反映出企业其他人力资源管理工作的不足。企业需要意识到：在招聘、筛选、录用的整体流程中，每一"点"的失误可能会给今后企业人力资源管理工作带来一个"面"的损失。企业如何在"招兵买马"中做好伯乐的角色呢？下面我们想细述以上案例在招聘操作中的种种不足。

一、症结所在

1. 缺乏人力资源规划和招聘规划

一般情况下，企业出现的问题是没有企业的人力资源规划和招聘规划造成的。例如，企业经常会出现人员不足的现象，企业经营战略计划经常因为人员到位不及时而推迟或改变计划，企业现有人员因面临巨大的工作压力而影响工作积极性，造成所需要完成的工作越来越多延迟，导致企业信誉度下降，从而使企业经营能力减弱。

2. 存在招聘渠道选择的误区

耐顿公司在招聘之前没有考虑到招聘成本效率的问题，所以造成一系列的浪费。在招聘渠道的选择上，耐顿公司为了加强企业在市场上的宣传，启用影响力大的媒体，由于大众报刊的广告受众很多，如果太多的人对招聘广告做出反应，这使人力资源部门在招聘工作中失去了控制招聘成本、求职者类型、求职者数量等方面的能力，给人力资源部门工作造成一定困难，使企业人力资源管理规划不能正常实现。

3. 忽视外部因素和内部因素的影响力

耐顿公司总经理和一些企业总裁一样，他们确信：他们所需要的任何人员总可以从人才市场上招聘到。其实企业在招聘和录用过程中会受到企业外部因素、国家相关法律以及外部人才市场的影响；企业内部的文化氛围、企业战略思想、企业目标也是影响企业招聘和录用方式的作用力。此外，技术改进、人员模式及公司行为方式、喜好、态度改变、本地及国际市场的变化，经济环境及社会结构的变化、政府法规政策的修订等，都会对人力资源的招聘工作产生影响。求职者个人因素或多或少影响着他们的择业倾向。

4. 缺少工作分析

看耐顿公司招聘广告词的描述方式，使读者有一种应聘的冲动，但冲动不能代表其他。求职者需要了解详细的信息时，不知道本岗位是做什么的，公司没有向求职者提到岗位的详尽描述和胜任本岗位的所需的知识、技能、体力等方面要求。这样在简历的招收过程中，会有大量的不适合本岗位的人员前来面试，会给面试工作造成一定的麻烦。

另外，在公司人员面试、筛选、评估过程中，由于缺乏科学的工具作为考评人员素质、水平、技术和业务实力评测手段，面试人的主观看法在评价中所占的比重要远远高于科学的评测方式。由于缺少工作分析，在人员录用过程中没有科学的录用依据，容易造成所入职人员与岗位要求的差距，甚至造成应聘者与岗位完全不相符的尴尬情景。

5. 招聘程序的不规范

许多企业和耐顿公司做法基本相同：在招聘程序中许多步骤或科学的甄选方式已经被省略了，案例中求职者李楚和王智勇的面试考核资料中，只有姓名、性别、学历、年龄、工作时间及以前工作表现等基础信息，对人员筛选来说这些资料远远不够的。一般企业在这时候往往通过面试时对求职者的主观印象做出判断，这种判断的客观性和准确性是值得怀疑的。另外耐顿公司没有通过模拟情景评测方式和其他的量化评定方式来考核求职人员，在面试时这样做会对招聘工作的结果造成影响。

除了这些，还有以下几点不足：

6. 忽视求职者的背景资料情况
7. 向求职者宣扬企业不实之处和许诺无效
8. 经理人员的心理偏好影响
9. 没有设立招聘后的评估

二、解决方案

企业组织的生存取决于他们在竞争环境中所处的优势地位，而在所有的竞争优势要素中，人力资源的质量是最为重要的，人力资源称为组织发展的"第一要素"，因此企业组织中的人力资源的质量要素为基本前提。吸引、录用、保持、发展、评价、调整构成企业人力资源管理的基本职能，如果将人力资源管理看成是一个动态的系统的话，那么人员的招聘与录用工作就可称为人力资源管理系统的输入环节。人员招聘与录用直接影响企业、组织人力资源的输入和引进质量。如果人员招聘与录用的质量高，将会促进组织健康、快速、高效的发展，更好地实现组织的战略与发展目标。相反，如果人员招聘与录用的质量较低，或录用人员不符合组织要求则会阻碍组织的发展。在组织需要用人的时候找不到适合的人选，这对企业组织的正常发展极为不利，所以人员招聘与录用将随着企业组织的发展在人力资源管理中占有越来越重要的地位，人员招聘与录用的成功与否将直接影响一个组织的兴衰成败。

在企业招聘过程中，招聘和录用工作是建立在两项工作的基础上来完成的：一项为企业人力资源规划和招聘规划工作；另一项是岗位分析工作。有了这两项工作作为基础，企业可以进入科学的招聘和录用工作的操作阶段了。从耐顿公司此次招聘工作中可以看出：他们没有长期的人力资源发展规划和招聘计划来支持人力资源部门实施企业的招聘计划。这使企业的招聘工作犹如摸着石头过河。

案例2　SP公司的招聘失败案例

位于北京东单东方广场的某外资SP公司因发展需要在2005年10月底从外部招聘新员工。期间先后招聘了两位行政助理（女性），结果都失败了。具体情况如下：

第一位A入职的第二天就没来上班，没有来电话，上午公司打电话联系不到本人。经她弟弟解释，她不打算来公司上班了，具体原因没有说明。下午，她本人终于接电话，不肯来公司说明辞职原因。三天后又来公司，中间反复两次，最终决定不上班了。她的工作职责是负责前台接待。入职当天晚上公司举行了聚餐，她和同事谈得也挺愉快。她自述的辞职原因：工作内容和自己预期不一样，琐碎繁杂，觉得自己无法胜任前台工作。HR对她的印象：内向，有想法，不甘于做琐碎、接待人的工作，对批评（即使是善意的）非常敏感。

第二位B工作十天后辞职。B的工作职责是负责前台接待，出纳，办公用品采购，公司证照办理与变更手续等。自述辞职原因：奶奶病故了，需要辞职在家照顾爷爷。但是当天身穿大红毛衣、化彩妆，透露家里很有钱，家里没有人给人打工。HR的印象：形象极好、思路清晰、沟通能力强，行政工作经验丰富。总经理印象：商务礼仪不好，经常是小孩姿态，撒娇的样子，需要进行商务礼仪的培训。

招聘流程：(1) 公司在网上发布招聘信息。(2) 总经理亲自筛选简历。筛选标准：本科应届毕业生或者年轻的，最好有照片，看起来漂亮的，学校最好是名校。(3) 面试：如果总经理有时间就总经理直接面试。如果总经理没时间就由HR进行初步面试，总经理最终面试。新员工的工作岗位，职责，薪资，入职时间都由总经理定。(4) 面试合格后录用，没有入职前培训，直接进入工作。

公司背景：此公司是一国外SP公司在中国投资独资子公司，主营业务是电信运营商提供技术支持，提供手机移动增值服务，手机广告。该公司所处行业为高科技行业，薪水待遇高于其他传统行业。公司的位置位于北京繁华商业区的著名写字楼，对白领女性具有很强的吸引力。总经理为外国人，在中国留过学，自认为对中国很了解。

被招聘的员工背景：

A：23岁，北京人，专科就读于北京工商大学，后转接本就读于人民大学。期间2004年1月到12月作过少儿剑桥英语的教师一年。

B：21岁，北京人。学历大专，就读于中央广播电视大学电子商务专业。

在上学期间工作了两个单位：一个为拍卖公司，另一个为电信设备公司。职务分别为商务助理和行政助理。2004年曾参加瑞丽封面女孩华北赛区复赛，说明B的形象气质均佳。

招聘行政助理连续两次失败，作为公司的总经理和HR觉得这不是偶然现象，在招聘行政助理方面肯定有重大问题。

思考题：
1. 该公司在招聘行政助理过程中存在哪些问题？
2. 如何解决类似的问题？

（资料来源：佚名：《一个真实的招聘失败案例分析》，选拔招聘．中国人力资源网．2010-03-02. http://www.hr.com.cn/p/1423412256）

案例分析：

一、失败原因分析：

从上面的案例我们能够发现：直接影响这次行政助理招聘的主要因素为公司的总经理，甄选的方法和招聘流程。

1. 总经理分析

首先，在招聘过程中总经理干涉过多，没有充分授权给人力资源部门，包办了HR筛选简历的任务。其次，他不懂中国国情自然就会让不适合的人被选进来，而适合的人才可能在筛选简历上就被淘汰了。对于这种低级别的员工招聘，应该把权力完全授给熟悉国情的HR。他在这次事件应该负主要责任。

2. 甄选方法分析

在招聘行政助理时，公司没有根据行政助理这个岗位的任职资格制定结构化的甄选标准，而只是凭面试官的直觉进行甄选，这样造成了招聘过程中的不科学。因为面试官会在面试过程中受到归类效应、晕轮效应、自我效应和个人偏见（地域，血缘，宗教信仰等）影响。案例中总经理就对相貌，毕业院校和是否应届生带有明显偏见。没有考虑应聘的人是否和企业的文化、价值观念相吻合，是不是真正地具备了工作需要的知识、能力、性格和态度。

3. 招聘流程分析

正常的招聘流程应该是公布招聘信息、初步面试、评价申请表和简历、选择测试、雇佣面试、证明材料和背景材料核实、选择决策、体检录用、入职前培训、入职。该公司在招聘过程中少了选择测试和入职前培训这两个重要步骤。

第四章　招聘与选拔

公司通过选择测试基本上能测试出应聘者的性格特征和价值取向。如 A 的性格内向，而且心态高不踏实，不愿做琐碎繁杂的工作，与做前台需要的性格和心态相差甚远。这样盲目地让她做前台工作造成了她的离职。通过测试同样能测出 B 的价值观与企业文化不符，这样就能在测试阶段把她们淘汰，从而节省招聘的成本。

入职前的培训对加入公司的员工很重要。因为通过入职前的培训能够给新员工灌输公司的企业文化和价值观念，可以帮助新员工树立正确的工作态度，对工作有更深刻的认识。如果给 A 和 B 进行了系统的入职前培训，完全有可能改变她们本来的价值取向和对工作的态度，她们就有可能不会离职。

二、对策分析

从上面的失败原因分析，可以得到这样一个结论：这个公司没有从外界招到合适的员工是因为它没有一个科学的人力资源管理体系造成的。建立一个科学的人力资源管理体系需要注意以下几个方面：

1. 做好人力资源规划

人力资源规划有助于企业适应变化的环境。环境的变化需要人力资源的数量和质量做出相应的调整。根据企业的战略规划作相应的人力资源规划，人力资源规划需要对人力资源的需求和人力资源供给预测，通过比较后确定是向外部招聘还是裁员。

2. 做好工作分析

工作分析即职务分析，全面了解、获取与工作有关的详细信息的过程。具体来说，是对组织某个特定职务的工作内容和职务规范（任职资格）的描述和研究过程，即制定职务说明书和职务规范的系统过程。工作分析包括两个方面：（1）工作本身，即工作岗位的分析，要分析每一个岗位的目的，该岗位所承担的工作职责与工作任务，以及它与其他岗位之间的关系。（2）人员特征，即任职资格分析，主要分析能胜任该项工作并完成目标的任职者必须必备的条件与资格，如工作经验、学历能力特征等。

3. 做好招聘与选择

在选才、育才、用才、留才的四大人力资源管理职能中，选才不但最为重要，而且是育才、用才、留才的基础。如果选择的人不能适应工作与组织，人力资源将变成"人力负债"。

4. 做好员工培训和绩效考核

人力资源的特征具有可开发性，组织可通过对员工培训来开发员工的潜能，提高效率和效益，提高使用人力的柔性，提高组织的竞争力。

绩效管理是使员工的表现与组织的目标趋于一致的一种努力。绩效考核是对员工在工作上的表现好不好的一个评定与沟通的过程。绩效考核的目的是掌握员工在完成组织目标中的贡献与不足，作为评定员工升迁、调配、奖励、培训和开发的依据。

5. 做好薪酬管理和员工离职管理

通过薪酬水平、薪酬结构和薪酬形式这三个方面的薪酬管理，来实现人才的确保与维持，改善个人与组织的绩效，控制人工成本。

离职管理必须作离职原因分析和离职成本计算，需要设置离职管理的岗位，并配备专业人员，主动管理员工离职行为。

案例3　IBM 郭士纳 VS 神舟待标榜的招聘比较分析

一、郭士纳：拯救蓝色巨人

在20世纪末期的那个年代，沃伦·巴菲特、杰克·韦尔奇、艾伦·格林斯潘、彼得·德鲁克等人的名字耳熟能详。1993年以后，媒体开始聚焦在另一个人的身上，并以崇敬和惊美的目光把他送进了经管大师"名人堂"。这个人就是郭士纳。美国《时代》周刊这样评价郭士纳——"IBM公司董事长兼首席执行官，被称为电子商务巨子。人们一直认为，郭士纳使IBM公司摆脱了80亿美元财政困境并使其有了60亿美元。其实郭士纳的绝技是把原本死板的IBM公司变成了一个巨大的、在电子商务各方面处于优势并且提供计算机服务的公司。自从郭士纳掌权该公司以来，公司的股票上涨了1200%。"郭士纳的成功，与蓝色巨人IBM的命运息息相关。

（一）IBM公司：蓝色巨人的辉煌和挫折

IBM的创始人是汤姆斯·约翰·沃森。IBM公司中华区董事长兼首席执行总裁周伟焜这样概括IBM的发展历程："20世纪20年代以后IBM是一电动打字机文明"，"到了60年代，IBM与大型机联系在了一起"，"到了80年代，大家认为PC就是IBM"。

其实早在1976年3月Apple公司就发布了Apple I型微型计算机，1977年，苹果电脑公司推出了新型电脑——苹果二型。苹果二型电脑一下子犹如洪水般地涌进美国的千家万户，征服了70万之众的买主。到1981年，其营业额已达35.5亿美元，纯利为3940万美元。1982年营业额继续上升到5.82亿美元，跃居第一。

IBM一直专营大型电脑设备，对发展微型电脑不屑一顾。直到1980年7月才开始研发后来被称为PC的产品，并于次年8月正式宣告诞生。IBM原来预计年售2万余台PC，而实际上月订货量就超出了这个数。这一年IBM以25万台PC的产量，迅速接近Apple II。1983年IBM发布了PC的改进型IBM PC/XT，凭借XT，IBM市场占有率超过76%，超过了Apple。当时PC市场除了IBM公司，还有7家小公司。由于IBM所占市场份额巨大，因此有人戏称PC市场是IBM和7个"小矮人"，IBM由此获得了"蓝色巨人"的称号。1984年8月，随着更先进的IBM PC/AT的推出，IBM彻底确立了在微机领域的霸主地位。

然而，到了20世纪90年代初期，IBM却遭遇了重大困境。这次大挫折的始作俑者被认为是约翰·埃克斯。1985年，约翰·埃克斯担任IBM的总裁，次年他成为公司第六任董事长。不幸的是，约翰·埃克斯上任后两年内不仅业绩平平，而且遇到了各种麻烦，其中最为烦心的就是PC兼容机的"盗版"问题。随着PC的成功出世，市场上出现大量的相仿或干脆就是仿造产品。然而由于个人电脑集成化的特点和市场开放政策的保护，这些仿造者并不存在侵权行为。几年之后，被IBM扶植起来的兼容机厂商已占领了55%的全球市场，超过了IBM本身。1987年4月，埃克斯出人意料地推出"微软道结构"总线技术，这一技术使新研制的IBM PS/2电脑与原来的ISA总线不兼容。虽然这招有效地减少了市场上PC兼容机的仿造现象，但却使PS/2无法被用户广泛接受。如此一来，本来以PC开放策略大获其利的"蓝色巨人"，竟被自己用"绝技"关上了开放的大门，丧失了产业盟主的地位。在沉重的压力面前，埃克斯显得不知所措，他在慌乱之中匆忙进行了"清理门户"。然而埃克斯的裁员不但没有给公司减去多少负担，反而弄得公司上下人心惶惶，严重影响了员工工作的积极性。1993年，无计可施的埃克斯不得不向董事会递交辞呈。在历任的董事长中，埃克斯书写了IBM历史上空前的失败篇章，亲手导演了世界电脑界蓝色巨人的伤筋断骨。

（二）物色新掌门

埃克斯辞职后，IBM董事会开始物色新掌门人以扭转颓势。尽管IBM准备了丰厚的条件，希望吸引本行业优秀人才给IBM掌舵，但试探了美国几位顶尖的首席执行官，他们虽然都受宠若惊，却没有一个人愿意碰IBM董事长和首席执行官的位子，如时任通用电气CEO的杰克·韦尔奇就拒绝来挽救IBM，而太阳微系统公司首席执行官斯科特·麦克尼利甚至公开叫嚷说："最好别叫我去。"当时，有媒体称拯救IBM的这一职位为"美国最艰巨的工作之一"。

然而，此时倒有一位冒险家——郭士纳，毅然决定前往IBM。

郭士纳1942年3月出生于纽约市长岛。郭士纳的中学时代是在一所竞争激烈的天主教学校中度过。在父母的严格管教和激励下，郭士纳的学习成绩一直名列前茅。此后，他得到达特茅斯大学的奖学金，入校攻读工程学学士学位，后于1963年毕业。在大学同学的印象中，郭士纳非常聪明、诚实，人缘挺不错，但率直的个性也十分明显。大学毕业不久，郭士纳很快进入哈佛商学院攻读MBA。1965年，郭士纳获得MBA学位，随即加入麦肯锡管理咨询公司。在那里，郭士纳显示了其过人之处，即尽管他对具体行业知之甚少，但是他却常常能迅速吸收大量信息，并立即总结归纳出企业问题所在。凭借他在麦肯锡的出色表现，郭士纳在28岁时成为麦肯锡最年轻的合伙人，在33岁时成为麦肯锡最年轻的总监。1978年，郭士纳离开麦肯锡，进入美国运通公司担任执行副总裁，主要负责信用卡业务。在进入公司后，他全然无视公司的晋升规则和层级制度，积极引进外人担任高职。鉴于当时美国运通正面临着信用卡和旅行支票领域的激烈竞争，他积极运用消费者导向，推行单一品牌，成为替运通建立"美国运通信用卡"商誉的功臣之一。

然而，1981年美国运通并购了谢尔森公司后，谢尔森公司人员的流入使郭士纳颇为不安。他原本有望成为运通总裁罗宾逊的接班人，然而却被谢尔森公司首席执行官斯坦福·威尔捷足先登。1987年，尽管罗宾逊仍担任运通的总裁，不甘等待的郭士纳开始寻找新的发展机会。他曾将绣球抛向当时正在招募CEO的联合航空公司，但由于当时联合航空正陷于劳资纠纷中，而公司高层的某些人则认为郭士纳不适合担任此职，因此无果而终。1989年，郭士纳前往RJR纳贝斯克烟草公司任董事长和首席执行官。就在郭士纳准备物色一个更高"梯子"时，一个更庞大的公司，正在物色一个他这样的人才。这个公司就是IBM。

1993年4月1日，愚人节。郭士纳从埃克斯手中接过IBM的权力之柄，担任董事长兼CEO。IBM选择郭士纳是因为看中了他深厚的背景。但是，这些资历并不能令人们的担忧释怀。一个极其重要的原因是：郭士纳不懂计算机技术，也不了解这个行业。与当时微软的盖茨、英特尔的格鲁夫等"技术型企业领袖"相比，郭士纳是个不折不扣的外行。IBM将自己的生死大权交给一个"门外汉"，看起来的确令人不可思议。在纽约希尔顿饭店的新闻发布会上，人们对他充满了好奇，尤其是对极为官僚和保守的IBM，能让这么一位外行来执掌他们这个全球最大的计算机公司，感到非常诧异。在当时大多数人看来，这真的是一个"玩笑"。有人甚至猜测说，IBM之所以选择他，是因为表明董事会对IBM的未来不会再有任何伟大的远景，蓝色巨人将在郭士纳的怀中衰竭而死。

（三）拯救蓝色巨人

今天，IBM内部和外部的人都敬畏地谈论1993年发生的一次事件，"你知道香蒂丽吧，那就是一切开始的地方。"郭士纳上任几周后，在弗吉尼亚州香蒂丽吧的一个度假胜地，IBM邀请最大的200家客户的信息执行官参加了一次非同寻常的会议。这是IBM破天荒第一次在客户面前承认自己并非万事通，也是IBM的经理们第一次虚心向客户请教2个最简单的问题：我们做对了哪些？做错了哪些？

郭士纳说：信息革命即将发生，但前提是电脑行业停止崇拜单纯的技术，并开始注重技术对于客户的真正价值。简单说来，即客户第一，IBM 第二，各项业务第三。IBM 再也不能靠亮皮鞋和微笑来过关了。郭士纳表明态度："我跟 IBM 公司别的总裁有一个不一样的地方，就是我曾经是 IBM 的客户，因此，我完全了解客户及其需求，正因为我不懂技术，所以可以花更多的时间，从客户的角度来考虑客户的事情。"他在 IBM 局域网的布告栏上张贴了一张只有四个字的布告：It's the customer, stupid! （客户才是最重要的，蠢材！）

1. 内部革新

郭士纳在接管 IBM 后，没有更换 IBM 绝大多数高级主管，但他通过自己的行动和强硬的言论力量扭转了 IBM "遗老遗少"的作风和思维方式。面对着企业内部和外部的批评指责，郭士纳坚持采用休克疗法，大幅削减成本，并成功地说服董事会进行结构重组——"如果企业的高层没有决心拿出起码 5 年的时间来进行改革，那么机构性的重组很难成功，而且难的并不在开始，而是将变革推行下去，直至达到目的"。同时，他还积极废除各项陈旧僵化的制度，诸如在员工服饰方面的规定以及不必要的各类会议；他还采用股票期权和金钱奖励相结合的办法来激励下属。

在排除异己方面，郭士纳也毫不手软，即便是哥哥也不例外。郭士纳对其兄迪克的处理曾在 IBM 引起不少争议。作为一个热情、善于社交、广结人缘的高级主管，迪克算得上是 IBM 传统的代言人。1960 年，迪克进入 IBM 担任工业工程师，后晋升为 IBM 亚太区总裁。1988 年，他受命负责处理纷繁复杂的 PC 业务。然而就在他走马上任之前，因患关节炎而不得不离职，尔后又因公司的一项为期 3 个月的咨询项目重返 IBM，而此时正值郭士纳接掌 IBM 之际。作为 IBM 内守旧势力的代表，迪克最终在与郭士纳进行会谈后离开了 IBM。

在经营管理理念上，郭士纳总是想办法使公司的发展方向让每一位员工知道。他打破了过去 IBM 等级森严的做法，直接用电子邮件和员工通信。他每去一个地方都要专门安排一个小时与所有的员工见面，讲一下公司的方向，然后留下 45 分钟让员工举手随意向他提问。于是他总有办法听到客户的声音，听到员工的声音，看到市场的变化。有一件事情值得提一下，在去欧洲访问的过程中，郭士纳偶然发现欧洲区的员工收不到他定期寄发给的电子邮件。经调查，原来是欧洲区总负责人利用中央信息节点中途拦截了他发送的信息。当郭士纳问他原因时，他的回答很简单："这些信息对我的员工不适合。"第二天，郭士纳就把他叫到纽约阿蒙克，对他说，"你并没有什么员工，因为所有的员工都

第四章　招聘与选拔

属于 IBM"。没过几个月，那位负责人就离开了公司。

以前在 IBM 的会议上，气氛融洽，大家衣冠楚楚，还能愉快地聊天。但郭士纳令会议气氛陡变，他见面时单刀直入，从不寒暄。对那些习惯回避问题的 IBM 人来说，这令人恐惧："我的上帝，现在我必须和这个人四目相对了"。他直截了当的方式令总部大楼里的每个人都战栗不已，"当他召你进去时，永远不要指望听到赞扬。他总是大吼'见鬼去！瞧瞧你做了些什么？'"

郭士纳带来了压力，也带来了新鲜空气，还有 IBM 久违的士气。1994 年，他对公司员工讲："我希望你们知道，那迎面吹向我们的风就要过去。我不能确切地预测什么时候会发生令人激动的改变，但我相信风必将改变方向"。

2. 战略调整

IBM 不能肢解。在郭士纳来之前，为了挽救蓝色巨人，埃克斯做出了最无奈的选择：把 IBM 分成几个小单位，让它们各奔前程，其实就是肢解 IBM。而且得到了多数人的赞同。面对人心惶惶的局势，郭士纳必须尽快做出决断。按照郭士纳"客户第一"的思想，一个解体的 IBM，当然不能向客户提供优质的综合服务，相反，只有维持公司的统一，让同一张面孔面对客户，才更具有竞争力。郭士纳迅速做出一个决定，坚决不同意解散 IBM。他说："当所有竞争对手都专心在一个领域里面，你就要和别人不一样，做和别人不一样的事情。IBM 的优势就在于大。"郭士纳要坚持不仅不能肢解 IBM，而且要尽最大的努力把 IBM 攥成一个巨大的拳头。这可不是轻描淡写，对这个大多数人已认可的肢解计划来个"全盘否定"，当然有很大的风险。不过，郭士纳没有理会这个，他不能折中，也不能妥协，这是他的个性。他排除一切干扰，立即按自己的战略意图布置下一步的行动计划。

收购 LOTUS。1995 年 6 月 5 日，处理完"家务事"的郭士纳终于将锋芒指向外界，他想要世人很快明白他攥紧的 IBM 拳头有多大的力量。郭士纳首先瞄上了莲花（Lotus）软件公司，想把它收到自己麾下。也是意料之中，Lotus 总裁吉姆·曼兹坚决抵抗。郭士纳立刻决定强行吞并。他通过各种媒体向全世界发出一个强烈的信号：郭士纳要将 Lotus 上市的 5500 万普通股强行收购。IBM 开出高价，使 Lotus 股票价格翻了一番。同时，郭士纳指出，如果 Lotus 敢于进行"反收购"，IBM 将随时抬价，奉陪到底。最后曼兹妥协了。6 月 11 日，这桩生意最终以 35 亿美元成交，成为当时软件史上最大的购并案。郭士纳漂亮的速决战给那些支持肢解的同僚留下了刻骨铭心的记忆，IBM 的士气立即高涨起来。

接着，郭士纳用 Lotus 公司的 Notes 软件作为炸弹，向软件市场发起猛烈攻击。几个月时间，一举夺下企业网络市场。到年底时，IBM 营收突破 700 亿美元大关，大型机业务也迅速复活。IBM 彻底摆脱了危机，充满了希望。1996 年 11 月 15 日，IBM 股票升到 145 美元，达到 9 年来的最高点。蓝色巨人重新傲立于世人面前。1997 年 1 月，在一年一度的全球员工大会上，郭士纳说："1997 年我们无处躲藏。对我们所有人来说，这是结账的一年。1994 年证明我们自己能够生存；1995 年显示我们稳住阵脚；1996 年见证我们能够增长；1997 年我们将向世人显示，我们可以成为领袖。我们不再需要任何借口。"

(四) 结语

郭士纳用自己超强的魄力和先进的理念引导 IBM 成功转型后，IBM 从废墟上再度崛起，重现昔日辉煌。这个时候，世界风云已经悄然变化。作为 IBM 的舵手，郭士纳没有被胜利冲昏了头，他时刻关注着这一切，适时地调整自己的战略。1999 的商界流行着两种迥然不同的经营之道，一种是通过并购进行扩张，一种是通过滚雪球不断壮大。而这时候，郭士纳要走的却是第三条道路：合作，合作，再合作。他认为，在现今这个世界上，任何企业仅靠单打独斗，力量显然很单薄，必须把自己融入一个不断发展壮大的生态系统之中。后来的事实是：其他竞争者因旷日持久的经济萧条开始全线崩溃的时候，IBM 却逆风飞扬。凭借这种合作战略，到 2001 年，IBM 销售额高达 860 亿美元，利润总额高达 77 亿美元。如今的 IBM 已成为一个不制造计算机的计算机公司，而许多计算机厂家直到今天才意识到合作战略对自己的必要。

此前从未涉足 IT 业的郭士纳，仅用两年的时间就摘去了 IBM 亏损的帽子，而且在随后的十年间，成功地将 IBM 从制造商改造为一家以电子商务和服务为主的技术集成商。郭士纳为 IBM 带来了滚滚利润，也为他自己挣得了不菲的收入。1996 年他已获得了 82.5 万股期权，账面价值 6900 万美元。1997 年 3 月，董事会同意再给他增加 30 万股期权，希望他再干一个任期，直到 2002 年。为此公司将另加 200 万股票认购权。如果 IBM 股票能保持 10% 的增势，那这批股票将值 3.3 亿美元。

2002 年，郭士纳从 IBM 功成身退。这时，IBM 已经从废墟上再度崛起，重现昔日辉煌。IBM 因此当之无愧地入选了"财富 500 强"的前十名，在技术产业界仅次于微软。

二、符标榜加盟神舟

2006年6月6日,"原戴尔中国总裁符标榜投奔神舟!"的消息传出,在业界引起强烈震荡。"吴海军又在借机炒作"、"符标榜此去前途莫测",一时间各种说法在坊间出现。

（一）一个电话引发的空降

符标榜是新加坡人,曾留学英国,早年就职于Gateway（中国）公司和惠普公司,2001年加入戴尔中国,担任戴尔中国区大客户部的董事总经理。2001年和2002年,戴尔在华取得连续增长,2003年业绩更达到中国市场的第二名,仅次于联想。该年10月,符升任戴尔中国区总裁,兼任戴尔亚太及日本副总裁。但2004年,戴尔的市场排名跌到第四位,增长速度也低于惠普和IBM。2005年前三个季度,戴尔增长率继续放缓。同年10月25日,戴尔正式对外证实:符标榜已经决定从戴尔中国总裁的职务上退休。

2005年11月,符标榜走出戴尔中国公司总裁办公室,结束了10多年的职业经理人生涯。回到家里的第二天,符标榜接到一个特殊的问候电话,打电话的是一个叫吴海军的人——神舟电脑董事长。符标榜颇有些意外。尽管此前任戴尔中国总裁时跟吴海军有过接触,但仅仅是打个照面而已,没有深入交往。在电话里,吴海军并没有谈什么具体事情,只是在寒暄之后,邀请符标榜来深圳看看。符标榜立即猜出了对方的意图。不过他也非常谨慎,没有给出明确答复,只表示会尽量安排时间来深圳看看。

此时在电话那头——深圳新天下工业城10楼吴海军的办公桌上,摆满了符标榜的个人简历和情况介绍。英国Strathclyde机械工程学士、工商管理硕士这些都不能吸引他,真正让吴海军着迷的是符标榜在任戴尔中国总裁4年时间,将戴尔在中国的销售业绩翻了三倍。当戴尔宣布中国区总裁符标榜正式离职之后,吴海军就敏锐地觉察到机会来了。他第一时间要来了符标榜的详细资料,对其进行全面研究。研究的结果是,符标榜完全符合神舟电脑的要求,必须把这位新加坡人挖过来。由此就有了文章开头的那个问候电话。

2006年年初,吴海军和符标榜又通过几次电话。在电话中,吴海军依然没有把邀请意向挑明。符标榜同样只是和对方探讨国内电脑市场的发展趋势。双方在一招一式中互相了解了对方的底牌,也对对方有了更清楚的认识。3月,在经过慎重考虑之后,符标榜从新加坡飞到深圳,参观了神舟电脑总部和新天下工业城。这次参观对符标榜触动很大,"尽管都是竞争对手,不过以前国外电脑制造商的目光都是看准联想。神舟的表现很出乎我的意料。"符标榜事后承认。在参观中,敏锐的符标榜同样觉察出高速发展中的神舟电脑存在一些问题。在产品方面相当完善,价格战运用得非常纯熟,企业品牌、形象和市场渠道建设方面却存在诸多需要完善的地方。

回新加坡之前,符标榜和吴海军进行了一次深入谈话。吴海军开门见山邀请符标榜加盟神舟电脑。吴海军说得很直接:"创业几年来神舟的确取得很多成绩,但都是苦干、蛮干,今后要做大神舟,必须巧干,我一个人是没有那个能力的,希望符先生能成为我的合伙人,共同来打造神舟电脑。"在符标榜来深圳之前,他的朋友曾经为他担心,认为神舟电脑个人色彩太浓,迟早会被架空。为了打消符标榜的顾虑,吴海军把话说得非常清楚:"神舟电脑的股份制改革正在进行,神舟不可能一直在我吴海军的'独裁统治'下面。2008年神舟就将在香港或者美国上市,请符先生来就是让神舟电脑从'吴海军时代'进入'符标榜时代'。"符标榜也表明了自己的立场:"如果加入神舟电脑,权力方面我并不会索取太多,但我肯定要开辟一些新的运营模式。我的经营原则是:一是库存不能太多,最好零库存;二是中间环节减少到最小程度。"

此后几个月,符标榜又来过几次神舟电脑总部。与此同时,他也通过自己的关系圈子对神舟电脑进行深入调查,进一步了解神舟电脑的详细情况。到5月,符标榜加盟神舟电脑的轮廓基本清晰:出任神舟电脑总裁,成为神舟电脑大股东;带来20~30人的专业团队充实神舟电脑干部队伍;全权负责神舟电脑市场销售、渠道建设方面的工作。

符标榜加盟神舟电脑的消息直到6月初才逐渐让外界知晓。在6月8日的发布会现场,吴海军出乎寻常的低调,完全不同于他以往激情飞扬的形象。在回答记者提问之前,他甚至要问清楚问题是提给符标榜的还是提给自己的。在介绍符标榜时,吴海军甚至用了"非常有幸"这样的字眼。

(二) 吴海军的期待

神舟电脑成立于2001年,借助超低的价格在国内迅速崛起,有"价格屠夫"之称。吴海军毫不讳言自己属于"拧过的毛巾还要再拧出水来"的人。神舟电脑能屡屡发动价格战的资本是其严格的成本控制。吴曾在公开场合这样宣讲自己的理念,"我谈不上管理创新,无非是把马克思《资本论》如何发挥价值、延长劳动时间的方法,把资本家最传统、狠毒的东西拿出来"。不过,偶有时候吴海军也挥金如土。以百万酬劳闪电签约"超女"李宇春,在报价最贵的央视猛打广告,一个普通的新品发布会也会请来央视《对话》主持人……这

第四章　招聘与选拔

些钱打造出了 PC 界品牌知名度蹿升的"神舟（飞船）速度"。对于符标榜的加盟，吴海军开出了极为慷慨的条件。不过，作为私人老板，花出去的每一分钱，吴海军都要得到十倍百倍的回报。如此大方，只能说明一点，他太想得到符，他期待符带给神舟的远远超出自己的付出。那么，符标榜凭什么值得吴一掷千金？

神舟的发展几乎靠吴海军一己之力，他的精明、前瞻、商业直觉、意志力等商人特质超乎常人。目前神舟所有权和经营权都在他一人手里，决策权高度集中，吴海军不但亲自在采购中讨价还价，甚至还会插手广告的版位和格式，对一切细节了如指掌。虽然如此，问题也同样明摆着。"经过十多年的发展，神舟电脑在中国市场上取得了良好的成绩。然而，当公司规模发展得越来越大时，我已经觉得越来越力不从心，因为我本人并没有在大的国际化公司里任过职。"吴海军坦承自己无力使神舟走向国际化，而符标榜有着丰富的国际企业管理经验和敏锐的商业头脑。

不过，要实现这一目标，符标榜面临着一个难以逾越的困难，那就是在仅有跨国公司工作经历的情况下，能否适应神舟电脑特殊的企业文化或者说改变目前的企业文化，从而建立起一个国际化的企业构架和经营团队。尽管目前吴海军已经启动了改制计划，但长期的个人"权威主义"所造就的企业文化不会轻易消除。可以参照的是，神舟电脑崛起的关键人物、前任总经理卢振宇以及其继任者章晟，都因难以适应其内部秩序而相继离职。符标榜显然也意识到了这个问题。"我的首个任务就是让公司形成国际化的文化。"符标榜在发布会上表示，神舟电脑已经设定用 3 年时间成为国际化公司的目标。不过，也有人对此表示悲观，认为企业转型中存在的问题非常复杂，需要大刀阔斧的改革，而符标榜面临着很多综合性、系统性的内部问题，在神舟这样一家企业推行跨国公司管理，成功的机会比较小。

神舟建立现代企业制度，或者说引进符标榜迫在眉睫的原因则是上市。据吴介绍，神舟计划在 2006 年年底完成股份制改造，在三年内，最迟 2009 年成为上市公司。吴已确定上市地点在海外，他希望神舟一上市就成为市值超百亿的公司。为了上市，神舟在几年前就开始了账目准备工作。2005 年 11 月，神舟进军韩国；2005 年 12 月，聘请中国工程院院士倪光南、原总参通讯部副部长杨千里教授、国家级突出贡献专家马其祥教授出任神舟电脑科学顾问；2006 年 5 月，在德国柏林市中心紧邻市政府大楼的莱比锡广场 7 号，确定了欧洲总部……但是境外的投资者非常看重企业管理层的品格、行业经验和专业水准，

· 163 ·

而吴海军在业界口碑不好。一个土味十足的中国民营企业凭什么让别人相信？如何和境外资本沟通？在这方面，盛大无疑是一个好榜样：一个原本陈天桥和妻子、弟弟联手把控的家族制企业，在前微软中国区总裁唐骏担任总裁后，企业形象得到极大提升，并在纳斯达克上市。像唐骏一样，符标榜这样一个明星人物，足以为神舟获得同行关注和资本青睐。这点从其加盟神舟后在业界带来的震撼就已经看出。

在内部运营和营销模式方面，符标榜也能给神舟带来很多实际好处。神舟内部系统很多地方还停留于手工操作，系统之间彼此孤立，而戴尔的供应链系统和流程的精细化为业界艳羡。在如何通过信息化系统来提高工作效率从而降低成本方面，符标榜显然有很多经验。另外，目前神舟的渠道模式比较独特，店面都是他们跟电脑城签约装修，再承包给经销商，从这个意义上说神舟一直做的是店面直销。但这种模式是最适合神舟的吗？2004年6月在新天下集团干部会议上，吴海军就曾说过："戴尔的成功不在于它在某个环节采取了独特方式，而在于整套成功的经营模式。我们也要在立体营销阶段不断探索，创造出新天下独特的营销模式。"在惠普做过分销又在戴尔做过直销的符标榜就是一个最合适探索营销新模式的人，而且符平素非常喜欢研究商业模式、企业突破的方法。

另外，神舟在商用方面一直不得要领。由于低价笔记本电脑利润微薄，神舟一直寻找新的利润来源，吴海军早就把目标瞄准了年均超过千亿元的中国商用IT市场。2002年，新天下集团在原神舟电脑"商用机事业部"基础上，通过资源整合建立了神舟创新科技公司，专门负责商用机领域的运作。但4年来这家子公司发展缓慢，在家用电脑市场所向披靡的平价战略在商用市场上收效甚微，吴海军对此也无可奈何。根据发布会上的公开表述，符标榜就任后的主要工作就是将神舟电脑在消费市场上的价格竞争优势延伸到中国的商用市场上去，同时推进神舟电脑的全球业务成长计划。但分析师们对此大多并不乐观。"过去几年神舟电脑没有在商用市场发展起来，主要原因是神舟电脑的品牌形象比较差，与渠道和价格的关系不大。"赛迪顾问IT产业分析师文芳分析说，在商用市场的拓展需要深厚的行业资源，以及高端的品牌形象，"神舟笔记本推行的低价策略恰恰把这一形象压得很低"。她认为，吴海军是希望符标榜的到来在改变神舟电脑形象的同时，利用其管理能力和行业资源为神舟建立高效的商用电脑渠道。"但如果神舟在家用电脑上继续推行低价战略，仅依靠符标榜的个人形象和渠道上的经验，能否有效恐怕还是个未知数。"

第四章 招聘与选拔

(三) 符标榜的选择和打算

符标榜能从神舟得到的东西似乎显而易见——股份和金钱。但是他加入神州也还有其他方面的考虑。一是增加在民营企业工作的经验。根据一位下属对符的评价，符标榜很"aggressive"。2001 年，时任中国惠普有限公司副总裁的符标榜来到戴尔，头衔只是戴尔中国内地及香港地区董事总经理，两年之后才被任命为戴尔中国区总裁。符标榜在谈及当年屈就戴尔的考虑时说，主要是觉得戴尔的直销模式很值得了解，自己观察了很久，看到了问题所在。符标榜在中国待了十几年，尤其是最近几年，在和一些本土客户接触时，他们的成长带给符震撼，他认为中国的很多本土企业以后在国际上会大有发展。符标榜坦承，"有时候我就想，如果有一天去一家中国本土企业，不管是民企还是国企，有这样的经验都会很好。"现在越来越多的民企一掷千金，聘请外企高级人才。显然神舟的经验会让符标榜在人力资本市场上的价值获得提升。所以他说，在神舟能不能做成事情、学到东西，才是最重要的。二是在 2005 年 10 月离开戴尔后，符标榜一直没有找到合适的东家。当戴尔亚太区总裁阿梅里奥成为联想 CEO 后，业界曾传言符标榜和联想接洽，但后来无果。被遗忘是职业经理人的大忌。不可否认，神舟给了符标榜重回主流视野的机会。

但是跨国公司职业经理人还没有在民营企业存活的先例。此前吴士宏在 TCL 基本上断送了自己的职业生涯，何经华回归外企也证明他的用友经历是个错误。符对这些失意案例不可能不知道。为了千万计的纸上财富，符标榜会将自己的职业生涯和职场声誉全赌进去吗？"谁都不会给你一个担保，这个公司一定可以上市。"符标榜对《IT 时代周刊》直言。上市没有这么简单，并不是说他来到神舟，神舟就能上市，前提是要靠他和吴海军的共同努力。符标榜说来到神舟是自己事业上最大的决定，这绝对不是公关辞令。对于进入神州之后可能面临的种种问题，符标榜似乎也有自己的想法和对策（以下是他与记者的一次对话）。

记者：对你来说，加盟神舟电脑，这应该是一个全新的挑战？

符：在接受神舟的邀请之前，我考虑过很长时间，这是个巨大的决定。可以说我职业生涯中这么长时间，这次是最重要的一个决定。坦率地说，我和吴海军董事长才认识半年，但很谈得来。

记者：以前在戴尔可能一年不会接受几次媒体采访，而在神舟这样一个高调的企业，你如何适应完全不同的企业文化。

符：这是今天你第二次提到戴尔了。我已经说过，戴尔的问题我不会回答。但是至于如何适应神舟电脑的问题，我是觉得不需要适应，因为我过来是要开创一种新的企业文化，按照自己的路子来操作就行了。

记者：你的意思是已经获得足够开创这种企业文化的权力？

符：权力问题我并没考虑太多，在我和吴海军董事长的谈话中也极少讨论这个问题。因为他信任我，自然会给予充分权力开展工作，而我这边，业绩做好了，权力自然就有了。所以权力对于我来说，不需要去争，而是去做来的。

记者：但如果你做一个决定，如裁人，吴总会干涉，你怎么办？

符：第一，经营上面的人事我会全权负责，这是我作为神舟电脑总裁的权力范围；第二，吴海军董事长和我之间有一个完善的沟通机制，针对某个问题，他会谈他的看法，我会谈我的看法。我们不是来搞政治斗争，而是来做大一个企业的。

记者：但任何一次高层变动都无法避免内部斗争这样一个问题，何况这次你会带来一个庞大的专业团队，你会怎么解决？

符：这个问题提得很好，我可以告诉你，来神舟之前，我做了大量的"功课"，研究过大量高管"空降"的失败案例，得出一个结论，99%失败的高管之所以"空降"失败，在于做事太急，一来就想改变这，改变那，结果最后什么也没有改变，唯一改变的是自己——下台了。

记者：欲速则不达？

符标榜：是的，就是这个意思。你可以看看，凡是在这个圈子里面，从外企"空降"到国企甚至民营企业，几乎没有成功的，下场都很凄凉，为什么？就是心太急了。

记者：唐骏算是比较成功的，从微软到盛大。

符：那也未必，唐骏现在也悬在半空的。所以在神舟我的方法是一步一步来，先不改变现有东西，另外搭架子，再充实内容，不激化矛盾，而是强调互相融合。

(四) 不被看好的"婚姻"

符标榜踌躇满志地进入了神州，但是几乎所有人都认为这是一场从开始就注定要失败的婚姻，有人甚至直言"符标榜在神舟待不过半年"。理由简单明白：神舟电脑与符标榜以前谋职的Gateway、惠普及戴尔显然有着本质区别。有人担心如果符标榜在短期内拿不出很好的业绩，按吴海军以往的风格，就会手起刀落。以现在符标榜主管的商用部门为例，2004年，在神舟有"开荒牛"之

第四章　招聘与选拔

称的副总卢振宇被突然免职，但仅半年，其替代者——来自联想大客户部的章晟也神秘消失。一切利益实现的前提都是要符标榜在神舟待得足够长，能够做他自己想做、吴海军想让他做的事。但这看上去并不那么容易。习惯了用英文邮件处理公务的符标榜，会发现"神舟的一些副总裁连电脑都不用"。这只是与以前环境不一样的一个开始。

道不同，可否为谋。一位媒体资深人士提起吴海军时说，"这是一个层次很低的赤裸裸的商人，虽然他经常写点诗什么的。不知道符标榜能否受得了吴海军的脾气"。即使是对待英特尔、微软这样的大供应商，吴海军依旧口无遮拦、张口就骂，何况面对普通员工。的确，很多民营企业的老板都在用这种方式管理员工，但吴海军的问题并不是骂骂人这么简单。吴海军有一项得意的管理创新理论，将员工分为三种人：勤奋工作的人、鸡（懒鸡和蠢鸡）和老鼠。很多人对此非常反感，认为老板直接对员工这样说证明他在意识上缺乏对人的起码尊重。吴海军当然对符标榜会礼遇有加，但如果这种尊重只是给予符一人的话，吴海军会不习惯，符标榜则会不舒服。一位多年跟随符标榜的老部下说，符为人公正，也比较朴实……能让人感觉到他在内心里对员工很关心。

让符标榜"大开眼界"的还有神舟做市场和运营的方法。神舟之所以被同行视为异类，就是因为出招怪异。在多年的市场拼杀中，吴海军总结出了许多土法，如"按供应生产"理论。2002年，吴海军在做"4880元，奔4扛回家"品牌宣传时，市面主流产品都是在8000～1万元的价格上，当时很多人想不通神舟怎么能够做出不到4880元的价格。"我为什么能做到？因为当时英特尔有423针脚的CPU，市场上我们抓到5万个在手上，而且800多元就抓到了，但是因为423的主板稀缺，选用主流的478针脚的主板售价要100美元左右。我知道全世界仅台湾有一家公司有5万个423针脚的主板在手上卖不掉。我认为423的主板配上423的CPU，同样是性能卓越的奔4，但如果我自己不能生产，就去跟台湾人买主板，我一定拿不到好价格。然后我跟他谈判，说现在CPU在我手上，你这个主板不卖给我就趁早扔到太平洋，如果你卖还能赚到钱。他说什么价？我说我的生产成本是50美元，如果你要卖给我，两人各赚25美元。最后他同意25美元卖给我。"吴海军回忆起这段往事还是掩不住一脸的兴奋。这种类似赌博的玩法，吴海军玩起来游刃有余。只要是他凭直觉认为对的，就会马上去做。这与符标榜擅长的正规军打法显然不一样，外企讲求长远规划，很多产品计划提前一年就已订好，并且基本上不可更改。遇事要层层汇报，做决定必须以数据为支撑。吴海军和符标榜显然"道不同"，虽然走到一起就是要彼此学习，但真正磨合起来并不容易。

　　人才与平台。 符标榜无疑是优秀的，但平台变了，他的能力还能发挥出来吗？腾驹达顾问公司首席顾问景素奇指出，职业经理人在很多事情上，不是没能力，而是没资源。"人才没有背景资源，就要加上'木'字旁，就是一堆木材，其他什么都不是。"就像找到会造原子弹的人，给其造炮弹的配套资源，一样没用。对于想引进高级职业经理人的企业来讲，应特别注意人才发挥作用的成本，而不是简单的人才本身成本——这是景素奇特别强调的。他认为让人才发挥才华的成本非常高，这绝非简单指高工资和职务消费。引进一个博士需要100万元，但要让其发挥作用可能需要1000万元，甚至更高，职位级别越高，成本则呈几何指数上升。但民营企业，对为人才打造舞台的成本，一般在心理和实际都承受不了。民营企业老板往往希望一个人就能成事，但他忽视了那个人身边的工作团队和发挥作用的系统。具体到神舟，按照符标榜持有的慢慢培养神舟原有经理的说法，吴海军显然等不及，符就必须从外面招一些训练有素的职业经理人和专业人才来辅助符。这些人的费用都不菲。PC业利润之薄人所共知，神舟的钱都是从一个个环节抠出来的，吴海军为符标榜已经付出很多，未必情愿或有能力再为这些人出血。再如做市场活动的费用，国际大公司都是按"千美元"计，神舟则要处处算计。

　　另外，不同的平台对人的要求也不一样。景素奇指出，外企的职业经理人更多的是在执行层面，也就相当于营长、团长，优点是执行力强，但灵活性不够，战略上弱。他们到了民企做老板，则相当于军长或司令员，需要有战略眼光。正因为如此，景认为市场营销层面的任务，职业经理人原来的经验和资源可以借用，但在国际化方面，外企的经验是从国际走向国内，民企是想从国内走向国际，方向完全相反。现代企业制度是企业的运作机制和流程，完全是董事会、股东会、总经理、监事会制定下来的，而跨国公司中国区总裁不可能了解这些。对此，符标榜认为自己在戴尔的四年，把戴尔中国公司从一两千人带到五六千人，销售额达到20亿美元，业绩翻了3倍，仅靠埋头销售是不可能做到这些的。整个公司的运营包括投资他都要管，人事、政府关系样样要做，唯一欠缺的是整体资金的操作。他不否认到戴尔时很多制度已经设好了，但他曾是Gateway在中国的第一个员工，公司投资、政府合作计划都是亲自从零做起。

　　这个问题吴海军也明白。据说有一次去台湾，他碰到一个大饭店的董事长，此君正为从欧洲区总经理或总部高管的两个人选中挑出一人出任饭店总经理一事发愁。吴海军马上就说："很简单，肯定是要家里的这个。销售做得再好，也不过证明他很会打仗，徒有匹夫之勇，而当总经理则要会调动各方资源，综合素质高的人才能胜任。"戴尔中国区总裁就是欧洲总经理的角色，但吴海军最终还是违背自己的认知选择了符标榜。对此，一位业内人士这样猜测，既然神舟必须要把流程、制度捋一遍才能上市，与其瞎子摸象，还不如用最小的成本完成。对于神舟而言，这两年最重要的是做报表，只要符懂得中国市场就可以了。站在神舟这样一个民企的角度来看，这两年要完成的首要任务是经理人队伍要上一个台阶，戴尔的一个区域性总裁对于一个区域性品牌的老总，是配得上的，而且神舟是高攀了。以符为基础，还可以去和其他人谈。这就是符在神舟能体现价值的地方。

信任与授权。文化、物质方面的困难可以沟通或克服，最难逾越的是信任这道坎。"人，财，物，一样都不给管。"在离开用友之后，何经华终于一抒心中积聚已久的沉郁，"授权和信任，在用友根本做不到！"得不到信任已经成为职业经理人总结自己在民企失败的最重要原因，而职业经理人制度的根本就是信任和授权。据了解，符标榜来神舟之前也有朋友劝他，说神舟是吴海军一人的家天下。可堪为证的是，曾经在中山大学的论坛上有个学生问吴海军，今天新天下、神舟离开你行不行？吴的回答是"肯定不行，肯定出问题，不出三个月、半年可能就会出问题了"。原神舟电脑副总裁、现长城电脑副总裁卢振宇不久前也曾感慨："在民营企业，企业文化就是老板文化。任何事情都是以老板意志为转移。"一位在深圳某PC企业效力过的业内人士评价神舟之于职业经理人时说，"那是一片不适合生长典范或是优良品种的土地，而吴就是这片土地上一个别人无法取代的村长，或是家长。"

吴符二人显然意识到了这个敏感问题。在符标榜空降神舟新闻发布会的短短1个小时内，吴海军对符标榜的称呼，从"符标榜先生"到"符总"，再到"标榜"。但符标榜口中则一直是"吴总"。这些天来，吴海军到处说神舟已经从吴海军时代走向符标榜时代，显然一方面是在告诉符标榜受到自己的信任，另一方面则是敲打习惯了吴海军为老板的下属。符标榜也很清楚自己的定位。"每个人心里都知道吴是真正的老板。""我很尊敬他，我的角色就是贡献自己在专业方面的能力和大业务方面的经验，和他配合。"

景素奇指出这个问题从根上看原因在于，老板都是市场上打拼出来的，在企业把握能力、心理承受能力等各方面的素质非职业经理人可比。如果放权的话，没准几天企业就垮了，对于老板来说，企业就是他的全部，所以会关注过程，而职业经理人认为是在干涉自己。国外的授权建立在现代企业制度上，等于说船造好了，职业经理人只要按照规则开就是了。而中国目前没有建立起现代企业制度，船没有造好就让职业经理人去开，怎么不出问题？"需要多沟通，职业经理人在决策层面多做参谋，在具体的执行层面多发挥作用。"景素奇为这个问题在现有条件下开出了药方。符标榜似乎也想好了对策，将沟通当成决定自己成功与否的第一个要素，他认为这个沟通不仅是和吴海军，也包括和神舟的所有员工。"如果公司的业绩越做越好，很多事情都是很自然的。"他表明自己并不急于要权，而是按照约定的时间表，逐渐接管业务，"这个过程可能是一年半到两年。"

后记：2007年3月28日，记者获悉，符标榜即将从神舟电脑离职。一年前还雄心万丈，而今黯然离去。作为中国PC行业内最出色的管理专家之一，符标榜曾在惠普公司任职超过10年，任戴尔中国公司总裁四年半，让戴尔中国的市场份额从4.3%提升到10%，营业收入翻了三番。就是这样一位能人，符标榜在神舟电脑总裁的位置上仅仅坐了九个月。符标榜许下诺言，也成了一句戏言。

（资料来源：改编自方兴东、田宝峰：《郭士纳神话：拯救IBM》，搜狐网，2000-09-12. http://it.sohu.com/20000912/file/701,057,100012.html；程鹏：《符标榜加盟神舟内幕：一个电话引发的空降》，和讯网，2006-06-14. http://tech.hexun.com/2006-06-14/100159236.html）

思考题：

1. 案例的两位CEO都由外部招聘而来，他们遇到了哪些共同问题？

2. 同样是外部"拜帅"，IBM成功崛起而神州无果而终，郭士纳力挽狂澜而符标榜黯然离去，是什么因素导致了截然不同的结局？

3. 结合本章内容的学习，谈谈对招募渠道选择的认识。

案例4　思锐软件公司文件筐测验

思锐软件公司的主要业务是为客户提供量身定做的计算机软件，主要服务的客户在下列行中：金融业、航空业、汽车制造业、医疗卫生业、消费品制造、电子和政府部门。该公司提供的软件产品能够很好地与客户自身的管理信息系统整合起来。思锐软件公司近年来发展迅速，业绩在同行业中处于领先地位，利润持续上升。公司现有100多名员工。现在，你的身份是主管运营的代理副总裁，你的名字叫张杰思，原来的副总裁顾同在国外去参加一个重要会议，还有一些重要的业务要洽谈，一个月以后才能回来。在这一个月中，你要全权履行他的职责。你原来的职位是一个主要业务单元的经理。

你一直忙于处理原职位未了事宜，直到今天才能坐在副总裁的办公室里做你的新职位要求你必须做的事。今天是7月28日，星期日，现在是晚上8点，不巧的是由于今晚检修大楼的电路，你必须在9点钟离开，因为在这个时间以后将会全部停电，明天早上你还必须赶往机场，到外地出差，一直到8月2日才能回到你的新办公室。在文件筐里有很多文件，另外还有一些电子邮件和电话语音留言（已经打印在纸上），你要对这些文件给出自己的意见。

文件一（电子邮件）

发件人：罗明伟　收件人：各部门经理　抄送：全体员工　主题：欢迎张杰思代理业务副总裁职务　　时间：7月26日

各位：

从7月29日开始，原大客户业务经理张杰思先生将代理业务副总裁职务，时间为4周，张先生将全面负责软件设计、开发、整合、维护、客户服务等工作，并对相关的财务和人事有管理权限，张先生还将亲自负责三家大型医疗服务机构合并的软件支持项目。

让我们大家共同支持张杰思先生的工作。

罗明伟

文件二（邀请函）

顾先生：

我真诚在邀请你于7月31日晚在"e时代的信息技术变革"主题研讨会上发表演讲，晚餐7时开始，您可以8时开始演讲，演讲的题目按照我们上次商定的：软件产业的新思维。我们希望在7月29日前得到您的答复。会议将在中国大饭店举行。

徐克

7月25日

文件三（电子邮件）

尊敬的顾先生：

我是FR2项目组的组长，我犹豫了半天终于下定决心给您写这封信。我不得不很抱歉地告诉您，我们项目组可能很难在预先制订的期限之内完成该项目。在项目进行的几个星期，我们遇到了很多事先没有估计到的问题。最近项目组的一个重要成员陈立生病请假，导致一些工作的拖延。而且，我当初就一直坚持不要把赵红玲安排到我们项目组，现在我非常头疼。但无论如何，我们会尽量完成项目，哪怕加班加得再晚也在所不惜。

高峻涛

7月26日

文件四（电子邮件）

发件人：叶培（消费品行业市场部）　收件人：顾同　主题：无　时间：7月25日

顾总：

我请求将我调离FR2项目组。我实在无法忍受赵红玲的霸道，连高峻涛都要对他低声下气。我们累死累活地加班不说，赵红玲自己不干活还对别人指手画脚，这样的工作没法做！我不怕工作的辛苦，但不愿受气。

您忠诚的员工：叶培

文件五（电话留言）

留言一（7月25日 18：30）顾先生，您好，我是航空仪器公司的付建波，我想跟您谈一下有关质量控制系统项目的问题。在这个项目刚刚开始的时候，我就深深为你们的项目负责人王洪亮的友好和精湛的专业技能所吸引，但是后来，他似乎总是不能按照时间表完成工作。今天我想找他，打了一天电话也没找到。不知发生了什么，请给我回电话68569922-31070。

留言二（7月26日 9：43）：顾总，您好，我是金融客户部的赵新新，我们给华龙基金管理公司提交的项目建议书已经通过电子邮件给您发过去了，不知您是否收到，我们已经初步定好8月2日与他们公司讨论这个项目建议书，请您提出宝贵意见。

留言三（7月26日11：01）：顾总，您好，我是威鹏汽车公司的小潘，我们领导对你们帮助实施的采购管理系统非常满意，希望找个时间与您共进晚餐，一方面表示谢意，另一方面也讨论一下后续的合作问题。

文件六（电子邮件）

发件人：牛红（客户服务部） 收件人：顾同 主题：请求领导帮助 时间：7月25日19：00

顾总：

您好！由于公司业务的飞速发展，客户服务部越来越忙。现在有几个问题亟待解决：一是客户服务热线的中继线严重不足，很多客户抱怨热线总是占线；二是我们的客服人员太辛苦了，他们已经很长时间经常加班又无法安排倒休，建议适当给他们发一些补助；三是新来的热线话务员一直没有接受正式培训，应该尽快安排她们的培训。

还请领导提出宝贵的意见，帮助我们解决这些问题。我们觉得，客户服务质量对公司的声誉非常重要。

牛红

（资料来源：改编自Margaret：《文件筐测试要点及案例分析》，豆丁网，2012-01-11. http://www.docin.com/p-324098694.html）

思考题：

1. 请根据案例中扮演的角色，在规定的时间内提出对以上文件处理的先后顺序和相应的处理措施。

2. 请根据本章所学习的内容，谈谈公文筐测试方法的优缺点。

案例5　江城公司选拔市场经理

因为对市场战略目标的意见不一，因为对营销人员薪酬发放的意见不一，当然，还因为一些其他事情，江城创业投资公司的市场部经理徐明辉一怒之下炒了老板的鱿鱼，带着几个心腹之人走的不知去向。

这时，江城公司的新产品——一种新式的通过基于视窗环境的电脑上简单运行即可实用的办公软件——刚刚进入B城市场，与它的竞争对手正处于胶着状态。这种软件集查阅、搜寻、翻译、编辑等文字处理功能为一体，可公用也可家用，用户反映很是不错，已经有几家同行盯上了这一市场，所以说，这时的市场正是千金一刻的时候。

在这段时间里，公司最气恼的是老板，最紧张的却是人力资源经理刘青。老板几乎是天天都在问为什么还没有找到徐明辉的接替者。

前几天，财务部的张璇向刘青推荐了她的堂兄张凯。

"我的堂兄，毕业于北大，学信息科学的高才生。他是个奇才，有点洒脱不羁，但绝对能力超群。难得的是，他刚刚做过市场工作，现在正在失业，回头我把他的履历弄一份来。"

从履历上看，这个刘凯绝对是一个不安分的人。学的是计算机信息技术，毕业后却干了很多和信息技术联系不是很密切的事情，自己开过公司经营和开发软件，做过广告创作、电视台的技术总监，也推销保险和房地产，甚至作过酒店的大堂领班，毕业近10年来一直没有固定的工作。来此之前，他是南京的一家家电企业的销售经理，任职期间一年半，这也是他做的最长的一项工作。

按照江城公司一贯的"忠诚于企业"的用人原则，有着这样一份履历的人是不予考虑的，何况是市场部经理这样的一个重要职位。但刘青准备进一步考察这个张凯，原因有二：一个原因是因为张璇的推荐。张璇是一个出色的财务专家，到公司不到四年，已经在好几个项目上以她的精打细算为公司节约了近1/4的成本，她出众的理财天赋和精确的核算得到了大家的认可。另一个原因是张凯的出身。刘青注意到张凯出生于一个军人家庭，父亲是高级军官，母亲是军校的教授。一般情况下，这样出身的人有着严格的家教和良好的职业道德。他的频繁跳槽一定有着独特的原因。

"我应该请分管人事的赵总和刘凯见上一面。"刘青对张璇说。

出乎刘青的意料，张凯是这样一个文质彬彬的人，儒雅的形象和履历表给人的"浪子"般的印象完全对不上号。在持续的交谈中，刘青感觉到他在不经

第四章 招聘与选拔

意间流露出一般人少有的睿智和锋芒。整整一个下午的交谈，他们谈得非常融洽。张凯表示他对这个职位很感兴趣，认为自己有条件得到这个职位。

而刘青与赵总也得出了一致的结论：张凯是那种有能力、有理性、有远大抱负、有开拓精神的人，这也正是江城所一贯提倡的。他的能力之高，胜任市场经理这份工作应该是轻车就驾，问题是他能否安定下来，真正投入工作？从履历上看，他似乎有着跳槽的爱好，他会不会因为钱而接受这个职务呢？

张凯对这个问题表现出真诚的惊讶："我从来不为钱工作，尽管有时我很穷。我过去从事的每一份工作都不是为了钱，每一份工作我都投入全部的身心，而且做得都很好，你们完全可以去调查。"

"我是要做自己的事业的，我一直在寻找自己合适的位置。有很多时候，我在思考。"他这样解释自己丰富的经历。

刘青毫不否认自己对张凯的欣赏，但又确实拿不定主意是否该雇用他。这次的"徐明辉事件"已经让江城公司上上下下够不自在的了，这样的事件可不能在发生。

"这样吧，我们需要从别的方面再考察一些情况然后再做决定。另外，按照江城公司选拔干部的程序，中层管理者签约以前，需要分别接受一系列的心理测验。我们正好等一下心理测验的结果"所有的人都同意这个意见。

对张凯进行心理测验分两部分：能力方面和个性方面的测验。能力测验根据相关职位包括了智力、社会适应能力、思维能力、语言使用能力、数字能力几个方面；个性测验采用了卡特尔16种个性因素测验、职业兴趣测验和投射反应测验。大多数是纸笔测验。张凯认真做完了所有测验，然后据他说，最满意的是自己的绘画本领，他在那项画树测验中，将一棵树画得枝繁叶茂、盘根错节。

不久，心理测验结果出来了。能力方面的测验表示，张凯此人充满智慧，具有极强的社会适应能力和思维判断能力，语言能力也超出平均水平。适合从事需要特别的思维判断、人际和语言关系能力的人文系统职业，如社会科学研究、推销、管理与策划、公关等。个性测试方面的结果显示张凯在个性方面的突出特征是非常聪慧、好强、执着、敢作敢为、责任心强，但感情偏脆弱、在处事果断方面有所欠缺，具有鲜明的技术/职能能力型职业锚、社会与管理型双重职业兴趣和人格倾向。

（资料来源：萧鸣政. 人员测评与选拔. 上海：复旦大学出版社，2010）

思考题：

1. 根据以上资料，你认为张凯是否能得到市场经理这个职位？

2. 作为市场经理的候选人，张凯接受的心理测验项目是否适当？你能设计出更合理的一套组合吗？

3. 在江城公司选拔干部的程序中，心理测验起着什么样的作用？

第四章　招聘与选拔

案例6　信伟房地产公司对保安岗位的招聘

信伟房地产公司是一家房地产开发商,公司规模有200多人,目前由10个部门组成,分别为总经办、工程部、销售部、财务部、人力资源部、采购部、物业部、行政部、开发部和策划部等。项目开发面积大概600多亩,目前项目属于一期开发阶段,且项目开发进度已接近尾声,前期开发楼盘已交房并投入使用,一并由物业部统一管理,因此安保工作是目前的重中之重,但由于保安岗位处于长期招聘的状态且目前对保安的需求量不断地增加,使得人力资源部对保安人员的招聘上陷入了困境。

目前人力资源部招聘保安的渠道有两种:一种是网上招聘;另一种是现场招聘。为了节省招聘成本,公司只使用了一个招聘网站即海南人才在线招聘网,此网站既有利也有弊。有利之处在于它只适合招聘一些中层管理人员及基层管理人员,由于这部分岗位的人员文化素质水平较高,且目前也是一个互联网高速发展的时代,导致大部分求职者都很喜欢在网上更新简历找工作,因为它既方便效率又高,因此此招聘网站的人才较丰富,文化水平较高且资源较多;不利之处在于对基层员工如保安及客服人员的招聘存在一定的局限性,由于此岗位的求职者文化素质水平较低,且接触网络的机会也很少,因此导致从网上招聘保安很难顺利完成招聘任务。

最近几个月在招聘保安的过程中,存在了一系列的问题。招聘专员的工作任务是大概每天要在网上筛选30份简历,邀约5人过来面试,但由于应聘保安岗位的求职者在网上更新简历的资源有限,根本无法达到招聘目标。虽然每天都能筛选到一部分保安的简历并邀约前来面试,但是结果总是不尽如人意,有些前来面试的求职者根本不符合要求,有些求职者虽然录用了,但是常常由于某种原因导致未到岗。

3个月过去了,对保安的招聘仍然毫无进展,致使人力资源部每次参加公司例会,都会遭到用人部门的质问,保安岗位缺岗3个月,致使工作不能顺利地开展。于是,人力资源部决定对此进行一次深入的剖析和探讨,对此岗位招聘难的问题进行了分析,原因有二:第一,由于保安岗位的工作地点在澄迈老城,而公司在海口进行招聘,导致大部分求职者因工作地点不合适的原因,并未依约前来面试或录用后并未到岗,致使招聘工作停滞不前;第二,由于受到招聘成本的制约,导致招聘工作只能通过网络招聘来进行,如开拓其他招聘渠道的话,将导致招聘成本的增加。面对这一问题,人力资源部正在努力的找出解决方案。

（案例作者：邢贞娟　　指导老师：林銮珠）

思考题：

1. 网络招聘的利弊都有哪些？
2. 你认为造成人力资源部招聘保安困难的原因有哪些？
3. 如果你是人力资源部其中一员，你会提出一个什么样的招聘方案？

本章参考文献

［1］董克用，李超平．人力资源管理概论．北京：中国人民大学出版社，2011．

［2］冯光明，徐宁．人力资源管理．北京：北京理工大学出版社，2010．

［3］姚泽有，张建国．人力资源管理．北京：北京理工大学出版社，2012．

［4］侯光明．人力资源管理．北京：高等教育出版社，2009．

第五章 培训与开发

第一节 概述

一、基本概念

员工培训是为了满足组织不断发展的需要,提高员工的知识技能,改善员工的工作态度,使员工能胜任本职工作并不断地有所创新,在综合考虑组织的发展目标和员工个人的发展目标的基础上,对员工进行的一系列有计划、有组织的学习与训练活动。

培训在不同组织和资料中有不同的表述,如训练、发展、开发、继续教育等。其实培训是指训练和培养;开发是指通过一定的途径使潜在的能力得到有效的呈现。培训侧重于组织通过外在需求增强员工的某些知识、技能,以适应组织发展的需要;开发则侧重于挖掘员工本身所固有的知识和技能,使之更好地运用于组织发展中去。

二、培训的内容

员工培训的内容选择,一般本着"干什么学什么,缺什么补什么"的原则,做到学以致用,有针对性、有目的性地进行培训。一般来看,员工培训的内容集中在以下三个方面：

（1）知识培训。通过培训，使员工具备完成本职工作所必需的基本知识，而且还应让员工了解公司经营的基本情况，如公司的发展战略、目标、经营方针、经营状况、规章制度等，便于员工参与公司活动。

（2）技能培训。通过培训，使员工掌握完成本职工作所必需的技能，如谈判技能、操作技能、处理人际关系的技能等，以此开发员工的潜能。培训是以提高组织绩效为目标、改变员工行为的活动。

（3）态度培训。员工态度如何对员工的士气及公司的绩效影响很大。必须通过培训，建立起公司与员工之间的相互信任，培养员工对公司的忠诚度，培养员工应具备的团队精神和态度。

对管理者和普通员工的培训内容是有所不同的。对管理者的培训内容侧重于政治思想教育、管理能力（包括谈判技能、沟通技能、领导能力等），以及战略眼光、大局意识的培养，而对于一般的员工，更多地强调技术技能、执行力、团队精神、服务意识等的培养。

三、培训的主要方式

对员工进行培训的主要方式有三种：岗前培训、在职培训和脱产培训。

（1）岗前培训。组织在招聘员工时，虽然进行了细致挑选，但新员工对新的工作岗位并不熟悉，能力、知识也可能并不完全匹配，正确的工作态度也没有树立起来，需要有一个学习、适应的过程。因此，组织应对新员工在上岗工作之前进行有针对性的培训。让新员工了解组织的有关情况，包括组织发展战略、经营目标、有关管理制度等，使他们尽快掌握必要的知识、技能，具备相应资格。

（2）在职培训。在职培训与岗前培训不同，其培训对象是针对组织在职员工所进行的培训。所谓在职培训是指组织所要培训的对象不脱离工作岗位，利用业余时间或节假日在组织内部进行的有计划的培训。在职培训的主要形式有："师徒制"培训、工作轮换、业余培训（函授、业余学校、电视大学等）。

（3）脱产培训。脱产培训是指员工可以暂时性脱离工作岗位参加培训，其形式有专题研讨会、案例教学、模拟训练等，其特点是：时间一般不会很长，学习的主要内容也是某一学科的基本理论与最新的发展动态，或就某一些问题在理论上进一步研讨、提升。

四、培训的流程

培训流程一般可分为培训需求分析、培训的组织与实施、培训评估三个主要环节。

第二节 培训需求分析

一、培训需求分析的定义与过程

培训需求分析就是从组织角度、工作任务角度和员工个人角度去分析员工的现有知识、技能和态度和应有的知识、技能和态度之间的差距，从而明确培训的目的和目标，为后面的各项培训工作的开展奠定坚实的基础。如果培训需求分析工作没有做好，那么培训会非常盲目，不能取得预期的收益。

培训需求分析评估的过程如图 5-1 所示。

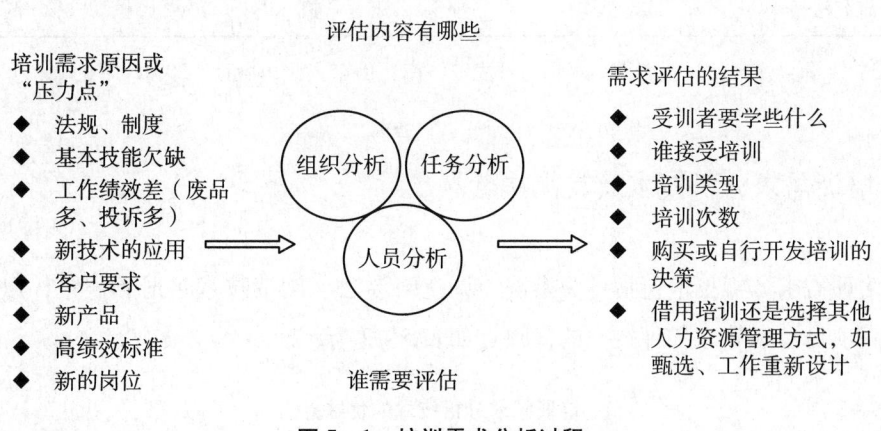

评估内容有哪些

培训需求原因或"压力点"
- 法规、制度
- 基本技能欠缺
- 工作绩效差（废品多、投诉多）
- 新技术的应用
- 客户要求
- 新产品
- 高绩效标准
- 新的岗位

组织分析　任务分析　人员分析

谁需要评估

需求评估的结果
- 受训者要学些什么
- 谁接受培训
- 培训类型
- 培训次数
- 购买或自行开发培训的决策
- 借用培训还是选择其他人力资源管理方式，如甄选、工作重新设计

图 5-1 培训需求分析过程

资料来源：[美] 雷蒙德·A. 诺伊. 员工培训与开发. 北京：中国人民大学出版社，2002.

二、培训需求信息收集的方法

培训需求信息收集的方法有很多种，各种方法之间的比较如表 5-1 所示。

表 5-1　　　　　　　　培训需求信息收集方法比较

信息收集方法	受训者的参与程度	管理层的参与程度	所需时间	所需成本	可用数量指标衡量
员工行为观察法	中	低	高	高	中
问卷调查法	高	高	中	中	高
管理层调查法	低	高	低	低	低
面谈法	高	低	高	高	中
关键事件法	高	低	中	低	高
集体（小组）讨论法	高	中	中	中	中
测试法	高	低	高	高	高
资料档案收集法	低	中	低	低	中
以前项目评估法	中	低	低	低	高
业绩考核法	中	高	中	低	高
顾问委员会研讨法	低	中	中	高	低
态度调查法	中	低	中	中	低
趋势研究法	低	中	高	低	低

资料来源：徐庆文，裴春霞．培训与开发．济南：山东人民出版社，2004．

三、培训需求分析技术及其优缺点

培训需求分析技术包括：观察法、调查问卷法、阅读技术手册和记录，以及访问专门项目专家等，各种技术的优缺点如表 5-2 所示。

表 5-2　　　　　　　　培训需求分析技术的优缺点

技　　术	优　　点	缺　　点
观察法	◆ 得到有关工作环境的数据 ◆ 将评估活动对工作的干扰降至最低	◆ 需要水平高的观察者 ◆ 员工的行为方式有可能因为被观察而受到影响
调查问卷	◆ 费用廉价 ◆ 可从大量人员那里收集到数据 ◆ 易于对数据进行归纳总结	◆ 时间长 ◆ 回收率可能会很低，有些答案不符合要求 ◆ 不够具体

续表

技 术	优 点	缺 点
阅读技术手册和记录	◆ 有关工作程序的理想信息来源 ◆ 目的性强 ◆ 有关新的工作和在生产过程中新产生的工作所包含任务的理想信息来源	◆ 你可能不了解技术术语 ◆ 材料可能已经过时
访问专门项目专家	◆ 利于发现培训需求的具体问题，及问题的原因和解决办法	◆ 费时 ◆ 分析难度大 ◆ 需要高水平的访问者

资料来源：Based on S. V. Steadham, "Learning to Select a Needs Assessment Strategy," *Training & Development Journal*, January, 1980: 56 – 61; R. J. Mirabile, "Everything You Wanted to Know about Competency Modeling," *Training & Development Journal*, August, 1997: 74.

第三节 培训的组织与实施

一、概述

培训需求分析完成后，培训的目的和目标就非常清晰了，围绕这个目标的实现，要制订详细的培训计划。主要包括落实负责人和负责单位、进一步明确培训的目标和内容、选择适当的培训方法、选择学员和培训师以及制订培训计划。培训计划主要是明确培训的内容、时间、地点、方式和要求等，使人一目了然。按照所制订的培训计划加以贯彻实施，在实施过程中要完成培训课程的具体设计，包括确定每一门培训课程的目标、内容、教材、培训模式、培训策略、课程评价、组织、培训时间和空间等，然后按照课程设计的内容加以具体实施。

二、培训计划的内容

培训计划要解决以下基本问题：为什么要培训（Why）？谁接受培训（for Who）？培训什么（What）？谁实施培训（Who）？如何培训（How）？

具体而言，培训计划的内容应包括：培训目的、培训目标、培训对象、培训规模、培训时间、培训地点、培训教师、培训方式、培训费用等九个方面。

（一）培训计划的分类

按计划层次来划分，培训计划可以划分为：（1）整体培训计划；（2）年度培训计划；（3）各部门培训计划。

其中各部门培训计划按照培训计划的时间长短又可以划分为：（1）长期培训规划；（2）中期培训计划；（3）单项培训计划。

（二）不同培训计划的内容

（1）整体培训计划的主要内容如下：

- 企业现状分析：对于目前本公司的员工人数、结构、学历、受培训经历、在职年限、工作责任、工作绩效、主管意见等进行分析。
- 长期培训需求分析：主要通过对企业发展战略和中长期营运目标分析，再确定企业的长期培训需求。
- 培训政策：制定相应的培训政策。
- 培训行动计划。
- 未来（规划期内）几年的培训规模、人次、层次、对象。
- 培训内容、培训方式计划。
- 公司培训制度改善计划。
- 公司培训体系改善计划。
- 培训机构发展计划。
- 师资计划。
- 培训效益分析与预测。

（2）年度培训计划的内容。

根据培训需求分析结果，企业一般是在每年第四季度开始制订下一年度培训计划，并制作"员工培训计划表"、"年度培训计划汇总表"，对全年培训计划进行控制。

（3）部门长期培训计划的内容。

- 对部门长期任务目标进行分析。
- 对部门目前的现状分析。
- 对部门长期培训需求进行分析。
- 部门长期培训目标是什么？

- 部门长期培训对象是谁?
- 部门需要的培训资源有哪些?
- 部门拥有的培训资源有哪些?
- 部门长期培训需要什么样的支援?
- 部门长期培训策略是什么?
- 部门长期培训政策是什么?
- 部门长期培训组织设置是怎样的?
- 部门长期培训的内容安排有哪些?
- 部门长期的培训行动有哪些?
- 对部门长期培训的效果进行预测。
- 对部门长期培训的效益进行预测。

（4）部门中期培训计划的内容。

其具体内容同"部门长期培训计划"，只是分析的时间区间及计划适用时间段改为"中期"。

（5）单项培训计划的内容。

- 课程名。
- 参训对象。
- 日期、培训时数。
- 培训地点。
- 培训日程表。
- 培训主体内容。
- 培训方式。
- 运用什么教材。
- 培训师。
- 培训设施、教具。
- 评估方法。
- 培训管理规定有哪些?
- 费用预算。

详细课程计划举例如表 5-3 所示。

表5-3　　　　　　　　　　详细课程计划举例

项目名称：进行有效的绩效反馈面谈
课程名称：在反馈面谈中应用问题解决法
课程时间：一整天
学习目的：
1. 准确描述绩效反馈使用的问题解决法的八个步骤
2. 准确演示绩效反馈角色扮演的八个步骤
目标学员：管理人员
先决条件
受训者方面：无
培训教师方面：熟悉用于绩效评估反馈面谈的倾听与反馈技能及问题解决办法
房间布置：扇形座位摆放
所需资料：录像机、幻灯片投影仪、铅笔、幻灯片、"绩效评估面谈"录像带、角色扮演练习
备注：在培训前两周把预读文章发下去

课程活动内容	培训教师活动	学员角色	时间安排
课程介绍	主讲	倾听	8：00—8：50am
观看三种绩效反馈类型的录像		观看	8：50—10：00am
休息			10：00—10：20am
讨论各种方法的优缺点	辅助者	参与	10：20—11：30am
午餐			11：30—13：00pm
讲解问题解决法的八个步骤	主讲	倾听	13：00—14：00pm
角色扮演	看学员演练	练习使用关键行为	14：00—15：00pm
结束	回答问题	提问	15：00—15：15pm

资料来源：[美]雷蒙德·A. 诺伊著，徐芳译. 员工培训与开发. 北京：中国人民大学出版社，2001.

三、培训实施

实施培训主要涉及以下几个方面的工作：

（1）确定培训师。培训师既可以是内部培训师，也可以是外部培训师，组织根据实际情况来加以选择。培训师的好坏直接影响到培训的效果。一位优秀的培训师既要有广博的理论知识，又要有丰富的实践经验和扎实的培训技能。

（2）确定教材。一般由培训师确定教材。教材来源主要有四种：外面公开出售的教材、企业内部的教材、培训公司开发的教材和培训师编写的教材。一套好的教材应该是围绕目标，简明扼要、图文并茂、引人入胜。

（3）确定培训地点。培训地点的优劣也会影响到培训的效果。培训地点一般有以下几种：企业内部的会议室（教室）、企业外部的会议室（教室）、宾馆内的会议室。要根据培训的内容来布置培训场所。

（4）准备好培训设备。如电视机、投影仪、屏幕、放像机、摄像机、幻灯机、

黑板、白板、纸、笔等。尤其是一些特殊的培训，需要一些特殊的设备，事前一定要准备好。

（5）决定培训时间。要考虑是在白天还是在晚上，工作日还是周末，何时开始，何时结束等。

（6）发通知。要确保每一个应该来的人都收到通知，因此，最好有一次追踪，使每个人都确知时间、地点与培训基本内容。

四、培训方法及选择

（1）传统的培训方法。

传统的培训方法常见的有：案例分析法、研讨会法、讲授法、游戏法、角色扮演法、电视（录像）教学法、"师带徒"法、仿真模拟、行动学习等。各种传统培训方法的选择，可从学习效果、学习环境、学习成本等多个角度进行比较，具体如表 5-4 所示。

表 5-4　　　　　　　　　　　　对传统培训方法的选择

		演示法		传递法						团队建设法		
		讲授	录像	角色扮演	案例分析	游戏	在职培训	自我指导学习	师带徒	仿真模拟	行为示范	冒险性学习	团队培训	行动学习
学习成果	语句信息	是	是	否	是	是	是	是	是	否	否	否	否	否
	智力技能	是	否	否	是	是	否	是	是	是	否	否	是	否
	认知策略	是	否	是	是	是	是	是	否	是	是	是	是	是
	态度	是	是	是	否	是	否	否	否	否	是	是	是	是
	运动技能	否	是	否	否	否	是	否	是	是	是	否	否	否
学习环境	明确的目标	中	低	中	中	高	高	高	高	高	高	高	高	高
	实践机会	低	低	中	中	高	高	高	高	高	高	高	高	中
	有意义的内容	中	中	中	高	高	高	高	高	高	低	中	高	高
	反馈	低	低	中	中	高	高	高	高	高	高	中	中	高
	观察并与别人交流	低	中	高	高	高	高	高	高	高	高	高	高	高
培训转换		低	低	中	中	高	高	高	高	高	高	低	高	高
成本	开发成本	中	中	中	高	中	高	高	高	高	高	高	高	低
	管理成本	低	低	中	低	中	低	中	低	高	低	中	中	中

续表

	演示法		传递法						团队建设法		
	讲授	录像	角色扮演	案例分析	游戏	在职培训	自我指导学习	师带徒	仿真模拟	行为示范	冒险性学习	团队培训	行动学习
效果	对言语信息来讲效果好	一般	一般	一般	一般	对有组织的OJT效果好	一般	好	好	好	差	一般	好

资料来源：[美] 雷蒙德·A. 诺伊. 员工培训与开发. 北京：中国人民大学出版社，2002.

美国学者针对人事专家调查研究了各种培训方法在帮助员工获得知识、改变态度、提高解决难题的技巧、提高人际沟通技能、获得参与许可和知识保持等方面的有效性，研究结果如表5-5所示，表中所排列的次序越高，反映专家认为这种方法越有效。

表5-5　　　　　　　　　培训方法的有效性比较

培训方法	获得知识	改变态度	解决难题技巧	人际沟通技能	参与许可	知识保持
案例分析	2	4	1	4	2	2
研讨会	3	3	4	3	1	5
授课（带讨论）	9	8	9	8	8	8
游戏	6	5	2	5	3	6
电影	4	6	7	6	5	7
程序化教学	1	7	6	7	7	1
角色扮演	7	2	3	2	4	4
敏感性训练	8	1	5	1	6	3
电视教学	5	9	8	9	9	9

资料来源：Terry L. Leap and Michael D. Crino, *Personal*, *Human Resource Management*, Macmillan, 1898, P.291.

（2）新技术培训方法。

各种新技术培训方法的选择，也可从学习效果、学习环境、学习成本等多个角度进行比较，具体如表5-6所示。

表 5-6　　　　　　　　　　　　新技术培训方法的比较

		计算机培训	光盘培训	国际互联网	内部网	远程培训	智能指导系统	虚拟现实
学习成果	语句信息运动技能	是	是	是	是	是	是	是
	智力技能	是	是	是	是	是	是	否
	认知策略	是	是	是	是	是	是	是
	态度	否	是	否	否	否	否	否
	运动技能	否	否	否	否	否	是	是
学习环境	目标明确	中	高	高	高	中	高	高
	实践机会	中	高	中	中	低	高	高
	有意义的内容	中	高	高	高	中	高	高
	反馈	中	高	中	中	低	高	高
	观察及与他人的交流	低	高	中	中	低	低	低
	培训转化	中	高	中	中	低	高	高
成本	开发成本	高	高	高	高	中	高	高
	管理成本	低	低	低	低	低	低	低
	成效	中	高	不确定	不确定	中	不确定	高

资料来源：［美］雷蒙德·A. 诺伊. 员工培训与开发. 北京：中国人民大学出版社，2002.

第四节　培训评估

一、培训评估的范围

一般的，培训评估的范围包括以下几项：

（1）培训需求分析、培训计划与培训方案评估、培训过程评估、培训效果评估。

（2）受训者的反应、知识技能的增长、工作表现，以及组织效益的评估。

（3）对培训目标与内容、培训工作过程进行评估，培训结束后的受训者考核评估，运用人力资本投资计算培训的收益，跟踪评估。

图5-2将培训过程分为三个阶段，每一阶段的评估重点都不一样。

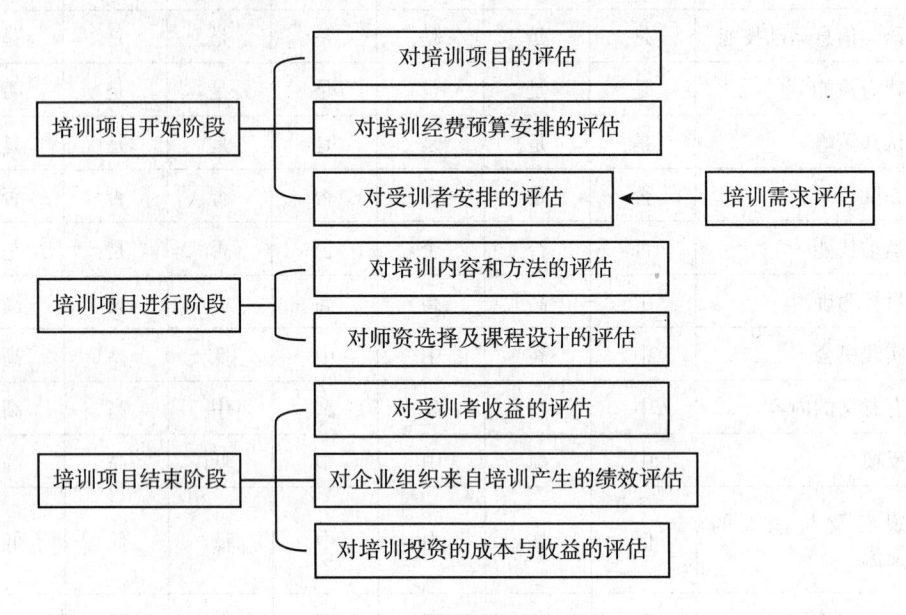

培训项目开始阶段
- 对培训项目的评估
- 对培训经费预算安排的评估
- 对受训者安排的评估 ← 培训需求评估

培训项目进行阶段
- 对培训内容和方法的评估
- 对师资选择及课程设计的评估

培训项目结束阶段
- 对受训者收益的评估
- 对企业组织来自培训产生的绩效评估
- 对培训投资的成本与收益的评估

图5-2 培训评估范围大纲

资料来源：唐志红，骆玲. 人力资源：招聘·培训·考核. 北京：首都经济贸易大学出版社，2003.

二、培训评估的信息收集方法

培训评估的信息收集方法如表5-7所示。

表5-7　　　　培训评估的信息收集方法

方法	内容
收集资料	培训方案 有关培训方案的领导批示 有关培训的录音、调查问卷统计分析资料 有关培训的考核资料 有关培训的录像资料 有关培训的实施人员写的会议纪要、现场记录等 编写的培训教程 有关培训师的资料等

续表

方法	内　　容
实地观察	培训组织准备工作观察 培训实施的现场观察 培训对象参加培训过程的观察 培训对象对培训的反应状况观察 培训后一段时间内培训对象工作过程的行为变化观察
访问	访问培训学员 访问培训的实施者 访问培训的管理者 访问培训的学员的领导和下属
问卷调查	培训的需求调查 培训的组织调查 培训的内容及形式调查 培训的讲师调查 培训的效果综合调查

资料来源：李燕萍. 培训与发展. 北京：北京大学出版社，2007：336.

三、培训效果评估模型

常见的培训效果评估模型包括柯克·帕特里克四级评估模型、菲利普斯的五级投资回报率模型等，如表5-8和表5-9所示。

表5-8　　　　　　　　　　柯克·帕特里克四级评估模型

层次	可以问的问题	衡量方法
反应层	受训人员喜欢该项目吗？对培训人员和设施有什么意见？课程有用吗？他们有些什么建议	问卷
学习层	受训人员在培训前后，知识以及技能的掌握方面有多大程度的提高	笔试、技能操作和工作模拟
行为层	培训后，受训人员的行为有无不同？他们在工作中是否使用了在培训中所学到的知识	由监工、同事、客户和下属进行绩效评估
结果层	组织是否因为培训经营得更好了	事故率、生产率、流动率、质量、士气

资料来源：D. L. Kirkpatrick, "Evaluation", *in the ASTD Training and Development Handbook*, 2nd ed., R. L. Craig (New York：MeGraw-Hill, 1996).

表5-9　　　　　　　　　　　　　五级投资回报率模型

级　别	评　估
1. 反应和既定的活动	学员对培训项目的反应以及描述事实的明确计划
2. 学习	技能、知识或观念的变化
3. 在工作中的应用	工作中行为的变化以及对培训知识与技能的确切应用
4. 工作业绩结果	培训项目对工作业绩的影响
5. 投资回报率	培训结果的货币价值以及培训项目的成本，往往用百分比表示

资料来源：李燕萍．培训与发展．北京：北京大学出版社，2007：330．

案例1　新技术培训方法

○ NASA：利用 ITS 培训

NASA 是美国航空航天局（又称美国国家航空和太空管理局，National Aeronautics and Space Administration）的英语缩写，该机构是美国联邦政府的一个行政机构，负责制订、实施美国的民用太空计划与开展航空科学暨太空科学的研究。具体研究领域有：航空学研究及探索，包括空间科学（太阳系探索、火星探索、月球探索、宇宙结构和环境），地球学研究（地球系统学、地球学的应用），生物物理研究，航空学（航空技术），并承担一定的培训计划。

NASA 在进行飞行员培训时，使用了 ITS（远程演练智能指导系统），可以让飞行员学会如何在飞机上使用武器，飞行员必须学会如何完成任务，并掌握对付炸弹的有关程序。ITS 所设计的过程能满足宇航员的个人需求，提供的绩效反馈也与他们的学习进程相吻合。该系统为每个宇航员作了有关绩效数据的记录，按照学员的理解水平作出相关决策，并利用这些决策为其提供合理的绩效反馈。

○ 食品加工："执行者"专家系统

一家大型国际食品加工商使用了一种名为"执行者"的专家系统，旨在为其工厂工作人员提供培训和支持。公司所要解决的问题是让操作人员了解马铃薯片被炸焦的原因。一名操作人员利用"执行者"专家系统解决了该问题。他先选择了"问题"菜单，接着选择了"产品结构/调料"项，最后选择"脱油调料"，该程序则列出了可能的原因。首先指出煎炸时氧化程度过高。操作人员选择了该原因，于是系统建议其调整烹饪线的用油量，并提供了详细步骤。按照这些步骤进行操作，该问题就迎刃而解了。

○ 思科：网络化学习

思科是一个生存在网络上的公司，有非常发达的内部网。其庞大的 e-learning 系统构成了一个特殊的训练环境。思科公司的 e-learning 系统包括以不同形式发送的学习内容、学习过程的管理，以及由学员与内容供应的开发者或专家共同参与的网上学习社区。与传统的学习环境相比，e-learning 有三个主要的变化：首先内容是通过 Web 进行发送；其次是对学习进行电子化管理。包括学习跟踪、报告及评价；最后是在学习过程中，学员之间进行的电子化协作。

e-learning 通过在线的评价及预见性的学习内容的设置，可以使学习的速度加快，而且学习再也不用受到培训者和培训地点的限制。通过削减旅行费用及时间，培训成本将大大降低。同时，培训者及其他资源，由于更多的受训者可以共享使用，其利用率也可提高，充分体现了网络培训的快捷便利的特点。

在这样的网络环境中进行训练，员工学习更加自主，对自己的学习进度负责，同时他们也将拥有可以评价自己成效的工具。组织可以跟踪各类受训者的学习成效以确保达到相应的要求，内容供应者及开发者直接收到关于学习系统的反馈，开发者能够随时改进课程设置。

网络训练还有一个非常好的特性是内容比较容易更改，竞争发生变化，知识也要发生变化，通过 e-learning 能使员工跟上不断变化的经济。e-learning 使得商业结构能够适应市场的快速变化，并且从中受益。

通过在线的训练模式，思科公司能够低成本地发送各种格式的训练内容、跟踪及管理学习过程，并向公司所有人员提供一个由专家、教员及学习者共同参与的学习社区。同时公司能够迅速有效地重新定义及利用相关内容，大大减少了开发与发送所需时间。在线课程具有相当大的灵活性，学员随时随地都能学习。这使得思科公司在训练方面的成本大大降低。学员能够自由地选择他们的进度，而且不受地域的限制。通过在线测试和进度管理工具，e-learning 可以使学员自己掌握学习的主动权，因而大大激发了他们自己的创造力和效率，提高了学习的速度。在他们通过在线测试之后，学员可以自己设计课程的计划。管理者同样也可以在线跟踪学员的进度。

（资料来源：根据李燕萍主编的《培训与发展》（北京大学出版社 2007 年出版）第 242、244、254 页相关资料整理）

思考题：

1. 什么是 e-learning？
2. 案例中采用了哪些新技术培训方法？除此之外，还有哪些常见的新技术培训方法？
3. 在什么情况下，经理和培训人员可以考虑采用新技术培训方法？

第五章　培训与开发

思考题答案解析：

1. 什么是 e-learning？

参考答案：

e-learning 是一种新的企业人力资源开发方式，在电子化时代，它凭借自身的优势，逐渐成为企业员工培训的重要手段。其主要方式是在网上开设课程主页，将与课程有关的内容放置到网上，经由局域网（LAN）、广域网（WAN）、个人电脑（PC）、调制解调器（Modem）和路由器（Road Warriors）、无线网络、无线路由器乃至卫星通信技术设备和方式使学员可以在局域网范围内，或世界互联网范围内浏览某个课程，并进行课程的学习。

2. 案例中采用了哪些新技术培训方法？除此之外，还有哪些常见的新技术培训方法？

参考答案：

案例中采用的新技术培训方法有：专家系统、智能指导系统、内部网。

常见的新技术培训方法还有：计算机培训、光盘培训、国际互联网、远程培训、虚拟现实等。

3. 在什么情况下，经理和培训人员可以考虑采用新技术培训方法？

参考答案：

在以下几种情况下，经理和培训人员可以考虑采用新技术培训方法：

（1）有充裕的资金来开发和使用某项新技术；

（2）受训者分布于不同的地域，其培训的交通费用相当高昂；

（3）受训者乐于采用网络、个人电脑和移动通信等新技术；

（4）新技术的日益推广是公司的一项经营战略，新技术可以运用于产品制造或服务过程中；

（5）员工的时间与培训项目日程安排发生冲突；

（6）现有的培训方法对实践、反馈和评估的实施时间有所限制。

案例2 沃尔玛员工管理：内训出人才

沃尔玛公司（Wal-Mart Stores, Inc.）是一家美国的世界性连锁企业，由美国零售业的传奇人物山姆·沃尔顿先生于1962年在阿肯色州成立。沃尔玛主要涉足零售业，在全球有8000多家门店，是世界上雇员最多的企业，连续多年在美国《财富》杂志全球"500强"企业中居首，2012年居第3位。

○ 坚信内训出人才

在美国，沃尔玛被管理界公认为是最具文化特色的公司之一，《财富》杂志评价它"通过培训方面花大钱和提升内部员工而赢得雇员的忠诚和热情，管理人员中有60%的人是从小时工做起的"。因此，沃尔玛在用人上注重的是能力和团队协作精神，学历和文凭并不占十分重要的位置。

沃尔玛坚信内训出人才。在沃尔玛，很多员工都没有接受过大学教育，拥有一张MBA文凭并不见得能够赢得高级主管的赏识，除非通过自己的努力，以杰出的工作业绩来证明自己的实力。但这并不是说公司不重视员工的素质，相反，公司在各方面鼓励员工积极进取，为每一位想提高自己的员工提供接受训练和提升的机会。公司专门成立了培训部，开展对员工的全面培训，无论是谁，只要你有愿望，就有学习和获得提升的机会，而且，如果第一次努力失败了，还有第二次机会。因此，今天沃尔玛公司的绝大多数经理人员都出自公司的管理培训计划，是从公司内部逐级提拔起来的。

○ 只对"同事"进行培训

与世界上其他任何一个企业都不同的是，在沃尔玛没有"员工"这个称谓，即使是沃尔玛的创始人沃尔顿在称呼他的属下时，也是称呼"同事"。因此，他们只对"同事"进行培训，不对"员工"进行培训。沃尔玛对职员的尊重，由此可见一斑。"同事一直被视为公司最大的财富。零售业的竞争、归根到底是人才的竞争。"这是沃尔玛中国有限公司高级人力资源总监谭少熙说的一番话，"尊重，这是我们整个培训的基础"。

○ "新人"入职培训：90天定乾坤

沃尔玛的"新人"，90天定乾坤。随着公司在国际上的大举扩张——它现在在全世界的雇员总数大约为110万人，确保有才能的员工取得成就，得到承认，并为他们提供脱颖而出的机会，就成了留住人才的关键。为此，公司将注意力集中在帮助新员工在头90天里适应公司环境。如分配老员工给他们当师傅；分别在30天、60天和90天时对他们的进步加以评估等。这些努力降低了25%的人员流失，也为公司的进一步发展赋予了新的动力。

○ **6个月培训后就可被提拔**

沃尔玛看重的是好学与责任感。在一般零售公司没有十年以上工作经验的人根本不会被考虑提升为经理，而在沃尔玛，经过6个月的训练后，如果表现良好，具有管理好员工、管理好商品销售的潜力，公司就会给他们一试身手的机会，先做助理经理，或去协助开设新店，如果干得不错，就会有机会单独管理一个分店。在公司看来，一个人缺乏工作经验和相关知识没有多大关系，只要他肯学习并全力以赴，绝对能够以勤补拙。而且公司乐于雇用有家室的人，认为他们稳定，能努力工作。而在今日美国，零售业由于大量使用兼职工、非熟练工以压低成本，各公司的员工流失率均居高不下，唯有沃尔玛是例外。

○ **海外培训：利用股东大会培训**

在美国沃尔玛总部设有沃尔玛零售学院，不定期地从世界各地的沃尔玛门店选拔工作表现优秀、有发展潜力的管理人员前往接受培训。培训内容涉及零售学、商场运作及管理、高级领导技术培养等；培训时间从数周至数月不等。另外，一年一度的股东大会，更是为全世界的沃尔玛人提供了相互沟通、交流、学习的机会。

○ **专业技能培训标准化："露出八颗牙"微笑**

如果有企业说"面对顾客要微笑"，它能说出微笑的标准和程度吗？沃尔玛就能做到这一点。沃尔玛中国有限公司副总裁李成杰说，他们微笑服务的标准是："露出八颗牙"，是想让员工笑得更开朗一些。有些员工的微笑过于含蓄，露出八颗牙可以确保他笑得更开朗，类似的标准还有很多。如"三米原则"——当顾客走近时，向他微笑，主动提供服务，主要是为了让顾客有宾至如归的感觉；"日落原则"——当太阳下山前也就是下班之前把当天的问题解决，不要拖到第二天等。

○ "交叉培训"与"飞鹰行动"

沃尔玛的飞速发展离不开它一套完整的科学的人力资源管理，也离不开它世界上独一无二的交叉培训。

优势一：有利于员工掌握新职业技能。

所谓交叉培训就是一个部门的员工到其他部门学习，培训上岗，实现达到这位员工在对自己从事的工作操作熟练的基础上，又获得了另外一种职业技能。从而使这位员工在整个商场的其他系统、其他角落都能够提供同事或者顾客希望你给予的帮助，促使其能够完美、快速地解决他们所面临的问题，从而避免同事或者顾客浪费宝贵的时间，提高工作效率和缓解顾客的购物心理压力，并让其轻松愉快地度过购物时间。用人们常说的一句话就是"一才多用"。

沃尔玛崇尚岗位轮换。对于公司的各级主管，公司经常要他们轮换工作，有机会担任不同工作，接触公司内部的各个层面，相互形成某种竞争，最终能把握公司的总体业务。这样做虽然也可能造成企业内某些主管间的矛盾，但公司认为是对事不对人，每个人应首先帮助公司的其他人，发扬团队精神，收敛个人野心。

优势二：有利于员工提高积极性，消除以往只从事一种完全没有创新和变革的单调工作所带来的不利心理因素。

零售业是人员流动最大的一种职业。而造成这种现象的原因是员工对本身的职务的厌烦；还有一种人是认为他所从事的职务没有发展前途，不利于自身以后的发展，从而选择离开。

优势三：这种交叉培训，可以消除员工之间的利益冲突。

在生活中，我们往往会听到有的人会抱怨自己和同事一样的学历和一样的劳动，就因为自己的工作职务低，拿的工资就少，低人一等。从而就会产生等级分化，打击员工的积极性，不利于为公司创造更多的利润，阻碍了公司很好的发展；同时也不利于员工追求新技术和探索创新，让其满脑子就是"当一天和尚敲一天钟"。而沃尔玛，不仅在这一点上做到了优势互补，同时处理上下之间关系也变得随意亲切。沃尔玛的"直呼其名"就是很好的证明。这使大家不再有上下之间的隔阂，让员工有一种思想认识："我和总经理是同事，所以我也就是总经理，同时我也就是老板，这家店我也就有了股份。"从而全心全意地投入经营，正确处理各种事务，为沃尔玛更加茁壮成长打下基础。道理很简单，因为没有一个人会让自己的投资付诸东流。

优势四：可以让员工在全国的任何一家店相互支援。

这种优势也就是沃尔玛的骄傲所在，因为它是世界零售巨鳄，开的店多，开新店也如家常便饭。例如，要到新的城市开店，如果是重新去招聘新的员工，来完成开店前的准备，常常会由于新员工处理事务上不老练，使顾客对公司的品牌失望，同时也无法提高工作效率。而让老员工去支援，就避免了这样的不利事件的发生。

优势五：有利于不同部门的员工能够从不同角度考虑到其他部门的实际情况，减少公司的损耗，达到信息分享。

能够很好地证明这一点的例子是，假如你在采购部门没有从事过销售，就不知道哪种商品销量好以及顾客的需求；假如你从采购部转到销售部，以后再回到采购部进行采购时能够通盘考虑，减少公司损耗，推崇信息分享。

优势六：可以快速地完成公司的"飞鹰行动"。

在周末和节假日，特别是在圣诞节到春节期间是沃尔玛购物最疯狂的时间，顾客的热情采购使卖场挤得水泄不通，也造成了顾客排队结算时间延迟，所以公司就采取"飞鹰行动"，让不是前台的员工，也能够从事收银，让顾客快速地离开超市，减少顾客的购物时间。

（资料来源：根据乔瑞、樊智勇主编的《人力资源管理》（人民邮电出版社 2010 年出版）第 118~119 页及李燕萍主编的《培训与发展》（北京大学出版社 2007 年出版）第 347~350 页相关资料整理）

思考题：
1. 你认为沃尔玛采取了哪些有效的培训方式？
2. 这些培训方式与以往的培训方式相比有哪些优势？
3. 案例中提到的"工作轮换"与人力资源管理实践中的"工作调动"有何异同？

思考题答案解析：
1. 你认为沃尔玛采取了哪些有效的培训方式？
参考答案：
沃尔玛对员工进行培训采用了岗前培训、在职培训和脱产培训三种方式。
对新员工的岗前培训，"90 天定乾坤"，进行集中培训并采用了"师徒制"

的方式。"师徒制"是一种比较传统、比较典型的在职培训方式。通常组织根据现实情况与对培训对象的要求，选派一名或几名技术知识和实践经验都比较丰富的员工负责对培训对象的技术指导与经验传送，以便让培训对象尽快掌握工作技术要求与规范，从而达到早日胜任本职岗位或即将要上任的工作岗位。

沃尔玛员工的在职培训采用了交叉培训方式、管理培训计划等。交叉培训就是一个部门的员工到其他部门学习，培训上岗，实现这位员工在对自己从事的工作操作熟练的基础上，又获得了另外一种职业技能。交叉培训不单是让员工去其他部门学习具体的操作，更重要的是了解其他部门的操作流程，并具体观察其实施的过程，从中找出沟通不顺畅问题所在。交叉培训的目的是拓宽员工的专业知识与技能，熟悉组织业务与管理的全貌；此外可以有效地培养其协作精神和系统观念，使其明确系统的各部分在整体运行和发展中的作用，从而在解决具体问题时，能自觉地从系统的角度出发，处理好局部与整体的关系。

脱产培训是指：在美国沃尔玛总部设有沃尔玛零售学院，不定期地从世界各地的沃尔玛门店选拔工作表现优秀、有发展潜力的管理人员前往接受培训。一年一度的股东大会，更是为全世界的沃尔玛人提供了相互沟通、交流、学习的机会。

2. 这些培训方式与以往的培训方式相比有哪些优势？

参考答案：

"师徒制"这种培训方式的优点是针对性强，见效快；其缺点主要有：一是师傅也可能将消极的行为传递给徒弟，二是学徒的受训效果在很大程度上局限于师傅的个人水平。

沃尔玛的管理培训计划卓有成效，今天沃尔玛公司的绝大多数经理人员都出自公司的管理培训计划。而交叉培训的优势有：

优势一：有利于员工掌握新职业技能。

优势二：有利于员工提高积极性，消除以往只从事一种完全没有创新和变革的单调工作所带来的一种不利心理因素。

优势三：有利于消除员工之间的利益冲突。

优势四：可以让员工在全国的任何一家店相互支援。

优势五：有利于不同部门的员工能够从不同角度通盘考虑到其他部门的实际情况，减少公司的损耗，达到信息分享。

优势六：可以快速地完成公司的"飞鹰行动"。

沃尔玛的脱产培训在沃尔玛零售学院进行，培训内容涉及零售学、商场运作及管理、高级领导技术培养等；培训时间从数周至数月不等。其优势是：培训内容专业化、系统化，为培训综合素质高的、具有管理潜能的管理人员提供了良好平台。

3. 案例中提到的"工作轮换"与人力资源管理实践中的"工作调动"有何异同？

参考答案：

工作轮换和工作调动有些相似，两者都涉及工作的变动，但又有所不同。首先，两者的目的不同，工作轮换是培训的一种方法，工作调动是人员配置的一种方法；其次，工作调动从时间上来讲往往较长，工作轮换则通常是短期的，有时间界限；最后，工作调动往往是单独的、临时的，而工作轮换往往是两个以上的、有计划进行的。

工作轮换的作用主要体现在三个方面：

第一，工作轮换能丰富培训对象的工作经历，培训对象能在短时间内从事不同的工作。

第二，工作轮换能识别培训对象的长处和短处，通过工作轮换，企业能了解培训对象在不同工作中的表现、专长及兴趣爱好，从而更好地开发员工所长。

第三，工作轮换能增进培训对象对各部门管理工作的了解，改进各部门之间的合作。

案例 3 销售人员培训需求分析报告

某外资保险公司在 2007 年年末对一线销售人员采用问卷调查法进行培训需求分析，发放给所有销售人员调查问卷 1072 份，收回有效问卷 982 份。经过对这些答卷的统计和分析，形成了下述培训需求分析报告，作为 2008 年开展销售培训计划、实施和评估的依据。

一、背景信息

（一）销售人员的工作经验

公司现有 1072 名销售人员中，从来没有从事过保险销售额的人员有 457 人，占销售总人数的 42.6%。这一数据说明了自 2005 年中国保险行业对外资开放后，由于大批外资保险企业的进入，造成近两年对保险销售人员的大量需求，而劳动力市场的现有存量不能满足这一需求，相当一部分没有保险销售背景的人员被招募进企业，带来普遍的销售行为不够专业的问题，导致老顾客投诉率上升甚至退保，而新客户开发成功率也远远低于行业的平均值。

对这些没有从事过保险销售的销售人员，公司应该提供保险基础知识、有别于工业品和快速消费品的保险销售技巧，制订培训后行动计划，促进培训成果加速转化为销售行为，从而提高销售业绩。

（二）销售人员的学历

982 份有效调查答卷显示了目前公司销售人员的学历情况，如表 5-10 所示。

表 5-10   公司销售人员的学历

学历 人数及所占比率	博士	硕士	本科	大专	职高	高中	初中	其他
人数	0	9	68	179	365	253	97	11
所占比率（%）	0	0.9	6.9	18.2	37.2	25.8	9.9	1.1

由此可以看出，一线销售人员的学历主要集中在职高和高中两个层次，占总销售人数的 63%，面对这样低的学历水平，有必要进行系统的培训，提高他们的知识水平和销售技能。

（三）销售人员的职位分析

982 名一线销售人员如果按职位分类，其统计如表 5-11 所示。

表 5-11　　　　　　　　　　　销售人员职位分布

人数及所占比率＼职级	总监级	经理级	客户主任级	客户代表级
人数	23	132	256	571
所占比率（%）	2.3	13.4	26.1	58.1

根据表 5-11 中的职级分级，可以划分为两大类：管理人员（总监+经理）和直接面对客户的销售人员（客户主任+客户代表），对两类人员的培训应有区别。

二、分析方法

采用问卷调查方法。调查问卷的编制完全采用集团公司的标准模块，内容根据国内的实际情形组织和编排。

三、分析结果

在有关销售技巧培训的需求问题中，有7个比较突出的问题，如表 5-12 所示（按所占比率的大小排序）。

表 5-12　　　　　　　　　　　销售技巧培训的需求

人数及所占比率＼培训需求	如何促成客户签单	如何发现潜在客户	如何消除顾客异议	如何接近客户	如何维护客户关系	如何介绍产品/服务	如何与客户沟通
人数	670	649	572	390	375	275	219
所占比率（%）	68.2	66.1	58.2	39.7	38.2	28.0	22.3

四、结论和建议

（一）需求分析结论

根据本次需求分析，可以得到下列结论。

（1）一线销售人员学历普遍较低，需要补习相关基础知识。

（2）有42.6%的销售人员来自非保险行业，应对其进行保险行业基础知识的培训。

（3）36%的销售人员还在试用期内，应加强新员工的入职引导。

（4）有43%的销售人员对完成销售指标没有信心，需要加强对管理者进行管理技能目标设定、沟通和激励等技巧的培训。

(5) 有46%的销售人员认为公司的营运活动没有围绕客户和销售为中心，需要在公司战略和文化上进行变革。

(二) 培训项目建议

1. 培训项目/课程建议

根据上述调查、分析和结论，对一线销售人员的培训建议如下：

(1) 按照技能和态度进行两个类别的销售培训。

(2) 按照职级分两批分别进行管理技能（管理人员）和基础销售行为（一线销售人员）的培训。

具体培训项目/课程内容如表5-13所示。

表5-13　　　　　　　　培训项目/课程内容

培训项目/课程名称	培训主要内容	参加对象
销售的"临门一脚"	捕捉客户购买信号，及时获取保单	客户主任和客户代表
发现客户从身边开始	寻找和锁定目标客户的方法	客户主任和客户代表
如何消除客户异议	接受客户异议，发现异议背后的原因	客户主任和客户代表
接近客户的九大途径	用不同的方法接近不同的客户	客户主任和客户代表
产品/服务基础知识	以客户为中心的产品和服务价值介绍	客户主任和客户代表
卓越客户服务	用服务赢得客户的尊重和忠诚	所有销售人员
销售目标管理	目标设定的基本原则和测量方法	总监和经理
团队领导技能	领导、激励、人际关系等	总监和经理

2. 培训项目/课程费用预算（略）

五、附件

培训需求分析调查问卷（略）

（资料来源：葛玉辉. 员工培训与开发实务. 北京：清华大学出版社，2011：57-60）

思考题：

1. 案例中的某外资保险是从哪些角度来进行培训需求分析的？

2. 案例中采用了哪些培训需求信息收集的方法？除这些方法外，还有哪些方法可用？

3. 案例中采用了怎样的培训需求分析技术？该技术有何优缺点？

案例4　IBM 的培训：给大脑贴上蓝色标签

"无论你进 IBM 时是什么颜色，经过培训，最后都变成蓝色。"

——IBM 员工

IBM（International Business Machines Corporation）是国际商业机器公司或万国商业机器公司的简称。IBM 总公司在纽约州阿蒙克市，1911 年创立于美国，是全球最大的信息技术和业务解决方案公司，到 2012 年拥有全球雇员约 40 多万人，业务遍及 160 多个国家和地区。该公司创立时的主要业务为商用打字机，后转为文字处理机，然后到计算机和有关服务。IBM 公司和蓝色有不解之缘，因为它的徽标是蓝色的，人们常常把这个计算机界的领导者称为 "Big Blue"（蓝色巨人）。IBM 不单是技术领先、产品卓越，其员工培训体系也一直为世人所称道。

○ "魔鬼"训练营

在一个社会需求随信息技术而飞速发展的时代，唯有不断地汲取新的技能才能成为强中之强，IBM 的魔鬼式训练的对象并不是魔鬼，而是具有高素质、高能力员工。

在 IT 行业，人们都称 IBM 的新员工培训是"魔鬼"训练营，进入培训的新员工将会面临许多挑战和困难。进入 IBM 的新员工主要有两类：一类属于业务支持的员工，主要指行政管理人员，IBM 称为 Back Office；另一类是占 IBM 员工大多数的销售、市场和服务人员，即 Front Office。Back Office 的人员要经过 2 个星期的培训，主要是了解 IBM 的部门、产品、服务和在 IBM 工作的有效方式，学习如何同不同部门的人协同工作。IBM 公司为使新员工进入公司后熟悉公司的理念、规定，凡是新招收进去的员工，每个人都要受到公司信念教育。经过两个星期的培训后，IBM 采取人帮人的方式，他们回到自己的岗位跟一个指定的师傅（Mentor）边工作边学习。而 Front Office 的员工要经过 3 个月的集中强化培训，这就是"魔鬼营"名字的由来。IBM 的所有销售、市场和服务部门的员工全部要经过这 3 个月的培训，之后到自己的工作岗位还要接受 6~9 个月的业务学习。

在训练营的三个月里，有一个培训经理专门带几个新加入的员工，进行四大方面的培训：

（1）了解 IBM 内部的工作方式，让员工知道自己的部门职能，以及和哪些部门打交道。

(2) 了解 IBM 的产品和服务，以便有利于服务客户。

(3) 专注于销售和市场的培训。由本公司在销售第一线有突出成绩的一流人才担任授课老师，学习现在的 IBM 是如何进行商业运作的，其间 IBM 会安排很多销售培训，有很多模拟实战的训练。例如，让某个员工扮演客户，而让另一个员工扮演销售人员进行销售练习。

(4) 最后进行的是员工素质的培训，在 IBM 被称为 Professional lesson，包括团队工作和沟通的技能、表达技巧、积极适应的训练。三个月的时间不是全部用来上课，而是一半时间上课，一半在工作中应用和自学，新员工将工作中遇到的问题和培训经理一起交流解决。

整个训练过程非常艰辛，这其间十多种考试像跨栏一样需要新员工跨越，包括：作演讲、笔试、产品性能、练习扮演客户和市场销售角色等。全部考试合格后，学员才能获得正式职称，成为 IBM 的一名新员工，并拥有自己的正式职务和责任。如果是被分配当销售人员，必须接受为期 12 个月的初步教育训练。教学方法为现场实习和课堂讲授相结合，75% 的时间在各地分公司度过，25% 的时间在公司教育中心学习。

○ 模拟角色训练

IBM 公司追求卓越，特别是在人才培训、造就销售人才方面取得了成功的经验。IBM 公司的销售人员和系统工程师要接受为期 12 个月的初步培训，模拟销售角色是一个基本组成部分。

该公司采取的模拟销售角色的方法是，学员们在课堂上经常扮演销售角色，教员扮演用户，向学员提出各种问题，以检查他们解决问题的能力。这种上课接近于一种测验，可以对每个学员的优点和缺点进行两方面评判。

另外，还在一些关键的领域内对学员进行评价和衡量，如联络技巧，介绍与学习技能，与用户的交流能力以及一般企业经营知识等。对于学员们扮演的每一个销售角色和介绍产品的演习，教员们都给出评判。

特别应提出的是 IBM 公司为销售培训所发展的具有代表性、最复杂的技巧之一就是阿姆斯特朗案例练习，它集中考虑一种假设的，由饭店网络、海洋运输、零售批发、制造业和体育用品等部门组成的，具有复杂的国际间业务联系的课程。

通过这种练习可以对工程师、财务经理、市场营销人员、主要的经营管理人员、总部执行人员等形象进行详尽的分析。这种分析使个人的特点、工作态度,甚至决策能力等都清楚地表现出来。

由教员扮演阿姆斯特朗案例人员,从而创造出了一个非常逼真的环境。在这个组织中,学员们需要对各种人员完成一系列错综复杂的拜访。面对众多的问题,他们必须接触这个组织中几乎所有的人员,从普通接待人员到董事会成员。

由于这种学习方法非常逼真,每个"演员"的"表演"都十分令人信服。因此,每一个参加者都能像IBM公司所期望的那样认真地对待这次学习机会。这种练习的机会就是组织一次向用户介绍工作中发现的问题,提出该公司的解决方案和争取订货的模拟用户会议。

○ 鼓励员工自学

IBM公司大致有三类培训:第一类是给内部员工的,称为Internet Education;第二类是给Business Partner和客户的,称为Customer Education;第三类是专门针对经理的,称为经理加速培训(Leadership Acceleration Education)。在公司有专管内部培训的培训专员,IBM要求他们有基本的教育经验和教书能力,并且通过各种培训不断提高他们教书的能力。在亚洲,人们比较注重传授,是ONE WAY,但IBM认为这不是成人学习的方式,成人的学习需要互动,鼓励他们去想,所以IBM对员工非常强调Facilitation Skill(助学),意指授课的方式是启发和互动的,可以引发员工思考和交流。

IBM鼓励员工学习,将学习的方法和环境交给员工自己,怎么去开发自己的技能,成为员工自己的自觉要求。例如,公司在Intranet上有一个技能开发系统,可以帮助员工去评估自己的差距,然后选择培训课程。员工若在工作中发现自己的技能需要提升,就可以申请学习。另外,员工也可以随时进行网络学习。他们可以按照自己的需求进行选择。在网上,IBM也为员工提供了许多工具,如将许多课程打包成光盘,分发到员工手里;或者,将知识性的东西放在内部网上,并且将课程进阶学习计划编成学习道路图(Learning Road Map),帮助员工逐步提高;最后,IBM还创立了网上学校,里面有2000多种课程,全球所有员工都可以在这个学校进行有计划的学习。在IBM这种系统的学习中,员工的学习变得连续且很有逻辑性。实际上,员工可以从网上自学,自学到一个层次再来上课,学完后拿到部门去应用,到每天的工作中去锻炼,然后IBM培训部会去评估员工,指导员工来学下一个有关的课程。"培训应该跟他的工作有关系，培训也应该有一个反馈，我们希望将培训变成一个系统。今天我们有 2000 多种课程，怎么来排这些课的顺序？员工上完课后回去应该做什么事？经理应该去跟踪。这是 IBM 努力的方向。"Joseph Wei，IBM 的人力资源总监如是说。

○ 多样化的特色训练

IBM 的员工除了要参加公司组织和安排的各种正规的学习训练之外，还要通过多样化的特色训练，在日常生活和工作中提升自己的能力，强化公司的价值观。

公司为员工准备了种类繁多的必读刊物。这些刊物直接寄送到员工家中，希望员工在家中利用业余时间抓紧学习。IBM 自己出版的读物有十多种，其中最有名的是一份名为"THINK"（《思考》）的杂志，这是由公司总部出版的，面向全公司并送给与公司有关系的企业和部门。该杂志是一本月刊，从沃森一世时代创办起一直坚持出版。上面登载的内容很广泛，主要是有关 IBM 公司的新闻、发展评价、对过去的总结、公司前景展望以及公司优秀员工介绍等内容。

通过大量的情报资料，IBM 不仅沟通了公司和员工的关系，也对员工进行了教育和训练，而这种教育训练方式的成本是极低的。

除了阅读教育外，反省教育也是 IBM 一种具有特色的育人方法。公司的骨干如果不负责任或一味蛮干给公司带来重大损失，IBM 为了使其接受教训，反省错误，会将其送到设在纽约的称为反省处的国际推销中心学习一段时间，员工并不会因进反省中心而影响自己的前程。如后来担任 IBM 世界贸易中心董事长和 IBM 公司副董事长的吉尔怀特·E. 乔治就曾经进过反省处学习。

采取进反省处进行教育的制度对所有员工一视同仁。在反省处学习一段时间后的员工，还要送到设在各地的训练基地接受训练，合格后再分配新的工作。

IBM 除了由公司对员工开展训练外，还会送将要提升为公司高级管理者的人员到外面去接受训练。IBM 把这称为开阔眼界的训练。开阔眼界的训练主要是将受训人员送到像哈佛大学这样著名的学府及有名的管理研究中心系统学习经营管理课程，时间从一周到一年不等。这种外送训练的学员除了要学习经营管理理论之外，还要学习一些相关知识。

此外，IBM 还让高层经理参加由联邦政府的有关机构在布鲁金斯学院举办的经理研究班、跨国公司经理训练班等进行训练。通过参加这些研究班的学习，既可以同其他大公司的经理人员相互交流，又可以拓宽眼界，将 IBM 的经营放在更广阔的背景之中去考虑。因为这些研究班讨论的问题十分广泛，从企业经营到联邦预算,从国内市场到贸易逆差,从经济形势到国际政治经济局势的变动等。这种研究班信息量大,讨论问题深入。所以IBM对这样的机会一般都不会放过。

(资料来源:根据汪向勇编著的《人在企业》(辽宁人民出版社2001年出版)及李燕萍主编的《培训与发展》(北京大学出版社2007年出版)第186、259、231~232页相关资料整理)

思考题:

1. 请列举出案例中所提到的培训方式和方法。
2. 事实证明IBM的培训卓有成效,那么它是如何保证培训效果的呢?
3. IBM的员工培训对你有何启示?

案例5　D公司 VS 莫尔斯兄弟公司

○ **D公司培训中的问题**

D股份有限公司是一家提供移动通信网络整体解决方案的高科技公司，由于公司属新兴高科技产业，公司高层管理者充分认识到只有迅速提高员工的素质才能立于不败之地。因此，近几年来，公司与颇具知名度的Z培训公司合作，组织了几次大型的培训。大笔的培训资金投下去了，可几次培训的效果都不理想，原因何在呢？从以下两个具体事例中也许能对公司以往的培训工作中所存在的问题略知一二。

[事例一]

小李参加一次技能培训后，对培训负责人王女士说："我在操作这台德产新机器时总是出错，新机器比我原来那台复杂多了。"王女士说："也许你尚未完全掌握要领吧。我们提供的培训就是帮助你能胜任这项工作。"小李反驳说："可是在培训中演练的那台机器与我这台新家伙完全不同呀！"另有技术部骨干小张反映："我的直属上司似乎不支持我来参加培训，在培训期间不断给我布置新任务，让我根本没有时间静下心来上课。"

[事例二]

公司为员工们安排了各类生产、销售、研发等专项职能及公司文化和综合能力方面的培训课程，同时为中高层管理人员安排了MBA课程。可培训还没有开始，企业中的大批老员工就声明不参加培训。一位负责培训的张经理回忆说："他们（老员工）觉得自己就这样了，没什么好培训的。"于是要么推说工作忙，要么干脆请病假，不参加培训。另一些参加培训的员工也只是本着完成任务的态度，甚至有些员工认为："这种培训无非是走个过场，就当放几天假，休息一下好了。"

○ **莫尔斯兄弟公司成功培训案例**

清晨5：30，司机们正准备运送第一批混凝土。在混凝土的经营中，这种易变质的产品必须要保证及时送到工地上去。位于俄勒冈州附近的莫尔斯兄弟公司，是西北地区少数几家向司机提供常规培训的混凝土搅拌企业之一，因为它们意识到司机对这类企业的成功与否具有重要意义。举例来说，公司拥有一个由73辆混凝土搅拌卡车组成的车队，它们若多偷点懒，那么在每天的8小时内将多消耗掉2000加仑汽油。而如果使卡车载满的话，其总重可达350吨。另外，混凝土搅拌卡车常常需要在建筑工地穿越不同地形，因此，司机必须懂得如何避免危及生命及破坏设备的翻车事件发生。并且，司机要习惯于用铁锤去敲掉已凝固的混凝土这种乏味的工作。搅拌卡车司机一般不太了解有关他们运送的混凝土的知识。莫尔斯兄弟公司对司机进行了这方面的培训，从而使他们能够告诉顾客怎样往混凝土搅拌机里放入添加剂才能符合顾客的需要。

莫尔斯兄弟公司是采用什么方法来培训司机的呢？公司通过辅导员开发出了一套培训用的录像资料。辅导员负责选择每周的录像内容，安排观看时间，保存学员参与记录，并且在每次录像后指导全面讨论。辅导者要求受训者关注录像中的学习重点，并将其与自己在实际工作中遇到的问题联系起来。由于培训是在早上司机刚开始上班的时候进行的，因此时间十分有限，录像一般不超过10分钟。例如，一个被称为"另一双眼睛"的培训，是让司机观察工作地点检验机构的检验程序。因为检验机构每个月都要进行好几次抽样检验，样品不合格将导致公司负责拆毁并清除全部的混凝土结构。莫尔斯兄弟公司之所以要提供检验程序的培训，是由于经常出现检验圆筒里掉进污染物（如灰尘）而导致样品通不过检验。还有一部录像强调的是寒冷天气的预防措施：每一天工作完毕后，要将冰箱处于空档位置，并把管道放平。在每次培训过程中，都要让司机回答几个与培训内容有关的问题。培训结束后，司机再和辅导员一起讨论有关影响产品质量或运送时效的问题，然后由辅导员向管理者通报这些信息。

这种培训计划已被混凝土行业内和行业外的其他公司所认可。有几家混凝土搅拌公司还要求莫尔斯兄弟公司帮助它们在工厂内建立司机培训项目。莫尔斯兄弟公司通过混凝土搅拌协会向其他公司出售录像资料，有些录像还获得了由专门的录像制品评定机构颁发的奖项。

（资料来源：根据李燕萍主编的《培训与发展》（北京大学出版社2007年出版）第215、303~304页相关资料整理）

思考题：
1. 结合两个案例，请总结培训成果转化的影响因素有哪些？
2. 针对D公司培训中存在的问题，请给出相应的对策。
3. 请总结莫尔斯兄弟公司培训成功的经验。

案例6　××公司教育培训管理标准（节选）

1　范围

本标准规定了公司教育培训的管理职责、内容、程序与方法，以规范教育培训管理，完善教育培训体系，全面提升公司系统员工素质。本标准适用于公司系统各单位。

2　规范性引用文件

下列文件中的条款通过本标准的引用而成为本标准的条款：《中华人民共和国劳动法》、《中华人民共和国职业教育法》、《××公司教育培训管理规定（试行）》（××人〔2010〕13号）。

3　术语和定义（略）

4　职责

4.1　主管领导

领导并部署公司的员工教育培训工作。

4.2　人事部

4.2.1　贯彻落实公司有关教育培训工作的方针、政策和法规，负责制定公司教育培训工作的有关规划、计划和管理制度，对公司系统教育培训工作进行指导、服务、协调、监督和考核。

4.2.2　对公司系统教育培训资源的优化整合进行宏观指导，对承担公司教育培训任务的机构进行资质审定。

4.2.3　制订公司教育培训年度工作要点和公司年度培训计划，审核备案基层各单位上报的年度培训计划。

4.2.4　汇总、审核公司系统教育培训经费预算，并对预算的使用进行审核和监督。

4.2.5　归口管理公司各类专家库建设，配合组织公司级技能竞赛、技术比武和普考等活动。

4.2.6　负责公司系统优秀人才库的建设；实施A级管理人员公共必修课

培训；统筹安排B级、C级管理人员公共必修课和专业课的轮训；统筹安排技术技能人员的轮训；指导和监督基层各单位开展差别化的技术技能培训。

4.2.7 统筹负责公司培训管理、培训课程、培训师资、培训基地和培训网络建设，完善教育培训体系。

4.2.8 组织教育培训工作交流与研讨，开展教育培训工作的理论研究和实践创新。

4.2.9 指导××公司职工培训中心（简称"培训中心"）开展工作。

4.2.10 完成上级主管部门下达的各项教育培训任务。

4.3 公司本部各部门主要职责

4.3.1 根据业务工作需要，对本部门的业务培训进行科学的需求分析，向公司人事部提交年度培训需求。

4.3.2 按照公司下达的年度培训计划，落实本部门主办的培训项目，组织相关人员参加培训，编审本专业的培训教材和培训课件，培养本专业的培训师资等。

4.3.3 参与培训效果的评估和反馈，提出改进意见和建议。

4.4 ××公司职工培训中心

4.4.1 加强培训中心（基地）建设，为培训项目落实提供良好的条件和服务。

4.4.2 负责培训项目的质量管理，实现培训需求、培训策划、培训实施、培训评估的闭环管理，增强培训效果。

4.4.3 协助指导基层各单位教育培训实操基地开展教育培训工作。

4.4.4 完成上级主管部门下达的各项教育培训任务。

4.5 基层单位

4.5.1 贯彻落实公司、省公司有关教育培训方针、政策和规定，制定本单位的教育培训工作规划、年度培训计划以及相关培训制度，并组织实施。

4.5.2 规范、明确各业务部门和所属各级单位的教育培训职责，加强对所属各单位培训工作计划及执行情况的指导、服务、协调、监督和考核。

4.5.3 在公司统一部署下，组织开展本单位的培训管理、培训课程、培训师资、培训基地和培训网络五大子系统建设。

4.5.4 开展教育培训工作的理论研究和实践创新，总结提炼和深化推广所属各单位教育培训工作的新鲜经验和有效做法。

4.5.5 完成上级主管部门下达的各项教育培训任务。

5 管理活动的内容与方法

5.1 本标准依据的流程（略）

5.2 总则

5.2.1 坚持以人为本，创建学习型企业，树立终身学习理念，逐步建立企业按计划开展和员工自主参加相结合的教育培训机制，实现企业发展与员工发展的协调统一。

5.2.2 树立大教育、大培训的观念，按照重要人才重培训、优秀人才加强培训、紧缺人才抓紧培训、年轻人才经常培训的原则，搞好人才培养工作。重点培养学习能力、实践能力、着力提高创新能力。努力造就适应公司改革和发展需要的高素质员工队伍。

5.2.3 按照"统一规划、统筹指导、分层管理、分层实施"的原则，实行××公司、基层单位二级教育培训管理体制。

5.2.4 各单位开展教育培训工作应当坚持"讲求实效、按需施教、学以致用"的原则。

5.2.5 员工参加各类教育培训应当遵循"学用一致、工学兼顾、个人申请、组织审批"的原则。

5.3 组织机构

5.3.1 公司成立由公司领导、人事、财务、生产等部门负责人组成的公司教育培训委员会。其主要职责包括：

（1）审定教育培训中长期规划和年度计划；

（2）推进教育培训、使用、待遇一体化机制的建立与实施；

（3）研究有关教育培训的保障措施；

（4）对教育培训工作及经费使用进行监督审查。

5.3.2 各单位相应成立教育培训委员会，主要负责审核本单位教育培训规划和年度教育培训计划，研究本单位有关教育培训的保障措施，对本单位教育培训工作及经费使用进行监督审查。基层各单位要明确一名班子成员分管教育培训工作，班子的其他成员要组织好分管范围内的业务培训。

5.3.3 ××公司职工培训中心，是公司实施员工教育培训的主要场所，在公司人事部的指导下开展工作。

5.4 培训类别与方式

5.4.1 培训类别。员工教育培训主要包括准入资格培训、职业资格培训、岗位胜任力培训、在职学历（位）教育等四个类别。

（1）准入资格培训。准入资格培训是指员工为获取国家、行业、企业所规定的岗位准入资格而参加的各类培训。对从事国家、行业、企业规定必须持准入资格证的岗位的员工和新入企员工、转岗、晋岗员工，必须参加准入资格培训，经考试、评价合格后，取得国家、行业、企业所颁发的准入资格证。

（2）职业资格培训。职业资格培训是指员工为获取管理类、技术技能类职业资格证书而参加的各类培训。员工应积极参加职业资格培训，经评价合格后，取得相应等级水平的职业资格证书。

（3）岗位胜任力培训。岗位胜任力培训是指员工在达到岗位基本准入要求、具备相应等级的职业资格后，还要依据岗位所需的素质和能力要求，结合组织需求和员工能力现状，持续参加针对性和实效性强的学习培训，不断提升岗位胜任力能力。主要包括相关的课程轮训、岗位适应性培训以及新文化、新知识、新技术和新技能培训等。

（4）在职学历（位）教育。在职学历（位）教育是提高员工文化水平和改善专业知识结构的重要途径，各单位要根据公司发展需要，鼓励员工提升学历水平和优化专业知识结构。

5.4.2 培训方式。各类别的教育培训主要采取脱产集中培训、在岗培训和业务自学等三种方式进行。

5.4.3 员工培训实行积分管理，各类人员每年培训积分应达到公司规定的教育培训年度积分达标标准。

5.5 培训经费

公司的职工教育培训经费按照《××公司职工教育培训经费暂行规定》（见附录B）执行。公司系统每年一线员工培训经费使用应不少于当年总使用经费的70%。

5.6 培训的实施

5.6.1 每年10月底，公司本部各部门向人事部报送《××公司教育培训计划申报表》。

5.6.2 每年第四季度人事部根据公司的发展战略目标、教育培训规划和所收集到的培训需求信息，制订公司下一年度的教育培训计划，报公司教育培训委员会审批后发文执行。

5.6.3 各单位应根据人事部下发的年度教育培训计划，制订本单位的年度培训计划并组织实施，年度培训计划于下一年度第一季度上报公司人事部备案。

5.6.4 公司各独立核算单位根据本单位生产经营的实际需求，组织制订本单位的年度教育培训计划，并组织实施。年度教育培训计划应于下一年度第一季度报公司人事部备案。

5.6.5 公司本部举办的培训，由培训中心按照《××公司本部培训办班实施细则》（见附录C）执行。各基层单位可参照本实施细则制定本单位具体的职工教育培训实施办法，并组织实施。公司本部和各基层单位举办的培训班，必须通过公司教育培训管理信息系统走办班管理流程，利用系统进行管理。

5.6.6 对于没有列入年度教育培训计划，但因上级要求或单位急需举办的培训项目（又称"计划外培训"），由培训主办部门填写《××公司计划外培训项目申请表》，在预备开办前一个月送教育培训管理部门审核，经单位教育培训委员会审批后执行。

5.6.7 对培训学时为6学时及以上的培训项目，培训主办部门必须做培训需求分析，对于3天及以上的重点培训项目必须进行班前测试。

5.6.8 培训结束后，学时为6学时及以上的培训项目必须进行一级评估（即组织学员对课程、师资、服务等内容进行满意度测评）；3天及以上的培训项目和所有重点培训项目结束后，必须进行二级评估（组织学员参加培训后的考试考核，评估对所学内容掌握的程度）；逐步建立培训效果跟踪监察机制，对学员进行培训后随访评价（即三级评估）和对培训后团队绩效的改善进行评估（即四级评估）。

5.6.9 培训结束后，培训组织部门要在1周内进行总结，填好《××公司培训项目档案》，送单位教育培训管理部门存档。

5.6.10 培训结束后，培训组织部门要及时对学员进行培训积分评定。

5.6.11 员工参加培训，应填写《××公司员工培训申请表》，按有关程序审批。培训结束后，填写《××公司员工培训情况反馈表》，送所在单位教育培训管理部门存档。

5.6.12 员工参加各类教育培训结束后，应及时持相关培训证书、培训积分评定单、学历证书，到单位教育培训管理部门登记、存档。

5.6.13 各单位要建立教育培训档案管理制度，存档内容应包括本单位的需求计划、年度计划、员工教育培训经历、经费使用情况记录、授课教师资料等。

5.6.14 各单位要建立贯穿员工职业生涯发展全过程、个性化的员工培训档案，引导员工主动参与培训，提高培训的针对性和实效性。培训档案包括：

员工个人信息、员工所在岗位知识和技能要求、员工的能力现状、员工培训需求、员工培训记录、培训后员工行为和绩效改变等。

5.6.15 每年11月底前，各单位及培训中心对本年度的职工教育培训工作进行总结，上报公司人事部。

5.7 培训课程子系统建设

5.7.1 建立和完善课程体系。在公司统筹部署下，各单位要结合实际编写或选用相关培训教材、课件，逐步形成拥有公司自主知识产权、特色鲜明、覆盖主要岗位的课程体系，实现菜单式选学。

5.7.2 开展课程的自主开发。各单位结合实际，自主开发和推广使用适合差别化培训和在岗培训需要的课程与教材，完善与丰富课程体系。

5.8 培训师资子系统建设

5.8.1 各单位要计划年底选聘优秀管理人才、技术技能专家和业务骨干担任兼职培训师，定期组织专兼职培训师的培训，提升培训师教学水平。

5.8.2 各单位要完善师资管理制度，健全机制，规范培训师资队伍的使用与考核。建立本单位内部师资库，实行动态管理，资源共享。

5.9 培训基地子系统建设

培训中心和各单位的教育培训基地要在公司统一指导下，围绕中心工作，强化体系建设，规范制度流程，创新方式方法，不断提升办班质量和运作效率，坚持培训资源向一线倾斜，保持培训设备与生产现场同步。

5.10 培训网络子系统建设

5.10.1 培训中心要不断优化和完善教育培训管理信息系统的有关功能，满足网络化的培训管理、培训管理交互和员工在线网络学习培训、自主学习的需要。

5.10.2 各单位要有效使用教育培训管理信息系统，加强网络在线培训工作，鼓励员工自主选学，缓解工学矛盾，开展网络化考试，提高教育培训管理信息系统的使用率；积极利用教育培训管理信息系统，做好培训要情通报和培训新闻报道的报送工作。

5.11 相关规定

5.11.1 各单位应优先安排劳动模范、先进生产（工作）者参加培训。

5.11.2 对于社会团体举办的各类培训班，各单位在选送学员时要认真审核，严格把关，按需送培。

5.11.3 对于未获得本岗位国家职业资格证书或企业岗位资格证书的在职

员工，单位应创造条件，组织其参加相应的职业技能和岗位培训，使其掌握相应的知识和技能，取得本岗位必需的资格证书。对于经过培训仍达不到本岗位要求的，应调离现岗位。

5.12 考核

5.12.1 各单位应按照《××公司员工教育培训积分管理办法》（见附录D），逐步建立员工个人教育培训效果的考核与评估制度，把员工参加教育培训的考核评估结果作为其上岗、转岗、定级、任职、评优和晋升职务等的重要依据之一。

5.12.2 根据《××公司教育培训目标考核办法》，公司人事部每年底对各单位履行培训职责的情况、员工参加培训的态度、效果等进行全面的考核、检查和评估，并与公司责任制考核挂钩。

附录：（略）

（资料来源：根据某公司内部管理资料整理，具体公司名称不便公布）

思考题：
1. ××公司要制定哪些类别的培训计划，分别应当包含哪些内容？
2. ××公司采用了哪些培训类别与方式？
3. ××公司采取了哪些措施来保证培训效果的转化？

本章参考文献

[1] 李燕萍. 培训与发展. 北京：北京大学出版社，2007.

[2] 乔瑞，樊智勇. 人力资源管理. 北京：人民邮电出版社，2010.

[3] [美] 雷蒙德·A. 诺伊. 员工培训与开发. 北京：中国人民大学出版社，2002.

[4] 徐庆文，裴春霞. 培训与开发. 济南：山东人民出版社，2004.

[5] 唐志红，骆玲. 人力资源：招聘·培训·考核. 北京：首都经济贸易大学出版社，2003.

[6] 汪向勇. 人在企业. 大连：辽宁人民出版社，2001.

[7] 葛玉辉. 员工培训与开发实务. 北京：清华大学出版社，2011.

第六章 绩效管理

第一节 绩效管理概述

一、绩效概述

（一）绩效的含义

绩效是一个多义的概念。从管理学的角度看，绩效是组织期望的结果，可分为员工个人绩效、团队绩效和组织绩效三个层次。组织绩效和团队绩效更侧重于强调集体性绩效，这样的绩效主要用产量、盈利、员工满意度等指标来衡量；相对于组织绩效和团队绩效，员工个人绩效更倾向于强调个体性绩效。绩效的这三个层次既有差异，又密切相关。

随着管理实践深度和广度的不断增加，人们对绩效含义的认识也在不断加深。一种被接受的观点认为：绩效是指员工在工作过程中所表现的与组织目标相关的并且能够被评价的工作业绩、工作能力和工作态度，其中工作业绩就是指工作的结果，工作能力和工作态度则是指工作的行为。

（二）绩效的特点

1. 多因性

绩效的多因性指员工个人绩效的优劣取决于多个因素的影响，要受到员工个人（智商、情商、所拥有的技能和知识结构）以及工作环境（企业的激励因素）、社会环境、机遇等多种因素的影响。这些因素共同作用于绩效，只是在不同的时间、不同的情境下某一种或某几种因素是起着决定作用的，表面上容易表现出单一性。要抓住目前影响绩效的关键因素，这样才能更有效地对绩效进行管理。

绩效和影响绩效之间的关系可以用一个公式表示：

$$P = f(S, O, M, E)$$

其中，P（performance）代表绩效，S（skill）代表技能，O（opportunity）代表机会，M（motivation）代表激励，E（environment）代表环境。

2. 多维性

多维性指要从多个维度去分析与评估绩效，才能取得比较合理的、客观的、易接受的结果。例如，当评估一个销售经理的绩效时，不仅要看他个人的销售业绩，还要综合考虑他的管理指标，如对部下的监控、指导以及整个销售部门完成业绩的情况、整个团队是否有创造性等。通常要综合考虑员工的工作能力、工作态度和工作业绩三个维度的情况，只是根据不同的评估目的，在选择不同维度的评估标准和不同的评估指标体系时其权重各不相同。

3. 动态性

绩效的动态性是指员工的绩效会随着时间的推移、职位情况的变化而发生变化，即绩效的好坏并不固定，原来较差的绩效有可能变好，原来较好的绩效也可能变差。因此管理者应防止晕轮效应和马太效应，切不可凭一时印象，以僵化的观点看待员工的绩效。要充分考虑到绩效的动态性，用发展的眼光和思维来掌握员工的绩效情况。

二、绩效考评与绩效管理

（一）绩效考评

绩效考评是指通过系统的原理、方法来评定和测量员工在岗位上的工作行为和工作效果的过程。考评内容的科学性和合理性，直接影响到绩效考评的质量。

(二) 绩效管理

绩效管理就是指制定员工的绩效目标并收集与绩效活动相关的信息，定期对员工的绩效目标完成绩况做出评价和反馈，以确保员工的工作活动和工作产出与组织保持一致，进而保证组织目标完成的管理手段与过程。

(三) 两者的区别与联系

在实践中，很多管理者将绩效考评与绩效管理混为一谈，以绩效考评代替绩效管理。实际上绩效考评只是绩效管理的一个核心环节，有效的绩效考评可为绩效管理提供科学、客观、公正的资料。两者的区别如表6-1所示。

表 6-1　　　　　　　　　绩效评估与绩效管理的区别

	绩效考评	绩效管理
人性观	人性恶	人性善
内容	事后评价	事后评价 + 绩效改进
参与方式	员工不参与	管理者和员工共同参与
目的	制定薪酬、晋升等人力资源政策	开发员工潜能、员工职业规划辅导
效果	不能真实反映客观情况	较能真实反映客观情况
侧重点	评估过程的执行	持续沟通和反馈

第二节　绩效管理过程

完整的绩效管理是由绩效计划、绩效实施、绩效考评和绩效反馈这四个部分构成的一个系统，如图6-1所示。

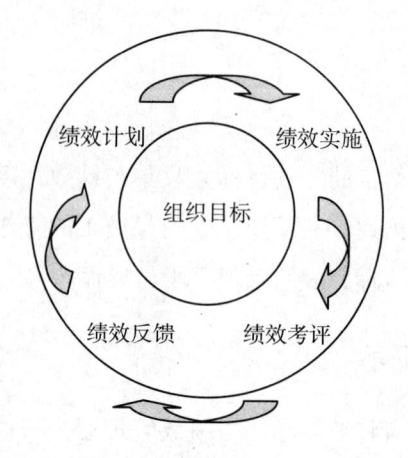

图 6-1　绩效管理系统

一、制订绩效计划

绩效计划是整个绩效管理系统的起点，是在绩效周期开始时，由上级和员工一起就员工在绩效考核周期内的绩效目标、绩效过程和手段等进行讨论并达成一致。

绩效计划的制订过程强调通过互动式的沟通手段，使管理者和员工在如何实现预期绩效的问题上达成共识。在通常的情况下，绩效计划主要回答以下四个问题：

（1）该完成什么工作？
（2）按照什么样的程序完成工作？
（3）何时完成工作？
（4）花费多少？使用哪些资源？

总的来说，绩效目标是绩效计划的第一步，也是最重要的一部分。在确定绩效目标时有一个重要的原则是 SMART 原则，具体内容如表 6-2 所示。

表 6-2　SMART 原则

S-Specific	代表"具体的"
M-Measurable	代表"可度量的"
A-Attainable	代表"可实现的"
R-Realistic	代表"现实的"
T-Time-bound	代表"有时限的"

其中，S代表"具体的"，主要指将目标细化，并可随情境改变；M代表"可度量的"，指目标可度量化或行为化；A代表"可实现的"，指所制定的目标不高也不低，并在适度的期限内可实现；R代表"现实的"，是指目标结果可观察或证明；T代表"有时限的"，是提示制定者要关注效率。

二、绩效实施与辅导

绩效实施与辅导是指在整个绩效期间内，通过上级和员工之间持续的沟通来预防或解决员工实现绩效时可能发生的各种问题的过程。

在整个绩效期间内，管理者需要不断地对员工进行指导、监督和反馈，对发现的问题及时予以解决，并根据实际情况对绩效计划进行调整。

三、绩效考评

绩效考评是指确定一定的考核主体，借助一定的考核方法，对员工的工作绩效做出评价。

绩效考评是绩效管理工作中的核心内容，也是组织管理员工的一个重要职能。绩效考核评价结果可以为员工的甄选、提升、培训、奖励等方面提供重要的参考价值。因此，在绩效考评中应选择适当的考评方法，确保考评的民主性、公开性与公平性，避免出现晕轮误差、趋中误差、宽厚误差、苛严误差、优先和近期效应等。

四、绩效反馈与改进

绩效反馈是指绩效周期结束时在上级和员工之间进行绩效考核面谈，由上级将考核结果告诉员工，指出员工在工作中存在的不足，并和员工一起制定绩效改进的过程。绩效反馈是使员工了解自身绩效水平的绩效管理手段，也是绩效沟通最主要的形式。它如同一面镜子，让员工知道自己做得怎么样、在同事和领导心中是个什么样的形象，以及领导对自己的期望是什么，从而根据要求不断提高。

绩效改进是指在分析员工绩效考核结果的基础上，找出员工绩效中存在的问题，有针对性地制订合理的绩效改进方案，加以实施。

第三节　绩效考评体系

绩效考评是绩效管理过程中最重要的环节，构建有效的绩效考评体系关系到绩效管理工作的成败。

一、选择考评者

合格的绩效考评者应了解被考评者岗位的性质、工作内容、要求以及绩效考评标准，熟悉被考评者的工作表现，最好有近距离观察其工作的机会，同时要客观公正。多数企业选择被考评者的上级、同事、下属、本人和外部的客户、专家等作为考评者，如图 6-2 所示。

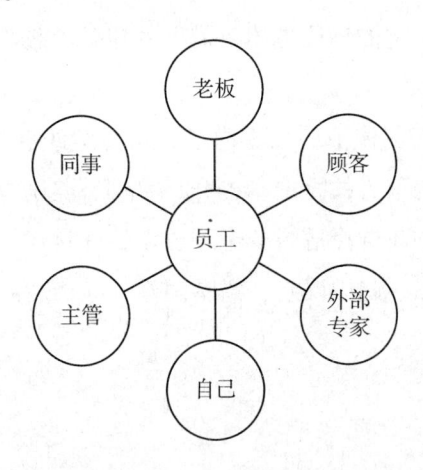

图 6-2　绩效考评者来源

二、设计考评指标

不同的企业目标与性质所塑造的企业文化导向不同，从而绩效指标也就不同。在众多的指标中，企业要集中精力做好关键绩效指标的设计。

关键绩效指标，是通过对组织内部某一流程的输入端、输出端的关键参数进行设置、取样、计算、分析，衡量流程绩效的一种目标式量化管理指标，是把组织的战略目标分解为可运用的远景目标的工具。

通常来说，关键绩效指标主要有四种类型：质量（合格率、准确性等）、数量（产量、销售量、利润等）、成本（单位产品成本、投资回报率等）和时限（及时性、供货日期等）。

三、建立考评标准

根据绩效考评标准的不同程度要求，一般可分为基本标准与卓越标准。两者的定义及特点如图6-3所示。

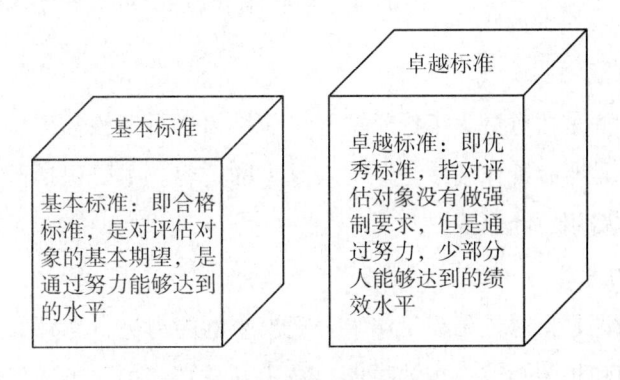

基本标准：即合格标准，是对评估对象的基本期望，是通过努力能够达到的水平

卓越标准：即优秀标准，指对评估对象没有做强制要求，但是通过努力，少部分人能够达到的绩效水平

图6-3　绩效考评标准的分类

四、设置绩效考评周期

绩效考评周期就是多长时间进行一次评价。考评周期的设置要针对企业的性质、行业特征、岗位层级、岗位的工作特点等实际情况来开展，不宜过长，也不宜过短。周期过长则绩效考评的准确性和员工工作的积极性会受影响，周期过短则会消耗组织过多的资源。一般的考评周期主要分为年度、半年、季度等。不同考评周期的考评内容和结果运用不尽相同。

五、确定考评内容

由于绩效的多因性，绩效考评的内容也颇为复杂。我国很多企业按照以下四方面内容进行绩效考评。具体内容如图6-4所示。

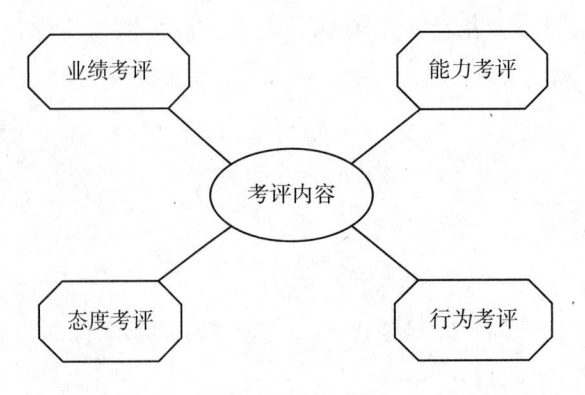

图 6-4 绩效考评内容

1. 工作业绩考评

工作业绩考评是指对员工工作效率和工作结果进行考核和评价。它是对员工贡献程度的衡量，是所有工作绩效考评中最基本的内容。主要包括员工完成工作的数量、质量、成本费用、利润等。

2. 工作能力考评

工作能力考评是指对员工在工作中表现出来的能力进行考评，主要体现在四个方面：专业知识和相关知识；相关技能、技术和技巧；相关工作经验；所需要的体能和体力。这四个方面是既相互联系又有区别的，技能和知识是基础，体能和体力是必要条件。

3. 工作行为考评

工作行为考评是指对员工在工作中表现出的相关行为进行考核和评价，衡量其行为是否符合企业的规范和要求。在实际工作中，对于员工的行为进行考评主要包括出勤、纪律性、事故率、主动性、客户满意度、投诉率等方面。

4. 工作态度考评

工作态度考评是指对员工在工作中的努力程度进行考评，即工作积极性的衡量。常用的考评指标包括：团队精神、忠诚感、责任感、创新精神、敬业精神、进取精神、事业心和自信心等。工作态度很大程度上决定了工作能力向工作业绩转换的效果，因此对员工工作态度的考评是非常重要的。

由于各企业所处的环境不同，完成目标管理工作中具体的特点不同以及经营者的偏好不同，实际执行过程中考评可能会偏重于其中一项或几项。

第四节 绩效考评方法

一、分级法

分级法也称为"排序法",指按照被考评员工绩效的相对优劣程度,通过比较,确定每人的相对等级或名次。按照分析程序的不同,分级法又可分为以下几种:

(一)直接排序法

直接排序法指在全体被考评员工中按其总的绩效评价顺序予以排列,先找出第一名,再找出第二名,依次以1、2、3……进行标识,直到最差的一个列于最后。这样可以了解每个员工在团队中的排列顺序。方法简单,可避免宽大化或严格化的误区,但对员工的绩效改进不能提供有效的反馈信息。

(二)配对比较法

此方法是将全体员工逐一配对比较,按照逐对比较中被评为较优的总次数来确定等级名次。这是一种比较系统的程序,但通常只考评总体状况,因此只能评出名次,不能反映他们之间的差距大小。当被考评人员较多时,配对比较的次数太多,可行性较低。

例如,一个部门有5名员工进行绩效评价,在逐一配对中,绩效较优者以"+"表示,而另一个员工以"-"表示,所有员工都比较完之后,统计每个人"+"的个数,依次排序,如表6-3所示。

表6-3　　　　　　　　　　配对比较法示例

B \ A	赵	钱	孙	李	王
赵	0	+	+	-	-
钱	-	0	-	-	-
孙	-	+	0	-	-
李	+	+	+	0	+
王	+	+	+	-	0

根据表6-3，可以得出评估结果，5名员工的绩效优劣排序为：钱、孙、赵、王、李。

（三）强制分配法

所谓强制分配法，就是将被评价员工按照绩效评价结果分配到一种类似于正态分布的标准中去，即按照事物"两头大，中间小"的规律确定各等级在总数中所占的比例。如表6-4所示，若参加绩效评价的员工人数为100人，按照优、良、中、及格、差各占总数的5%、30%、50%、10%、5%的比例来进行划分，则被考核的员工将按照绩效的相对优劣程序强制被列入其中的某一个等级。

表6-4　　　　　　　　　　　强制分配法示例

姓名	优（5%）	良（30%）	中（50%）	及格（10%）	差（5%）
赵					
钱					
孙					
李					
王					
⋮					
总人数	5	30	50	10	5

二、评定量表法

评定量表法就是将绩效考核的指标和标准制作成量表，依此对员工的绩效进行考核。它的优点是：便于在不同的部门之间进行考核结果的横向比较；可以确切了解员工在哪些方面存在不足和问题，有助于改进员工绩效。不足之处是：开发量表的成本比较高，需要制定出合理的指标和标准，才能保证考核的有效。

（一）图尺度量表法

图尺度量表法是最简单且应用最广泛的绩效评价技术之一，它在图尺度的基础上使用非定义的评价。例如，表6-5列举了一些绩效评价要素，规定从S（非常优秀）到d（差或不令人满意）的等级标志，对每个等级标志都进行了说明并规定了不同的得分。评价者可根据标准结合员工的日常表现给出每个评价要素的得分。

（二）行为锚定量表法

由传统的绩效评定表（图尺度量表法等）演变而来，是图尺度量表法与关键事

第六章 绩效管理

表6-5　　　　　　　　　　　图尺度量表法示例

评估要素	评估尺度	权重	得分	事实依据及评语
专业知识：经验以及工作中的信息知识	30　24　18　12　6 ｜＿＿｜＿＿｜＿＿｜＿＿｜ s　a√　b　c　d	30%	a	（略）
计划能力：对要完成工作的有效设计	15　12　9　6　3 ｜＿＿｜＿＿｜＿＿｜＿＿｜ s　a　b√　c　d	15%	b	（略）
沟通能力：以书面和口头方式清晰、明确地表达思想、观念或者事实的能力	10　8　6　4　2 ｜＿＿｜＿＿｜＿＿｜＿＿｜ s　a√　b　c　d	10%	a	（略）
……	……	……	……	……
s：极优 a：优 b：良 c：中 d：差	最终得分：62分 最终档次：s a b√ c d	档次划分		s：80以上 a：65～79 b：49～64 c：33～48 d：16～32

件法的结合，是行为导向型量表法的最典型代表。在这种评估方法中，每一水平的绩效均用某一标准行为来加以界定，从而可以为评价者提供明确而客观的考核评价标准。

行为锚定量表法的优点在于：使工作绩效的考评更为量化和精确，各种评价指标之间有着较强的相互独立性，同时保持较好的连贯性。其主要缺点在于：方法设计和实施成本高，需要多次测试和修改，耗费大量的资金和时间。

以销售营业部经理的绩效考评为例建立行为锚定量表法。具体如表6-6所示。

表6-6　　　　　　　　　　　行为锚定量表法示例

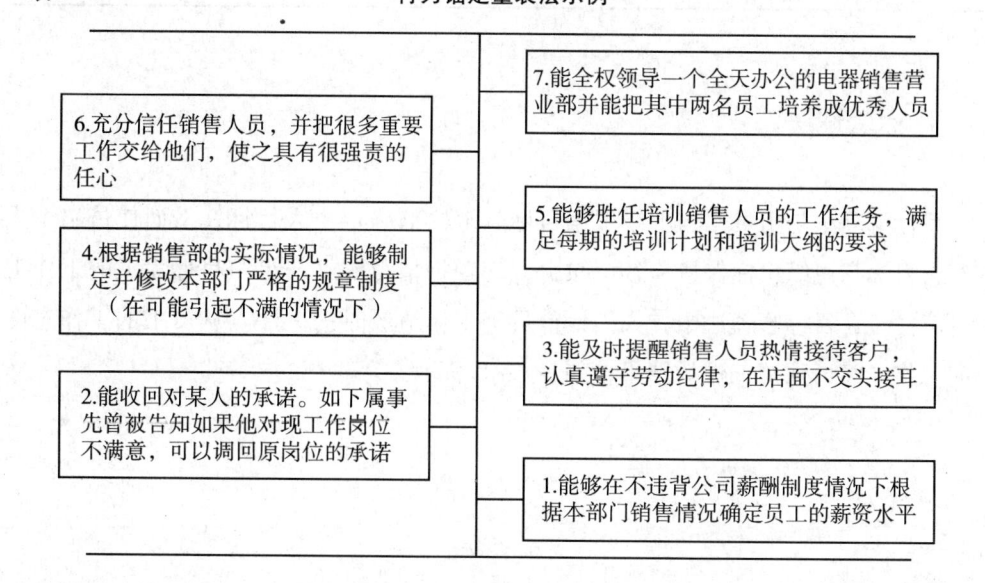

7.能全权领导一个全天办公的电器销售营业部并能把其中两名员工培养成优秀人员

6.充分信任销售人员，并把很多重要工作交给他们，使之具有很强责的任心

5.能够胜任培训销售人员的工作任务，满足每期的培训计划和培训大纲的要求

4.根据销售部的实际情况，能够制定并修改本部门严格的规章制度（在可能引起不满的情况下）

3.能及时提醒销售人员热情接待客户，认真遵守劳动纪律，在店面不交头接耳

2.能收回对某人的承诺。如下属事先曾被告知如果他对现工作岗位不满意，可以调回原岗位的承诺

1.能够在不违背公司薪酬制度情况下根据本部门销售情况确定员工的薪资水平

（三）行为观察量表法

行为观察法与行为锚定等级评价法大体接近，只是在量表的结构上有所不同。它不是首先确定工作行为处在何种水平上，而是确认员工某种行为出现的概率，它要求评定者根据某一工作行为发生频率或次数多少来对被评定者打分。例如，从不（1分），偶尔（2分），有时（3分），经常（4分），总是（5分）。既可以对不同工作行为的评定分数相加得到一个总分数，也可按照对工作绩效的重要程度赋予工作行为不同的权重，加权后再相加得到总分。如表6-7所示。

表6-7　　　　　　　　行为观察量表实例

评定管理者行为，用 1~5 和 NA 代表行为出现频率，评定填在（　）内：
5　表示 95%~100% 都能观察到这一行为；
4　表示 85%~94% 都能观察到这一行为；
3　表示 75%~84% 都能观察到这一行为；
2　表示 65%~74% 都能观察到这一行为；
1　表示 0~64% 都能观察到这一行为；NA 表示从来没有这一行为

克服变革的阻力
（1）向下级详细地介绍变革的内容（　）
（2）解释为什么变革是必需的（　）
（3）讨论变革为什么会影响员工（　）
（4）倾听员工的意见（　）
（5）要求员工积极参与变革的工作（　）
（6）如果需要经常召开会议听取员工的反映（　）

0~10 分：未达标准；11~15 分：勉强达到标准；16~20 分：完全达到标准；21~25 分：出色达到标准；26~30 分：最优秀。

三、目标管理法

目标管理法是由员工与上级根据目标分解协商确定个人目标，从而使员工个人的努力目标与组织目标保持一致，减少管理者将精力放到与组织目标无关的工作上的可能性。在目标管理法中，人们评价员工工作绩效时的关注点从员工的工作态度转向工作业绩，强调工作的结果，如表6-8所示。

表6-8　　　　　　　　　某公司绩效合约样表（部分）

绩效范围	需求	重要性	权重	潜在障碍	绩效目标	指标	行动计划（人员、任务、时间）
成本控制	第二季度减少15%的部门开支	必须提高利润	25%	卖方价格过高	对所有招标竞价找到至少三家新供货商	任务完成提高了1%	A—4月10日前做好竞标准备 B—4月15日前核准招标计划 C—5月10日前实施招标计划
生产时间安排	把待货订单的延期减少到3个工作日	会失去主要顾客	40%	新机器开支；雇员抵制	9月1日前安装一线、二线自动化零件生产线	错过最后期限的产品；拒收货物百分比；是否赶上了启动日期	A—5月1日前准备好报告 B—5月12日前核准计划 C—6月30日前完成自动化项目

目标管理法十分重视员工参与，具有较高的有效性，有利于加强员工与管理者之间的沟通，通过指导和监控目标的实现过程，提高员工的工作绩效。但也存在着需要耗费大量的时间和成本、过分强调量化目标、用短期目标替代长期目标等不足。

四、描述法

（一）工作业绩记录法

工作业绩记录法要求评价者填写工作业绩记录卡，观察并记录评价对象在工作过程中的各种事实，分阶段记录所达到的工作业绩。另外还可以记录该员工在遵守某些规章制度方面的表现，如表6-9所示。

表6-9　　　　　　　　　工作业绩记录卡

任务内容	进度	结果
任务一：……	1月：2月：……	……
任务二：……	……	
……		
缺勤记录		
迟到或早退情况		

（二）关键事件法

关键事件法是指按观察记录下来的有关工作成败的"关键"行为事实，对职工进行考核评价，以及评价后的反馈。关键事件一般分为有效行为和无效行为。本方法在反馈环节有特殊的功效，因为关键事件法是以事实为依据进行考核评价，而不是以抽象的行为特征为依据进行考核评价。

这种方法的优点是提供了客观事实依据，可以全面了解下属是如何消除不良绩效、改进和提高绩效的。但不足是记录费时费力，只能做定性分析，不能做定量分析，不能在员工之间进行比较，如表6-10所示。

表6-10　　　　　　　　　　关键事件法示例

	工作目标	好的关键事件	坏的关键事件
客户经理	获得客户的最大满意度	客户经理马力耐心地倾听客户的抱怨，回答客户的问题，认真地检查客户返回的产品，有礼貌地向客户做出解释和道歉，并立即给客户签署了退货单	在业务最繁忙的季节，客户经理马力在上班时迟到了30分钟，错过了4个来自客户的电话，并且已经有2名客户焦急地等在会客室，他们是按照约好的时间来的

五、平衡计分卡

20世纪90年代初，哈佛商学院的罗伯特·卡普兰教授和诺朗诺顿研究所所长戴维·诺顿提出一种全新的组织绩效管理方法：平衡计分卡（Balanced Score Card，BSC）。该方法打破了传统的只注重财务指标的业绩管理方法，而强调组织应从财务、客户、流程、学习与成长四个角度来审视自身业绩，通过将这4个方面的指标衡量与公司战略相衔接，实现对战略的管理与控制。平衡计分卡首先是在美国的众多企业得到实施，现今已经推广到全球很多国家。

（一）平衡计分卡的内容

平衡计分卡在传统的财务评价指标的基础上，还兼顾了其他三个重要方面的绩效反映，即客户维度、内部流程维度、学习与成长维度（见图6-5）。它使企业中的各层级经理们能从四个重要方面来观察企业，并为四个基本问题提供答案。

第六章 绩效管理

```
                  ┌─────────────────┐
                  │ 财务维度          │
                  │ 解决"股东如何看待我│
                  │ 们"指标：销售额、利│
                  │ 润额、资产利用率   │
                  └─────────────────┘
                           ↕
┌──────────────┐          ↕         ┌──────────────┐
│ 客户维度       │ ←──────────────→ │ 内部流程维度    │
│ 解决"顾客如何看待│                   │ 解决"我们擅长什么"│
│ 我们"          │                   │ 指标：生产率、成本、│
│ 指标：送货准时率、│                   │ 生产周期、产品合格率│
│ 顾客满意度、产品退│                   └──────────────┘
│ 货率           │          ↕
└──────────────┘          ↕
                  ┌─────────────────┐
                  │ 学习和成长维度     │
                  │ 解决"我们能否持续进步"│
                  │ 指标：培训数量和效果、│
                  │ 新产品开发速度、    │
                  │ 员工晋升率等       │
                  └─────────────────┘
```

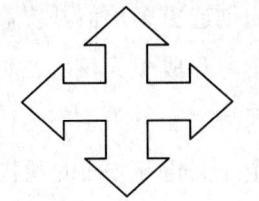

图 6-5　平衡计分卡的四个维度

1. 以财务为核心（财务维度）

以财务为核心，就是在绩效评估过程中，要从股东与出资人的立场出发，树立"企业只有满足投资人和股东的期望，才能取得立足与发展所需要的资本"的观念。从财务的角度看，公司包括"成长"、"保持"与"收获"三大战略方向；从而形成"收入成长与组合"、"成本降低—生产力改进"、"资产利用—投资战略"三个财务性主题。企业应根据所确定的不同的战略方向、战略主题而采用不同的绩效衡量指标。

2. 以客户为核心（顾客维度）

顾客是企业之本，是现代企业利润之源。如果无法满足或达到客户的需求，企业的远景目标是很难实现的。企业为了获得长远的财务业绩，就必须创造出使客户满意的产品和服务。以客户为核心所设计的平衡计分卡包括以下五个方面：市场占有率、客户的获得、客户的保持、客户满意度与客户获利能力，且每一方面都有其特定的衡量指标。

3. 以内部运营为核心（内部流程维度）

内部流程角度着眼于企业的核心竞争力，回答"我们必须擅长什么？"的问题。企业内部业务包括三个方面：革新过程、营运过程、售后服务过程。企业因资源有限，为有效地运用和发挥内部资源与过程的有效，首先需要以客户的需求和股东的偏好为依据，需要重视价值链的每个环节，设法分析企业的优势在哪里，向哪个方

· 233 ·

向发展，才能创造全面和长期的竞争优势。提出了四种绩效属性：质量导向的评价、基于时间的评价、柔性导向评价和成本指标评价。

4. 以学习和成长为核心（学习与成长维度）

学习与成长维度着眼于解决"我们能否持续提高并创造价值？"的问题。只有持续不断地开发新产品，为客户创造更多价值并提高经营效率，企业才能打入新市场，增加股东价值。因此应以学习和成长为核心，将企业的员工、技术和企业文化作为决定因素，分别衡量员工保持率、员工生产力、员工满意度的增长等指标，以评估员工的才能、技术结构和企业文化等方面的现状与变化。

（二）平衡计分卡的特点

1. 组织内部群体评价指标与外部群体评价指标的平衡

在平衡计分卡中，股东与客户为外部群体，员工和内部业务流程是内部群体，平衡计分卡认识到在有效实施战略的过程中平衡这些群体间矛盾的重要性。平衡计分卡将评估的视线范围由传统的只注重企业内部评估，扩大到企业外部，包括股东、客户；将以往只看内部结果，扩展到既看重结果同时还注意企业流程与企业的学习和成长这种企业的无形资产。平衡计分卡还把企业管理层和员工的学习成长视为将知识转化为发展动力的一个必要渠道。

2. 财务指标和非财务指标的平衡

传统企业考核的一般是财务指标，而对非财务指标的考核很少，缺乏系统性和全面性。而平衡计分卡是从财务、客户、内部业务流程及学习与创新四个维度全面地考察企业，它体现了财务指标（财务）与非财务指标（客户、内部业务流程及学习与创新）之间的平衡。

3. 领先指标与滞后指标之间的平衡

财务、客户、内部业务流程、学习与成长这四个方面包含了领先指标和滞后指标。财务指标就是一个滞后指标，它只能反映公司上一年度发生的情况，不能告诉企业如何改善业绩。平衡计分卡对于领先指标（客户、内部业务流程、学习与成长）的关注，使企业更关注于过程，而不仅仅是事后的结果，从而达到了领先指标和滞后指标之间的平衡。

4. 短期目标和长期目标之间的平衡

平衡计分卡是一种战略管理工具，是从企业的战略开始，也就是从企业的长期目标开始，逐步分解到企业的短期目标。在关注企业长期发展的同时，平衡计分卡也关注了企业近期目标的完成，使企业的战略规划和年度计划很好地结合起来，解决了企业战略规划可操作性差的缺点。平衡计分卡不但关注企业的有形资产，同时关注为企业带来超额利润的无形资产。这种无形资产包括企业的品牌、人力资源、企业的信息系统和企业的组织优势等。

案例1　基于平衡计分卡的 H 泵业合资公司绩效管理系统

2006年1月20日对于一个普通公民来说，与平常的日子没有什么不同，然而对 H 泵业公司的全体员工来说，的确是一个值得纪念的日子。因为这一天 H 泵业公司召开了绩效、薪酬管理体系总结报告大会及2005年度总结表彰大会。望着日趋完善的绩效、薪酬管理体系，望着员工们舒心、幸福的笑脸，公司执行总经理艾伯特的思绪禁不住回到了四年前……

一、H 泵业公司简介

H 泵业公司是由德国 HM 公司与大连 DN 公司合资兴建的，该公司于1997年12月注册成立，于1998年4月正式运营，其投资规模为657万美元，注册资本为369万美元，其中德国 HM 公司出资占51%，大连 DN 公司出资占49%，合资期限为50年。合资公司可以生产21系列、440个品种的无泄漏泵产品，广泛应用于化工、石油化工、医药、纺织、核电站等行业。公司现在有员工151人，内设销售部、工程部、生产制造部、质保部、采购部、财务部、人力资源部共七个部门。公司还于2004年5月成立了上海分公司，同时还设置了执行总经理助理一职负责项目管理、计算机网络等事宜。公司的中高层管理人员普遍都很年轻，年龄都在30岁左右，均具有本科以上的高等学历。中方执行总经理艾伯特是德籍中国人，在中国长大，曾留学德国，接受了系统的西方高等教育，大学毕业后，在德国工作过，后被派往中国泵业公司，从销售干起，他今年只有34岁，年轻有为，很想干出点业绩，目前还在攻读中欧工商管理学院英文班 EMBA 学位。

近年来，在艾总的领导下，公司对外开拓市场，引进、消化德国技术，对内加强质量管理、服务意识，不断改进工艺、生产流程，降低成本，也非常重视员工培训与发展，使公司的整体实力以每年销售收入30%的速度稳步递增，公司从一个亏损企业发展成为一个盈利的企业，公司规模稳居行业第二。

二、H 泵业公司第一套绩效考核方案

随着公司业务的增长，每个员工的工作负荷比过去加大了，有些员工尤其是年轻人，觉得公司所给的奖励与付出的辛苦不相符，自己在公司的发展前程不确定，所以有一部分骨干人员跳槽到工资或其他待遇相对更好的企业，有的员工的工作积极性不高。仅2004年新进人员的离职率高达16.7%。艾总很快

意识到持续保持员工的工作积极性，发挥他们的创造力比任何事情都重要，这是公司各项事务的重中之重。所以艾总认为，应该立即开展绩效考核并按照考核结果进行薪酬分配以更好地激励员工，吸引或留住员工。

早在2002年8月，H泵业公司就推出了《员工绩效考核管理制度》，该考核制度的推出对H泵业公司的人力资源管理具有划时代的意义。H泵业公司的考核表包括工作业绩、素质结构、能力结构、智体水平、质量5个主维度和16个亚维度。绩效考核表分为管理人员考核表、一般员工考核表两类（见附件1表1）。科级以上员工用"管理人员考核表"，一般员工用"一般员工考核表"。公司这套绩效考核制度的指标设置过于笼统，很难体现各类岗位的特点和要求，针对具体岗位的内容没有被提及，大部分指标都是概念化的抽象的表述，没有客观的衡量标准，所以考核结果难以区分真正的业绩优秀者和业绩普通者。根据考核结果，评出公司级和部门级员工，各奖励500元和300元不等，这个奖励力度比较小，所以员工对这项工作的热情迅速减弱，最后绩效考核成为一件形式化的工作，并没有起到预想的效果。至此，H泵业公司的第一次绩效考核工作陷入了困境，什么样的绩效考核方法更适合H泵业公司的特点呢？

三、H泵业公司第二套绩效考核方案

在艾总的坚持下，2004年1月，H泵业公司出台了第二套绩效考核方案，这套方案是根据平衡计分卡（Balanced Score Card，BSC）的思想制定的。

平衡计分卡是罗伯特·卡普兰和大卫·诺顿在1992年的《哈佛商业评论》中提出的一种新的绩效管理方法，该方法要求组织不仅从财务层面审视自身的业绩，还要从客户、业务流程、学习与成长的层面来评价绩效，而这三个层面的指标是实现财务指标的驱动因素。用一个形象的比喻来说，平衡计分卡就像飞机驾驶舱内的导航仪，管理层通过这个"导航仪"的各种指标显示，可以观察企业运行是否良好，随时发现在战略执行过程中哪一方面失衡、哪一方面亮起了红灯。这样，公司可以及时获得反馈信息，并根据这些反馈信息及时调整目标，这是一个持续改进的动态平衡过程。因此人们认为，与其说平衡计分卡是一个绩效管理工具，不如说是一个战略管理工具。

H泵业公司的第二套方案（见附件2表2）以部门单位进行绩效考核，公司认为，部门与部门之间互为上道工序和下道工序，也互为内部客户。下道工序的部门给上道工序的部门打分以评价上道工序的业绩表现，如生产部是采购部的下道工序，生产部要就采购部采购的及时率和采购原料的质量等指标打分，

而营销部是生产部的下道工序，营销部要给生产部就交货期、产品质量等指标打分。评估周期为季评，在评估周期内，评价部门需细心收集被评估部门各项指标的数据，而各部门数据收集的口径如何协调一致，就成为一个棘手的问题。这套方案一出台，就受到各部门的质疑。第一，各部门的工作内容不同，所以考核的指标体系是不同的，以部门为单位的考核需要解决指标与指标之间的可比性和一致性问题。第二，工程部是技术部门，它为多部门提供技术支持，它的内部客户很多，大家都考核它，那么它考核谁呢？第三，所列举的考核标准的可衡量性较差，以扣分代替评价，而且扣分标准比较模糊。大家发现，要使这套方案可操作，还有一段漫长的路要走，经过近三个月的讨论、争执，第二套方案还没有经过实施就搁浅了。那么，H泵业公司应该如何设计绩效考核才使之能够成功实施呢？

四、引进管理咨询

艾总和人力资源部部长齐芳一筹莫展，但是要把绩效考核搞下去的决心依然没有动摇。2005年7月的一个偶然机会，人力资源部部长齐芳得知有一家民营企业通过聘请人力资源顾问帮助公司建立了绩效和薪酬管理体系并取得很好的效果，它立刻想到H泵业公司能不能也靠引进管理咨询来帮助企业建立可执行的绩效考核方案呢？咨询公司毕竟有专业知识和实践经验，而这点正是企业内部人员非常欠缺的。她马上把这个想法反馈给艾总，艾总立刻决定也采取聘请咨询公司来解决绩效评估难题。接下来的两个月，人力资源部齐芳部长接触并挑选管理咨询公司，最终选择了MF公司。

MF咨询公司是依托于当地一所著名大学组建起来的，它的首席咨询顾问是一位留美博士，也是这所大学的人力资源知名教授。该公司成立五年之久，先后完成了三十几个咨询项目，尤其在绩效评估与管理领域很有经验，在咨询界以细腻、独到、敬业、大气的工作作风著称，一直受到客户的好评。公司其他几位顾问也都跟随首席顾问多年，皆具有硕士以上学历和人力资源管理经验。H泵业公司对MF公司非常满意，而MF公司被H泵业公司一心想搞好绩效考核的执着精神和坚强决心所打动，因此双方很快就签订了关于建立H泵业公司绩效管理和薪酬管理体系的合同书。此时已是2005年9月22日，H泵业公司在成立八年之后首次正式引入管理咨询。

2005年9月27日，H泵业公司的绩效、薪酬项目正式启动了。在由全体公司员工参加的项目启动会上，艾总明确指出未来的绩效管理将以战略为导向，要把公司的战略目标和每个员工的业绩目标相结合；而薪酬管理将会体现双轨制的设计思想，将打破官本位的薪酬分配模式，鼓励员工安心本职工作，只要把工作做好，即使职位不升迁，薪酬待遇也会上升。咨询公司详细介绍了项目的推进计划、咨询公司的工作模式以及项目的预期成果。启动会赢得了H泵业公司全体员工一次又一次的掌声，掌声中凝聚着H泵业公司全体员工多年的渴望和进行管理变革的决心。

五、咨询公司对H泵业公司的全面诊断

咨询公司在接下来的一星期内访谈了H泵业公司的执行总经理、总工程师、7位部长、6位科长、6位普通员工，共计21人。同时咨询公司还设置了E-mail邮箱，以方便随时接收H泵业公司员工所反映的情况和提出的建议。另外，咨询公司还下发了调查问卷，问卷用匿名的方式填答，问卷内容包括绩效现状、工作满意度和职业生涯管理状况等问题。调查问卷在下发后的第二天就收回了，员工填答得非常认真积极，回收率为98%。咨询公司很快完成了对H泵业公司管理现状的鉴定诊断，明确了H泵业公司在管理上存在的主要问题：

（1）大量的管理制度流于形式，执行力度不足。

（2）公司的基础管理比较薄弱，历史数据很不健全，与财务数据有关的一些绩效指标很难确定，很多评价标准也很难确定。

（3）财务部门的财务管理职能非常薄弱。财务预算控制体系还没有建立起来，对于料、工、费等的控制过于粗放，费用得不到有效控制。成本节约意识和手段不足，浪费现象严重。

（4）公司的绩效考核与管理体系还没有建立起来，在以下各方面存在问题：

① 绩效考核内容与公司的战略目标相脱节，绩效考核缺乏目标导向性。

② 人员和岗位分类都过于笼统，难以反映人员类别及其岗位的特点，缺乏针对员工工作特点的考核指标，导致考核的内容缺乏工作相关性。

③ 考核后的反馈工作非常缺乏。员工不了解自己被考核后的结果，不知道今后如何改进提高自己的工作，导致绩效考核工作流于形式。

④ 由于考核结果的区分度较差，使得考核结果无法与工资奖金兑现，也无法成为薪酬分配依据，影响了员工的工作积极性。

（5）员工职业发展的道路不够畅通。内部人才的流动机制和晋升机制还没有被充分地建立起来，员工看不到自己在组织中的未来。

(6) 公司采取保密工资制,调薪政策缺乏系统性。

由于缺乏系统的调薪政策,几乎所有的部长都会通过和艾总的个别协商而为其下属争取更高的工资。保密工资制使员工对工资分配的合理性更加质疑,影响到了员工对绩效考核的信任程度和重视程度。

第二套方案失败的原因是什么呢?艾总和人力资源部部长齐芳请咨询公司帮助分析了第二套方案的问题,他们认为主要原因是没有与公司的战略目标相结合,让各个部门各自为战,缺乏整体性和系统性。公司层面的战略目标是非常重要的,如果公司战略不清晰,那么各部门的目标分解也是很难进行的。另外,人力资源部在实施这项考核计划前没有做过宣传和培训,在指标的提取过程中也没有及时给各个部门做技术方法上的指导和培训。指标的提取和评价标准的确定需要企业拥有完整的管理信息和数据,也需要企业的内部管理水平不断提升,公司的各项流程清晰合理,而这些方面正是企业目前的"软肋"。无论是艾总、齐芳还是咨询公司,都感到要做的事情是如此之多,肩上的担子非常沉重。

六、H泵业公司第三套绩效考核方案——建立基于平衡计分卡思想的绩效评估与管理系统

面对诊断结果,艾总是既高兴又发愁,高兴的是咨询公司在这么短的时间内就作出颇有见地的诊断,发愁的是面对公司存在的诸多问题,该如何着手解决呢?艾总和人力资源部部长经过与咨询公司的审慎商讨,决定首先从绩效考核入手,逐步对公司全面管理进行变革。多年的经营管理实践使艾总深知,一个企业要发展壮大,必须内外兼顾,既要制定挑战性的经营目标,又要营造一个和谐、奋进的学习型环境;既要外部客户满意,又要让内部员工满意;既要加大市场的开拓力度,又要加强内部的运营管理。而平衡计分卡的管理思想就是从财务、客户、内部运营、学习成长四个层面考核一个公司的经营业绩的。咨询公司和艾总都认为,平衡计分卡的方法能够督促企业始终关注战略目标的确立和实现,也能够促进企业提高内部管理水平以及员工整体工作效率,它把个人的绩效和公司的战略紧密地结合了起来。虽然公司在管理上还存在许多问题,艾总决定公司的考核仍然采用平衡计分卡的思想,公司的、部门的和个人的考核指标的确立和评价标准的制定对考核成功与否起关键的、决定性的作用,因此,本次考核方案的设计要在以上两个方面下足功夫。

(1) 项目推进小组的成立。为了配合咨询公司工作,保证项目的顺利开展,

第六章 绩效管理

H泵业公司采纳了咨询公司的建议，成立了由7个人组成的项目推进组，每位组员都有明确的分工，艾总是项目推进组的负责人，人力资源部部长则是项目组的联系人。

（2）两次绩效管理培训。为了接下来指标和评价标准的制定工作的顺利开展，咨询公司首先对H泵业公司的中高层管理人员进行了一次绩效管理培训，向管理人员介绍H泵业公司采用平衡计分卡进行绩效评估，让管理人员认识到，绩效考核和绩效管理是不一样的，绩效考核是绩效管理中（见图6-6）的一个重要环节。

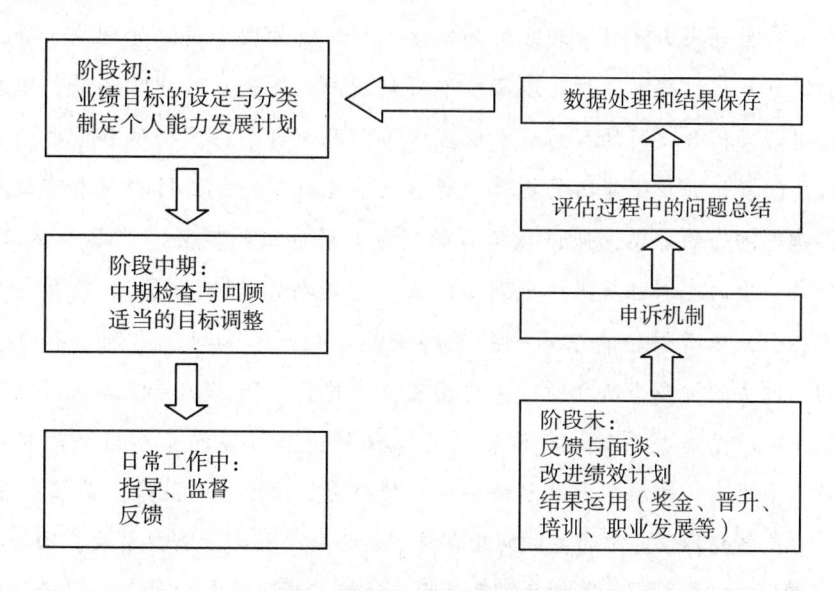

图6-6 绩效评估与管理流程

公司之前的考核工作之所以效果不理想，就是因为公司只进行了单纯的绩效考核，而忽略了绩效管理的全过程。如业绩目标计划设置时，上下级的沟通和讨论、日常的监督指导、考核后的反馈与面谈、考核中期的目标调整、设定绩效改进计划等，都是公司所忽视的工作，而平衡计分卡正是一个有效的绩效管理工具，它不仅评估员工的绩效表现，更重要的是通过绩效评估，能够发现问题和提出绩效改进方案。培训结束之后，H泵业公司的中高层管理人员和咨询公司展开了激烈的争论。H泵业公司原本期望咨询公司能够一步到位，拿出一系列评估指标及评价标准，而咨询公司只讲了方法，没有达到他们的预期；但是咨询公司却坚持H泵业公司从老总到部长要积极地进行思考，明确公司层面的指标和部门层面的指标到底应该是什么。而H泵业公司则认为已经思考四年了，还是思考不清楚，所以才请咨询公司。双方一下子僵持住了，都感到了前所未有的压力。最后，艾总答应制定公司层的战略目标并要求各部门讨论分解目标和在目标分解中遇到的困惑，咨询公司答应一周后再做一次培训，更详细地介绍平衡计分卡四个层面的因果关系、业绩指标的提取流程、业绩指标的选择、如何与公司所处的发展阶段相匹配等关键环节。本次培训获得H泵业公司中高层管理人员的热烈掌声，使双方增加了相互信任。

  齐芳在这两次绩效培训中受益匪浅，她真正认识到，随着企业的快速发展，企业对人力资源管理工作的要求越来越高，在人力资源管理领域学习的新东西也越来越多，过去管理只是传统意义上的人事档案管理，现在则需要通过制定一系列人力资源管理政策和制度，如绩效管理和薪酬管理制度等，使员工的工作积极性得到保护，激励水平得到提高。齐芳感到非常高兴，现在有咨询公司帮助提升公司的人力资源管理水平，而她自己在这个项目中也能学到许多必要的知识并获得能力的提升。所以她决定竭尽全力在H公司和咨询公司之间搭建起沟通的桥梁，保证该项目的顺利开展和成功实施。艾总虽然工作繁忙，但每一次的培训都是第一个到场，认认真真地听讲和记笔记，他觉得如果对自己在企业中所倡导的东西一知半解或缺乏起码的知识，是领导不出好的结果的，过去的许多事情之所以半途而废或者执行不下去，与他本人对这个问题的认识局限是有关系的，所以他愿意抓住每一个与咨询专家接触的机会，多学习，多思考，争取尽早地解决问题，使公司尽快地步入健康、茁壮发展的轨道。

  业绩指标设定中的关键问题在接下来的两个星期里需要解决，项目推进小组和各个部门负责人讨论应该提取哪些业绩指标来评价部门绩效，讨论工作是艰难的事情，一方面各个部长工作繁忙，不容易找到完整时间思考问题；另一方面，部长们总有一种倾向，希望评估的难度降低。平衡计分卡的指标提取工作在技术层面上有三个问题会不可避免地遇到：①每个部门的负责人都说自己部门的任务量重，人手缺，但缺多少人手，什么标准的人手适合，工作负荷如何确定。②如何提取反映公司战略目标的部门指标。③往往很难确定指标评价标准。很多指标的计算公式都涉及财务数据，而恰恰H泵业公司在数据积累方面是弱项。由于历史数据积累不足，没有办法将今年的数据与过去的数据做比较，因此往往不知道今年要比去年提高多少才算达到卓越的标准或是普通的标准。例如，"采购部的采购成本"、"按期交货率"、生产制造部的"在产品库存成本"、"各个部门的费用控制"、"成品一次合格率"、"投入加工过程中不可修复率"等指标的评价标准，都是需要有历史数据的累积的，可是目前公司财务部门只有简单的记账职能，财务预算、成本管理、资金运作等管理职能非常薄弱。

第六章 绩效管理

以上三个问题也是任何绩效评估都会遇到的难点问题,而平衡计分卡告诉我们,指标选取的原则要与战备目标相结合,也要与岗位工作相关,还提出了指标提取的角度,即用平衡的观点,从财务、客户、内部运营、学习与成长这四个角度选取指标。另外,运用平衡计分卡的第二大作用就是促使企业不得不持续变革,改善自己的内部运营体系,提高工作效率,同时积极搜集和积累历史数据,为评价指标服务。

咨询公司和项目推进小组一致认为,必须先开展如下几项基础工作,才能把绩效评估与管理工作推进下去。①建立岗位分析系统,理清每个人的岗位职责,明确每个人的劳动负荷,界定每项职责在公司价值链中的位置和作用,这项工作帮助解决部门的岗位设置数量问题。②建立公司原始数据库,建立各项数据的搜集和积累制度,明确各部门在搜集和分析数据中的分工和职责。企业信息资源的收集和整理是企业稳步发展和业绩评估的基础条件。③财务部是信息的汇聚地,必须重新定位财务部门的职责,同时也对财务人员进行整顿。

咨询公司引入了一位资深的财务管理专家,专门帮助整顿财务部门,使部门职能重新定位,编制财务部的岗位职责描述,确定财务部的绩效评估指标体系;同时,财务专家还肩负起帮助各部门提取财务层面指标的责任。

咨询公司对H泵业公司的中高层管理人员进行了如何做好岗位分析、编写岗位职责描述培训,使H泵业公司的中高层管理人员明确了做好岗位分析、岗位职责描述编写的重要性,为各部门的岗位定编、指标提取、指标评估标准的确定,做了大量的铺垫。

经过近1个月的努力,指标的提取和评估标准的确定终于有了进展。人力资源部部长齐芳在这个问题上发挥了联络人的关键作用,严格地按照项目进程推动着项目的前进脚步,而她始终和颜悦色的风格,促成了一次又一次咨询公司与部长们的问题商讨以及在最后期限之前的被充分讨论过的评估指标清单的提交。

财务部的工作内容发生了翻天覆地的变化,财务部的职能由目前的会计记账(日常核算、内部定价、报表)和税务,扩大到成本管理、预算管理、投资融资职能,由过去事后控制向事前预测,注重成本核算和成本控制方向转变。财务部门的整顿使财务部的每位员工深深感受到工作的挑战性和必须迅速提高自己的紧迫性。同时,咨询公司还从专业的角度帮助各个部门提出了财务层面的指标。

艾总的组织领导能力和说服力在指标提取的进程中也发挥得淋漓尽致，他非常认真地组织召开多次部长级会议，反复与部长们沟通，公司层面和部门层面的指标体系和评价标准共修改了六次，最后每个部门都开发出了具有一定的可操作性的完整的指标体系，而部长们在与艾总的沟通中，也终于心服口服地接受了2006年被评估的指标以及要达到的标准。

2006年公司经营目标是：全力提高产品和服务质量，降低成本，加快密封泵标准化生产进程，优化生产运营流程，提高公司盈利能力和市场占有率，进一步提高品牌知名度。部门层级的指标确立经过了充分的讨论与协商。如"应收账款"是市场销售部非常重要的考核指标，最初是用"应收账款周转率"、"应收账款平均余额"、"应收账款账龄"、"坏账率"四个指标进行考核，但是经过咨询公司与H泵业公司反复分析、交流后，决定用"应收账款年末余额"进行直观控制，同时用"一年以上应收账款"进行辅助控制。在良好、优秀、挑战指标的界定上，首先根据董事会要求的回款指标计算出年末应收账款余额作为良好标准，以年初应收账款指标作为年末应收账款余额优秀指标，又以一个低于年初应收账款的指标作为挑战指标，并根据前一年以上应收账款占总应收账款的比重，确定相对应的一年以上应收账款的良好、优秀、挑战指标（详见附件3表3）。再如"产品质量合格率"是质保部的核心考核指标，但是这个指标并不具体，最终采用了逆向思维的方法，用"质保期内返厂或现场产品维修率"作为质保部的考核指标，只要控制质保期内产品的维修率，则从另一个角度保证了产品质量合格率，从而降低了质量成本。在良好、优秀、挑战指标的界定上，根据上年度质保期内，维修产品的数量占公司总产品的数量的比重，来界定不同层级的指标值。

另外，不仅对定量的指标进行了提取和界定，同时对定性指标也进行了提取与界定。例如，"产品外观质量"指标在衡量等级上的描述是定性的。良好指标：在现有基础上有改观；优秀指标：改观较大，不低于竞争对手；挑战指标：改观极大，超过竞争对手。

经过4个月的紧张工作，H泵业公司和咨询公司都松了一口气。公司和部门层面的绩效评估指标及评价标准都确定下来了，但是有些指标需要公司从现在开始进行数据积累，如"新产品贡献毛益率"等。同时，H泵业公司各个部门的岗位职责描述也纷纷出台了。面对咨询结果，合作双方都非常满意，尽管项目推进过程中遇到了很多问题，但是通过双方的共同努力一一解决了。为了保证H泵业公司绩效管理体系的顺利实施，咨询公司还将继续进行跟踪反馈。

七、后续工作

尽管 H 泵业公司的每个部门都已经建立了自己的绩效评估指标体系,但是绩效评估只是绩效管理中的一个环节,H 泵业公司未来的工作还应将工作重点放在整个绩效管理层面上,因此咨询公司建议 H 泵业公司要从以下几个方面开展后续工作:

(1) 对所有已经制定出来的评估指标及其评价标准,H 泵业公司方面还要进行不断地修改和完善。H 泵业公司方面要考虑到员工对评估体系的认可,上下级之间要针对指标进行积极的沟通,使得评估指标更具有导向性,并且可以将此次确定的评估指标体系作为 H 泵业公司下一年度的考核内容。

(2) H 泵业公司的管理者们要注重日常工作中的跟踪与反馈,及时了解评估中产生的问题,不能单纯进行绩效评估。另外,要努力让绩效评估体系成为一个动态体系,公司方面可以根据战略目标的变化对指标体系进行相应的调整。

(3) 公司要通过绩效管理来带动公司其他管理工作的开展。如将绩效评估结果与薪酬分配政策挂钩,进而提高员工的工作积极性等。

八、尾声

大会已接近尾声,但艾总觉得绩效管理工作才刚刚开始,这几天竞争对手的价格又下调了,那么公司层面以及部门层面的评估是不是也要做相应的调整呢?如何调整呢?

再过一个星期就是春节了,艾总希望由咨询公司帮助建立起的第三套考核方案这次能够在公司得到顺利地贯彻和实施,并通过它促进分公司业绩的增长。

附件1　　　　　　　　　表1　绩效考核表

姓名:		部门:	科:		组:			
分类	序号	管理人员评估内容	一般员工评估内容	满分	1次	2次	调整	决定
业绩	1	效益创收成绩	目标达成度	15				
	2	整体策划成绩	工作量及效率	15				
	3	市场开拓成绩	生产创新成绩	10				
素质结构	4	善于用人	敬业精神	15				
	5	献身精神	团队精神	10				
	6	关爱下属	协调精神	5				
	7	权威性	学习精神	5				

续表

姓名：		部门：		科：		组：		
分类	序号	管理人员评估内容	一般员工评估内容	满分	1次	2次	调整	决定
能力结构	8	领导力	执行力	10				
	9	创新力	理解力	10				
	10	果断的决策力	具体业务技术力	10				
	11	远见的预测力	工作方法敏捷力	5				
智体	12	管理知识	专业知识	10				
	13	经营理念	学识适用度	10				
	14	体质精力	体质精力	5				
质量	15	工作质量（业绩）	工作质量（业绩）	10				
	16	质量态度	工作态度	5				
		合计：		150				

附件2　　　　　　表2　工程技术人员绩效考核办法

类型	考核指标名称	考核评分标准	项目总分	考核部门	得分	分值复核
财务标准	新产品转化	比计划每少完成一个型号，扣2分；每多完成一个型号，加1分	10	总工		
	新产品开发	新产品技术的消化吸收和转化不及时，影响生产进度的，扣2分/次	10	总工		
		新产品选材不准确，造成损失的，扣2分/次		总工		
客户指标	合同、标书评审	未及时进行合同评审的，每笔合同扣1分；未及时进行标书评审的，每个标书扣2分	10	销售部		
	图纸下发	未按时完成技术资料图纸下发或图样有错误造成延误生产进度的，扣1分/次	10	生产部		
	技术服务	生产过程中或维修过程中出现技术问题，未能及时给予解决的，扣1分/次	10	生产、维修部		
		用户在使用过程中出现技术问题，不能及时给予答复解决的，扣1分/次	10	销售部		
		为用户、销售人员提供数据、资料不准确、不及时的，扣1分/次	10	售后服务		

第六章 绩效管理

续表

类型	考核指标名称	考核评分标准	项目总分	考核部门	得分	分值复核
内部经营	内部质量管理	未及时按照ISO9001的标准，对本部门进行质量管理的，每出现一处失误，扣1分	5	质保部		
	技术资料、图纸管理	技术资料、图纸管理不当造成丢失、失窃等，扣3分/次	6	图纸管理员		
		技术资料、图纸打印、复印、发放、存档、回收等出现错误扣1分	4	图纸管理员		
	计算机网络管理	公司计算机未及时建立档案或档案与机器不能对应的，扣1分/次	5	各部门		
		公司计算机出现故障未能及时处理而影响工作的，扣1分/次		各部门		
	出勤情况	出勤率低于95%（因公出差的除外），扣2分	4	人事科		
		迟到每三次扣1分，早退每次扣1分		人事科		
	卫生管理	工作服穿戴不整齐、不整洁，扣1分/次；没佩戴胸牌，扣1分/次；办公桌物品摆放不整齐的，扣1分/次；门窗、灯具、地面有杂物、灰尘等，扣1分/次；卫生责任区内有纸屑、烟头、塑料袋等，扣1分/次	3	人事科		
	培训	培训任务完成不及时、不准确的，每少完成一项培训，扣1分	3	人事科		

被考核时间：从　　年　　月　　日至　　年　　月　　日
考核部门：生产部；销售部；质保部；财务部；人事科；供应科；图纸管理员；执行总经理助理；总工程师；执行总经理。

附件3　　表3　市场销售部关键业绩考核指标（标分为100）

类别	考核项目	良好标准	优秀标准	挑战标准	计算公式	统计时间	统计结果	得分
财务指标	销售部差旅费	208万	187.2万	166.4万	评估值为年度指标	季末		
	销售总招待费	68万	61.2万	54.4万	评估值为年度指标	季末		
	运费	77.6万	69.84万	62.08万	评估值为年度指标	季末		
	其他（办公费、广告费、车辆维修费、耗材费、会务费等）	96.4万	86.76万	77.12万	评估值为年度指标	季末		
	应收账款年末余额	2117万	××万	××万	评估值为年度指标	季末		
	1年以上应收账款	476万	××万	××万	评估值为年度指标	季末		
	销售收入	4800万	××万	××万	评估值为年度指标	季末		
	新产品销售收入占总销售收入的比重				评估值为年度指标	季末		
	订货额	4800万			评估值为年度指标	季末		
	新产品订货额					季末		
客户指标	新增顾客数量				与前三年顾客总数进行比较，新增加顾客数量	季末		
	顾客留住率	98%	99%	100%	今年往来顾客数量/企业前三年所有顾客数量	季末		
	售后服务一次成功率	95%	98%	100%	售后服务一次成功的次数/总售后服务次数	季末		
	顾客不能按期接到货物	不超过3起/年	不超过2起/年	不超过2起/年	一年内用户不能按时接到货物的次数	季末		
	合同签订准确率	98%	99%	100%	每季度签订正确合同数量/总签订合同数量	季末		

附件4　　　　　表4　市场销售部部长综合素质考核指标

序号	评估内容	5	4	3	2	1	实得
1	专业知识						
2	组织管理能力						
3	沟通协调能力						
4	关心和培养下属能力						
5	学习创新能力						
6	责任心						
7	体力精力						
总计							
最后得分（20×总计/指标数量）							

附件5　　　　　表5　市场销售部长个人能力发展计划表

打算发展能力	目前情况	行动计划	结果
外语整体能力	不足以适应工作需要	参加外语培训班，创造国外培训和走访客户机会	成为跨国营销人才
管理知识	不够完整	多方位培训	成为综合型人才

评估者最终得分：　　　　　　　　分（0.7×业绩+0.3×综合素质）
　　被评估人（签字）：　　　　签字时间：
　　评估人（签字）：　　　　　签字时间：

资料来源：陈胜军，孙苗苗．人力资源管理习题与实例解析．北京：对外经济贸易大学出版社，2009．

思考题：

1. 要想实践成功地应用平衡计分卡，企业方面需要具备哪些条件？

2. 应用平衡计分卡来确立绩效评估指标及其评价标准时会遇到什么瓶颈？

案例分析：

一、企业要成功地应用平衡计分卡，应具备哪些条件？

1. 战略目标清晰

BSC从财务、客户、业务流程、学习与成长的层面来评价绩效，随时发现在战略执行过程中出现的问题并收集信息，并根据这些反馈信息及时调整目标。这是一个持续改进的动态平衡过程。因此与其说平衡计分卡是两个绩效管理工具，不如说是一个战略管理工具。

2. 领导层高度重视并参与

BSC 的应用，需要自上而下进行，全过程都需要领导层的参与和高度关注。目标分解的过程，是一个上下级之间博弈的过程。一方面，上层需要在这个过程中实现自己的管理意图，即让下级做自己想让他做的事；另一方面，下层更愿意接受对自己来说容易的指标和任务。一旦这两个方面出现冲突，就需要双方进行沟通和协调。

3. 正确看待 BSC

BSC 这项工具提供的是一种考核思路，让管理者思考考核指标的正确来源。例如，以前只侧重于财务指标，而使用 BSC 后，就要全面系统地考虑指标的来源。而且，还要考虑到每一个指标如果要实现的话，需要下级部门做哪些支持工作，并将这些支持工作转化为具体的指标。

BSC 既然提供的是一种思路，它的使用就不能过于僵化。例如，有些部门或许就没有四个角度。在这个方面不要过于强求，否则就变成 BSC 而非 BSC 了。

4. 工作分析提前做

BSC 如果想运用得好，前提是要做好工作分析。个人认为，工作分析要从以下两个方面来进行：

（1）进行组织结构梳理，明确部门的职能。这是工作分析的基础。如果部门职能出现交叉不清或是缺失空白，都会导致部门间的职责不清，权限不明。出现问题就会导致扯皮，制定考核指标时也会互相推诿。这也是第（2）项工作的基础。

（2）部门职责清晰后，再进行岗位的梳理及职务说明书的编撰。理清岗位之间的工作职责，工作权限。

5. 实例中进行 BSC 管理时出现的问题

（1）权重问题没有体现。以市场销售部来看，共有 15 项指标。这些指标在实际工作中，必然有所侧重。所谓侧重点，是要根据企业的战略、阶段性需求和部门工作现状进行调整。例如，如果企业开发了新产品，是在开拓市场阶段，那么新增顾客数量的比重就要加大；而如果产品已经较成熟且属于可多次消费的性质，那么顾客保留率这个指标就要加大比重。再如，如果市场销售部以前应收账款率比较高，那么需要加强该方面的工作的话，这个指标也要加大比重。

（2）部门考核的指标中缺少员工队伍方面的指标（学习与放假）：员工素质的提升、员工储备、员工流失等指标。当然，如果这些都不符合目前的工作重点，也可以去掉。另外，考核指标中还缺少一些日常定性化工作的指标。如员工队伍的工作态度（员工队伍的敬业精神、遵章守纪、协调合作等）。

二、平衡计分卡及其会遭遇到的瓶颈

（1）战略目标是否能够清晰地识别出来。

（2）由于大家对 BSC 理解有限、缺乏经验，在进行四个角度的提炼时，可能会不恰当、不准确，可操作性可能存在问题。

（3）目标分解的过程中，会受到下级的抵触，工作不配合。

（4）上级领导不重视。这种不重视并不一定是从思想上不重视，而是有可能没时间关注和参与。

（5）由于过去惯有的思维，对方法和可操作性质疑。

案例2　A公司的绩效改革为何难以成功？

A公司是一家民营高新技术企业，2010年以前未对员工实施绩效管理，薪酬中的绩效工资只与公司的经营效益挂钩，而与员工的个人工作绩效无关。2008年为了完成公司经营目标，提高公司的市场竞争力，A公司希望通过建立绩效管理体系将组织和个人的目标联系起来。为此，公司安排人力资源部用2个月的时间创建了一个绩效管理系统，并自2010年1月开始在公司内部实施。

A公司的绩效管理体系主要包括以下几个部分：制订工作计划、开展工作追踪、实施绩效考核、考核结果反馈、考核结果运用。绩效考核的周期为一个月。A公司首先在年底确定公司级的下年度经营目标，并将目标分解到了季与月，然后根据上述目标确定各部门的相应工作目标与工作计划；各部门的部门经理在每月月底，根据部门工作目标与工作计划对下属员工提交的个人工作计划进行调整，并由员工确认；每个月由各级主管人员根据工作计划对直属员工进行工作追踪，并在月底对员工的工作表现进行评价考核，向人力资源部提交绩效考核报告；对于绩效考核结果，主要用于调整员工的月度薪酬（绩效工资部分）及作出相关的雇佣决定。受到调整的月度薪酬（绩效工资部分）在月薪中所占比例为20%。

A公司的绩效考核内容分为硬指标考核项与软指标考核项两大部分。两部分指标对员工绩效考核结果的影响各占50%。硬指标考核项主要是工作业绩考核，该考核办法为：公司为每个岗位核定一个绩效标准分，员工当月的工作绩效分与该标准分的百分比（完成率）就是该考核项的分数。其中员工的工作绩效分 = $\sum$（某项工作的标准工时 × 该项工作完成系数 × 该项工作质量系数），每项工作的标准工时由员工的直接主管在每月制定工作计划时与员工确认，完成系数、质量系数由直接主管在月底绩效考核时评定。

例如，某岗位的绩效标准分是1200分，该岗位某位员工当月完成的各项工作累计绩效分为900分，则该员工的工作业绩分数为75分。

软指标考核项共包括目标管理、职责履行、学习提高、工作态度和沟通协作等5个方面共9项指标，每项指标都按100、80、60、40、20分为五等，每个等级都有清晰的评判标准。A公司如此设立考核指标，是希望在考核员工工作绩效、保证公司短期业绩的同时，引导员工注重工作方法、规范员工行为和提高自身能力，进而保证公司战略目标的实现。

在实施绩效管理初期，A 公司的员工感觉新鲜，投入较多的精力和热情，工作绩效有一定程度的提高。但随着绩效管理工作的持续实施，员工的工作绩效难以达到预期目标，甚至有些岗位的员工绩效出现了明显的下滑。与此同时，员工的主动离职率也有较大幅度的提高，从中层管理人员到基层员工对绩效管理的负面反馈不断增多，多次出现员工对管理人员的投诉。到2010年年底，公司的年度经营目标未能达成。A 公司的绩效改革是否还要继续推行下去，公司领导陷入两难境地的局面。

（资料来源：佚名：《某民营企业的绩效管理实践》，豆丁网，2012-04-29，http://www.docin.com/p-1035879509.html）

思考题：
1. A 公司出现这种被动局面的原因是什么？
2. 如何避免类似的问题出现？

案例分析：

基于战略的绩效管理是一项复杂、细致的工作，它既与企业战略相关联，又涉及企业每一位员工的具体工作，同时还与企业文化、管理水平、人员素质等因素密切相关，操作不当极易导致失败。而 A 公司在目标设定、资源配置、结果运用等方面均存在问题，从而直接导致绩效管理失败。

一、绩效管理的目标设定及其问题

（1）公司缺乏清晰的长期战略。公司的高层管理者未能提出一个清晰、可行的长期战略目标，年度经营目标的设定不具有战略意识，只能由公司高管依据个人经验和主观意愿进行设定，在可达成性和可执行性方面均存在问题，直接影响部门及员工工作目标的设定，从而造成个人目标与企业目标的相关性很差。

（2）员工个人目标设定不符合 SMART 原则。设定工作目标必须遵循 SMART 原则，即目标必须是特指的（Specific）、量化的（Measurable）、双方同意的（Attainable）、可实现的（Realistic）和有时间限制的（Time-bound）。但由于 A 公司实施绩效管理的准备时间较短，人力资源管理人员在目标设定时缺乏经验与技巧，很多工作目标设定不利于考核落实，从而直接影响了考核结果的准确性以及员工对考核工作的理解。导致员工对建立这套绩效管理系统目的性的认识与公司的初衷发生重大偏离，从而在实施过程中渐渐失去了员工的理解和支持。

二、绩效考核指标的设定背离了初衷

A公司在建立绩效管理体系时,目的不仅仅是为员工薪酬调整和晋升提供依据,而是要通过该体系使个人、团队业务和公司的目标紧密结合,提前明确要达到的结果和需要的具体领导行为,提高管理者与员工的沟通质量,强化管理人员、团队和个人在实现企业目标、提高业务素质等方面的共同责任,帮助公司与员工在工作要求和个人能力、兴趣和工作重点之间找到最佳结合点,从而提高组织效率,实现企业战略目标。

但是,A公司的考核标准是如何设定的呢?它们是否能够达到这一目的?从A公司的绩效指标和权重分配的设计看,现行的方案还是比较全面和符合公司实际的。但为什么在实际操作中无法得到员工的支持和认同呢?这主要是因为指标的评判标准过于严苛,同时考核结果的运用缺乏合理性。

根据软指标考核项目的评判标准,要想达到100分,工作要做得近乎完美;要想达到80分,工作业绩要超过标准,做得比较优秀;而合乎工作标准,只能达到60分;略有不足就只能得40分;与标准差距较大则得20分。按照这样的评分标准,绝大多数员工只能达到60分,想要取得80分或100分几乎是不可能的。而员工月薪中的绩效工资部分是与绩效考核结果挂钩的,员工的实际绩效工资金额=标准绩效工资×绩效考核分数。也就是说,一位工作基本达到要求但没有超标准表现的员工,他的硬指标考核可以达到90~100分,但是软指标考核只能在60~70分,因此,最终绩效考核分数最高也只有85分。换句话说,他当月绩效工资只能得到85%。这种绩效考核结果严重影响了绩效管理的效果,它使员工认为,公司实行绩效管理只是为了克扣员工的薪酬,从而忽略或不愿承认自己绩效管理的益处,进而对绩效管理采取敷衍、不合作的态度,而公司希望通过绩效管理激励员工的目的也就成了泡影。

三、实行绩效管理所需资源不足

(1)管理者缺乏管理技能。A公司从计划建立考核体系到最终实施考核体系只用了2个月的准备时间。短暂的准备时间使得公司无法在实施前对相应的管理人员提供充分的管理培训,各级管理人员因未能熟练掌握、运用绩效管理的基本技能而直接影响了绩效管理的效果。例如,管理人员还不习惯对员工的工作进行记录,尤其是那些事关工作成败的关键性事实。这样,到了月底考核时经理很难依据考评期内的工作记录对员工进行考评,而主要还是根据平时的印象。同时,由于对绩效管理人员培训不足,使得管理人员常常陷入"晕轮效应"、"近期行为偏见"、"趋中趋势"、"宽厚性或严厉性误差"等考评误区中。尽管经过一段时间的培训与实践，有些绩效管理人员开始掌握考核技能，但绩效管理人员的流动以及对新任职的管理人员的培训不足，还是使得管理技能缺乏成为影响绩效管理正常运行的主要障碍。

（2）管理者管理时间不足。各级管理人员尚未能从一般业务工作中脱离出来，他们为保证部门工作的完成，往往不能投入足够的时间到绩效管理工作中去。同时，公司的考核周期非常短，每个月都要进行考核工作，因此，他们只能将有限的时间主要用在绩效考核环节（因为绩效考核大多是书面的，需要上报）。而对于那些不需要书面上报的，如需要与员工讨论、确认的工作计划，对员工进行工作追踪等绩效管理的其他环节，绩效管理人员则很难按公司的要求完成，这就使得公司的绩效管理变成了单纯的绩效考核，从而使公司无法达到通过绩效管理系统发现问题、改善和增强各层级间沟通的目的。

（3）配套资源不足。建立绩效管理系统的作用还在于帮助企业做好人力资源规划。通过绩效管理系统设计的企业能力模型，可以引导员工产生提高对企业有用能力的需求和愿望；同时，企业可以通过提供有针对性的培训，满足员工以及自身的能力需求。但A公司现有的培训资源无法提供相应的有效培训，从而使绩效管理系统对人力资源规划的作用无法得到更大发挥。

四、A公司在推行绩效管理体系时的成功之处

从整体上看，A公司的绩效管理体系在设计时还是比较完整、系统的，首先它并不是一个单纯的绩效考核，而是一个完整的管理过程；它不仅限于事后的评估，而且强调事先的沟通与承诺；它力求通过制定个人工作计划，将组织与个人的目标联系起来，通过目标和计划设定达成共识，对员工进行人力资源管理和开发；在绩效考核环节采用目标管理法，使员工的工作行为与组织整体目标保持一致，有利于降低管理费用，并可为考评者提供明确的标准；同时，为避免给目标管理带来一些弊端如员工的短期行为，还增加了软指标的考核，力求使绩效考核更加科学、合理；通过设立考核反馈环节，增强上下级间的沟通，增强员工对绩效管理系统的认知。

五、A公司推行绩效管理的启示

与A公司经历类似的企业，为改善绩效管理系统的实施效果，可从以下几方面入手：

（1）明晰公司发展战略，理清公司发展战略与绩效管理之间的关系；

(2) 召开全体职工动员大会，明确绩效管理的目的和意义；

(3) 绩效管理指标体系的设计尽可能做到简单明了，易于操作；

(4) 加强管理人员的管理技能培训，做好绩效考核的相关工作；

(5) 重视绩效考核结果运用的问题，取得员工的理解和支持。

第六章 绩效管理

案例3 阿里巴巴的绩效考评

在电子商务领域，马云创办的阿里巴巴公司可谓是无人不知无人不晓。2011年2月，两名高管的引咎辞职更是将阿里巴巴网络公司又一次推向了舆论的风口浪尖。此前，阿里巴巴就是媒体和商界的宠儿：从成立至今，全球四百多家新闻媒体用十几种语言一直不停地对其进行追踪报道；它曾连续五次被美国权威财经杂志《福布斯》评为全球最佳B2B全球企业间站点之一；更被传媒界誉为"真正的世界级品牌"；哈佛大学也曾两次将马云和阿里巴巴经营管理的实践囊括在MBA经典案例之中。而这一次的高管离职风波使得外界对阿里巴巴似乎是猜测与质疑多于赞扬。高管的辞职不是由于业绩的下降，而是源于业绩的"不良"：阿里巴巴B2B公司部分销售人员为追求高业绩，容忍了1107个涉嫌欺诈的公司加入阿里巴巴平台。马云表示，为捍卫公司以"诚信"为基础的价值观，此次不得不"刮骨疗伤"。高管的离职似乎意味着阿里巴巴价值观与业绩并重的双重绩效考评体系中，天平倾向了前者。是事实如此，还是另有隐情：一时间，阿里巴巴独特的绩效考评体系成为人们关注的焦点。

○ 不断发展中的阿里巴巴

1999年阿里巴巴公司正式在香港设立国际总部，2000年在杭州成立中国总部，随后又在海外设立美国硅谷、伦敦等分支机构，同时在北京、上海、浙江、山东、江苏、福建、广东等地区设立分公司、办事处十多家。阿里巴巴从成立至今一直专注于电子商务，不断拓展自己的业务领域和服务对象，成功完成了一次次转型，并实现了公司规模的不断扩大。阿里巴巴通过不断的尝试实践着自己的使命："让天下没有难做的生意。"在阿里巴巴的成长历程中不乏一次次关键事件，阿里人正是成功抓住了每一次机会，才实现了公司的跨越式发展。

1999年，马云创办阿里巴巴网站，发展电子商务，尤其是B2B业务。

2003年5月，阿里巴巴投资1亿元人民币推出个人网上交易平台——淘宝网，打造全球最大的个人交易网站。

2003年10月，阿里巴巴创建独立的第三方支付平台——支付宝，正式进军电子支付领域。目前支付宝已经和国内的中国工商银行、中国建设银行、中国农业银行和招商银行以及国际的VISA等各大金融机构建立战略合作关系，成为全国最大的独立第三方电子支付平台。

2005年8月，阿里巴巴和全球最大门户网站雅虎达成战略合作，阿里巴巴兼并雅虎在中国的所有资产，阿里巴巴因此成为中国最大的互联网公司。目前阿里巴巴旗下拥有如下业务：B2B（以阿里巴巴网站为主）、C2C（淘宝）、电子支付（支付宝）、门户+搜索（雅虎）。

2008年4月11日，阿里巴巴战略级产品"旺铺"（Winport）正式开放体验。记者从阿里巴巴获悉，该产品是企业级电子商务基础平台，将帮助中小企业迈开网上生意的第一步。据阿里巴巴相关负责人透露，阿里巴巴"旺铺"目前包含三大平台：企业信息展示平台、企业营销分析平台及企业沟通平台。在未来，阿里巴巴"旺铺"还将陆续拓展更多帮助中小企业开展电子商务的基础应用平台。

2009年2月14日，阿里巴巴旗下公司阿里妈妈成功与返还网合作，作为返还行业的老大，返还网也因此走上了更加光明的坦途。人们通过返还网到淘宝上买东西，返还网会返还人们最高50%的现金。

2011年6月16日，阿里巴巴集团宣布，从即日起淘宝公司将拆分为三个独立公司：沿袭原C2C业务的淘宝网、平台型BZC电子商务服务商淘宝商城和一站式购物搜索引擎——淘宝网。

阿里巴巴自成立以来取得的杰出成绩使其受到各界人士的广泛关注：WTO首任总干事萨瑟兰出任阿里巴巴顾问；美国商务部、日本经济产业省、欧洲中小企业联合会等政府和民间机构均向本地企业推荐阿里巴巴；2002年5月，马云荣登日本《日经》杂志封面人物，《日经》杂志高度评价阿里巴巴在中日贸易领域的贡献："阿里巴巴已达到收支平衡，成为整个互联网世界的骄傲"；阿里巴巴也多次被相关机构评为全球最受欢迎的B2B网站、中国商务类优秀网站、中国百家优秀网站、中国最佳贸易网，被国内外媒体、硅谷和国外风险投资家誉为与Zgsyw、Yahoo、Amazon、eBay和AOL比肩的六大互联网商务流派代表之一。

"倾听客户声音，满足客户需求"是阿里巴巴生存与发展的根基。调查显示：阿里巴巴的网上会员近五成是通过口碑相传得知阿里巴巴并使用阿里巴巴的，并且各行业会员通过阿里巴巴商务平台达成合作的人数占总会员比率的近五成。究竟是什么力量促成了阿里巴巴如此巨大的交易量，阿里巴巴的成功是偶然还是必然呢？

第六章　绩效管理

○ 阿里巴巴的绩效管理体系

阿里巴巴的成功离不开清晰的发展战略、有效的营销策略，但同时也在很大程度上归功于其高绩效的管理模式。阿里巴巴建立起的绩效管理体系将对企业文化的理解融入对员工的绩效考评中，使员工认同阿里的价值观，从而发自内心地为阿里巴巴努力工作。阿里巴巴于2005年引进Oracle PeopleSoft企业人力资本管理（Oracle PeopleSoft Enterprise Human Capital Management，以下简称"Oracle PeopleSoft HCM"）软件，通过实施人才规划、人才获取、绩效管理、培训与学习、职业生涯规划、接班人计划、薪酬激励、衡量与报告等诸多模块，构建了集团统一的电子化人力资源管理平台（以下简称"e-HR平台"）。"e-HR平台"与阿里巴巴各个下属企业的项目管理、财务管理等系统实现了充分集成与全面整合，为各个业务系统提供了获取集团人员信息和组织结构数据的单一可信数据源。利用Oracle PeopleSoft HCM基于互联网和基于规则的系统架构，阿里巴巴数以百计的分支机构通过集团统一的e-HR平台开展员工档案管理、招聘管理、薪资管理、绩效审核、薪金支付、福利等方面的工作，整个集团的人力资源工作流程实现了规范化和自动化，各种统计分析报表自动生成，显著提高了人力资源管理工作的效率和精确性，为阿里巴巴人力资本战略的成功实施奠定了坚实的基础。依托"e-R平台"，阿里巴巴成功地将人力资源部门的员工从事务性的工作中释放出来，使他们有更多的时间用于从事公司价值观和政策宣导等战略性的活动。

有了基于Oracle PeopleSoft HCM的高绩效管理体系，阿里巴巴的发展逐渐向着更科学、更正规的方向迈进。调查表明，尽管外部环境改善、产业机会、战略远见、英雄领袖等各种综合因素决定了阿里巴巴的成功，但是把绩效管理和价值观贯彻进行有效和深度的结合，形成了阿里巴巴独具特色的绩效考核体系，是阿里巴巴持续取得高绩效的关键因素。在阿里巴巴，高绩效的秘诀就是：不管目标多疯狂，都要向着目标跑。而能够做到这一点，阿里巴巴独特的价值观考核至关重要。价值观考核就像"定海神针"，让阿里巴巴的队伍向前狂奔的同时保持凝聚力。

阿里巴巴的绩效管理体系在借鉴自通用电气的基础上形成了自己的特点：一是制定高目标；二是把价值观纳入考核；三是建立了政委体系来做"人"的工作。

○ 基本体系"通用造"

阿里巴巴绩效管理体系的基本理念和框架借鉴的是通用电气。2001年，为通用服务了25年的关明生加盟阿里巴巴，帮助阿里巴巴打造了一套与国际接轨的绩效管理体系，奠定了阿里巴巴绩效管理的基础。例如，阿里巴巴借鉴和进一步强化了通用电气对价值观的推崇，采用了"活力曲线"法则以及基于这个法则的淘汰和激励制度。

"活力曲线法则"在阿里巴巴指的是，用"271排名"的方式来考察员工的相对业绩。前20%属于优秀员工，公司给予更多的奖励；70%是中间部分，属于多数人；后10%是落后分子，属于面临淘汰的员工。那么在这个过程中怎样保证考核的公正性呢？阿里巴巴采用了主管考核和员工自我评估相结合的模式。主管给员工考核时，如果考核成绩在3分以上或0.5分以下，都要用实际案例来说明这个分数。主管完成对员工的评估，同时跟员工进行绩效谈话以后，员工就可以在电脑上看到主管对自己的评价。同时员工可以随时找HR，反映考核中的问题。"271排名"比较清晰地考察了每个人的业绩在团队中的排名，是对员工优秀与否的一种区分方式，也是一种淘汰和激励机制。对表现优异的20%员工，阿里巴巴在物质、精神和个人发展方面都会提供更多的激励。不过阿里巴巴对后10%员工的淘汰没有像通用那么严厉。对价值观表现好而业务弱的员工，阿里巴巴会给予他们考察、培训、转岗的机会。尽管阿里巴巴高度看重价值观，但除了作假行贿等触犯道德底线的员工绝不可原谅之外，阿里巴巴也很少因为价值观考核而直接开除员工。

但是，末位淘汰制是始终存在且永不停止的，淘汰掉一些落后的员工也是对优秀员工的保护，以便激活整个组织。因此，尽管阿里巴巴努力为员工营造一个相对宽松的工作氛围，但员工丝毫不敢懈怠，这样"宽猛并济"的绩效管理体系保证了阿里巴巴的业绩。

○ 疯狂的目标

在阿里巴巴，对业绩目标的追求体现了马云的狂人风格。他制定的目标通常都不是"太高"，而是"疯狂的高"。2003年，马云提出每天收入100万元的时候，谁也不信；2004年，马云提出每天利润100万元的时候，很多人将信将疑；2005年，马云提出每天交税100万元的时候，只有少数人质疑。当马云提出的目标一个一个都实现的时候，阿里巴巴从管理层到员工都学会了不再怀

第六章 绩效管理

疑马云的疯狂目标,而是都习惯于把目标制定得很疯狂。

"疯狂"的组织业绩目标是建立在个人业绩目标基础上的。阿里巴巴的个人业务指标设计,也同样体现了目标的高难度取向。在个人绩效考核方面,阿里巴巴采用5分制的打分方式,每个季度、每年都对个人进行绩效评估。在每年年末制定新一年业绩目标的时候,会详细标明不同的业绩目标对应的分值。

在阿里巴巴,大概只有10%的员工能在绩效考核中拿到4分,也就是能够超预期;而达不到预期,也就是得分低于3.5分的员工比例常常高于15%;得分在3.5分以下的员工或者管理者不能得到晋升。事实上,3.5分通常也不是可以轻松拿到的分数。"如果说你可以花7、8分努力能完成的目标,是绝对不会给你定3.5分的,你至少付出9分、10分的努力完成的目标,才给你定3.5分。"支付宝金融合作部负责人葛勇狄说。

"能够拿到4分是很难很难的。"淘宝HR经理冯琳说:"拿到4分不仅意味着12分的努力,还要发挥创造性。按照常规的方式方法工作,基本上达不到4分。拿到4分需要突破常规进行创新。"在阿里巴巴,基本上没有人能够拿到5分。

这样一种业绩指标设计和打分标准,体现了阿里巴巴的指导思想:如果目标定低了,你就会降低对自己的要求;你可以拿不到5分或4分,但是我要确定你已经尽了12分的努力去实现4分、5分的目标。

○ 独到的价值观考核

对于组织而言,仅仅设置富有挑战性的目标并不会带来预期的结果。难度过大的目标甚至会导致结果与目标背道而驰。通用电气首席学习官斯蒂夫·克尔就告诫管理者说:"不要给员工设定使其压力太大以至于令其'发疯'的目标。"那么,在阿里巴巴,为什么员工能够接受疯狂而且多变的目标并全力以赴呢?阿里巴巴的强大武器就是之前已反复提及的价值观考核。

○ 野狗、小白兔与猎犬

阿里巴巴考核员工有两个标准:一个是业绩,一个是价值观。阿里巴巴把那些业绩很好但没有价值观的员工称为"野狗",这种人是一定要被踢出去的。还有一种人,业绩虽然不好,但他们的价值观非常好,阿里巴巴称之为"小白兔",这种类型的员工最终也会被踢出去。阿里巴巴最终留下的是业绩、价值观都好的人。不过,"小白兔"在离开公司三个月后,还是有机会再进阿里巴巴的，只要他能把业绩搞上去，而"野狗"就没有这个机会了。当然，对于"小白兔"型的员工也不可放任不管。"小白兔"是很肯干，价值观也符合企业要求，但总出不了业绩。很多时候，因为态度好就对他们总是放任，造成的恶果是使得"明星员工"得到的关注度不够因而产生不良情绪。对低业绩的姑息，从另一个角度就打击了"明星员工"的积极性。因此对于价值观好而业绩差的员工要进行及时的培训。

在马云的思维里，对于"野狗"，无论其业绩多好，都要坚决清除；"小白兔"也会被逐渐淘汰掉；只有"猎犬"才是阿里巴巴需要的。马云说道："在阿里巴巴公司的平时考核中，业绩很好，价值观特别差，也就是，每年销售可以卖得特别高，但是他根本不讲究团队精神，不讲究质量服务，这些人我们称其为'野狗'。杀！我们毫不手软，杀掉他。因为，这些人对团队造成的伤害是非常大的。"可见，阿里巴巴需要的是业绩和价值观都是出色的"猎犬型"员工。

○ 30条价值观考核指标

阿里巴巴对价值观的重视众所周知，马云甚至将阿里巴巴的价值观称为"六脉神剑"，时刻指导阿里巴巴的日常运行。这六大条价值观每一条又可被细分为五小条。

第一，客户第一，即客户是衣食父母。员工必须尊重他人，随时随地维护阿里巴巴的形象；要微笑面对投诉和受到的委屈，积极主动地在工作中为客户解决问题；在与客户交流的过程中，即使不是自己的责任，也不推诿；站在客户的立场思考问题，在坚持原则的基础上，最终达到客户和公司都满意；要具有超前服务意识，防患于未然。

第二，团队合作，即共享共担，平凡人做非凡事。要积极融入团队，乐于接受同事的帮助，配合团队完成工作；决策前积极发表建设性意见，充分参与团队讨论，决策后，无论个人是否有异议，必须从言行上完全予以支持；要积极主动分享业务知识和经验，主动给予同事必要的帮助，善于利用团队的力量解决问题和困难；善于和不同类型的同事合作，不将个人喜好带入工作，充分体现"对事不对人"的原则；要有主人翁意识，积极正面地影响团队，改善团队士气和氛围。

第三，拥抱变化，即迎接变化，勇于创新。要尽快适应公司的日常变化，不抱怨；面对变化，理性对待，充分沟通，诚意配合；对变化产生的困难和挫折，能自我调整，并正面影响和带动同事；在工作中有前瞻意识，建立新方法、新思路；创造变化，并带来绩效突破性的提高。

第四，诚信，即诚实正直，言行坦荡。员工必须诚实正直，表里如一；能通过正确的渠道和流程，准确表达自己的观点；表达批评意见的同时能提出相应建议，直言不讳；不传播未经证实的消息，不背后不负责任地议论事和人，对于任何意见和反馈"有则改之，无则加勉"；勇于承认错误，敢于承担责任，并及时改正；对损害公司利益的不诚信行为能正确有效地制止。

第五，激情，即乐观向上，永不放弃。喜欢自己的工作，认同阿里巴巴的企业文化；热爱阿里巴巴，顾全大局，不计较个人得失；以积极乐观的心态面对日常工作，碰到困难和挫折的时候永不放弃，不断自我激励，努力提升业绩；始终以乐观主义的精神和必胜的信念，影响并带动同事和团队；不断设定更高的目标，今天的最好表现是明天的最低要求。

第六，敬业，即专业执着，精益求精。今天的事不推到明天，上班时间只做与工作有关的事情；遵循必要的工作流程，没有因工作失职而造成的重复错误；持续学习，自我完善，做事情充分体现以结果为导向；能根据轻重缓急来正确安排工作优先级，做正确的事；遵循但不拘泥于工作流程，化繁为简，用较小的投入获得较大的工作成果。

这30条指标把抽象的价值观分解成为对具体的行为和对精神层面的要求。对行为的要求，体现在"积极融入团队，乐于接受同事的帮助，配合团队完成工作"等方面；对精神层面的要求，体现在"热爱阿里巴巴、顾全大局，不计较个人得失"等方面。在细化的30条考核指标中，也突出了阿里巴巴业绩导向的取向，例如，"以积极乐观的心态面对日常工作，碰到困难和挫折的时候永不放弃，不断自我激励，努力提升业绩"。阿里巴巴把追求高绩效作为价值观的一部分根植到阿里巴巴文化中，这才使员工在内心深处产生了不断追求高绩效的动力。不过，阿里巴巴在不断的发展壮大中招聘了不少员工，因而有人担心员工的快速扩张会引发对企业文化——"六脉神剑"的稀释。针对这个问题阿里巴巴在招聘时进行了很好的预防。在面试应聘者时，考官最核心的任务就是"看人"。阿里巴巴集团CPO邓康明说："招聘新员工时，我们主要看他们本身是否诚信，是否能融入企业，是否能接受企业的使命感和价值观。业务问题并不是最重要的。"

综合以上30条价值观，可以看出阿里巴巴价值观的核心是：一起实现创业的梦想，一起实现改变历史的梦想，一起实现创造财富的梦想，一起实现分享财富的梦想。这就要求阿里巴巴在招聘过程中，寻找更多具有相同价值观的人。

由此可见，绩效考评和招募人才是密不可分的，招聘到符合阿里巴巴要求的人才是进行绩效考核的关键前提。

○ 作为支撑的政委体系

在阿里巴巴，政委们对价值观考核发挥软力量有重要的作用。在阿里巴巴集团，人力资源工作分为两块，一块叫作政委体系，一块叫作职能体系。其中，有超过一半的人力资源经理们从事"政委"工作，资历深、职位高的被称为"大政委"，年轻的经理被称为"小政委"，但再小的政委，也必须是在阿里巴巴工作三年以上的阿里人才有资格担任。

政委们主要做"人"的工作，在阿里巴巴价值观考核过程中也发挥着重要作用。政委们直接介入考核过程，起到维护考核公正客观和协调分歧的作用。"我们像部队里的政委，但是我们更多的就是第三方的角色，去倾听员工的心声是什么。对员工来讲，会有一个第三方在听他讲什么。我们的立场是非常公正的，要去帮他解决现在困惑的问题。"淘宝的政委冯琳说。通过建设开放透明的氛围和有效的沟通机制，阿里巴巴的政委们成为价值观考核推行的润滑剂。

综上所述，阿里巴巴的绩效管理将业绩和价值观共同作为评价员工的标准，建立起了基于自身企业文化的独特考评体系。这套考评体系的独特性主要体现在以下几个方面：

(1) 绩效管理的目的。

营造严谨高效的绩效文化；

建立有效可行的绩效评估体系。

(2) 绩效管理的前提。

无论如何，必须言出必践；

通过一个承诺的流程来共同定好目标以及所需要的资源；

乐于接受考核并承担一定风险；

有与之对应的奖励系统。

(3) 管理人员业绩考核内容。

定策略；

建团队；

拿指标。

(4) 管理人员考核目标制定流程。

每年10月，确定公司下一年度的发展战略；

11~12月，分解目标；

邮件或书面知会和确认。

（5）管理人员考核办法。

事业部总经理（包括Unit Head）直接下属（不含）以下所有管理人员：

按季度进行业绩评分，定策略、建团队、拿指标三方面业绩总分为100分。

按季度进行价值观评分，得出价值观分。

将价值观分数与业绩分数综合得出总评分，规则如下：价值观得分在27分（含）以上，不影响总评分数，但要指出价值观改进方向；价值观得分在18分（含）~27分之间，扣除业绩分15%；价值观得分在18分以下，无资格参与绩效评定，奖金全额扣除；任意一项价值观得分在1分以下，无资格参与绩效评定，奖金全额扣除。

事业部总经理（包括Unit Head）直接下属：按季度进行业绩评分，定策略、建团队、拿指标三方面总分为100分。根据综合分进行管理人员的"271排序"。

（6）员工考核内容。

业绩表现；

价值观表现；

员工考核目标制定流程；

每年12月至下一年1月，部门经理制定目标和沟通；

书面或邮件知会和确认。

（7）员工考核办法。

业绩和价值观各占50%；

充分沟通达成共识；

全年业绩为四次的平均；

部门内"271排序"。

（8）奖励形式。

加薪；

股票期权；

奖金；

培训机会；

新的工作机会。

（9）奖励原则。

奖励必须在公司当年目标全面实现的基础上得以实施；

奖励将坚定不移向优秀员工倾斜。

（10）绩效考核原则。

相对公平性；

延续性和完整性（在经理离开时留记录）；

奖励及处分的依据；

保密原则。

（11）价值观准则。

指导所有阿里人的工作行为；

阿里职业精神。

（12）价值观评分规则。

如果不能达到1分的标准，允许以0分表示。

只有达到较低分数的标准之后，才能得到更高的分数，必须对价值观表现从低到高逐项判断。

小数点后可以出现0.5分。

如果被评估员工某项分数为0分、0.5分或者达到4分（含）以上，经理必须注明事由。

（13）价值观行为准则评分标准。

客户第一：

1分：尊重他人，随时随地维护阿里巴巴的形象；

2分：微笑面对投诉和受到的委屈，积极主动地在工作中为客户解决问题；

3分：与客户交流过程中，即使不是自己的责任，也不推诿；

4分：站在客户的立场思考问题，最终达到使客户满意；

5分：具有超前服务意识，防患于未然。

团队合作：

1分：积极融入团队并乐于接受同事的帮助，配合团队完成工作；

2分：主动给予同事必要的帮助；碰到困难时，善于利用团队的力量解决问题；

3分：决策前积极发表个人意见，充分参与团队讨论，决策后，无个人是否有异议，必须从行动上完全予以支持；

4分：能够客观认识同事的优缺点，并在工作中充分体现"对事不对人"的原则；

第六章　绩效管理

5分：能够以积极正面的心态去影响团队，并改善团队表现和氛围。

教学相长：

1分：掌握与本职工作有关的业务知识和技能；

2分：能够虚心请教，不断充实业务知识，提高业务技能；

3分：在团队中积极主动与同事分享业务知识，交流工作经验；

4分：担任公司范围内的内部讲师，并获得学员的一致好评；

5分：代表公司担任业界授课讲师，并获得学员的一致好评。

质量：

1分：没有因工作失职而造成的重复错误；

2分：始终保持认真负责的工作态度；

3分：帮助客户解决疑难问题并获得客户的积极认可；

4分：用较小的投入获得较大的工作成果；

5分：不断突破过去的最好表现。

简单：

1分：诚实正直；

2分：遵循必要的工作流程；

3分：表达与工作有关的观点时，直言不讳；

4分：做事情充分体现以结果为导向；

5分：遵循但不拘泥于工作流程，化繁为简。

激情：

1分：喜欢自己的工作，认同阿里巴巴的企业文化；

2分：热爱阿里巴巴，不计较个人得失；

3分：面对日常工作持之以恒，并不断尝试提升业绩；

4分：碰到困难和挫折的时候不退缩；

5分：在困难和挫折中，不断寻求突破，并获得成功。

开放：

1分：能进行必要的工作交流；

2分：通过正确的渠道和流程，准确表达自己的观点；表达批评意见的同时能提出相应建议；

3分：在交流中能认真倾听别人的观点，即使是不同观点，也能抱着"有则改之，无则加勉"的态度虚心听取；

4分：能积极吸取别人好的观点，并能够发表不同意见；

5分：不但积极吸收，同时积极与同事分享正确并且正面的观点。

创新：

1分：适应工作环境的变化，并付诸行动；

2分：不断改善个人工作方式方法，使个人绩效得以持续提升；

3分：乐于接受变化，并以积极正面的态度参与其中；

4分：能提出与本职工作密切相关的建议，从而提升团队绩效；

5分：创造变化，并带来公司业绩突破性的提高。

专注：

1分：上班时间只做与工作有关的事情；

2分：能按时保质完成本职工作；

3分：能根据轻重缓急来正确安排工作优先级；

4分：面对变化，能够坚持公司目标；

5分：懂得必要的取舍，并获得成功。

阿里巴巴基于 Oracle PeopleSoft HCM 建立起的电子绩效管理模块使得阿里巴巴的绩效考评更加高效和可靠。利用 Oracle PeopleSoft HCM 电子绩效管理模块，阿里巴巴构建了一个集团统一标准的全过程跟踪绩效管理平台。该平台通过完整、全面的前馈控制和过程控制措施帮助管理人员避免打分偏差的出现。为了最大限度地杜绝打分偏差的出现，绩效管理平台还提供了相应的后馈控制措施来对已经出现的偏差予以纠正。例如，当某一部门的分数超过一定值或低于一定值时，系统就强制要求相关人员写出说明，彻底改变了以往由于考核系统缺乏纠偏功能，考评人不知道自己是否出现了打分偏差这种局面，为阿里巴巴成功实施价值观考核与业绩考核并重的考核制度提供了有力支持。更为重要的是，绩效管理平台的实施有效提高了阿里巴巴上下级沟通的速度与成效，使集团管理层能够更加明确地定义和设定工作目标，员工也能更加准确地理解公司对他们的要求并完成相关任务。阿里巴巴集团 CPO 邓康明先生表示："Oracle PeopleSoft HCM 的产品理念和架构与我们的人力资本战略非常吻合，利用 Oracle PeopleSoft HCM，我们建立了统一规范的人力资源管理平台，并成功地把阿里巴巴的人力资源管理理念融入人力资源规划、薪酬规划、人力挽留计划、岗位分析、战略性招聘培训管理、职业规划、接班人计划、绩效管理等管理职能之中，形成了具备鲜明阿里巴巴特色、以员工发展为核心的全新人力资源管理模式。"

我们可以这样比喻阿里巴巴绩效体系的运行：阿里巴巴的队伍就像非洲大

草原上每天太阳升起就要开始奔跑的羚羊，每天都要跑得比狮子快，才能追上前方的业务指标；价值观考核就像一根长鞭，让羚羊群尤其是汹涌加入的新羚羊不会跑散，知道怎样规范、聪明地与团队一起往前跑；活跃在羊群各部的政委们，则扮演着羊群伙伴的角色，促进羊群各部分奔跑得和谐和有效。

（资料来源：句华. 人力资源管理实践案例分析. 北京：北京大学出版社，2012. 有删减）

思考题：

1. 绩效评估的核心究竟是业绩还是价值观？两者可以在多大程度上兼顾？
2. 现实中，绩效考评在多大程度上影响员工薪酬和晋升？
3. 处于企业内部不同层级上的员工应该采用不同的绩效考评方式和标准吗？
4. 阿里巴巴的绩效考核体系对中国企业有哪些借鉴作用？

案例4　石城公司的绩效考核

石城公司是一家以开发、生产和销售电动玩具为主要业务的公司。在1998年以前，主要是从事出口贸易，即从国内有关厂家采购产品卖到国外。随着欧美市场的开拓和出口量的逐年增大，为保证产品质量、供货及时和降低采购成本，该公司又相继成立了产品设计开发部门和生产制造厂，企业发展势头很好，人员也从最初的几十人发展到300多人。随着企业规模的扩大和复杂性增加，公司管理也遇到一些问题。其中比较突出的是考核问题。

该公司以前没有系统的绩效评估制度。到了年底，各部门让员工回顾一下本年度的工作，每人写一份书面总结，然后由部门主管就每个人的小结签个意见（尽管有优良中差的等级，但大多数人得的都是"良"），最后交给人力资源部就算完事。至于奖金（红包）的多少，基本是总经理张三平一人说了算。原先人少的时候倒也相安无事，一是他对每个人的情况都了解，评价大体还算公正；二是原先只有贸易这一块，大家干的事差不多，矛盾并不突出；三是虽然声称奖金发放是根据贡献，可实际上主要还是依据每个人的职务和资历，而且差距不是很大。尽管张三平要求大家不要互相打听各自的奖金数，可私底下谁都心知肚明。这种方法实行了几年，虽然谁对它都不满意，可大家也不太把它当回事。不过近年随着企业规模的扩大，部门的增多，考核方面的问题变得突出起来。首先是各个部门都对现行的考核方法有意见，都觉得对自己不公平，而且常常为此闹矛盾。其次是似乎各个层面的人都对考核和"红包"发放不满，去年年底接连发生骨干跳槽，有人甚至公开说："什么贡献业绩，干好干坏还不都是老板一句话，没想到，这里的大锅饭比国企还厉害"。

张三平觉得这样下去也是个问题，于是找来了新上任的人力资源部经理王海丽："你了解一下目前公司考核的主要问题到底在哪里？然后搞一套绩效评估方案。要求是三个：一是能够测量出每个人工作的真实情况并作出实事求是的评价；二是能调动大伙儿的积极性，拉开差距；三是要让各部门主管有压力，别把矛盾都交到我这里。"

王海丽刚刚MBA毕业，才到公司，对情况不大了解。但凭着以往对企业的了解和学校学的知识，她对做好这项工作还是有信心的。为使考核方案有针对性，她决定先做一番调查。

她首先来到公司设计部。她知道这是公司的核心部门，也是老板最重视的单位之一。可最近这里跳槽的人不少,成了老板的一块心病。设计部主任李钢一听到她的来意就发起了牢骚:"咱们公司的考核制度早该改了,再不改人都跑光了。"王海丽笑着说:"不改对你有什么影响?谁不知道设计部的红包是全公司最大的。"李钢说:"你以为多发钱就没事了?关键是怎么发。我给你举个例子,我们设计部一共五个设计师,王欢年龄最小,到公司最晚,工资也最低。可他去年一个人就开发了4个新品,是全设计部最多的,卖的都不错。可到年底发奖金所有的人一样。我去找老板,老板说这已经对他破例了,如果根据级别和进公司的年限他还拿不到这么多。你说这是什么话?王欢现在跟我提出要走,不然就加工资。你说我怎么办?"王海丽说:"那就按每个人设计新产品的数量发奖金就得了……""没这么简单,"李钢打断她的话,"产品设计不能光看数量,还要看市场销路,看它带来的利润,评价起来比较复杂。还有,咱们公司是低工资,高奖金,表面看起来刺激力度很大,可这么低的工资水平根本找不到好的设计师。我这里都是大学生,招聘的时候他们最看重基本工资是多少,与其他公司相比有没有竞争力,人家可不是跟车间的工人比。工资低就把奖金看得特别重,如果奖金波动太大,大家无法接受;可不拉开差距,分配不公平又难以留得住人。你是MBA帮我们出个主意吧。"王海丽哑然了,她一时还真想不出该怎么办。

  从设计部出来,王海丽找到了生产部经理老宋。老宋原是一家大型国企的副厂长,抓生产很有一套。他说:"我现在统统采取计件工资制,一个月考核一次,对前10%给双奖,后5%黄牌警告,连续两次都在最后就走人,实行末位淘汰。哈哈,实行下来效果不错。还是民营企业机制好,辞退人没那么多麻烦。多劳多得,不劳不得,谁都无话可说。"他大手一挥,很自信的样子。王海丽知道老宋的绰号是"大吹",便长了个心眼,又去找了生产部的几个班组长和工人了解情况。谁知大伙儿对目前的考核办法都是一肚子意见。班组长的意见主要集中在工时定额上。石城公司产品的特点是多品种、小批量,以出口为主,一旦有订单工期就特别紧。要确定每个产品、每道工序的工时定额特别麻烦,有时根本来不及。标准定高了,工人不接受;定低了,老板不满意,弄得两头受气,各工种还经常为此闹矛盾。工人们的意见则又加上一条,实行计件工资,奖金占了很大一块,可有没有活干,却不取决于我们。忙的时候忙死,闲的时候闲死,各个工序、班组情况也不一样,都用一个标准衡量,还搞什么末位淘汰,不仅不合理,工人压力也太大。

"这事你们向老宋反映过么？"王海丽问。"反映过，可没用。为定额的事情找到老宋，他就毛估计，随意性很大；但考核时又卡得很死，让人没法接受。""那你们说应该怎么办？"大伙儿面面相觑似乎也没什么好办法。

王海丽带着一堆问号离开了生产部，她开始感到老板交办的事并不像开始想得那么简单。她知道公司副总兼国际部经理许宁是当年与张三平一起打天下的元老，对公司情况最清楚，或许他能给自己出些主意。为使谈话有的放矢，王海丽决定先找国际部其他人了解情况。

国际部对外称石城贸易公司，有30多人。内部又分为欧洲部、北美部、亚洲及澳洲部等。公司的客户大部分在欧洲和美国，近年来由于产品开始打入美国的连锁超市，出口增长很快，去年的出口额达到3000多万美元，其中大部分产品是从国内采购的，少部分是自己生产的。因此，国际部的人很"牛"，觉得公司有今天主要是靠他们。国际部除一些销售经理外，还有不少文员（主要是些大专毕业的女孩子）负责传真信函、联系客户、接听电话、打字录入等工作。按说国际部的收入是全公司最高的，可跳槽最多的也是他们。近两年有好几个骨干跳槽，或是到竞争对手那里，或是自己成立公司，这是让张三平最头痛的。王海丽曾私下问过那些走的人究竟为什么离开公司，得到的答案归结起来主要有两点：一是国际部的收入虽然在公司内部算高的，但与其他公司相比并不高；二是对现行的考核方式不满，不知道评价的依据是什么，既不是根据各部门的业绩（如欧洲部、北美部的销售额是全公司最高的，但年终奖差距并不大），好像又不是看每个人的辛苦程度（如加班加点，公司根本没有加班这一说）；还有他们没说出口，但又是促使他们离开的主要原因，就是公司的主要领导都是有公司股份的，而他们辛辛苦苦干了这么多年，只拿工资和奖金，心理上有些不平衡。"我们不知道自己在这里干究竟为什么？"一个离开公司的骨干这样说。

王海丽把了解到的情况向许宁作了汇报，许宁听了笑笑说："他们说的是有些道理。可你想过没有，我们公司的市场主要在欧美，客户比较稳定，而其他市场还处在开拓阶段，销售量很小，如果考核完全根据销售额，谁愿意做市场开拓工作呢？说到没有加班费也是这样，由于时差关系，我们的许多工作必须在晚上进行，白天反而可能没什么事。我们只是要求你必须在规定期限完成任务，每天工作时间长短倒不重要。还有一点我可以告诉你，正是因为欧美市场特别重要，我们投入的时间精力也最多，老实说主要的市场和客户都是张总和我亲自跑的。一些大订单也是我们亲自谈的，他们只是做一些联络、单据等方面的辅助工作。你说业绩究竟应该算他们的，还是我们的？这就是我们在考核和奖金发放上一直采取模糊办法的原因，有时考核太细未必效果就好。至于股份……这好像不属于考核问题。其他部门的情况我不是太了解，不好说什么。不过现在的绩效考核方法确实有问题，是应该做些调整。你先出个方案我们再商量。"

王海丽转了一大圈，觉得公司问题多多，谁的话似乎都有道理，但又好像都有偏颇。究竟怎样才能制定一个合理和有效的绩效评估系统，完成老板交给的任务，她一时有些茫然。

石城公司的绩效考核究竟存在什么问题？应该如何着手解决呢？

（资料来源：夏光. 人力资源管理案例习题集. 北京：机械工业出版社，2006）

思考题：
1. 石城公司的绩效考核系统存在什么问题？
2. 为什么过去的一些考核方式现在行不通了？
3. 王海丽应该怎样考虑和设计石城公司的绩效考核系统？
4. 如果是你，你会怎么做，为什么？

案例5　如何改进信源公司的绩效评估

陈家兴最近被中国电信大学任命为该校附属公司信源集团行政事务部门的主管。信源集团成立于20世纪80年代中期，该公司以科技咨询起家，信息产业一直是其多元化经营的一个重要组成部分。经过十余年的培养发展，信源集团已经构建了集专业媒体经营、出版发行、商业数据情报、影视制作服务于一体的和营业额超亿元的产业体系。

在媒体经营方面，信源已经拥有计算机、汽车类媒体四份，并准备发展医药、通信、食品等专业科普类媒体。

在广告代理方面，信源集团是S市主要的大众媒体《黄河晚报》、《文化日报》以及多家电视台的主要广告代理经营商之一，并获得《每周广播电视报》发行网络的直递及报刊征订服务的经营权。

在影视制作方面，信源集团已经先后投资拍摄了多部数十集电视连续剧和专题片，并正在形成一个影视销售网络。

在信息服务方面，信源集团已经形成了完备的数据库、独特的创意、策划等为特点的服务产业。这些年，公司规模虽然大了，但有些制度却还是公司成立时的制度，显然已经不能适应公司现在的规模。

陈家兴上任不久，其上司就要求他改善评估秘书人员及事务人员的制度。这项指示的主要原因在于绩效评估往年和加薪有直接的联系，行政主管在评定这些人的绩效时都使用评等尺度法，但是结果似乎不精确。事实上他们把员工的绩效评定为"优异"，主要是为了让其每年能得到最大的加薪幅度。但是最近由于校方经费不够，无法使这些员工都能得到最大的加薪幅度，而且校方最高当局认为提供不切实际的绩效反馈给其员工终非上策，因此责成陈家兴负责改善。

陈家兴，男，28岁，两年前毕业于海滨大学企业管理系，硕士学历。这次任命之前在该公司市场营销部任经理助理，工作能力较强，富有开拓精神。

陈家兴上任以后，就开始改善原有的绩效评估制度。陈家兴给各行政主管的一项指示是，以后的绩效评估不能给半数以上的员工定为"优异"，其作用是强迫各级主管改变过去那种绩效评估结果与下属绩效品质脱钩的情况，要各级主管确实考核下属员工的绩效品质，得出合乎实际的考核结果。然后在把考核结果与报酬及奖励紧密结合，以达到三个目的：第一，给员工正确的反馈，以对员工形成有效的激励。第二，通过提供有效的激励，改善公司的经营业绩。

第三，节约公司开支，帮助公司渡过难关。但由于制度颁布前没有很好地和下级进行必要的沟通，这项指示一颁布，就受到普遍的反抗，有人甚至到公司总裁家里去投诉抱怨。

这样一来，陈家兴颇为踌躇当初的措施，于是，他回到自己的母校——海滨大学，向企业管理系的老师请教。他跟两位老师说明情况，现在使用的评估制度是十年前建立的，评估如表6-11所示，每年评估一次（在3月）。

表6-11　　　　　　　　　　图表式评等量表

评估指标	优	良	可	劣	总评
工作的品质					
工作的数量					
创造力					
守纪情况					
其他					

由于评估的结果直接关系到每年一次的调薪，而且学校的待遇不如外界的民营企业，为了减少员工向外流出，行政主管于是都将手下的员工评定为"优异"，使他们能得到最大的加薪幅度，也避免这些员工有绩效评估不公的想法。

两位专家经过两个星期的思考之后，提出以下建议：第一，学校所使用的绩效评估表过于笼统。例如，绩效"优异"与"良好"的分界并不清楚。大多数行政主管也不是很了解绩效评估表各个项目的含义如何。他们建议使用如下（见表6-12）的绩效评估表。第二，他们建议陈家兴收回评定"优异"或低于标准的情形。两位专家指出要让行政主管严肃地评估下属的绩效，必须停止绩效评估与加薪之间的联系；换句话说，他们建议行政主管使用如表6-12这样的绩效评估表，每年至少评估一次，并以此作为检讨会议的参考资料。至于加薪则另寻其他出路，依据其他标准，这样才能使行政主管实事求是地给出下属的绩效评估成绩。

表6-12　　　　　　　　　　图表式评等量表范例

因素 等级	劣 绩效太差 可以解雇	可 差强人意 勉强留任	良 合乎留任的 基本要求	优 超出标准	特优 非常杰出
品质准确、完整外观及可接受程度					

续表

因素 等级	劣 绩效太差 可以解雇	可 差强人意 勉强留任	良 合乎留任的 基本要求	优 超出标准	特优 非常杰出
数量产出的数量与贡献					
所需要监督需要上级忠告、指示或修正					
出勤正常、可靠、准时					
维护公物避免浪费、避免破坏、保护设备					

道谢之后，陈家兴返回自己的办公室，思考两位专家的建议。采用如表6-12的评等尺度法虽然也有道理，但是陈家兴心想采用强迫排序法是不是更适合一点。其次，如果不以绩效评估的结果作为加薪的依据，那么，又拿什么作为加薪的依据呢？况且，不以绩效评估的结果作为加薪的依据，又怎样对员工进行有效的激励呢？陈家兴开始怀疑这两位专家的建议是否是象牙塔里的理论？

（资料来源：胡君辰. 人力资源开发与管理教学案例精选（第2辑）. 上海：复旦大学出版社，2001）

思考题：

1. 你认为专家的建议是否足以使行政主管认真地从事评估工作？为什么？此外，你认为应该采取哪些必要的措施以改进公司的绩效评估制度？

2. 你认为陈家兴应该采用其他的评估方法，如排序法，而放弃以往所使用的评等尺度法吗？为什么？

3. 如果你是陈家兴，你会采取何种评等方法？

第六章　绩效管理

案例6　绩效面谈应该如何做

2010年年底的一个周三下午，安徽合肥高新区某IT公司销售部员工张三被其主管销售部赵经理请到了二楼会议室。张三进门时，看见赵经理正站在窗户边打手机，脸色不大好看。约五分钟后，赵经理匆匆挂了电话说：

"刚接到公司一个客户的电话……前天人力资源部长找我谈了谈，希望我们销售部能带头实施面谈。我本打算提前通知你，好让你有个思想准备。不过我这几天事情比较多，而且我们平时也经常沟通，所以就临时决定今天下午和你聊聊。"

等张三坐下后，赵经理接着说："其实刚才是蚌埠的李总打来电话，说我们的设备出问题了。他给你打过电话，是吧？"张三一听，顿时紧张起来："经理，我接到电话后认为他们自己能够解决这个问题的，就没放在心上。"张三心想：这李总肯定向赵经理说我的坏话了！于是变得愈加紧张，脸色也变得很难看。

"不解决客户的问题怎么行呢？现在市场竞争这么激烈，你可不能犯这种低级错误呀！这件事等明天你把它处理好，现在先不谈了。"说着赵经理拿出一张纸，上面有几行手写的字，张三坐在对面没看清楚。赵经理接着说："这次的绩效考评结果我想你也早就猜到了，根据你的销售业绩，你今年业绩最差。小张呀，做市场是需要头脑的，不是每天都出去跑就能跑到业务的。你看和你一起进公司的小李，那小伙子多能干，你要向他多学着点儿！"张三从赵经理的目光中先是看到了批评与冷漠，接着又看到了他对小李的欣赏，张三心里感到了刺痛。

"经理，我今年的业绩不佳，那是有客观原因的。蚌埠、淮南等城市经济落后，产品市场还不成熟，跟江浙地区不能比。为了开拓市场，我可是费了很多心血才有这些成绩的。再说了，小李业绩好那是因为……"张三似乎有满肚子委屈，他还想往下讲却被赵经理打断了。

"小张，你说的客观原因我也能理解，可是我也无能为力，帮不了你啊！再说，你来得比他们晚，他们在江浙那边已经打下了一片市场，有了良好的基础，我总不能把别人做的市场平白无故地交给你啊。你说呢？"赵经理无奈地看着张三说。

"经理，这么说我今年的奖金倒数了？"张三变得沮丧起来。

正在这时销售部的小吴匆匆跑来，让赵经理去办公室接一个电话。赵经理匆匆离去，让张三稍等片刻。于是，张三坐在会议室里，心情忐忑地回味着经理刚才讲过的话。大约过了三分钟，赵经理匆匆回到了会议室坐下来。

"我们刚才谈到哪儿了？"赵经理显然把话头丢了。张三只得提醒他说到自己今年的奖金了。

"小张，眼光要放长远，不能只盯着一时的利益得失。今年业绩不好，以后会好起来的。你还年轻，很有潜力，好好干会干出成绩来的。"赵经理试图鼓励张三。

"我该怎么才能把销售业绩做得更好呢？希望经理你能多帮帮我呀！"张三流露出恳切的眼神。

"做销售要对自己有信心，还要有耐心，慢慢来。想当年我开辟南京市场时，也是花了近一年的时间才有了些成效。那个时候公司规模小，总经理整天带着我们跑市场。现在我们已经有了一定的市场占有率了，公司知名度也有所提高，应该讲现在比我们那时候打市场要容易一些了。"

张三本正打算就几个具体的问题请教赵经理时，赵经理的手机突然响了，他看了一眼号码，匆忙对张三说："我要下班接儿子去了，今天的面谈就到这里吧，以后好好干！"说罢匆匆地离开了会议室，身后留下了一脸困惑的张三。

（资料来源：徐天坤．一次绩效反馈面谈诊断．人力资源管理，2008（12））

思考题：
1. 赵经理在绩效面谈中存在哪些问题？
2. 绩效面谈在绩效管理中的作用和地位如何？
3. 如何让绩效面谈变得更加有效？

参考文献

[1] 董克用，李超平．人力资源管理概论．北京：中国人民大学出版社，2011．

[2] 冯光明，徐宁．人力资源管理．北京：北京理工大学出版社，2010．

[3] 姚泽有，张建国．人力资源管理．北京：北京理工大学出版社，2012．

[4] 侯光明．人力资源管理．北京：高等教育出版社，2009．

[5] 方振邦，罗海元．战略性绩效管理．北京：中国人民大学出版社，2011．

第七章 薪酬管理

第一节 薪酬管理概述

一、薪酬的含义及构成

(一) 薪酬的构成

薪酬是指员工因被雇佣而获得的各种形式的经济收入。一般来说，在企业中，员工的薪酬由三部分组成：基本薪酬；可变薪酬；间接薪酬。

1. 基本薪酬

基本薪酬指企业根据员工所承担的工作或所具备的技能而支付给他们较为稳定的经济收入。根据其确定的基础不同，可分为职位薪酬体系与能力薪酬体系。

2. 可变薪酬

可变薪酬指企业根据员工、部门或团队、企业自身的绩效而支付给他们的具有变动性质的经济收入。根据支付的依据，可变薪酬可以分为个人可变薪酬与群体可变薪酬。

3. 间接薪酬

间接薪酬指企业给员工提供的各种福利。福利分为国家法定福利和企业自主福利。目前的国家法定福利主要指"五险一金"。自主福利是企业自主确定给员工提供的福利。

(二) 薪酬与报酬的关系

报酬指员工从企业得到的作为个人贡献回报的他认为有价值的各种东西。一般可以分为内在报酬和外在报酬两大类。

1. 内在报酬

内在报酬通常指员工由工作本身所获得的心理满足和心理收益，如参与决策、工作自主性、个人成长、挑战性的工作等。

2. 外在报酬

外在报酬通常指员工所得到的各种货币收入和实物，包括两种类型：一种是经济性报酬，即我们这里说的薪酬；另一种是非经济性报酬，如宽敞的办公室、私人秘书、动听的头衔、特定停车位等。

薪酬的构成及其与报酬的关系如图7-1所示。

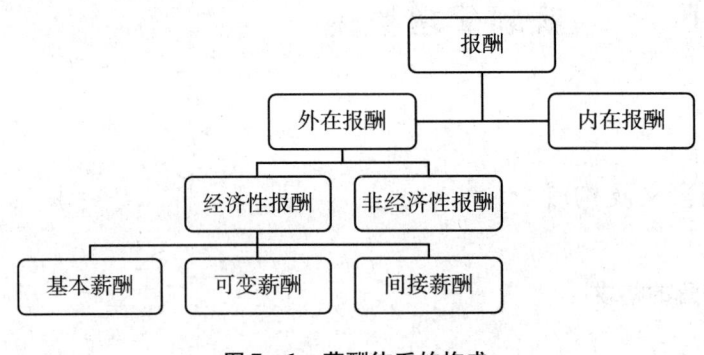

图7-1 薪酬体系的构成

二、薪酬的功能

薪酬是企业为员工提供的经济性收入，同时也是企业的一项成本支出，它代表企业与员工之间的经济交换，这一交换具有如下主要功能：

1. 补偿功能

员工根据企业的要求，完成相应的工作。而要完成这些工作，对员工的教育、经验、能力等有一定的要求，同时也需要员工付出时间与精力，会消耗员工的脑力和体力，因此企业必须对员工的付出进行补偿，以实现企业与员工之间公平的经济交换。

2. 吸引功能

企业支付给员工的薪酬是对员工劳动的认可，是员工满足自己与家人需要的经济基础。企业向员工支付的薪酬水平高低会向社会传递重要信息。当企业支付给员工的薪酬与同类企业相比有竞争力时，企业对外部人员也就具有很强的吸引力。

3. 激励功能

企业支付给员工的薪酬是对员工工作绩效水平的一种评价，反映员工工作数量和质量的状况。为了拿到更高的薪酬，提高生活水平，员工会不断提高自身素质，投入更多的时间和精力去为企业工作。因此合理的薪酬体系，可以激励员工提高劳动效率，改进劳动质量。

4. 保留功能

如果企业提供给员工的薪酬水平对外具有竞争性，对内具有公平性，体现了员工的能力与贡献，很大一部分员工会为了继续拿到这些薪酬而选择留在企业，这就可以起到保留员工的作用。

三、薪酬管理的原则

薪酬管理指企业在发展战略指导下，综合考虑内外部各种因素的影响，确定自身的薪酬水平、薪酬结构，并进行薪酬调整和控制的整个过程。

有效的薪酬管理应当遵循一些基本原则，具体如图7-2所示。

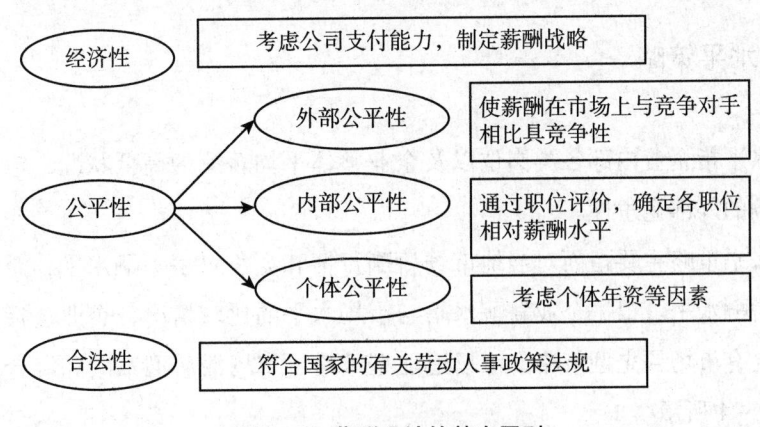

```
经济性 —— 考虑公司支付能力，制定薪酬战略

         ┌─ 外部公平性 —— 使薪酬在市场上与竞争对手相比具竞争性
公平性 ──┼─ 内部公平性 —— 通过职位评价，确定各职位相对薪酬水平
         └─ 个体公平性 —— 考虑个体年资等因素

合法性 —— 符合国家的有关劳动人事政策法规
```

图7-2　薪酬设计的基本原则

四、影响薪酬管理的主要因素

在市场条件下,企业的薪酬活动会受到内外部多种因素的影响,为了保证薪酬管理的有效实施,必须对这些影响因素有所认识和了解。一般来说,影响企业薪酬管理各项决策的因素主要有三类:一是企业外部因素;二是企业内部因素;三是员工个人因素。具体内容如图 7-3 所示。

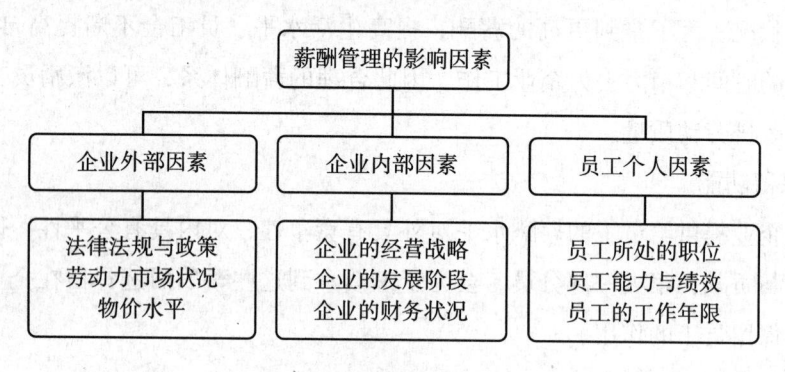

```
                    薪酬管理的影响因素
         ┌─────────────┬─────────────┐
     企业外部因素    企业内部因素    员工个人因素
     ┌────────┐    ┌────────┐    ┌────────┐
     │法律法规与政策│    │企业的经营战略│    │员工所处的职位│
     │劳动力市场状况│    │企业的发展阶段│    │员工能力与绩效│
     │物价水平   │    │企业的财务状况│    │员工的工作年限│
     └────────┘    └────────┘    └────────┘
```

图 7-3　影响薪酬管理的主要因素

第二节　薪酬水平与结构

一、薪酬水平策略

薪酬水平指企业内部各类岗位以及企业整体平均薪酬的高低状况,它反映了企业支付薪酬的外部竞争性。

薪酬水平策略主要指面对当地市场薪酬行情和竞争对手薪酬水平,企业如何决定自身的薪酬水平。根据企业薪酬水平与市场水平的比较情况,企业选择的薪酬水平策略主要有市场领先型策略、市场追随型策略、市场滞后型策略和混合型薪酬策略,如图 7-4 所示。

```
┌─────────────────────────┐   ┌─────────────────────────┐
│ 市场领先型策略          │   │ 市场追随型策略          │
│ 支付具竞争力的工资      │   │ 支付平均水平工资        │
│ 处于垄断地位的行业      │   │ 人力成本不会太高        │
│ 投资回报率较高          │   │ 又有吸引员工的能力      │
│ 人力成本比率低          │   │                         │
└─────────────────────────┘   └─────────────────────────┘

┌─────────────────────────┐   ┌─────────────────────────┐
│ 市场滞后型策略          │   │ 混合型策略              │
│ 支付低于平均水平的工资  │   │ 根据具体情况制定不      │
│ 处于竞争性行业          │   │ 同的薪酬水平策略        │
│ 边际利润比较低          │   │ 针对性和灵活性较强      │
└─────────────────────────┘   └─────────────────────────┘
```

图 7-4　薪酬水平策略

二、薪酬结构策略

1. 薪酬结构

薪酬结构指薪酬的构成，即一个人的工作报酬由哪几个部分构成。本节的薪酬结构主要指工资结构。员工工资通常分为若干个部分，如基本工资、岗位工资、绩效工资、技能工资和辅助工资等。

（1）基本工资指员工在法定工作时间内完成工作任务或劳动定额时企业必须支付的基本劳动报酬。

（2）岗位工资指以岗位劳动责任、劳动强度、劳动条件等评价要素确定的岗位系数为依据的工资支付。有些企业将基本工资与岗位工准则合并，统称为岗位工资。

（3）绩效工资指通过对员工或组织的工作业绩、工作态度、工作技能等方面的综合考评，依据考评结果发放的工资。

（4）技能工资指以员工个人所掌握的知识、技术和所具备的能力为基础支付的工资。

（5）辅助工资指根据员工的特殊劳动条件和工作特性，以及特定条件下的额外生活费用计付的劳动报酬。

2. 薪酬结构策略

根据总体薪酬与企业效益挂钩程度的不同，可以将薪酬结构策略分为高弹性、高稳定和混合型三种，具体内容和特点如图 7-5 所示。

高弹性薪酬结构策略	变动薪酬为主，固定薪酬为辅的薪酬结构。薪酬水平与企业效益高度挂钩。员工能获得多少薪酬主要依赖于工作绩效的好坏，具有很强的激励性
高稳定薪酬结构策略	固定薪酬为主，变动薪酬为辅的薪酬结构。薪酬水平与企业效益挂钩不紧密。员工的收入非常稳定，具有很强的保障性
混合型薪酬结构策略	固定薪酬和变动薪酬比例不断变化的薪酬结构。薪酬水平与企业效益挂钩的程度视岗位职责变化而变化。这种策略既有激励性又有稳定性

图 7-5 薪酬结构策略

第三节 薪酬体系设计

科学合理的薪酬体系是企业人力资源管理的一项重要工作。一般而言，企业要建立的是一种既能让多数员工满意，又能确保企业利益的互利双赢薪酬设计模式。其流程一般可分为以下几个步骤（见图 7-6）。

明确企业薪酬策略 → 职位分析 / 薪酬调查分析 → 职位评价 / 现有薪酬 → 确定薪酬结构和水平 → 薪酬分级和定薪 → 薪酬体系的实施与调整

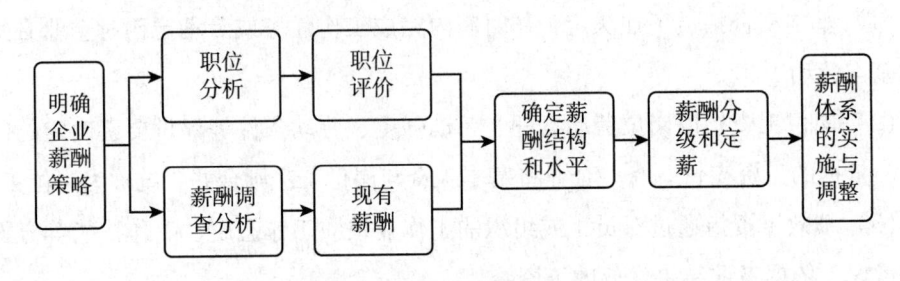

图 7-6 薪酬体系设计流程

一、明确企业薪酬策略

在企业既定的总体战略之下，企业需要制订的薪酬决策一般包括：

(1) 薪酬管理的目标是什么？如何支持企业战略的实施？
(2) 如何适应组织外部市场的竞争性？
(3) 如何达到组织薪酬的内部协调一致性。
(4) 如何提高薪酬成本有效性。

二、职位分析与职位评价

职位分析是薪酬管理的基础工作,即采用一定的科学方法全面地调查和分析组织中各个职位的任务、职责、权限等情况,并在此基础上对所需要具备的基本资格条件作出规定。

职位分析使我们了解各种职位或岗位的特点及对员工的要求,但还不能回答怎样为这些职位或岗位制订报酬系统。还需要通过职位评价,确定不同职位在本企业的相对价值,制订相应的职位等级,以确定工资收入的计算标准。

常见的职位评价方法有:职位排序法、职位分类法、因素比较法、要素计点法等。

(1) 职位排序法。即根据一些特定的标准,如工作的复杂程度、对企业的贡献大小等,对各个职位的相对价值进行整体比较,进而将职位按照相对价值的高低排列出一个次序的岗位评价方法。

(2) 职位分类法。即通过制定出一套职位级别标准,将职位与标准进行比较,并归到各个级别中去。职位分类法的关键是建立一个职位级别体系,包括确定等级数量和为每个等级建立定义和描述。

(3) 因素比较法。首先要分析基准职位,找出一系列共同的薪酬因素,然后按照这些因素将不同职位进行排序。

(4) 要素计点法。即选取若干关键性的薪酬因素,并对每个因素的不同水平进行界定,同时给各个水平赋予一定的分值(点数),然后按照这些关键的薪酬因素对岗位进行评价,得到每个岗位的总点数,以此决定岗位的薪酬水平。

三、薪酬调查分析

薪酬调查分析主要是调查本行业、本地区,尤其是主要竞争对手的薪酬状况,以保证企业薪酬制度的内部和外部公平合理性。薪酬调查分析的主要内容一般包括以下三方面:

(1) 目标企业的薪酬政策。
(2) 目标企业的薪酬结构信息。
(3) 目标企业的薪酬水平信息。

四、现有薪酬体系诊断

在调查了解的基础上进行分析和诊断，明确改革方向和设计目标。薪酬体系的诊断主要包括以下几个方面：
（1）明确本企业所处的发展阶段。
（2）企业组织结构和各类人员组成分布是否适应企业发展战略。
（3）明确薪酬政策应向何种工作岗位、何种员工倾斜。
（4）确定劳动力成本在企业总成本中的比例范围。

五、确定薪酬结构和水平

薪酬结构是指工作的相对价值与其对应的工资之间保持的一种关系。这种关系不是随意的，是以服从某种原则为依据，具有一定的规律，通常使用"工资结构曲线"来表示。

通过薪酬调查以及对企业内、外部环境的分析，可以确定企业内各职位的薪酬水平，从而规划各个职位的薪酬幅度、起薪点和顶薪点等关键指标。

六、薪酬分级和定薪

在实际操作中，为了降低管理成本，企业会将众多类型的职位薪酬标准再组合成若干等级，形成一个薪酬等级标准系列。通过职位评价所得的分数高低与薪酬分级标准对应，可以确定每个职位工作的具体薪酬范围或标准，以确保职位薪酬水平的相对公平性。

七、薪酬体系的实施和调整

薪酬体系制定以后，投入正常运作的基础和前提就是企业应建立客观、公正、科学的绩效考核机制，对各层级员工的工作业绩等进行认真的考核评估。同时，在实施过程中，要及时沟通，不断地反馈在操作中出现的问题，并不断地予以修正与调整，使薪酬体系设计尽量趋于合理或使员工满意。

第四节　员工福利

一、福利的含义

员工福利是企业基于雇用关系，依据国家强制性法令及相关规定，以企业自身的支付为依托，向员工所提供的用以改善其本人和家庭生活质量的各种以非货币工资和延期支付形式为主的补充性报酬与服务。

二、福利的基本特点

1. 针对性

企业为员工提供的福利一般具有明显的针对性。如集体宿舍、接送员工上下班的交通车、职工食堂等都是用于满足员工的某一特定需求而设定的。

2. 补偿性

福利是对员工为企业提供劳动的一种物质补偿，也是员工薪酬收入的补充分配形式，只到满足员工有限生活需求的作用。

3. 均等性

福利与员工的业绩和贡献无关，只要是符合享受条件的企业员工，不管是谁都可以享受。

4. 强制性

法定福利是国家依法强制实施的对员工的社会保护政策，被保险人必须参加，承保人必须接受，没有讨价还价的余地。

5. 凝聚性

员工福利大多以员工集体消费或共同使用的公共物品为主要形式，因此员工可以在享受集体性福利的需求之外，自身还可以感受到团队的关怀和帮助。因而对企业会产生一种归属感、安全感或团队意识感，由此增强了团队凝聚力。

三、福利的基本类型

（一）法定福利

1. 社会保险

（1）养老保险。养老保险是国家为劳动者或全体社会成员依法建立的老年收入保障制度。当劳动者或社会成员达到法定退休年龄时，由国家或社会提供养老金，保障退休者的基本生活。目前世界各国的养老保险制度大体分为国家统筹模式、投保自助模式和强制储蓄模式三种模式。

（2）医疗保险。医疗保险是由国家立法，按照强制性社会保险原则，由国家、用人单位和个人集资建立的医疗保险基金，当个人因病接受医疗服务时，由社会医疗保险机构提供医疗费用补偿的社会保险制度。

（3）失业保险。失业保险是国家以立法形式，集中建立失业保险基金，对因失业而暂时中断收入的劳动者在一定期间提供基本生活保障的社会保险制度。

（4）生育保险。生育保险是国家通过立法，筹集保险基金，对生育子女期间暂时丧失劳动能力的职业妇女给予一定的经济补偿、医疗服务和生育休假的社会保险制度。一般包括产假、生育津贴、生育医疗服务等。

（5）工伤保险。工伤保险是国家立法建立的，对在经济活动中遭受意外伤害或患职业病导致暂时或永久丧失劳动能力以及死亡时，劳动者或其遗属从国家和社会获得物质帮助的一种社会保险制度。

2. 法定假期

法定假期是企业职工依法享有的休息时间，在法定休息时间内，职工仍可获得与工作时间相同的工资报酬。

（1）法定节假日。

法定节假日是指根据国家、各民族的风俗习惯或纪念要求，由国家法律统一规定的用以进行庆祝及度假的休息时间。目前全体公民放假的节日共11天：①元旦（1月1日）；②春节（农历除夕、正月初一、初二）；③清明节（清明当日）；④劳动节（5月1日）；⑤端午节（农历端午当日）；⑥中秋节（农历中秋当日）；⑦国庆节（10月1日、2日、3日）。

（2）公休假日。

公休假日指职工工作满一个工作周以后的休息时间。按《劳动法》第38条规定，用工单位应当保证劳动者每周至少休息一天，一般情况下安排在每个星期六和星期日。

（3）带薪年假期。

我国《劳动法》第 45 条规定，国家实行带薪年休假制度，劳动者连续工作一年以上，就可以享受一定时间的带薪年假。

3. 住房公积金

住房公积金指国家机关、国有企业、城镇集体企业、外商投资企业、城镇私营企业及其他城镇企业、事业单位、民办非企业单位、社会团体及其在职职工缴存的长期住房储金。按照国家规定，雇主和员工都按照员工工资的一定比例缴纳住房公积金，存入职工公积金账户。

（二）企业福利

1. 企业补充养老保险

随着我国人口老龄化加剧，国家基本养老保险负担过重的状况日趋严重，补充养老保险开始成为企业建立的旨在为其员工提供一定程度退休人员收入保障的养老保险计划。2000 年企业补充养老保险正式更名为"企业年金"，是我国社会保障制度改革的重要内容。

2. 健康医疗保险

健康医疗保险的目的是减少当员工生病或遭受事故时本人及其家庭所遭受的损失。企业通常以两种方式提供这种福利：集体投保或者加入健康维护组织。

3. 集体人寿保险

人寿保险是市场经济体制国家的一些企业所提供给员工的一种最常见的福利。大多数企业都是为其员工提供团体人寿保险。

4. 住房或购房计划

为了更有效地激励和留住员工，除了住房公积金外，企业还采取了多项住房福利项目支持员工购房。如住房贷款利息给付计划、住房津贴。

案例1　ML公司的薪酬改革

ML公司是一家国有控股企业。在20世纪80年代初期，该企业还是一家资产不足200万元且濒临倒闭的工厂。自1983年开始，新任领导带领员工，成功转产冰箱，使企业走上了快速成长的轨道，到2000年，公司资产规模20亿元，销售收入达17亿元，成为中国家电行业的知名企业。在企业快速扩张的过程中，公司大力倡导观念创新、制度创新和管理创新，实施了一系列重大变革活动，并形成了以创新和变革为核心内容的组织文化。2000年的薪酬改革是ML公司众多改革活动的一个缩影。

2000年5月的一个下午，一辆克莱斯勒面包车正匆匆行驶在通往ML公司的高速公路上。车上坐的客人是即将到ML公司博士后科研工作站工作的曹博士。虽然新的环境和工作让这位刚刚离开校园的博士感到有些新鲜和刺激，但他心中十分清楚：这次的任务是为ML公司这家知名的大型企业进行薪酬改革。自己虽然在人力资源管理方面做了一些研究，也参与过一些企业咨询项目，但毕竟没有主持过具体的人力资源变革行动。如何把自己的理论知识运用到ML公司的实践中，无疑是一种挑战。或许正是出于对未来工作的忧虑，因此，从上车开始，他就无心欣赏路边的风景，不断向专程来接他的ML公司人力资源部经理了解公司情况。

一、ML公司的发展历程与现状

ML公司是专业从事冰箱设计、制造和销售的大型国有控股企业。其前身是一家资产不足200万元且濒临倒闭的小厂。1983年，从市级机关调派来的张厂长毅然决定转产冰箱，推行改革，才使这家企业逐步摆脱困境，走上了持续发展壮大的轨道。在随后的十多年时间里，公司一方面着手引进先进设备和技术，扩大生产能力，拓展市场；另一方面积极从观念、制度和管理上进行创新和变革，使公司脱胎换骨，发展成为新型的现代企业。到2000年，ML公司的年生产能力超过120万台、年销售收入近17亿元、年利税3000多万元，成为同行业的三巨头之一，也是省内国有企业改革发展的典范。ML公司组织结构的基本特征一直是直线—职能制。在发展过程中，组织结构模式经历了多次调整和改革，各项规章制度不断完善，以创新和改革为核心的组织文化也已基本形成。组织在总体上能够动态地适应公司业务的要求。2009年，公司组织机构设置如图7-7所示。

第七章 薪酬管理

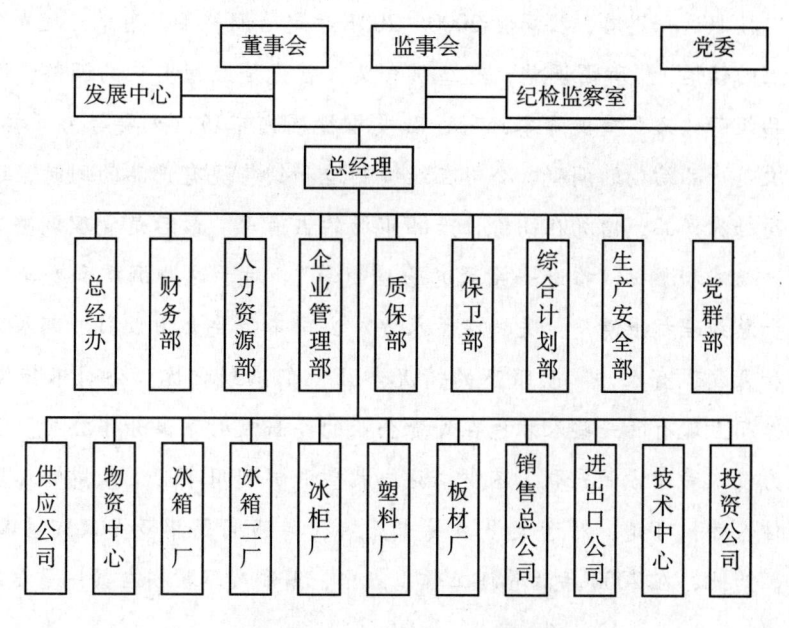

图7-7 公司组织机构设置

尽管 ML 公司仍然能够持续增长，但是，潜伏的危机和挑战越来越明显。从 1998 年开始，公司的外部经营环境出现剧烈变化。其中，最明显的是买方市场来临。企业之间的竞争因此变得更加残酷。原有的 100 多家冰箱企业中，只有 40 多家能够正常运营；在这 40 多家企业中，只有 6 家企业具有一定优势，其余的都处于苦苦挣扎之中。ML 公司虽然属于优势企业，但在越来越激烈的价格战中，公司已经处于不利地位。具体表现在两个方面：一方面，在高价位产品市场上，公司几乎没有优势；另一方面，在中低价位市场上，公司虽然拥有明显的优势，但利润越来越薄，长此以往，对公司未来发展十分不利。

同时，公司组织氛围和组织文化也在悄然变化。首先，伴随着公司规模的不断扩大，"大企业病"开始滋生。管理部门的官僚文化思想和行为有所抬头，组织效率和活力都明显不如从前。其次，由于企业十多年的成功经营，不少员工开始出现自满情绪，过去的学习、创新和变革的动力下降。最后，虽然公司一贯提倡多劳多得，但是，"大锅饭"现象依然存在，一些骨干人才和优秀人才已经有怨言。面对这种情况，公司张董事长和经营班子经过多次讨论后，调整了经营思路。具体内容包括：（1）加快新产品开发和制造，扩大公司在高价位产品市场的占有率；（2）通过加强内部管理，提高效率，节约成本，增强公司在中低价位产品市场上的价格竞争力；（3）扩大出口，探索跨国经营；（4）进入资本市场，推进资本经营，并寻找新的增长点。

按照这一思路，公司把 2000~2001 年定为调整年。用总经理在年初员工大会上的话说，"所谓调整，有三层含义：首先是经营重点的调整，即既要重视产品经营，又要重视资本经营；既要重视国内市场，又要努力开拓国际市场。其次是产品结构的调整。公司在继续制造和销售现有产品的同时，还要大力开发高档次产品，增加在高价位产品市场的占有率。最后是管理调整。要围绕成本、效率和激励，推进一系列的管理变革"。对于这些调整和变革思路，董事长和总经理都很清楚：关键在于人才。公司不但要大力吸引外部人才，更要激励和开发现有人才。而眼下的情况却让他们感到担忧。公司不但没有引进人才，而且现有的一些人才也在外资企业的高薪吸引下离开了公司。虽然公司在人力资源管理方面采取了不少措施，希望能够利用事业、情感和环境来吸引和留住人才，可是，对于大多数员工而言，待遇问题毕竟是决定去留的关键因素。为此，在 2000 年的管理工作重点中，薪酬改革被列在第一重要的地位。

二、ML 公司的薪酬制度与管理实践

与其他方面的管理工作一样，ML 公司在薪酬制度方面也进行了大胆改革和创新。公司从 1985 年转产冰箱以来，在薪酬管理方面，经历了 11 次程度不同的薪酬政策调整和改革。这些改革概括起来可以划分为三个阶段：第一阶段是 1985~1992 年，重点是通过建立和完善奖金分配制度，打破了"大锅饭"，强调多劳多得；第二阶段是 1993~1997 年，重点是通过工资制度的变革，打破了国有企业传统的以资历、身份为基本特征的工资制度，建立了新型的岗位工资制度；第三阶段是从 1998 年到现在，重点是通过工资与业绩挂钩，使薪酬制度更具有激励作用。公司先行的是岗位工资制度与市场化分配相结合的模式。按照这种薪酬模式，员工报酬由三部分组成：岗位工资、补贴及基本福利。其中，岗位工资划分为固定部分和团体业绩部分，各占 30%。补贴部分主要是工龄工资，每年工龄每月增加 5 元。岗位工资总共划分为 12 档，每档七级。等级确定的依据首先是考虑学历和工龄，然后才考虑岗位工作的重要性和复杂性。在实践中，公司每月都会对部门和员工的业绩进行考核。考核结果是决定业绩工资的基本依据。工资最高者与最低者的差距不到 2000 元。

三、薪酬改革的决策会议

经过几天的安置和休整后，曹博士从星期一开始正式到公司上班。ML 公司的惯例，星期一上午是总经理办公会议，这也是公司主要的决策机制。与会

人员包括公司董事长、副董事长、总经理、副总经理、工会主席、党委班子成员。三位公司总经理助理和董事会秘书也列席会议。

上午8：30，总经理办公会议正式开始。由于会议专题讨论今年薪酬改革的目标、重点和原则，因此，曹博士也列席会议。一阵简短的欢迎后，总经理开始了主题性发言：

……年初，我们经过讨论，决定了今年经营工作的思路和重点。从近几个月的运行情况看，我们面临着两个难题：一是缺乏人才，二是激励效果不理想。由于缺乏高质量的技术人才，我们在新品开发和制造方面的进展不大；由于缺乏跨国经营人才，我们在出口贸易和跨国经营方面始终难以有较大突破。在激励问题上，公司虽然打破了原来国有企业的分配模式，实行了岗位工资制度，但是，对于一些关键人才而言，收入和贡献还是不吻合，其积极性和创造性难以得到充分发挥。所以我以为，这次薪酬改革对公司未来发展至关重要。要利用这次薪酬改革，来促进人才引进和人才利用……

主管公司人事、行政工作的党委副书记兼副总经理接着表达了对薪酬改革的看法：

……我个人认为，目前推进薪酬改革对于公司调整目标的实现具有直接性和战略意义，也是一个非常好的时机。从公司的实际情况和人力资源管理的系统性角度看，这次薪酬改革应该注意如下几个问题：首先应该围绕公司为了发展的需要来挑战和完善薪酬制度，尤其要注重人才引进问题；其次，应该注意薪酬制度与公司组织变革、绩效管理等的协调与统一；最后，在保证工资补偿功能的公平性的同时，更应该注重建立和完善公司的激励机制……

公司主管技术开发与设计的副总经理也表示：

……公司的这次薪酬改革应该注意工作性质的差异性。就以公司技术中心的设计人员为例，他们的能力和知识对公司更为重要，应该根据能力和知识的差异来决定工资等级差异。另外，研发人员的激励问题应该重点考虑。在一些公司，开始采取股权激励方式。我们应该利用这次薪酬改革，进一步丰富和发展研发人员的激励机制，……

时间已经到上午10：30，与会的经理人员充分表达了对薪酬改革的看法。这时，董事长开始了总结性发言：

……公司已经多次进行薪酬改革和调整。这些改革和调整，都是为了适应企业发展的需要，都是为了激发员工的积极性。公司的这次薪酬改革，同样是基于这一出发点。我们今年1月份的会议和刚才大家的发言，已经充分表明了这次薪酬改革的必要性和紧迫性，关于这一问题，我就不再多谈。对于这次薪酬改革的目标和指导原则，我想强调两点：首先，无论是过去还是现在，薪酬改革的目的都是要让广大员工公平地享受企业发展的成果。只有这样，员工才能真正忠于企业，才能真正将自己的知识和才能贡献给企业。其次，未来的薪酬制度和政策仍然应该强调员工收入与贡献和表现挂钩的原则。这是公司的成功经验，也是发挥薪酬管理功能的基础所在。至于具体的改革思路和方案，由博士后工作站的曹博士负责研究和设计。会后，公司成立薪酬改革小组，负责配合曹博士进行设计工作。我想，改革的总体思路和框架应该在6月底前决定，具体的改革方案原则上到年底前完成。争取从明年1月1日开始执行新的薪酬制度和政策……

四、现行薪酬制度的诊断结果

总经理办公会议后的第三天，ML公司的薪酬改革小组正式成立并召开了第一次会议。在这次会议上，曹博士结合公司的实际情况提出了薪酬改革的推进路径：

……关于这次薪酬改革，我认为可以分为四步推进：首先是设计调查工具并进行前期的调查和分析，发现现行薪酬管理的问题及其症结；其次根据公司所决定的薪酬改革目标与原则，拟订改革的基本思路；再次是根据公司的实际情况，设计薪酬改革的具体方案和实施原则；最后是培训、推行和调整……

随后，薪酬改革小组就在曹博士的带领和安排下，开始了调查和诊断工作。调查诊断的内容包括公司的业务流程、组织结构、岗位设置、人力资源管理制度、薪酬管理实践以及薪酬水平等。在调查诊断方式上，根据需要，曹博士采用了文献收集分析、访谈、人力资源指数问卷调查和薪酬管理有效性问卷调查。经过一个月的艰苦工作，薪酬改革小组对现行薪酬管理制度和实现形成了如下四个方面的看法：

第一是薪酬管理政策缺乏透明度，员工对现行薪酬制度、政策和实践知之甚少，甚至还存在许多误解。薪酬制度和政策对员工行为的导向作用因此大大削弱。其中原因主要在于公司信息沟通不畅。第二是公司的现行岗位工资制度存在着明显的缺陷，过于重视个人的学历与工龄，且对岗位重要性和复杂性的评价存在严重的不公平特征。这一状况极大地制约了薪酬管理功能的充分发挥。第三是现行薪酬制度的激励功能较弱，没有长期性激励措施，绩效工资制度中只设计了负激励机制。长此以往，不利于员工积极性和创造性的充分发挥。

第四是公司缺乏科学合理的个人业绩评价体系。具体表现在评价标准不明确、评价方式单一、评价过程是暗箱操作。员工对评价过程和评价结果都明显不满。由于员工收入的60%与绩效直接挂钩，因此，这种状况极大地影响了现行薪酬制度的实施效果。

五、薪酬改革的总体思路和框架

时间匆匆逝去，距离预定的汇报时间只有半天了。薪酬改革小组就改革的总体思路问题进行过两次正式讨论并基本达成共识。曹博士坐在办公桌前，一边翻阅着讨论的记录，一边进行整理，终于在下班前完成了关于薪酬改革的总体思路，准备第二天上午提交总经理办公会议讨论。具体内容如下：

第一，为了增进公司薪酬管理的公平性和激励功能，将根据员工不同的工作性质，实行不同的工资制度。

第一种是岗位结构工资制度：主要针对管理人员、生产人员和辅助人员；

第二种是技能工资制度：主要针对技术人员；

第三种是业绩工资制度：主要针对销售公司的所有销售人员；

第四种是契约工资制度：主要针对公司特殊外聘人员；

第五种是实习工资制度：主要针对在公司实习、见习的员工；

第六种是临时工工资制度：主要针对公司临时性员工。

第二，根据组织发展规划、业务流程和管理流程，重新明确各个部门的责任范围、岗位设置及岗位职责，为岗位结构工资制度的调整奠定科学的基础。

第三，按照如下步骤对公司岗位工资制度进行系统的修正。

以岗位说明书为依据，根据岗位职责、劳动强度、岗位技能、劳动条件等指标重新评定岗位等级幅度，使岗位等级的划分更加合理。

在新确定的岗位等级幅度基础上，根据员工学历、工龄、工作表现三个指标决定每个岗位员工的具体工资等级。

制定公司员工岗位等级浮动的专门制度和实施细则，利用岗位工资等级浮动来发挥工资的激励功能。

第四，为了充分调动公司技术人员在生产、管理、技术开发方面的积极性，对技术人员单独实施技能工资制度。具体步骤如下：

公司根据技术人员的技能高低评定技术人员的技能等级，并确定相应的技能等级升迁制度。

根据公司对技术人员的倾斜政策及其他岗位工资水平确定不同技能等级的工资水平。

第五，对销售人员实行"基本工资+业绩工资"的工资结构，并在调研基础上修改完善销售人员现行薪酬管理制度，充分调动销售人员的积极性。

第六，鉴于公司高层管理者的特殊职责和工作性质，将对其薪酬结构进行单独考虑并制定专门的"股票期权奖励制度"，从而既使公司经营者的行为长期化，又充分发挥薪酬管理的约束和激励功能。

第七，制定"员工股权奖励制度"奖励部分对公司作出了特殊贡献的员工。同时，根据各方面员工的特殊需求，设计一系列员工奖励制度，健全公司的正向激励机制。这样，既能够发挥薪酬的激励功能，又有助于公司留住关键人才。

第八，对于公司引进的特殊人才、临时性工人等特殊群体，采取特殊的工资制度。

第九，根据各个岗位的基本职责，制定各个岗位员工的业绩评价标准，设计公开的、多侧面的业绩评价方式，尽力完善公司个人业绩评价标准，为薪酬管理提供科学合理的依据。

第十，设计实施旨在加强组织内部沟通和员工参与管理的制度和方式，加强公司在薪酬管理方面的透明度。

总经理办公会议第二天如期举行。曹博士代表薪酬改革小组重点汇报了改革的总体思路和框架。与会领导分别谈了看法和意见。与往常的会议不同，这次会议一直进行到12：30才结束……

（资料来源：陈胜军，孙苗苗. 人力资源管理习题与实例解析. 北京：对外经济贸易大学出版社，2009）

思考题：
1. 请对 ML 公司的薪酬改革进行分析评价。
2. 你认为这次薪酬改革能成功吗？为什么？

案例分析：
一、请评价 ML 公司的薪酬改革
1. 公司的薪酬改革环境氛围较好

公司从 1985 年转产冰箱以来，在薪酬管理方面，经历了 11 次不同程度的薪酬政策调整和改革。几次薪酬改革促进了企业的发展，主要得益于公司乐于变革的企业文化，这会让改革措施推行起来的阻力小一些。

2. 薪酬改革的思路框架比较全面

由于事前做了充分的调查，并且有先前的经验做准备，又有高层的支持，进行改革的人员又都具有深厚的专业知识，因此这次改革的思路和框架比较全面，而且具有针对性。但是这毕竟只是一个思路和框架，与制定具体措施并得到大家的赞同，还是有一定的差距。但这是一个好的开始。

3. 薪酬改革会涉及利益的重新分配，会有阻力

利益与人息息相关，所以只要改革就会带来阻力，对此要有足够的心理准备。而且不同的员工，不同的层次，看待问题的角度会不同，从决策会议上，我们就能够看出，不同人员发言的角度是不同的，这些发言可能都是正确的，但是却并不是一次薪酬改革就能够解决的，都能够让大家满意的。毕竟每一次改革解决的都是主要问题和主要矛盾，对于其他问题也要妥善处理或者要有一个处理的意见或日程，否则也会影响到薪酬改革的推进。

4. 不同工资结构的实施有可能会带来内部的不均衡

对于技术人员、销售人员、引进人员等不同的员工实行不同的工资制度。虽然这样做，会让工资形式更灵活、更贴合不同性质的岗位。但是他们之间如何平衡，也是一个难度较大的问题。如果解决不好的话，就会引起员工内部的不平衡。

此外，如果薪酬改革配合收入的增长（薪资预算的增加），就会增加员工的薪酬改革满意度。

二、你认为ML公司的这次薪酬改革能成功吗？为什么？

能否成功取决于以下两个方面：

1. 方案的可执行性

可以根据框架和思路，多听取员工的意见，根据实际制定修改薪资方案，不要拘泥于别人所谓的先进技术或经验。因为不同的企业有不同的情况，即使是情况极其相似的企业，也不一定就能套用完全相同的薪酬模式。

在改革中，一定要吸取原有薪酬体系中的优点，如果没有十足的把握，就不要随便进行修改。吸取越多，推行的阻力越小，而且执行起来走样的可能性越小。最忌讳为了改革而改革。

2. 公司的推行力度

薪资改革是所有改革中最复杂、最难的，也是压力最大的。它的推行依赖于企业高层的决心。一旦推行不能修改。刚开始时有一些不周全的地方是难免的，但是修改要慎重，只要不是原则性错误，建议别修改，否则就是牵一发而动全身。不妨先运行一段时间，等大家普遍接受后，再进行修改完善。

案例2　某企业销售人员的薪酬激励案例

一、咨询背景

1. 经营背景

A公司是国内一家以某机械配件产品销售为主的贸易型公司，同时也是一大型国有机械制造公司的子公司。产品的来源有三种：(1) 母公司；(2) OEM制造商；(3) 代理的国外品牌制造商。

公司主要面向国内市场销售个性定制化产品，其产品的规格型号多达上万种，属于小批量多订单型业务模式。

客户群分为两类：长期配套客户和散单客户。

2. 销售部职能与架构

A公司销售部主要负责客户开发、维护和接单工作，接单后的订单处理、采购、仓储、物流等职能均由其他部门分别完成。销售部内部架构如图7-8所示。

```
                    销售部部长
        ┌──────────────┼──────────────┐
                  A行业经理      B行业经理
                       │              │
                  销售部部长      销售工程师
   N区域经理──销售工程师  销售工程师  销售工程师
   E区域经理──销售工程师  销售工程师  销售工程师
```

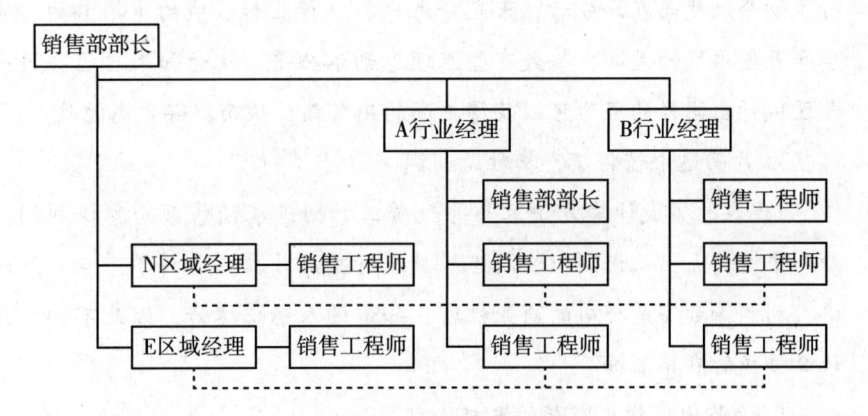

图7-8　销售部内部架构

如图7-8所示，行业经理负责全国的某行业业务，而行业经理们未涉及的其他行业未进行行业细分，分别由各个区域的区域经理负责。行业经理下属的销售工程师，在公司本部由行业经理直接管理。被派驻其他区域，由区域经理对其履行一定的日常行政管理工作，并对其业务提供一定的支持，但是在业务上还是对行业经理负责。因此行业经理和区域经理的团队在业务上是不交叉的。

二、总经理的困惑

销售部是公司的"火车头",A 公司领导一直非常重视销售部,给予的报酬同市场薪酬相比也比较有竞争力。然而公司总经理近来却感到非常困惑,向我们吐露了他的一些心声:

1. 销售经理"吃老本"

"各个行业经理、区域经理在公司从事销售工作已有多年,客户资源越积越多,很多已经形成了多年的关系户。在国家整体经济大环境比较好的情况下,客户的快速发展拉动对公司产品的需求,导致即使不开发新的客户,经理们的业绩也会出现较快的自然增长。当前经理们的主要收入来源之一,是按实际销售额乘以一个提成率得出的提成,该提成率已经有多年未变。在这种情况下,经理们即使不需付出多大努力,收入也可以获得不错的增长,导致其动力不足。"

2. "蛋糕切的大小不一"

"为了专业化和避免内部竞争的需要,公司以行业和区域为依据对市场进行了切分。然而在切分时,未充分考虑各个行业和区域的市场潜力、市场成熟度和开发难度的差异,导致有些经理感到不公平,认为如果自己去另一个行业或区域付出同样的努力可以获得更高的销售额,从而获得更高的收入。"

3. 片面追求销售额,牺牲了利润

"现在的提成计算方法容易导致员工片面追求销售额而忽视利润,我们也看到了这一点,认识到以利润为基数进行提成计算会更科学一点。然而采购价格、利润等数字是公司的商业机密,知道的人越少越好,因此不适宜用来作为计算提成的直接依据。"

4. 面临出现梯队断层的危机

"经理们担心:招收一个新的销售工程师会分散自己的客户资源,降低自己的影响力;而销售工程师一旦成长起来,被提拔成经理后脱离了自己的团队,会带走自己的客户,给自己造成损失。基于这两个方面的原因,经理们带新人的积极性不高,有些甚至宁可单兵作战,这样容易形成人才断层,不利于公司的长远发展。"

5. 年轻销售人员流失严重

"公司销售人员的薪酬模式是最常见的'底薪+提成'模式,所有经理的底薪都是一样的;所有销售工程师的底薪也是一样的。我们的出发点是完全以业绩为导向来进行激励，这是我们认为最公平也最简捷的激励方式。然而销售人员尤其是销售工程师对此意见比较大，流失比较严重。"

（资料来源：代桂旭. 激励"火车头"：销售人员薪酬设计. 中外管理，2006（6））

思考题：
1. 该公司在对销售人员的薪酬管理上存在哪些问题？
2. 请根据该公司的具体情况设计一套销售人员薪酬管理方案。

案例分析：
一、该公司对销售人员的薪酬管理存在问题

顾问组进驻后，又通过对A公司相关人员的访谈对其销售激励政策作了更进一步的了解。总结出其主要存在以下问题，这些问题是导致总经理产生上述困惑的原因：

1. 公司对销售人员的薪酬政策保健有余，但是激励不足

由于公司的大部分业务都是为配套型客户提供配件，这些客户对产品的需求是周期性的、稳定的，一旦开发出此类客户之后，只要花比较少的精力来维护客户关系，确保客户不流失，就可以获得比较稳定的销售业绩。随着时间的推进，这类客户累积得越来越多，带来了销售人员稳定的收益，变成销售人员的一种福利，起不到什么激励作用了。

2. 缺乏目标激励机制

各个行业和区域的市场潜力、成熟度以及开发难度存在差异，以销售额的绝对值作为激励的直接依据，自然不公平。而如果根据行业和区域差异设定不同的业绩目标，再以业绩目标的达成度来作为激励依据就会更加合理。

3. 缺乏科学的业绩评估

"吃老本"、"片面追求销售额"等现象的出现，都与缺乏科学全面的销售人员业绩评估机制有关。

4. 缺乏有效的晋升机制

目前销售人员只有行政晋升一条通道：即销售工程师→行业经理/区域经理→市场部长，晋升机会有限，并且晋升时间会比较漫长。在当前的薪酬政策下，行政晋升又基本上是工资增长的唯一途径。这是年轻销售人员流失的非常重要的一个原因。

5. 缺乏有效的团队激励机制

由于缺乏对销售团队的整体激励和未理清团队内部利益分配关系，导致出现部分销售经理宁愿"单干"的现象。

二、解决方案

基于以上诊断，我们提出了一整套以薪酬设计为核心的销售人员激励解决方案。

1. 确定薪酬总体构成

首先确定薪酬总体构成为标准工资和提成两大部分，其中标准工资又被分为基本工资和绩效工资两个小部分，如表7-1所示。

表7-1　　　　　　　　　　　销售人员薪酬构成

标准工资		提成
基本工资	绩效工资	

2. 确定标准工资水准

该部分的设计有三个步骤：

步骤一：拓宽晋升通道，将行业经理/区域经理、销售工程师分别划分为5个级别，如表7-2所示。

表7-2　　　　　　　　　　　销售人员晋升通道

级别	行业经理/区域经理	销售工程师
1	资深经理	资深业务员
2	高级经理	高级业务员
3	中级经理	中级业务员
4	初级经理	初级业务员
5	见习经理	实习生

步骤二：建立各级别经理/业务员的任职资格标准，并建立规范的任职资格评价程序。根据任职资格标准和任职资格评价程序对现有销售人员进行了资格评定，划分出不同级别。并规定今后每年都定期（实习生转为初级业务员除外）对销售人员进行任职资格评定。

步骤三：对不同级别的经理/业务员设定了不同的标准工资水准。

3. 确定标准工资结构

该部分主要存在三方面的问题：

（1）对于经理和销售工程师，基本工资和绩效工资的比例分别设定为70%：30%和80%：20%。例如，假设中级经理的标准工资为4000元，那么其基本工资和绩效工资分别为2800元和1200元。

（2）每月对销售人员进行绩效考核，根据考核等级对绩效工资进行上下浮动（浮动比例见表7-3），作为实际获得的绩效工资。

表7-3　　　　　　　　　　绩效工资系数

A级	B级	C级	D级	E级
150%	120%	100%	90%	60%

例如，两个中级经理绩效考核分别得到A级和E级，那么其实际得到的绩效工资分别为1800元和720元，其总工资分别为4600元和3520元。

（3）绩效考核采用柏明顿首创的"8+1"绩效量化技术来操作，考核指标有：销售额目标达成率、销售费用率、新客户开发、货款回收率、呆账发生率等。

4. 确定提成办法

（1）基本提成规则。

首先设定一个目标提成额，该目标提成额＝工资标准×λ。对于业务经理，我们把λ设定为100%；而对于销售工程师，我们把λ设定为60%。λ数字设置不同，决定了提成占销售人员总薪酬的比例不同。

而员工的实际提成额＝目标提成额×提成实现率。提成实现率，我们设定受销售额目标达成率和销售价格实现率两个因素影响。如表7-4所示。

表7-4　　　　　　　　　　提成实现率查询表　　　　　　　　　　单位:%

	150	110	120	130	140	150	160	170	180	190	200
销售目标达成率	140	104	113	122	131	140	149	158	167	176	185
	130	98	106	114	122	130	138	146	154	162	170
	120	92	99	106	113	120	127	134	141	148	155
	110	86	92	98	104	110	116	122	128	134	140
	100	80	85	90	95	100	105	110	115	120	125
	90	60	68	75	83	90	95	101	106	112	117
	80	40	50	60	70	80	86	92	97	103	108

续表

销售目标达成率	70	20	33	45	58	70	76	82	89	95	99
	60	0	15	30	45	60	66	72	78	84	90
		—	60	70	80	90	100	110	120	130	140	150
	销售价格实现率

其中，销售额目标达成率 = 实际销售额 ÷ 目标销售额 × 100%

$$销售价格实现率 = \frac{\sum(实际销售价格 \times 销量)}{\sum(目标销售价格 \times 销量)} \times 100\%$$

（2）团队激励。

分为两个步骤：

步骤一：计算团队提成总额。

团队提成总额可以按照基本提成规则来进行计算：

团队实际提成总额 = 团队目标提成总额 × 团队提成实现率；

其中，团队目标提成总额为团队所有个人目标提成额之和；团队提成实现率在计算团队销售额目标达成率和销售价格实现率之后根据查表 7-4 得出。

步骤二：团队内部分配。

首先，对团队负责人的提成进行分配：

$$团队负责人的实际提成 = 团队实际提成总额 \times \frac{团队负责人目标提成}{团队目标提成总额}$$

然后，对团队一般成员的提成进行分配：

$$销售工作师的实际提成 = (团队实际提成总额 - 团队负责人的实际提成) \times \frac{个人目标提成 \times 个人提成实现率}{\sum(个人目标提成 \times 个人提成实现率)}$$

（3）滚动发放。

提成部分按季度（每月预发一部分）累积支付，即：

在第一季度末根据第一季度的绩效目标完成情况支付第一季度的提成；

在第二季度末根据第一和第二季度绩效目标之和完成情况支付第一和第二季度应得提成扣除第一季度已支付部分；

在第三季度末根据第一至第三季度绩效目标之和完成情况支付前三个季度应得提成扣除第一和第二季度已支付的部分；

在年末根据全年的绩效目标完成情况支付全年的提成扣除前三个季度已支付部分。

第七章　薪酬管理

案例3　东航云南分公司飞行员的"集体返航"事件

中国东方航空公司于1988年在上海正式挂牌，1993年正式成立中国东方航空集团，2002年通过兼并中国西北航空公司以及联合云南航空公司组建了新的航空集团。2009年，集团旗下的东航股份公司与上海航空股份有限公司成功实施联合重组，集团持有股份公司70.53%的股权。目前，东方航空集团公司是一家直属国务院国资委的中央企业，是我国三大骨干航空运输集团之一。截至2010年6月，东航集团资产总额为1018亿元，员工6.4万人，拥有运输飞机338架，通用航空飞机18架，通航点152个，国内外航线570条。

2008年3月31日，东方航空公司发生了一个令举国瞩目的事件，该公司云南分公司的14架航班在从昆明飞往云南省内其他机场之后，都没有降落，而是直接返航，结果造成大批乘客滞留在昆明巫家坝机场，这就是所谓的"东航航班集体返航事件"。事发后，东航集团坚称是天气原因使飞行员不得不集体返航，但当天飞同一航线的其他航空公司的飞机却基本都安全降落。种种迹象表明，这是一起飞行员以变相集体"罢飞"的方式来进行维权的行动。飞机每多一次起降就会多一分风险，一向奉行谨慎稳健原则的飞行员为何不惜让上千乘客跟自己一同上演一出空中惊魂的"大戏"呢？他们想让东方航空公司领导层知道什么呢？

"不公平"是飞行员在事后的诸多抱怨中提出的最醒目字眼。在流传于东航云南分公司飞行员大楼中的一封名为"致东航云南公司全体飞行员"的"公开信"中，不仅提及云南分公司飞行员和其他公司之间的待遇差距，更认为，总公司在航线的分配和干线支线的小时费问题上对云南公司明显不公平。飞行员的薪酬来源主要是两部分，一部分是固定工资，这是一小部分，更多的工资性收入来源于小时费，即根据驾机飞行的小时数量来计算的奖金部分，因此，被分配的航线是否容易起降以及空中飞行时间的长短，将会直接影响到飞行员的个人利益。

针对航线的分配及干线和支线之间关系的问题，东航的解释是：总公司是通过全盘考虑来分配航线的，支线向干线让利，重点抓北京、上海、广州的商务黄金干线和从上海出发的国际航线。按照航线的重要性划分，飞支线的飞行员的小时费自然会远远低于主干线。但是，云南分公司的飞行员却觉得这只是总部的一个"借口"。"高原机场四边都是山，气象变化无常，跑道又短，很多公司的飞机都冲出过跑道，"云南分公司一位老飞行员说："别的地方，只要放了机长，到哪里都能飞，但是云南支线机场就要一个机场一个机场地挨个认证才行，每个机场都要让管技术的检查员和领导在飞行技术本上签了字，你才能飞。"相比干线和国际航线而言，云南的支线飞行要花费同样的地面飞行准备时间，危险系数更高，但小时费却最低。

此外，一个更特殊的情况是，云南分公司一直是东航总公司的一根"顶梁柱"。一位熟知内情的云南分公司员工说，2007年云南全省的航空市场放开之后，竞争是存在的，但是云南分公司仍旧向总部上缴了1亿元的利润，而东航总公司全年的盈利却只有5000万元。"这就像是被迫跟亏损企业一起吃'大锅饭'，最气人的是，吃的还是'大锅饭'中最差的'糊锅巴'！"

云南分公司员工对"上海人"的反感甚至能从一个空乘的网络发言中看出："东航总部来昆明飞包机，上来从来都很牛，进门就嚷嚷，我是总部的啦……不是要坐头等舱，就是要我们给他们放行李。"这种对立情绪甚至会在双方接触过程中一触即发。一个典型事例是，云南分公司一位机长因为拒绝了上海总部一签派员加入机组的要求，最后被罚款500元。此外，东航曾经曝出的高层贪污丑闻，使得云南员工对高层管理者始终持有极大的怀疑。例如，云南分公司为丽江航线机组人员休息过夜而设的"丽江基地"，因为常常接待"络绎不绝的上海人"，而被云南分公司员工普遍视作总部上海管理层"游山玩水"的一个证据。一个流传甚广且被多家媒体采用的说法是，"一年的租金就可以买下别墅，但公司就是不买，而是租。养了七八辆车，也都是租的，一年租金也都可以买下车辆。"

"云南人"的种种不公平感似已累积较长时间，飞行员待遇下降，分配不公平，企业内部科层化、等级化，本地员工与东航总部员工之间的意见分歧等，都成为矛盾的焦点。东航内部流传着"西北狼，高原鸡"的顺口溜，"西北狼"是指东航西北分公司的人擅长"和总部闹"，待遇相对提高，而"高原鸡"则是在讥讽东航云南分公司的人"每天只会干脏活累活不会闹待遇，给什么吃什么"。

这一年多，东航公司下属的多家分公司劳资之间"战火不断"，上海总部有20名飞行员辞职，山东济南、青岛分公司、江苏分公司、武汉分公司等情况亦不乐观，西北分公司和甘肃分公司甚至有1/4的飞行员辞职或要求调转。即便如此，这次的"返航事件"仍令人感到突兀。"很奇怪，内部人以前都觉得，云南分公司是东航最稳定的，只有郑志宏一位机长辞职，怎么一出事就这么突然呢？"东航甘肃分公司一位已经提交辞职报告的飞行员说。然而事实上，在过去几年中，云南分公司的飞行员曾有过两次抗议式的集体行动，但均以失败告终。2006年"十一"国庆黄金周之前，他们曾酝酿着学习其他分公司的飞行员搞"集体请假"，但公司高层闻讯后逐个分化瓦解，同样未遂。令人遗憾的是，云南分公司飞行员的利益诉求似乎并没有引起东航高层的重视。

据东航云南分公司飞行员介绍，集体返航的主要原因还是工资待遇太低，而面临的税收却较高。合并前，云南航空公司飞行员的收入在全国属于中等偏上，现在却是在全国偏低的。同为机长，同样飞云南省内的机场，一个月同样飞行90小时，东航云南分公司飞行员的税后收入只是同在云南运营的祥鹏公司飞行员的一半。国航所提供的待遇也是东航云南分公司的两倍。即便如此，更让云南飞行员不解的是，自两三年前开始，云南分公司对于飞行小时费的计算发放有了新规定，即飞行员每月的小时费不能全额发放，都要被扣留几千元，年终时才全部退还，但因为年终是集中一次性返还支付，数额较大，累进税率较高，所以税收标准相应提高到30%。

媒体普遍认为，飞行员面临的限期补税压力是此事件的"导火索"。根据东航云南分公司党委给民航云南安监办的报告，此前云南分公司空勤人员的飞行小时费是按8%的税率核定计算缴纳的。2006年，云南地税局开始要求公司"必须将飞行小时费并入工资薪金一起计算个税（税率为20%~30%），并三次下达整改通知"，后经双方协调，2006年不再补税，但是，2007年的空勤人员小时费则要求在2008年3月31日前申报，4月7日前补缴。相对而言，东航上海总部的飞行员则可以通过合理避税，使个人上缴的各项税费只占收入的5%。"事情发生之前，中队开会，宣布了关于税收的问题，当时飞行员就感到不公平。"有人说，"同样是东航，为什么云南的要上缴20%~30%，而上海的却少得多？""大家都觉得是领导和税务没有协调好，"他说，"云南分公司的老总是从上海总部调来的，他们的税在上海缴纳。他们就像下乡挂职一样，在其位不谋其政。"正是在3月31日这天——飞行员们申报2007年飞行小时费的最后一天，云南分公司的飞行员们选择了返航。

有意思的是，补税事件与东航和云南航空这桩"拉郎配"婚姻以及其后东航与云南地方政府关系紧张都大有关联。单纯从效益角度来看，这场联姻一开始就"不平等"。因为云南特殊的旅游经济地位，当时处于航空垄断地位的云南航空公司一直盈利甚丰，而东航效益却远低于云航。因此，云航人倾向于认为：云航是强行被东航整合的，心里很难服气。因此，在合并后的几年中，每年东航云南分公司的人到总部就必谈云航独立的话题，试图成为财务独立核算的子公司，但据说这与东航的全盘发展思路完全相反。与此同时，云航"独立"的想法似乎得到了云南省地方政府的支持。一个普遍流传说法是，张艺谋在北京举行《印象·丽江》的新闻发布会时，云南省省长、副省长和宣传部长都前往出席，等返回昆明时，3个人却被分开安排到了东航的3架飞机上。另外，2006年3月，云南一位副省长曾带队到东航上海总部谈判，拿出云南省政府和东航联合持股云南航空的具体方案，希望飞机能重新挂回"孔雀"航徽。但是，东航似乎对这一方案毫无兴趣，甚至让这位省领导吃"闭门羹"，据说，这是补税事件的直接原因之一。

背景资料：

在"返航事件"发生前几天，名为"致东航云南公司全体飞行员的一封信"在云南分公司里流传，信中列举四条"应该警醒"的理由：一是相对同行而言，待遇太低；二是一些针对飞行员的检查使"飞行员的自尊心受到了巨大的伤害"；三是工资和补贴标准没有与税收标准接轨；四是提到了"郑志宏"事件，质疑郑曾遭到的天价索赔："这难道是公平之举吗？"

2007年5月17日，东航云南分公司的飞行员郑志宏向分公司递交了辞职报告，但公司表示不可能同意，提出了1257万余元的"天价索赔"，并要求郑志宏承担法律规定的禁止义务，3年内不得从事航空运输飞行工作。双方于是先后进入了劳动争议仲裁和法庭诉讼，后法院一审判决终止双方的劳动关系，东航获赔137万元，但双方均提出了上诉。在一审开庭时，就有二三十个飞行员坐在旁听席上，支持郑志宏。4月14日，郑志宏辞职索赔案在昆明中院二审开庭，这次没有一名飞行员来旁听，到场的几乎全是媒体记者，不过二审法院没有当庭判决。

郭云说："当然这封公开信里的有些内容还是值得商榷的，如针对飞行员的检查是事出有因。3月7日，南航新疆分公司CZ6901机组成功粉碎了一起国际恐怖组织有预谋、有组织、有政治目的的未遂恐怖事件后，全国的机场进一步加强了安检工作，当中也包括对飞行员的检查。"

所以会让飞行员对安检工作产生愤怒，郭云认为有两方面的原因：一是飞行员历来把自己当作机场的贵宾，觉得自己应该和别人不一样；二是云南机场安检人员的工作水平、服务意识很糟糕，没有能够正确处理不同身份人员的检查工作，"当然，第二条原因是更突出的"。

还有一个重大的背景："新疆事件"发生后，民航西南地区管理局局长郭为民到昆明巫家坝国际机场检查安检工作，过程中故意暗中携带了包括管制刀

第七章　薪酬管理

具、液态物等三件违禁物品过安检，"竟然一件都没有被查出来"。有此"经历"后，昆明巫家坝国际机场非常紧张，加大了对所有人员的检查力度，"几乎到了六亲不认的地步了"。

中国政法大学航空与空间法研究中心研究员张起淮告诉本报记者，原中国民用航空总局的建议赔偿价只是210万元。"把一个学员培养成副驾驶，航空公司需要花60万元，从副驾驶到机长，需要花150万元，就这么多。"

"飞行员要走，东航管理层的态度要不漠视，要不就很强硬，索赔要价很高，"张忠说，这使得东航飞行员的辞职行为都较多悲壮色彩。

他提到了2006年6月在上海总部的绝食事件。那次，被追索数百万元巨额赔款的6名青岛飞行员来到公司总部，要求面见总经理，未果，这6名穿着白色制度、剃了光头的飞行员就坐在总部门口绝食4天。最后，领导还是没有出来见他们。因为担心"有了昏迷史会失去再次驾驶飞机的资格"，飞行员们最后自行结束了这次绝食行动。

"他们没办法辞职，闹绝食、集体请假动静又太大，"张忠分析说，"可能觉得所有出路都堵了，就想起最后一招了。""返航"显然成了飞行员们最觉"安全"的一个反抗方式。在"东航论坛"，一个"成功案例"被多次提及："当年西南公司飞拉萨一个月只有两次成功落地，其余全部返航，也都是因为天气啊，结果等待遇提高之后，又都能落了。"

在解读民航总局颁布的《关于正确掌握"八该一反对"确保飞行安全的暂行规定》时，李波提示本报记者注意其中第三条第三款，这一条款规定，当"机长对降落机场条件缺乏信心"时，就"应返航备降"。

从技术上说，返航是机长的权力，甚至是绝对不容干涉的权力。这一民用航空安全的金科玉律，被当事飞行员们当作了"尚方宝剑"。

"塔台给的着陆条件只是参考作用，因为塔台的测试仪器在地面，而云南的省内机场都地形复杂，风都比较乱。"李波说，返航事件中，最可能出现的空地对话是："机长说，'风太乱，我们返航了。'"

"以前飞行员之间确实开过玩笑，说既然返航是机长的权力，那么就干脆空烧公司的油，搞安全罢工，"陈群安也分析说，"这次，可能某个航班遇到了天气原因，也可能一切正常，但他返航了，后面的就马上跟着做了，有一种默契。"

陈群安认为，飞行员在此次事件中肯定是过错的一方。"他们一天到晚跟仪表设备和天气打交道，眼界很窄，只想到要抗议，以为安全返航就没大问题，压根就没想到乘客，也太狂妄了！"

（资料来源：根据《东航集体返航风波》、《东航集体返航事件内幕：限期"补税"是导火线》、《东航机师集体辞职调查：收入差距大成导火线》等资料整理）

思考题：

1. 东方航空公司的薪酬制度合理吗？
2. 这次东航云南分公司飞行员的"集体返航"事件反映出薪酬管理的哪些基本原理？
3. 针对这次"集体返航"事件中反映出来的薪酬问题，东方航空公司应当采取哪些改进措施？
4. 东方航空公司对飞行员的管理制度存在什么问题？应如何改进？

案例4 "海底捞"的秘密武器

近些年来,一家企业在中国商界迅速走红,这家企业并非高科技企业,也并非国际大公司,而是中国本土的一家餐饮企业"海底捞"火锅店。"第一次被朋友介绍去吃了海底捞之后,李芬此后一周带不同的朋友分别在北京的3家海底捞吃了5次,尽管其中有4次在门口排队等待时间超过了1个小时。"这是某媒体对海底捞火锅报道的一段话。"服务员(可爱的笑、发自内心的笑、真诚的笑、逗人的笑)高效、快速、准确、得体、大方、贴切的服务,真的使人有在家的感觉。"这是某网友对海底捞服务员所做的网上评价。那么,这到底是一家怎样的企业呢?

海底捞的全称是四川海底捞餐饮股份有限公司,始创于1994年,是一家以经营川味火锅为主,融汇各地火锅特色于一体的大型跨省直营餐饮民营企业。公司自成立之日起,始终奉行"服务至上,顾客至上"的理念,以贴心、周到、优质的服务,赢来了纷至沓来的顾客和社会的广泛赞誉。经过10多年的发展,公司逐步从一个不知名的小火锅店起步,发展成为一个拥有7000余名员工,其中包括一大批食品、饮食、营养、工程、仓储、管理等方面的专家和专业技术人员的大型餐饮企业。公司目前一共拥有总经营面积超过5万平方米的36家直营分店,4个大型配送中心以及一个投资2000多万元人民币、占地约20余亩的大型生产基地。公司的年营业额超亿元,纯利润超过千万元,先后在四川、陕西、河南等省荣获"先进企业"、"消费者满意单位"、"名优火锅"等十几项光荣称号和荣誉。2007年12月,公司获大众点评网2007~2008年度"最受欢迎10佳火锅店"及"2007年最受欢迎20佳餐馆"奖项;2008年公司荣获《当代经理人》杂志举办的中国餐饮连锁企业十强第一名。

几乎每一位第一次来到海底捞就餐的客人都会对在这家火锅店的消费体验称奇。可以说,这家火锅店中的每个环节(停车、等位、点菜、中途上洗手间、结账走人)都洋溢着服务的热情。客人来到海底捞之后,马上会受到热情的服务。除了有穿着整齐的服务生指引客人停靠车辆之外,他们还努力让客人等位的过程也充满快乐。如果客人需要等位,则热心的服务员会安排客人到专门的等待区,同时会立即送上西瓜、橙子、苹果、花生、炸虾片等各式小吃,还有豆浆、柠檬水、薄荷水等饮料(都是无限量免费提供)。客人还可以在此打牌、下棋和免费上网。更令人惊讶的是,女士可以享受免费修甲服务,男士则可以免费享受擦皮鞋服务等。排队等位成为海底捞的特色和招牌之一。

海底捞的点菜服务可以说是节约当道，当客人所点的菜量可能已经超过了实际需要量时，服务员会及时善意地提醒客人，同时，服务员还会主动告诉客人，各式食材都可以点半份，因而可以用同样的价钱享受相当于平常两倍的菜色。海底捞的席间服务非常及时到位。服务员在席间会主动为客人更换热毛巾，会给长发女士提供橡皮筋和小发夹来整理头发，会给带手机的朋友提供小塑料袋装手机，戴眼镜的朋友如果需要的话还可以免费赠送擦眼镜布，而给每位进餐者所提供的围裙更是一道亮丽的风景线。不仅如此，海底捞的服务员还会暂时充当孩子的保姆。带孩子上餐馆经常是父母的两难，有时候淘气的孩子会破坏就餐的氛围。为此，海底捞一方面创建了儿童天地，让孩子们可以在其中尽情玩耍，暂时让父母全身心投入品尝美味之中；另一方面，海底捞的服务员还可以免费帮客人带孩子玩一会儿，给小孩子喂饭，从而让这些小家伙的父母安心吃饭。

海底捞的卫生间所提供的也可算得上是星级服务，不仅环境卫生干净，而且配备了一名专职人员帮客人挤洗手液、递擦手纸巾，洗手间里甚至还有牙刷和纸杯供客人洗漱。在一般的餐馆吃饭时，一般在饭后会送上一个果盘，但是在海底捞，如果你向服务员提出再给一个果盘的要求，他们都会面带笑容地说没问题，随后立即从冰柜里拿出果盘奉送给你。在客人用餐完毕时，服务员还会马上送上口香糖，一路上遇到的所有服务员都会向你微笑道别。在客人结账时，泊车服务生就会主动询问客人是否需要帮忙提车。如果客人是在周一到周五的中午去海底捞用餐，还可以享受额外的免费擦车服务。

在惊叹于这样一些细致入微的贴心服务之余，很多客人更会惊讶于海底捞员工服务热情的程度。很多人都感到奇怪：海底捞究竟有什么魔力能够让自己的员工一个个精神饱满、热情洋溢？它们怎么能做到使每一位员工都在意顾客是否吃好，下次是否还来，就好像他们自己就是这家火锅店的老板一样？

为了实施客户服务战略，海底捞力图为公司建设一支高效率、高满意度且具有强烈的服务精神的员工队伍。公司认为，要想让顾客满意，就必须使自己的员工能够满意他们自己的生活状态，并且拥有为顾客服务的激情和热情，这样才能不断提高客户服务水平和工作效率。海底捞还要求员工必须态度友好、耐心、工作努力、心态好、主动性强，同时还要具备多种技能如语言能力，从而能灵活地服务于不同的顾客。

关于海底捞被人们广为称道的细节服务，如发圈、眼镜布等，最初只是一个自发的想法。袁华强说："员工提出新建议，大家讨论后觉得可行就会去实施。"

第七章 薪酬管理

防止顾客手机被溅湿的塑封袋就是一名叫包丹的员工提出的创意，这个袋子在海底捞就用该员工的名字命名，即包丹袋。"这种命名的方式既能实现他的价值，也是对他的尊重，很多员工都有很多不错的创意，要给他们提供机会。"当包丹袋在其他店也开始使用时，这些店会给这位员工缴纳一定的费用。在袁华强看来，管理者一个人的智慧是不够的，在海底捞很多富有创意的服务都是由员工想出来的，因为他们离顾客最近。当然，不是每一个创意都可以得到应用和推广，但海底捞鼓励员工自由提出想法，允许员工犯错误。

在海底捞的内刊上，有两行让人印象深刻的字："倡双手改变命运之理，树公司公平公正之风"。事实上，海底捞非常重视创造公平公正的工作环境和"双手改变命运"的价值观。公司总经理袁华强认为，要想让员工在工作中充满激情和自信地去面对顾客，首先要给他们提供良好的工作和生活环境。海底捞服务员的月工资平均1300元，在同行中属中等偏上，但其他福利加下来，员工的平均工资就达到了2000元。海底捞的员工都住在公司附近的正规公寓楼里，房间有24小时的热水供应和空调设施。考虑到年轻员工喜欢上网，公司甚至为每套员工住房都安装了可以上网的电脑，从而减少员工因外出上网而可能遇到的各种风险。海底捞还在西川简阳建了一所私立寄宿制学校，海底捞员工的孩子可以免费在那里上学，只需要交书本费。2007年春节，海底捞北京地区的2000多名员工还坐上公司统一租用的豪华大巴，一同去郊区享受温泉浴。另外，在海底捞工作满一年的员工，若一年累计三次或连续三次被评为先进个人，该员工的父母就可来公司探亲一次，往返车票公司全部报销，其子女还有3天的陪同假，父母享受在店就餐一次。这一系列的福利计划体现的理念就是：海底捞永远把员工的利益和生活摆在第一位，企业会尽最大的努力照顾好企业最重要的资产。

海底捞的管理层都是从最基层提拔上来的，他们都有切身的体会，都了解下属的心理需求，这样，他们才能发自内心地关爱下属，给予员工工作与生活上的支持和帮助，同时也得到员工的认可。袁华强每个月都要去员工的宿舍生活三天，以体验员工的衣食住行是否舒适，以便及时地改善。员工对他从来不叫"袁总"，而是亲切地唤作"袁哥"。在海底捞，店长也可以跟普通员工一起，去给客人端锅打扫。海底捞的基层服务员就可以享有打折、换菜甚至免单的权利，只要事后口头说明原因即可。"因为相对于高层管理人员，每天与顾客直接打交道的只能是普通员工，顾客愿意来海底捞，并不是因为创始人，也不是因为我，而是因为和他们面对面接触的那些员工。"袁华强这样说道。

海底捞的不少员工之间都有亲属关系，这在许多企业都是很忌讳的，甚至是明令禁止。但是该公司董事长张勇却认为，"正因为员工在海底捞获得了尊重和认可，同时他也认可了这里的工作环境与和谐的氛围，他才会介绍亲戚朋友们来。"海底捞现有的管理人员全部是从服务员、传菜员等最基层的岗位做起，公司会为每一位员工提供公平公正的发展空间，如果你诚实与勤奋，并且相信"用自己的双手可以改变命运"这个理念，那么海底捞将成就你的未来！每位员工入职前都会得到这样的告知。在海底捞，只有两个岗位有学历方面的特殊要求——技术总监兼办公室主任；财务总监兼物流董事长。这两个岗位是从外部招聘，对学历和专业管理水平都有较高的要求，其他的所有干部，包括分别要管理近2000名员工的北京区和西安区的经理，也都是从最基层的服务员培养起来的，他们都没有很高的学历，但都具备勤奋、诚实和善良这些素质。对于新招聘来的员工，海底捞有一套独特的培训方法。在海底捞，最常采用的培训方式是核心员工的言传身教。一种是理论培训，即一位老师讲，很多学生听；另一种是在实践中学习，即一位师傅带一个徒弟。海底捞还成立了培训学校，公司的高管请来教授，把自己的多年经营管理经验编成了统一的教材，在培训学校中用统一的培训内容来对优秀员工进行培训。

海底捞还建立了以顾客和员工为核心的绩效考核制度。海底捞考核一个店长或区域经理的总体标准只有两个：顾客满意度和员工满意度。它对干部的考核非常严格，考核分成多个项目，除了业务方面的内容之外，还有创新、员工激情、顾客满意度、后备干部的培养，每项内容都必须达到规定的标准。这几项不易评价的考核内容，海底捞都有自己衡量的标准。如员工激情，总部会不定期地对各个分店进行检查，看员工的注意力是不是放在客人身上，看员工的工作热情和服务效率如何。如果有员工没有达到要求，就会追究店长的责任。海底捞的店长都有很大的权力，总部每月会拿出利润的一部分作为每个店的奖金，这些奖金全部由店长来分配，店长必须全面考察下属的业绩。海底捞目前的直营分店已有17家，分布于西安、北京、郑州、上海四地，分配结果又都是各店自己报上来的，那么，如何保证每位管理者都能真正做到公平公正呢？张勇认为，"有不公正的可能，但是千万不要太明显，他的一切作为必须让绝大多数员工接受，如果大家不能接受的话，他的领导力与影响力会下滑，业绩也会下滑。"此外，海底捞有一个公开的信息源监督制度，每一个分店都会选举两个普通员工作为信息源，对本店管理方面出现的一些问题以书面形式向总部反映，每个月都必须提交，张勇看过后，再转到监察部备案、核实。如果确定反映的问题属实，就会转给该部门的领导进行处理。

可以说，正是海底捞的经营理念及其独特的人力资源管理实践，带来了海底捞的红红火火。

（资料来源：刘昕．薪酬管理．北京：中国人民大学出版社，2011）

思考题：
1. 海底捞的人力资源管理实践中体现了哪些全面报酬的思想？
2. 据报道，人工成本在海底捞这种餐饮企业中占20%～30%，而海底捞的人工成本又是同类企业的两倍，海底捞怎样才能在这种情况下保持自己的竞争力？
3. 海底捞的秘密武器体现在哪里？

案例5　三瑞德公司的薪酬计划

在驱车前往公司的路上，三瑞德公司的副总裁李德显得若有所思，心神不宁。今天上午公司的中高层管理人员和各团队的代表将坐在一起，专门讨论他为公司制定的薪酬方案。三瑞德公司主要生产销售各类化学药品，年销售额达12亿元。

3年前公司开始实施全面质量管理。在克服了重重困难和阻力后，三瑞德公司的改革取得了可喜的成果，公司的面貌发生了实质性的变化。如今公司在交货速度、质量改进以及提高生产率等方面已经有了明显的进步。在全面质量管理工作中，三瑞德公司重新组织了以员工为主导的员工团队，这样做是为了允许和鼓励各层次的员工更快、更好、低成本地开发产品。公司的组织结构正体现了这种思想。但是，公司的薪酬制度还没有体现这种思想。现行的薪酬制度是建立在旧的等级、职位、资历、工作时间和大量与组织绩效无关的标准之上的。这样的制度不能体现按绩效付酬的思想，也起不到激励的作用。可以说旧的薪酬制度遭到了越来越多人的抱怨和反对。

在这样的背景下，三瑞德公司决定改革薪酬制度，管理层决定由副总裁李德负责此事。李德在经过近两个月的调查研究，多方收集反馈意见，并在听取专家建议的基础上，制订了一套新的薪酬方案。在会上，李德提出了他的新方案，以下是新方案的主要内容：

新的薪酬方案中工资由两部门组成：基本工资和变动工资。其中基本工资占总工资的75%，变动工资部分占总工资的25%。基本工资是个人固定的薪水，由公司内部的公平原则体现。而变动工资则由团队的绩效和部门财务状况决定。团队的绩效主要体现在产品质量、销售成本、交货速度、安全和环境五个方面。

李德在发言中谈到，他希望新薪酬方案能够支持并且推进公司中已经发生的变化。即团队解决自身问题能力的提高，新产品、新工艺的不断涌现等。李德认为这主要由工资中的变动部分体现。因为变动部分由团队绩效决定，即他们是否在质量、单位成本、交货速度等方面做出了改进，与其他部门的协同工作是否增加了部门的利润。虽然在衡量每个团队的工作绩效时，具体标准将由团队的工作方式决定，但无论具体标准是什么，新的薪酬计划能够直接满足公司的管理思想。

李德的发言刚刚结束，快人快语的研发部主任王玮就接上了话茬："我觉

第七章 薪酬管理

得新的薪酬方案不可行。因为不对员工工作加以指导，而只采用激励的方法是毫不现实的。我招聘、培养的人都是技术人员，他们都有理工科的学历背景，正在为公司的经营战略发挥他们的化学专长，对此也游刃有余。可是他们在团队工作中，却必须花很多时间向其他团队成员解释基本化学原理，这挤占了他们很多本来在实验室的工作时间。我希望让他们自由地工作，做他们最擅长的也是我们最需要的工作。"

王玮平息了一下激动的心情，接着说："最重要的是，我希望能吸引最优秀的人并给他们激励。可如果按照团队其他成员的绩效来评定他们的报酬，那就很难留住研发人员，这样我们就会失去优秀的员工，甚至整个研发力量。"

"你当然这么想，"刘路回敬了一句，他是包装团队的代表："你们这些技术人员当然认为自己在发明新产品中是最重要的。其他如配药、灌装、运输、销售的人都不如你们重要。"

"而且你也不能代表车间技术人员的观点。"刘路继续说，"我们包装团队有一位成员叫赵平平，他以前在实验室工作，可他现在非常喜欢我们这个25人的团队工作。他想知道客户是如何使用他设计的产品的，在批发产品的过程中如何付款的。他更喜欢现在的工作是因为他知道产品在生产出来以后，是如何进行包装的。所以为什么不能把他的工作和我们团队的改进联系在一起？他的技术只有在我们成功地服务了顾客以后才体现出价值。"

"刘路，也许。"王玮想发言。

"等一下，王玮。"刘路继续说。"因为我确实对该方案的另一部分有意见。它将团队的绩效同每个人的工作联系在一起。这意味着一旦团队中的某一个人产生了工作失误，团队中的其他人就必须一同受到惩罚。拿我们包装团队来说，将近一年来，我们一直在努力工作，在每个周末都加班。现在我们3周装卸的货物相当于过去3个月的量，并且我们已经把损失减少到了过去的1/So 现在我们正在寻找能够降低包装成本的方法。尽管这些改进并非很容易达到，但是我们一直在努力工作。因为我们都喜欢自己决策。坦率地讲，我们大部分人认为如果有权自己选择，我们会做得和上级预期的一样，甚至更好，我认为我们已经这样做了。"

"但是，我们一直没有看到因努力工作得更好，而得到提升或奖励。确实，管理人员每个月都去我们那里，并把我们的成功告诉公司里的每个人。但是事实上，我们并没有比以前多挣任何钱。"

"如果公司实施新的薪酬计划，我还是不知道我的团队会因为努力工作而

· 317 ·

多得多少奖金,但是很明显,我的团队会因为其中一人的失误而集体受到惩罚。"刘路说完,抱着双臂坐回座位。

此时公司的财务总监张敏说话了:"刘路,我们是否可以换一种眼光来看问题。所谓的惩罚,只是经营中的一种结果而已。我们必须准备随时面对问题。如果这些问题不能及时得到解决,那积累起来就会造成严重后果而不可收拾。但是真正的问题是谁该为之负责。刘路可能把他的薪水与他不可控制的领域联系起来,因此他感到了不满。但是他的团队与其他团队相比为什么应该不同呢?如果人人都要求与众不同,三瑞德化学公司将不复存在。举例来说,如果油价上扬,导致乙烯成本上升,从而导致我们产品成本上升时,公司会因此而受到影响。6年前发生这种情况时,公司维护了员工的利益,因为我们是把薪金作为固定成本。而根据新的薪酬方案,员工薪金的4%将和公司的整体业绩挂钩。我认为,这还是比较合理的。毕竟高级管理人员薪金与企业整体业绩挂钩更多些,最多可达6%。每个人的工资为什么不可以有些浮动呢?"

此时公司的培训主管高斯清了清嗓子,大声说:"我同意张敏的意见,将个人薪金与公司的整体业绩联系起来,不过我的出发点与张敏不同。将团队业绩与成员薪金挂钩,可以鼓励大家更努力工作,也许在此过程中,团队成员之间会有冲突,但是最终结果会使企业更加成功。新的薪酬计划会督促大家协同工作,组成高效团队,成员之间相互学习、指导,以便将工作做得更好。实际上,我更希望大多数人的薪金依据团队对其他团队的贡献而定。"

此时,聚合物团队的王克插话了,"我对新方案没有什么问题。但是,公司里很多人没有能力也不愿意真正融入计划。硬要培训他们,我们会花太多的精力和金钱。所以我建议可以采用裁员的方法,应裁员5%,谁不愿接受变革谁走人,这样还能考虑考虑这个新计划"。

"很好。王克,谢谢你的建议。"公司总裁章军最后总结说,"李德,我知道你花了不少时间与员工交流,出于关注企业的发展才提出这样一份计划。原则上,我认为这份计划不错。它把员工的薪水与绩效联系起来。我从不认为我们已有的质量管理和薪酬方案尽善尽美。但我们已有了很好的建议,我们将在下周推出新制度。下面,我们来听听专家们的意见,所谓旁观者清,当局者迷。"

来自MT公司负责薪资的副总裁赵启化在众人的注目下,清了清嗓子,不紧不慢地谈出了自己的看法:

"我觉得章总所说的下周推出新制度,与公司所实施的全面质量管理的理念相矛盾。为什么对所有公司成员都有影响的薪资计划不听取所有人的意见，而仅仅由高层管理部门决定呢？所以公司应该增强员工的参与度，薪酬计划的制订过程和最终结果都应取决于受其影响的员工。近来摩托罗拉的一个技术人员的团队，制订了他们自己的薪酬计划，并交给了薪酬管理人员。经高层管理人员同意后即可实行。现在，他们的计划尽管还不完善，但允许员工制定并维护薪酬计划的思想继续下去，会产生良好的效果。

因此，我认为李德应该像个教练，在薪资条件产生重大改变时，去听取一个跨职能团队的意见，此团队应由公司各层人员组成。薪酬专家应深入员工中回答问题，以推动此过程的发展，与员工们分享他的专长，而不是强制他们接受一个结果。

我不认为把员工的部分工资转化为风险工资，会起什么作用。同众多历史悠久的大企业一样，三瑞德公司的企业文化会阻碍其实行风险工资。因为在三瑞德公司，地位观念、家长制作风在公司里还根深蒂固，我估计三瑞德公司的最高管理层在员工们极度怀疑的情况下，推行部分风险工资制度会不顺利。

当然，风险工资本身从理论上来说是合理的。在许多公司也行之有效。但它能成功实施的基本立足点是：员工能否认识和理解他们的业绩和薪酬之间关系。

我想三瑞德公司的工资改革方案最终会选择与市场一致的基本工资并加上一定的利润分享。这样可以保证员工因努力工作带来的收入的一部分，直接反馈给他们自己。"

此时来自当地一所著名大学商学院的何冰教授接过了话题："今天，一个流行的说法是薪酬的再设计能激励不同的个体。对此我并不认同。薪酬并不是影响变化的好方法。以上大家的讨论给我的一个感觉是，围绕薪酬再设计所引发的争论与人们实际工作关系并不大，可以想象，新的薪酬计划对于提高员工的工作积极性的效果不大。

我认为三瑞德公司的薪酬再设计工作重点应在于鼓励所有的员工，从内心深处真正认识到提高工作绩效的必要性和迫切性。一般情况下，如果人们抵制组织中发生的正式的改变，如薪酬的再设计工作。那是因为他们感觉不能接受新的责任和行为。所以要顺利推行新的薪酬计划，李德应该给员工们机会学习并逐渐适应新的角色和责任。

薪酬的职能是创建企业内部的平等和公正。薪酬应该使员工们被组织吸引，没有证据表明现在三瑞德公司的工资制度已经存在严重的问题，必须加以改进了。我个人认为,在解决怎样付薪以前,应解决怎样工作。所以作为一个组织应该尽量延迟薪酬变化的时间,直至企业强烈需要进行薪酬制度的再设计工作。

我的建议是让薪酬计划作用下降,三瑞德公司并不真正需要薪酬的改变,它真正需要考虑的是如何击败对手,如何更好地服务顾客。作为总裁,章总应真正关心团队工作情况如何。如果他们工作不好,应该找出原因,而不是简单地进行一次薪酬再设计工作就能解决所有的问题。"

(资料来源:张岩松,赵明晓,李健. 人力资源管理案例精选精析(第3版). 北京:中国社会科学出版社,2009)

思考题:
1. 薪酬制度在企业中发挥着怎样的作用?
2. 三瑞德公司应怎样解决企业遇到的薪酬制度改革问题?
3. 接下来三瑞德公司应该采取怎样的举措?

第七章 薪酬管理

案例6　某房地产公司的奖金分配方案

位于海南某县城的某房地产公司成立才4年,但在公司领导的带领下,公司规模不断扩大,所开发的地产项目由原来的50多亩地增至500多亩。该公司现有职工人数为253人,其中第一负责人为11人,主管级员工为27人,普通员工为215人;部门划分为:总经办、营销部、财务部、工程部、采购部、物业部、人力资源部、行政部、开发部等,核心部门分别是工程部和营销部。近年来在全体员工的努力下,公司的项目销售非常成功,销售额突破6亿元人民币,使公司获利颇丰,不仅如此,还在海南的地产界站有一席之地。为此,公司领导层决定拨下300万元奖金,奖励为公司做出巨大贡献的全体员工,但这笔奖金具体应怎么进行分配是公司领导和人力资源部该值得思考的问题。

于是,公司领导决定召集各部门的经理层开了一个"年终奖金分配"的会议。总经理首先在会议发言,他说:"公司这几年的快速发展及盈利速度是与公司全体员工的努力分不开的,为了奖励全体员工对公司所做的贡献,年底将发放丰厚的年终奖金。在年终奖金的分配上,应该大家人人都有份,但是不能吃'大锅饭',因为每个人对公司所做的贡献都不一样,大小各异。如果每个人都拿一样的奖金,则会出现平均主义,对其他做出巨大贡献的员工来说就会产生奖金分配不公的现象,将会严重打击员工的工作积极性。为了防止出现奖金分配不公的现象,因此特召集各部门负责人前来进行奖金分配问题的商讨。下面就由人力资源部李经理向大家介绍一下奖金分配方案的初稿。"

李经理说:"奖金分配第一步:因先确定大致的分配档次,主要分三个档次,部门第一负责人的奖金基数为15万元或以上(其中,工程部负责人18万元,开发部负责人16万元,其他各部门负责人15万元),主管级员工的奖金基数为5万元或以上(其中,工程部主管8万元,工程师7万元,其他部门主管级员工为5万元),普通员工的奖金基数为5个月的月工资,营销部属于核心部门,年终奖则分开分配;第二步:奖金分配标准根据以下公式来进行测算:个人奖金金额=奖金基数×部门系数×岗位系数×考核系数。各部门系数、岗位系数和考核系数的确定如表7-5、表7-6、表7-7所示。"

方案介绍完毕后,各部门经理纷纷提出不同的意见。管财务的刘经理说:"我个人认为这个分配方案挺好的,能够鼓励大家努力工作,但我觉得奖金分配基数的档次太少,档次之间的差距太大,而且如果普通员工都以5个月月工资作为奖金基数的话,可能会造成平均主义的产生,而且会影响到员工的工作

表7-5 部门系数表

级别＼部门	工程	财务	营销	采购	开发	人力资源	行政	总办	物业
第一负责人	1.2	1.1	1.2	1.2	1.2	1.1	1.1	1.1	0.8
主管级	1	1	1	1	1	0.9	0.9	0.9	0.9
普通员工	0.7	0.7	0.7	0.7	0.7	0.6	0.6	0.6	0.6

表7-6 岗位系数表

序号	级别	岗位	岗位系数
1	第一负责人	分管策划副总经理、工程总监、财务总监、人力资源经理、开发经理、物业经理、采购副经理、办公室主任、工程部经理	1.5
2	主管级	主管、会计、工程师、出纳	1
3	基层员工	专员、文员、前台、助理、收银、保安队长、副队长、资料员、司机、厨师、测量员、材料员、水电工、保安班长、保安、吧员、保洁、帮厨、车队长、法务专员、总务处长	注：不参与此测算方法，则不设系数

表7-7 考核系数表

奖惩标准	奖		惩
	提前、超额、超质完成工作任务	正点、按质、按量完成工作任务	没有完成工作任务
考核分数及等级	(80≤X<100)	(60≤X<80)	(X<60)
考核系数	1～1.2	0.6～1	0

说明：各系数区间包含下限，不包含上限

积极性。因为员工觉得，无论我做出多大的贡献，我的奖金基数跟其他人一样，这样造成分配不公的现象。"

工程部的李经理接着说："刘经理说的对。我觉得奖金方案只有拉开差距，尤其是要结合每个部分和每个岗位的贡献来发，才能有效调动员工积极性。像我们工程部可以说是全公司最辛苦的一个部门，公司的业绩很大程度上取决于我们部门员工的努力。所以我建议我们部门的分配系数至少要比其他部门高0.2点数才合理。"

李经理的话音未落，营销部的王经理、采购部的张经理、开发部的赵经理也纷纷发言，表白自己部门的辛劳，要增加部门的分配系数。会场顿时乱成一团。总经理看着嘈杂的会场，心中烦扰不已，这笔资金到底应该如何分配才能让大多数员工都满意呢？

（案例作者：邢贞娟　　指导老师：林銮珠）

思考题：

1. 此案例中的奖金分配是否合理？
2. 案例中的各部门经理的观点是否正确？
3. 请为该房地产公司设计一个更加合理的奖金分配方案。

参考文献

[1] 董克用，李超平．人力资源管理概论．北京：中国人民大学出版社，2011．

[2] 冯光明，徐宁．人力资源管理．北京：北京理工大学出版社，2010．

[3] 姚泽有，张建国．人力资源管理．北京：北京理工大学出版社，2012．

[4] 侯光明．人力资源管理．北京：高等教育出版社，2009．

[5] 刘昕编著．薪酬管理．北京：中国人民大学出版社，2011．

第八章 职业生涯规划与管理

第一节 概述

一、职业生涯

(一) 职业

个人在社会生活中所从事的作为主要生活来源的工作。

(二) 职业生涯

一个人一生的工作经历，特别是职业、职位的变动及工作理想实现的整个过程。

1. 外职业生涯——"我在干什么"

(1) 外职业生涯略超前时有动力；

(2) 超前较多时有压力；

(3) 超前太大时有毁灭力！

2. 内职业生涯——"我想干什么"

(1) 内职业生涯略超前时很舒心；

(2) 超前较多时很烦心；

(3) 超前太大时要变心。

只有内、外职业生涯同时发展，职业生涯之旅才能一帆风顺！

二、职业生涯规划

（一）个人职业生涯规划

个人根据自身的主观因素和客观环境的分析，确立自己的职业生涯发展目标，选择实现这一目标的职业，以及制定相应的工作、培训等计划，并按照一定的时间安排，采取必要的行动实施职业生涯目标的过程。

（二）组织职业生涯规划

组织根据自身的发展目标，结合员工的发展需求，制定组织职业需求战略、设计组织职业通道，并采取必要措施对其加以实施，以实现组织与员工职业发展目标相统一的过程。

三、职业生涯管理

企业帮助员工制定职业生涯规划和帮助其职业生涯发展的一系列活动。职业生涯管理应看做是竭力满足管理者、员工、企业三者需要的一个动态过程（见图8-1）。

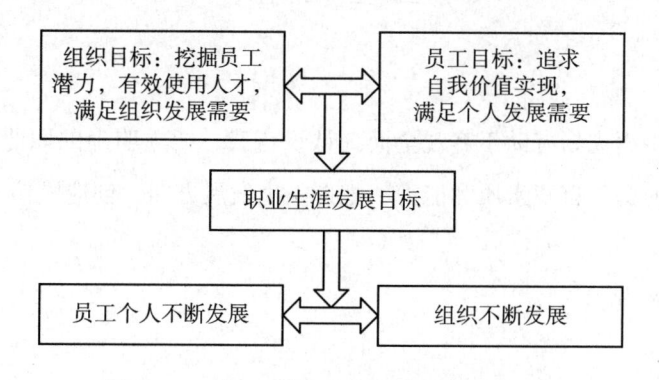

图8-1 职业生涯发展中的组织与员工关系

（一）组织职业生涯管理（Organizational Career Management）

由组织实施的、旨在开发员工的潜力、留住员工、使员工能自我实现的一系列管理方法。

（二）个人职业生涯管理（Individual Career Management）

社会行动者在职业生命周期（从进入劳动力市场到退出劳动力市场）的全程中，由职业发展计划、职业策略、职业进入、职业变动和职业位置的一系列变量构成。

四、职业生涯管理的意义

（一）从组织层面考虑

（1）企业动机：尊重人和用人。
（2）企业目标：高归属感和高效率。

（二）从个人层面考虑

（1）个人动机：我的未来不是梦；归属感；成就感。
（2）个人目标：为未来投资。

第二节 个人职业生涯规划

个人职业生涯规划有助于客观全面地认识自我，树立明确的职业发展目标增强人生动力，全面提高自我素质和能力，把握人生发展方向，创造成功人生。

一、职业选择理论

（一）特质—因素理论

"特质"是指每个人所具有的独特的人格特点与能力模式，它是可以测量的；"因素"是指产生令人满意的工作绩效所需要的条件。

帕森斯提出职业选择由以下三个步骤组成：（1）自我分析，即评价自我的生理和心理特点；（2）工作分析，即分析各种职业对人的要求；（3）人职匹配，即实现个人与职业间的匹配。

美国职业心理学家威廉森强调在职业指导的过程中，对于职业选择有困难的人，必须进行仔细的诊断，分析求职者的个人特点，将个人情况与职业要求相对照，分析其匹配程度，以协助求职者做出职业选择。

（二）职业锚理论

职业锚理论由美国麻省理工学院斯隆管理学院教授埃德加·H. 施恩（Edgar H. Schein）提出。职业锚是指个人经过探索所确定的长期职业定位，它由三部分组成：

（1）各种作业环境中的实际成功为基础，认识到的自己的才干和能力；

（2）以实际情境中的自我测试和自我诊断以及他人的反馈为基础，认识到的自我动机和需要；

（3）以自我与组织和工作环境之间关系的实际状况为基础，认识到的自己的态度和价值观。

施恩提出了八种类型的职业锚：技术/职能型、管理能力型、创造型、安全感型、自主型、纯挑战型、服务型、生活型。

（三）人格类型理论

美国约翰·霍普金斯大学心理学教授霍兰德于20世纪60年代创立了人格类型理论：

（1）大多数人的人格类型可以归纳为以下六种，即现实型、研究型、艺术型、社会型、企业型和常规型。每一种特定类型的人，会对相应职业类型中的工作或学习感兴趣；

（2）现实中存在与上述人格类型相对应的六种环境类型；

（3）人们在积极寻找那些适合他们的职业环境，以求在其中能够充分展示自己的技能和能力，表达自己的态度和价值观，并且能够完成那些令人愉快的使命和任务；

（4）个人的行为是其个性特征和环境特征共同作用的结果。

二、职业生涯规划的方法

（一）"五What"法

"五What"法有以下五个需要思考的问题，以确定自己的职业生涯规划。

What are you?

What do you want?

What can you do?

What can support you?

What can you be in the end?

（二）生涯愿景模型法

生涯愿景模型法主要从自我形象、有形财产、家庭生活、个人健康、人际关系、职业状况、个人休闲等方面考虑建立个人职业生涯愿景：

（1）想象实现愿景后的情景；

（2）形容个人愿景；

（3）检验并弄清楚个人愿景。

（三）PPDF 法

个人职业发展档案法（PPDF 法），主要内容包括：个人基本情况、个人发展现状和个人未来的发展三个部分。

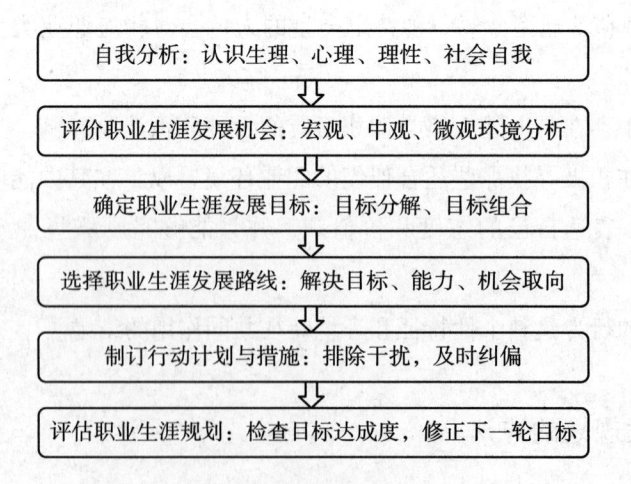

三、职业生涯规划的步骤

职业生涯规划的步骤如图 8-2 所示。

```
┌─────────────────────────────────────────────┐
│ 自我分析：认识生理、心理、理性、社会自我      │
└─────────────────────────────────────────────┘
                    ↓
┌─────────────────────────────────────────────┐
│ 评价职业生涯发展机会：宏观、中观、微观环境分析 │
└─────────────────────────────────────────────┘
                    ↓
┌─────────────────────────────────────────────┐
│ 确定职业生涯发展目标：目标分解、目标组合      │
└─────────────────────────────────────────────┘
                    ↓
┌─────────────────────────────────────────────┐
│ 选择职业生涯发展路线：解决目标、能力、机会取向 │
└─────────────────────────────────────────────┘
                    ↓
┌─────────────────────────────────────────────┐
│ 制订行动计划与措施：排除干扰，及时纠偏        │
└─────────────────────────────────────────────┘
                    ↓
┌─────────────────────────────────────────────┐
│ 评估职业生涯规划：检查目标达成度，修正下一轮目标 │
└─────────────────────────────────────────────┘
```

图 8-2　职业生涯规划的步骤

第三节　组织职业生涯规划

一、组织目标与要求

（一）组织目标及要求与个人需求相匹配

组织目标及要求与个人需求相匹配，如图8-3所示。

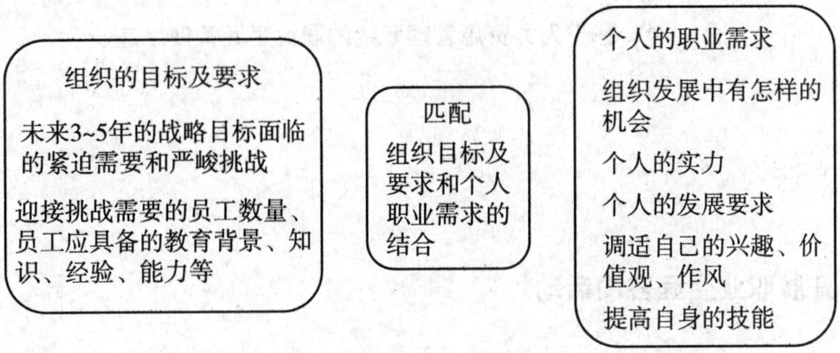

组织的目标及要求	匹配	个人的职业需求
未来3~5年的战略目标面临的紧迫需要和严峻挑战 迎接挑战需要的员工数量、员工应具备的教育背景、知识、经验、能力等	组织目标及要求和个人职业需求的结合	组织发展中有怎样的机会 个人的实力 个人的发展要求 调适自己的兴趣、价值观、作风 提高自身的技能

图8-3　组织目标及要求与个人需求相匹配

（二）建立组织与员工的心理契约

组织的责任在于向员工提供评估工具、开放的环境和机会，以发展员工的技能。员工的责任是管理自己的职业生涯，并且只要在某个组织工作，就要对这个组织的目标做出某种承诺。

（三）基于人力资源管理职能的职业生涯管理之道

基于人力资源管理职能的职业生涯管理之道，如图8-4所示。

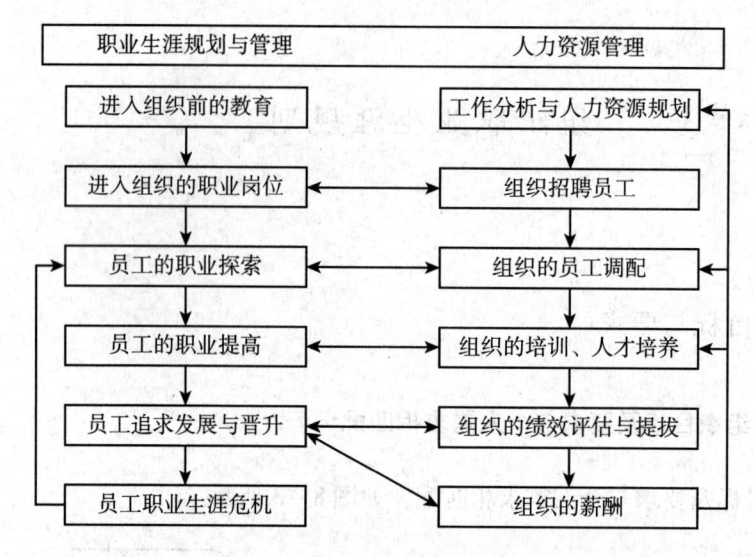

```
职业生涯规划与管理              人力资源管理
    │                              │
进入组织前的教育              工作分析与人力资源规划
    │                              │
进入组织的职业岗位    ←→    组织招聘员工
    │                              │
员工的职业探索        ←→    组织的员工调配
    │                              │
员工的职业提高        ←→    组织的培训、人才培养
    │                              │
员工追求发展与晋升    ←→    组织的绩效评估与提拔
    │                              │
员工职业生涯危机      ←→    组织的薪酬
```

图8-4 基于人力资源管理职能的职业生涯管理之道

二、组织方法

（一）开展职业生涯咨询活动

管理人员或资深人员针对员工在职业生涯规划和职业发展过程中的困惑和问题，进行诊断并提供咨询建议。

（二）举办职业生涯研讨会

（1）针对新员工的研讨会是为同一批次招聘进来的新员工举办的，一般安排在岗位培训前或穿插在岗位培训中进行。

（2）针对老员工的研讨会是定期举办的（一般1年1次），旨在帮助他们修订职业生涯规划。研讨会除参会的员工、部门负责人外，还可以邀请组织高层管理者、业内专家、成功人士等参加。

（三）编制职业生涯指导手册

由于社会剧变、政策与法律调整、技术上的重大突破、组织的创新与变革、组织岗位设置与工作分析的变更等，都会影响员工的职业设计与发展，因此需要不断进行手册内容的更新。人力资源管理部门在编制职业生涯指导手册的过程中应加强沟通与交流，反复征求各方面意见。

三、实施措施

（一）开展工作分析

工作分析是应用系统方法，收集、分析、确定组织中的职位定位、目标、工作内容、职责权限、工作关系、业绩标准、人员要求等基本因素的过程，工作分析是制定职业生涯发展规划的起点。

（二）制定员工晋升、调动与配置规划

（三）设计职业生涯发展通道

（1）传统职业通道；（2）双重职业通道；（3）横向职业通道；（4）网状职业通道。

（四）重视职业发展中的培训与开发

（1）进行职业培训需求分析；（2）制订职业培训的计划；（3）实施职业培训计划；（4）进行职业培训效果的评估。

（五）建设和优化职业管理信息系统

（1）加强组织的发展战略与规划、人力资源的供求状况、职位的空缺与晋升等方面信息的动态发布与管理；

（2）加强员工职业信息的档案管理；

（3）要根据环境和情况的发展和变化，对组织和员工的职业信息不断进行更新和维持。

（六）建立职业生涯评审制度

年度评审会谈的内容一般包括以下方面：本年度的工作成绩与失误；本年度中观念的转变与能力的变化；成绩与失误的原因分析；本年度中教育培训的效果；有关家庭和个人身体健康信息；本人对下年度工作的希望；本人对教育培训的需求等。

评审方式通常是在两个人、三个人乃至更多的人之间以谈话的方式进行。

第四节 职业生涯各阶段的管理

职业生涯各阶段的管理，如图8-5所示。

```
早期    自我管理：良好第一印象；和谐人际关系；
                克服困难；完善自我
        组织管理：做好规划；多种措施促进发展；相互接纳
中期    自我管理：保持乐观；新角色决策；言传自教；
                平衡工作、家庭、自我
        组织管理：创造机会；帮助实现价值；
                协调工作与家庭
晚期    自我管理：调整心态；着手退休准备；转移生活重心
        组织管理：退休教育；发挥老员工优势；
                做好工作衔接；关心老员工
```

图8-5 职业生涯各阶段的管理

第八章　职业生涯规划与管理

案例1　企业导师制的是与非：N集团导师辅导制度推行前后

○ 引言

荷马史诗《奥德塞》中，特洛伊战争结束之后，奥德修斯将返回其位于伊萨卡岛的王国宫殿。临行前，奥德修斯给儿子留下睿智且值得信赖的好友门特（Mentor）来守护、教导儿子特勒马科斯（Telemachus）；门特也因此成为西方文化语境下导师的代称。实际上，在世界各国的历史文化传承中，都不乏"导师"形象——孔子、释迦牟尼、苏格拉底、柏拉图等都是卓越超凡的"导师"。

企业导师制是指企业中经验相对丰富，有着较高技能的资深管理者或技术专家，与新入职员工或经验不足但有发展潜力的员工建立起的支持性关系。人力资源管理中设立导师制度，可以充分利用公司内部优秀员工的技能和经验，帮助新成员和转岗人员尽快提高业务技能，适应新岗位的任职要求。无疑，导师制有助于在企业智力层面构建起良好的工作和学习氛围，是一种依赖企业内部人力、智力资源，快速培养适合本企业发展的人才培养机制。很多跨国公司，包括微软、IBM、Intel、诺基亚、西门子等在内，都在公司内部倡导、推行导师制。

然而，"导师制"实行也不是无往而不利的。特别是在中国的文化背景下，企业推行"导师制"可能会遇到这样、那样的困惑和问题。这些问题在N集团推行导师辅导制度的实施过程中都曾以不同方式出现过……

○ 成长的烦恼

N集团行政总裁高天一筹莫展地望着人力资源部提交的上年度年终总结报告，"两年以内招聘的新员工流失率为18.3%"，已经远高于业内的平均员工流失率。而N集团之前一直以员工的稳定性强而为业内企业所称道。而眼前这个触目惊心的数字显然让高天大失所望，他不由得皱起了眉头。

N集团是业内较为知名的一家软件服务企业。近几年，企业进入发展的黄金时期，业务量扩张迅速，在全国各地建立十余个软件开发与技术支持中心，并在40多个大中城市里构建营销与服务网络。与此同时，人力资源招聘力度也逐年增强，每年新入职员工数量增长速度都保持在20%左右。然后，这些以"70后"、"80后"为主体的新员工似乎不太安分，也难以形成对企业的认同感和归属感，新员工流失率很高——不！是太高！

看完人力资源部的报告，高天仰靠在椅子上，闭上眼睛，陷入了冥想……忽然，一个词蹦进了他的脑海——导师制。他想起之前自己在清华大学EMBA听课时，一位教授曾说过，很多跨国公司都采用导师制来解决困扰公司成长的"人才培养、人才流失"等问题。导师制具有很多优点。例如，能够解决了引进人才的"水土不服"问题，缩短了引进人才的"同化期"，保证企业的人才供应；还能使员工对自己的发展前途和空间充满信心，降低公司人才流失比率。导师制在知识密集型企业的管理实践中应用尤为广泛，微软、IBM等都卓有成效地推行过导师辅导制度；导师制的有效推行可以最大限度发挥人才潜能，提高员工综合素质和专业技能，培养出符合企业自身发展要求的人才；另外，导师制也有助于完善公司的学习型组织建设，发挥团队竞争优势。

想到这里，一贯以雷厉风行著称的高天迅速抄起手边的电话听筒，拨通了集团人力资源部的电话……

○ 借力"导师制"

高天与人力资源部各部门主管一起召开了简短的会议。会上讨论并认可了推行"导师制"的可行性。大家一致希望以导师制引入为契机，推动新员工认同企业文化，提高员工凝聚力，并为企业培养一批既懂技术又懂管理的队伍。

会后，负责人才招聘、员工培训和员工发展等部门的主管分头行动，制定企业导师制规程和具体操作方案。几经修改完善，大致形成了N集团导师辅导制度以及相应操作规程。

N集团企业导师辅导制度与操作规程

1. 指导理念：坦诚开放、学习互助、共同发展，构建学习型企业

导师制是N集团为组织构建的一种良好的工作学习氛围和机制。一方面，导师为新员工理解公司、融入公司发展及个人成长发展提供学习指导，从而为新员工的成长和职业发展营造了良好的心理氛围；另一方面，在导师和新员工"教学相长"的互动过程中，导师带领新员工工作、学习，同时，导师也向新员工学习，从而为导师锻炼、培养成未来的领导者提供了具体的管理实践机会。

2. 导师制工作流程

导师制工作流程如图8-6所示。

3. 导师制度实施预期效果

通过导师对公司人本文化的理解和实践，保持和发展公司强有力的企业文化，加强公司的凝聚力，降低员工的流失率；加强对新员工的业务技能和生涯

发展规划的指导，促进员工的个人发展；通过导师制，加快公司的知识技能资源的传授、学习和共享，提高公司整体的人均绩效；通过导师带人，培养一批既懂技术又懂管理的优秀管理者队伍。

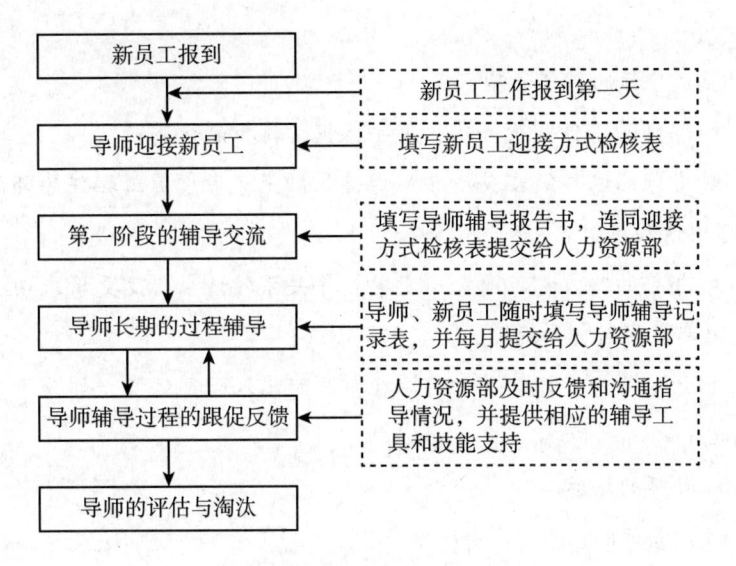

图 8-6 导师制工作流程

4. "导师"含义及导师聘任资格

(1) "导师"的含义：

"导师"的全称"员工发展辅导导师"；是协助管理者指导和帮助员工在事业发展的理想、工作作风、业务知识技能等方面得到提升的公司内高一级技术或者管理人员。

(2) 导师聘任资格（只有具备下列条件才能聘为"导师"）：

- 公司骨干员工或二级部部长以上干部；
- 认同公司理念和企业精神；
- 品行端正、为人正直；
- 具有较高的技术能力、工作经验比较丰富；
- 具有建立开放式和坦率气氛的能力，获得被指导人的充分信任；
- 乐于助人，对培养人感兴趣并愿意花费时间去做。

5. 导师的评聘管理

(1) 各级组织对导师的管理权限：

- 导师的评选与聘任工作由所在公司领导班子确定；
- 导师的管理由各企业人事管理部门负责；
- 导师辅导对象的指定由各主管部门和各公司人事管理部门负责；

- 对导师的评价和淘汰由各公司负责;
- 导师辅导技能培训工作由人力资源部负责组织;
- 方案设计、实施效果检查由人力资源部会同各企业人事部门共同负责。

(2) 导师的聘任管理:
- 导师的聘任期是一年,每年根据评价重新评聘;
- 导师的聘任须在满足导师资格基础上,考虑员工担任导师的意愿,填写《导师申请和推荐表》;
- 指导的双方都可以提出变更指导关系的请求,变更请求由公司上级和人事管理部门共同负责处理;
- 历次导师的评价和评聘情况都及时记入干部档案,作为干部培养使用的依据之一。

6. 导师的培养

(1) 导师的培训。
- 对"导师"的辅导和培训由导师的上级、各公司人事部门、人力资源部共同负责;
- 公司将会向导师提供关于指导新员工技能、团队建设、生涯发展规划等方面的培训课程,并根据导师的需求调整培训内容;
- 公司将每年定期召开专题会议研讨"导师制"实施中问题。

(2) 公司为导师提供具体的管理实践机会,并提供相应的管理技能方法的工具和知识,从而培养和提升导师的管理技能,脱颖而出的优秀导师作为公司的后备干部进行重点培养。

7. 导师辅导过程跟踪及反馈
- 导师在新员工工作的第一天,迎接新员工,并负责安排和帮助解决新员工的办公及相关问题,填写《新人迎接方式检查表》;
- 在新员工工作1周以内,应进行至少一次交流活动,填写第1周的导师辅导报告和新员工评估建议书;
- 在新员工工作2周以内,应完成和提交公司分发给导师的测验作业(可通过邮件进行);
- 导师进入指导新员工一个月后,导师和新员工应共同完成《导师辅导员工记录表》,并定时以邮件提交给人力资源部。新员工可以直接将导师指导情况反馈给人力资源部或内部网的导师论坛;

- 人力资源部将及时就指导过程中出现的问题同导师或领导进行沟通解决，同时导师指导的优秀经验和心得体会在内部网的导师论坛栏目发布或以邮件形式定时发给导师，让更多的导师共享；
- 人力资源部将会定时给导师发邮件，提供指导技能、方法以及管理知识等方面的资料，辅助导师的指导过程；
- 人力资源部将会定期组织导师活动（导师座谈会、联谊会等）。

8. 导师考核评价与淘汰

（1）考核评价：

- 过程评价主要依据指导新员工的过程跟踪及反馈情况；
- 工作效果评价结合指导满意度评估和指导的新员工留用情况综合评定；满意度评价采用360度的评价工具每年进行两次（与员工绩效考核同时进行）；指导的新员工留用情况是评价导师指导效果的重要因素之一。

（2）淘汰：

- 凡经过上述综合考核评价不能胜任导师工作的公司将随时解除聘任，下半年也不再续聘。

9. 导师激励机制

- 导师辅导新员工数量一般限制在5人以内，辅导期前5个月共发放300元导师津贴，每年一月发放；当所有被辅导的员工满1年仍在职时，给予导师300元奖金，流失一名新员工扣除100元，全部流失不予发放奖金。
- 每年度公司将根据考核评价结果，评选出优秀导师，颁发证书和奖品。
- 优秀导师将作为公司后备干部队伍的人选，公司进行重点培养。

同年6月起，N集团导师辅导制度在人力资源部的推动下，正式开始在集团本部实施。实施对象主要面向应届毕业入职的新员工；当年公司遴选导师276名。考虑到导师制推行之初，很多人并不了解导师制的内涵。鉴于此，N集团在下发《N集团企业导师辅导制度与操作规程》文件的同时，又以行政总裁的名义给每位导师写了热情洋溢的第一封公开信（参见附件1）。

导师制试行之初，得到新员工的广泛认可。但是，公司的老员工特别是那些被遴选为"导师"，似乎没什么热情，参与度也不高，影响了导师制实际效果的发挥。在对结束入职培训新员工的问卷调查中，很多新员工反映："导师"们不太热心，不同"导师"在对新员工的指导方式、指导内容等方面相去甚远；有些"导师"甚至只是拿人力资源部拨付的导师津贴，而并没有承担起指导的义务。

为了提高导师辅导制度实施效果和导师指导技能，N集团先后组织大型导师培训班5个班次，培训内容设计导师制度解析、公司文化、导师指导技能、管理沟通技巧、职业生涯规划、团队建设以及拓展训练等方面。同时，将集团本部当年新入职的员工全部纳入导师辅导制的指导范围，实际指导新员工850人。

集团人力资源部通过召开导师座谈会、新员工代表座谈、重点部门和关键员工访谈以及导师指导情况问卷调查等方式，针对导师辅导制实施效果进行跟踪和反馈，并在年底对导师辅导制度进行系统总结，制订下一阶段的推行计划。在新计划中，导师辅导制度覆盖范围由集团自身向所有成员企业扩散——各成员企业在下一个周期全面推动和落实导师辅导制度。导师制的辅导对象也从新入职员工扩大到有发展潜力的骨干员工——这部分辅导对象由各部门根据自身情况自行推选。同时，确定导师辅导制度的实施，由集团人力资源部会同各子公司行政副总共同推动。

为了督促被遴选的"导师"能够切实负担起指导任务，行政总裁又连续给每位导师写去了第二封、第三封公开信（参见附件2、附件3）。

○ "导师制"初显成效

N集团公司的导师辅导制度推行一个周期之后，已经初见成效。导师辅导制度的实施效果集中体现为以下几方面：

（1）加速了应届毕业新员工从学校人向社会人的角色转变。在导师指导下，新员工能够快速了解到在公司工作过程中需要掌握的相关人际技能和管理技能，从而符合企业发展的需要，快速融入社会中。

（2）促进新员工对公司文化的认同和融合。通过导师的指导，新员工能够更好地了解公司，并从导师的实际工作过程中感受企业文化，营造出浓厚的企业文化氛围，增强新员工对公司文化的认同，从而促进新员工与公司迅速融合。

（3）新员工技术纯熟期缩短。根据各部门统计，一般情况下的软件开发人员技术纯熟期在24个月左右，而实施导师制之后，应届毕业的新入职员工技术纯熟期缩短到12~15个月。

（4）新员工流失率有所下降。通过导师辅导制度实施，新员工流失率同比显著下降（员工流失率下降至12.26%，已经低于业内同期的平均水平）。其中，应届毕业新员工年流失率从18.3%降至14%。

（5）成为公司培养人才的有效途径。通过导师制的实施，实现导师与学员的教学相长，促进导师指导技能的提升，在公司内部建立起"双赢"的互动式学习机制，促进各类人才的快速成长，有助于解决公司发展所面临的人力资源问题。

○"导师制"之惑

然而，问题似乎并没有最终解决。随着导师辅导制度在公司的全面推行，一系列问题也接踵而来。其中，有些问题原本不应该发生。负责跟进导师辅导制度的人力资源部的员工发展专员张杰在导师辅导制推行以来一直为此头疼不已。

在人力资源部对被指导员工的匿名问卷调研中发现，不少新员工认为导师辅导员制度是"形式大于内容"；有接近20%的学员对于导师的指导效果感到失望。一位学员在开放式问卷中写道："我们部门的导师就是我们的上级，本部门6个新学员都归他一个人指导；部门领导平时工作很忙，分给我们每个人的指导时间太有限，效果也不明显！"还有一部分学员在选择导师以及与导师沟通上存在各种各样的困难。另外，也有个别学员对导师的能力、性格甚至人品存在着质疑。而人力资源部员工发展小组在对离职员工的座谈也发现一些了新问题。一位接受导师辅导却在第二年离职的员工，表达了自己对职业前景的不满情绪——他本来抱着很高的期望参与导师辅导制，却没有获得所预期的职位晋升，因此愤然离职，另谋高就。另一位员工辞职的动机却很耐人寻味——他的"导师"被另一个公司重金挖走，这位忠实的"弟子"决定追随其"导师"。

而人力资源部对导师们的访谈中，所呈现的问题则更为多样化，有的问题甚至让人啼笑皆非。某部门的负责人在座谈中明确表示，有的新员工在选择导师过程中有着明显的目的性和功利性，不是真正想要通过导师辅导提升自己的专业技能，而是寄希望于申请职位、级别高的领导作为导师，以图获取自己未来职业晋升的捷径。另一位导师遇到的问题更是让人哭笑不得，他的一位新入职学员不厌其烦地"骚扰"自己，很多时候只是问一些非常简单的基础性知识，而这些知识点原本都应该学过或者在书本上可以查到。实际上，为数不少的导师向人力资源部表达了对导师辅导制的失望，对很大一部分新员工的表现也给出较低的评价。

张杰把重点访谈与问卷调研中所发现的各类问题整理汇报给集团行政总裁高天。被这一大堆问题纠缠着的高天，又陷入了苦苦求索之中……

案例使用说明

一、启发思考题

1. 请指出本案例 N 集团推行导师辅导制度的在导向性和具体操作规程中存在哪些问题？

2. 请根据案例提供材料尝试分析，为何 N 集团实施企业导师辅导制度会遇到那些本不该出现的问题？

3. 如何看待"导师制"对于员工个人成长和职业规划的作用？并进一步思考，知识型企业的员工培养和员工发展过程中，"企业导师制"的价值所在。

4. 请讨论究竟应该如何正确运用"导师制"来构建学习型组织？

5. 拓展思考，"企业导师制"在中国文化背景下还可能会遇到哪些问题？应该如何去化解这些问题？

二、分析思路

基于人力资源管理的相关理论，结合中国企业管理的现实实践，思考作为一种在很多跨国公司广为倡导的人才开发机制，"导师制"对中国本土企业的人力资源规划、员工培育与发展和员工激励等人力资源管理环节所起到的积极作用。在案例分析过程中，引导学生准确理解"导师制"的内涵与其实践价值的正确考量，把握"导师制"的操作规程和实施工具，认识"导师制"对于企业构建学习型组织的正面影响，并思考"导师制"针对不同文化背景以及不同行业属性的适用性问题。同时，还应适当关注"导师制"在企业文化传承和文化氛围营造中的正面作用。

三、理论依据与关键要点

（1）人力资源规划不仅仅是根据公司人力资源需求招聘到相应人才的过程，人力资源策略势必应该介入并帮助公司员工进行个人职业生涯规划和管理；而"导师制"正是符合这一发展趋势的人力资源综合性解决方案。针对新员工实施"导师制"有助于增强新入职员工对公司的认同感、归属感，降低新员工流失率；而针对骨干员工的导师培养计划，则可以最大限度开发员工自身潜能，提高骨干员工综合素质和专业技能，培养出符合企业业务发展方向的优秀人才。

第八章 职业生涯规划与管理

(2) "导师制"是企业员工提升自身职业能力的新途径。公司员工职业生涯规划不仅仅是个人的问题，也是公司发展与个人成长互动结合的过程；导师制就是两者相结合的强有力工具。从个人职业生涯发展的角度看，"导师制"无疑开辟了员工提升自己职业能力的新途径，学员通过包括"导师制"在内的公司内部各种资源提升自身能力，让自己的职业生涯发展得更快；从企业人力资源规划和保障的角度，"导师制"可以培养满足企业发展所需要的人才，是一种依靠企业内部智力资源，缩短新员工的技能成熟期，迅速提高新员工的胜任能力，培养适合企业发展人力资源的人才培养机制。现代企业的人力资源规划与员工培训应该超越公司的暂时性业务需要，把员工个人职涯规划与公司发展紧密联系在一起。但是，"企业导师制"并不是企业发展员工、提升员工能力的灵丹妙药；这项制度的推行实质上需要先在组织内部营造起对于企业导师的认同——一方面，担负企业导师职责的老员工应具备企业导师的素质和技能，并对本企业的企业文化有着深刻的理解和认同；另一方面，新入职的员工应该准确理解企业导师制的内涵，把"企业导师制"当成自己技能提升和个人职涯规划的制度平台，而不是把"企业导师"当成谋求高职位的企业关系资源。

(3) 推行"导师制"有助于企业文化建设，体现并传承各企业的独特文化。在"导师制"实施过程中，公司通过向导师的言传身教，向新员工渗透公司的经营理念、发展战略、团队建设等方面文化特色，促进员工认同并融入公司的企业文化；并会让企业保持着浓厚的文化氛围。同时，导师辅导学员本身就是一种开放的、分享的文化特色，有利于通过内部无障碍交流提高工作效率，形成"坦诚开放、互动学习"的氛围，体现以人为本的现代企业文化。

(4) "导师制"是现代企业构建学习型组织的重要工具。MIT 教授彼得·圣吉在其《第五项修炼——学习型组织的艺术与实物》中强调在现代企业应该营造个人学习与组织学习相融合的气氛，把不断学习作为企业发展的一个基本原则，通过建立学习型组织不断提升员工个体和组织整体的胜任力。"导师制"显然有助于完善公司的学习型组织，发挥团队竞争优势。一方面，员工通过导师的指导，快速地提高技能和知识水平，体现自己的价值；另一方面，导师通过指导新人也可以提升自身的业务水平和管理技能，实现教学相长。实际上，"导师制"是双向学习关系；可以使教学双方实现分享经验和互动学习，从而为企业的未来发展造就一批既懂技术又懂管理的优秀队伍。

(5)"导师制"在人力资源管理实践中能否被正确执行有赖于参与者对"导师制"内涵的准确理解和"导师制"辅导工具的合理利用。"导师制"参与者中任何一方对导师制的误读、误解都可能会影响"导师制"的实施效果。更重要的是,"导师制"有分散化和非正式化的特点,如何根据企业实际情况定制具有可行性的导师计划和有效的导师辅导工具是"导师制"成功的关键。虽然一些企业已经针对"导师制"开发出一系列导师辅导工具,但这些工具的效用如何还有待实践检验。

四、建议课堂计划

本案例可以作为专门的案例讨论课来进行。要求学员课前阅读案例材料,课上120分钟以内完成本案例的讨论;案例讨论可以采取分组辩论的形式进行。

以下是按照时间进度提供的课堂计划建议,仅供参考。

授课前:提出启发思考题,要求学员在授课之前完成案例阅读和初步思考,并查阅补充与案例相关的其他背景资料,各小组制作课堂发言PPT初稿。

授课中:介绍相关理论,明确案例主题　　　　　(10分钟)
　　　　分组开展组内讨论,明确发言要求　　　　(30分钟)
　　　　各案例小组发言　　　　　　　　　　　　(45分钟)
　　　　各小组提问及组间辩论　　　　　　　　　(30分钟)
　　　　教师总结　　　　　　　　　　　　　　　(5分钟)

授课后:要求学员以组为单位提交案例分析的书面报告。

五、相关附件

附件1　致导师的第一封信:关于"好自为之"哲学

亲爱的导师:

在企业文化中,有一套奇怪的用人哲学:员工像棋子一样,被摆布到各个位置上,接着就再也不闻不问了。是出人头地或惨遭灭顶,一切好自为之,全凭个人造化。在公司里,认同这套哲学的还大有人在,认为这是最快的方法,可以判断新人是否胜任工作,"何况,我们都是这样'活'过来的,"他们说。

当然,他们的理由无可反驳,这的确是最快的评估方式。但是,我们的目标是"尽快"判断出某人的潜力?还是希望他能"发挥"潜力、为公司效劳?如果公司的目标只是前者,那么即使忽略了员工长期的发展潜力,这套方法不免有待修正。

第八章 职业生涯规划与管理

您想想看一个新人或刚转调新单位的同事所面临的困境——受完"新生训练"后,别人便等着看他们的工作表现。向老同事请教是唯一的学习之道(因为他们不敢问主管,否则不是自暴其短吗)。结果,有些较资深的员工被迫中断不停地来应付新人,不论他们是否因此熟悉工作内容,您能说这是很有效率的学习方式吗?

但即使"好自为之"的用人哲学有太多漏洞,为什么仍然行之有年?因为这的确是一种简单明确的考验方式。新人不是力争上游就是惨遭灭顶,成功或失败一目了然,过来人便会因为自己曾经发挥耐力、熬过痛苦的适应期而沾沾自喜。

然而,是否主管之所以放任员工自生自灭,真正原因在于逃避责任,不论部属适应与否,主管都可以全身而退?如果有人不幸被淘汰了(这是常有的事),主管便可以堂而皇之地表示:"幸好我们发现得早。"或干脆推给人事部门:"怎么老是找些不管用的家伙?"

我们若能一开始就多多参与照顾,新同事适应环境的情况会好得多,但相对地,您必须投注时间和心力,并且扛起部分的责任。

您愿意这么做吗?

附件2 致导师的第二封信:发挥同事的爱

亲爱的导师:

帮助新人认识公司文化是时间的双重损失吗?不仅工作同时受到干扰,原本已嫌人手不足,还要拨出时间人力带领新人认识?结果,这个珍贵的沟通机会往往流于虚应故事。

但想想看,您再也找不到更好的时刻和新人畅所欲言了!他们刚进公司大门,尚未被"同化",对工作、公司或主管也还没有任何成见,更一心想取悦新主管(别急!旧同事很快就会泼他冷水),不正是坦诚、双向沟通的大好时机吗?

借着介绍公司文化,聪明的您更可以使新人全盘接受他对这份工作的看法。例如,您可以一方面解释工作的性质和内容,另一方面强调公司对效率、品质和安全的重视,而不至于让新人觉得饱受压力。

就新人而言,熟悉新环境能帮助他进入情况,减少他对新工作和人际关系的焦虑。只要不安的情绪越少,新人越能把心力投注在工作领域,大大降低"水土不服"而离职的比例。

还有,您可以趁着带领新人认识环境的机会,很快地赢得他们的向心力秘诀是塑造一种温暖亲密的工作氛围，让他感受到同事的欢迎热忱。要做到这一点，您只要私底下"拜托"大家多关照某人，协助他们进入情况即可。对于您的"请托"，大家受宠之余，自然戮力以报，尽量让新人觉得有安全感，这种同事爱的付出，远比用一些教条来宣导、灌输要有效得多！

我们可以利用介绍新环境的机会，消弭新人的焦虑，并塑造温暖的工作环境，增加新人的认同感，然后辅以在职训练，耐心地解决他们的问题，相信这些努力，都会使新同事很快地度过适应期，发挥工作能力。

请掌握好的开始！

附件3　致导师的第三封信：从"基本"做起

亲爱的导师：

经过导师培训的激荡与启发，您是否已经跃跃欲试，准备好好地迈向"成功导师"的形象之路？

新员工可能也正期待着，您受完训回来，是否有些奇妙的改变……是的！再大的学问，再重要的道理，没有行为的信心是死的；没有行动的改变是假的——何况，可能只要一小步的行动，就与停在原地的方位有极大的不同。

当然，改变要从基本做起，从最直接，最明显看得见的地方开始。它可能是你认为很简单的事，但没错，人最容易失误的，不正是他们认为最简单的事吗？人最容易忽略的，不正是他们朝夕相处的家人吗？

如果你手上已经在带新员工，什么是他们马上体会得到的一项改变？

——这个星期，写张卡片给你的新员工吧！

想赞扬的，你可以具体地描述肯定他的行为，鼓励他继续发扬光大，内附一片"金币"巧克力以兹鼓励。

想指正的，你可以运用三明治法，并具体的描述希望他改善的行为，内附一包"咖啡"鼓励他打起精神，加油上路。

如果你正准备迎接新员工，千万别忘了！！

——新员工到职的第一天，一定要带他去吃饭哦！（当然，如果你愿意请他，老师更是给你拍手赞成哦！）

切记……有关系，就没关系；没关系，就有关系！！加油！！！

（案例作者：李世杰）

第八章 职业生涯规划与管理

案例2　某省电信企业的员工发展问题的解决

○ 前言

电信行业的员工收入几年来一直位居社会平均收入排行榜的前列，是人才市场上的热门行业，但是近几年电信行业竞争日益激烈，行业利润趋薄，加入WTO后，外资运营企业的进入，将使电信运营行业内的人才争夺愈演愈烈。2001年美国AT&T公司在中国物色3600名优秀软件工程师，以赴美轮训的方式分批派往美国工作，其中部分人员与AT&T公司签订了至少三年的工作合同。与此同时，电信行业内电信企业之间的人才战也在走向白热化局面，电信、网通、移动、联通等运营商纷纷在移动技术、客户服务、数据业务、经营管理等方面下大力重金挖掘与培养人才，为即将到来的市场大战做出准备。

○ 概况

某省级电信企业分公司中的很多主管经理都是技术出身。网络运维部小张工作积极肯干，勤于思考，深得省公司企业发展部赵总的赏识，一年前赵总力将小张从其所在市公司借调到省公司工作，支撑省公司新职能战略管理的力度。小张工作十分努力用心，仅在一年中，就深入参与省公司年度战略规划的制定工作，并向省公司提交了多篇电信企业竞争环境的分析报告，工作获得了不小的成绩。

小张的直接主管刘经理是一位精通业务的技术骨干，但却对下级工作挑剔，经常不分场合地批评员工，对于本是借调并且内向寡言的小张更是多番指责。刘经理苛刻的工作作风虽受到小张等多名下属的抱怨，但是大家对这位顶头上司也只能沉默屈从，小张本人更是兢兢业业、如履薄冰。

小张借调时值一年，省公司进行中层领导的竞聘上岗。在省公司职能部门任职多年的赵总要到分公司去竞聘老总，刘经理也要重新参加部门主管的公开竞聘。小张则处于职业发展何去何从选择中，自己原定两年的借调期目前时已过半，虽然工作业绩与个人能力受到赵总的赏识，但是赵总如果到地市分公司竞聘成功，小张将直接面对苛刻严厉的直接领导——刘经理，小张很难预料自己留在省公司的发展前途。如果此时小张以两地分居为由，向赵总申请缩短借调期，回到原单位继续本职工作，工作轻车熟路，既受老领导器重，又可以与家人团圆。然而如此一来，小张在省公司企业发展部的工作成绩，掌握的关于企业发展战略方面的知识与技能便失去了意义。他觉得通过参与公司战略规划项目，能够站在企业最前沿关注公司环境的变化，了解最新的技术动向、市场动向，这些是自己在网络部技术岗位所接触不到的。

小张现在很矛盾，究竟是回市公司网络部去发展，还是坚持留在省公司呢？

○ 小张的决定

通过公司内部信息发布系统，小张看到了人力资源部制定的公司未来岗位管理计划。随着电信行业竞争的加剧，公司要重点加强战略管理的职能。公司已明确小张目前任职的企业发展部是今后重点培养建设的部门，小张的工作岗位更将成为与公司发展休戚相关的关键岗位。这个消息对小张不啻是一针强力的兴奋剂，让小张感到强烈的工作荣誉感与个人价值的实现。

不久前与小张一道来公司在人力资源部工作的小古，利用业余时间为小张作了个人事业驱动力量表分析与感知与偏好测试量表分析，结果表明对工作意义的追求是小张事业发展的最大驱动力，加上个人强烈的成就感和思考性特征，与小张在当前所在岗位的潜质需求非常吻合。如果小张回到原来的网络技术岗位，则失去了一次挖掘自身潜力的机会。

看到自己所做工作的重要性，意识到自己的潜质所在，小张决定克服各种困难在当前岗位坚持下去，克服与家人两地分居的辛劳，克服对刘经理苛刻作风的抱怨，克服……

○ 刘经理的改变

正在小张对自己长期的困惑茅塞顿开时，面前电脑屏幕上的显示有领导刘经理来信："各位同仁，我将参加岗位竞聘。我相信自己对工作是尽职尽责的，但作为你们的上级，我有时忽视对你们的关心与指导，希望你们体谅。今后，我将努力改进工作作风，成为你们的朋友，希望你们支持我……"

案例使用说明

一、启发思考题

（1）小张的问题的根本原因有哪些？

（2）对于像小张这样的年轻骨干，企业应该如何解决其发展难题？

（3）对于刘经理这样的由技术提升的管理人员，企业应该如何迅速转变其职能?

(4) 在管理人员选拔时,企业如何在内升和外聘之间取得平衡?

(5) 企业如何才能实现员工的自身价值?

二、分析思路

小张的问题是电信企业中一个典型的年轻骨干员工不知如何确定自己职业发展方向的例子。因为对年轻的小张而言今天站在哪里并不重要,但是重要的是他下一步迈向哪里。

小张当前面临的问题可以总结为以下几个方面:

(1) 公司人力资源部没有提供对员工个人的职业生涯方面的咨询与辅导,小张缺乏对个人发展与企业发展之间找到结合点的咨询建议;

(2) 小张的领导赵总和刘经理缺乏关注下属职业发展的意识,仅考虑对员工工作上的要求,不考虑怎样帮助员工在完成工作的同时实现自身的价值;

(3) 公司缺乏对交流借调员工生活上的关注;

(4) 公司缺乏对企业发展过程中形成的空缺岗位人员进行培训引导的计划。

小张面临的问题集中体现了电信企业中年轻员工对职业生涯管理的强烈需求。像小张这样毕业于名牌大学电信技术专业,在公司基层有一定网络技术方面工作经验,在省公司发展战略部担任战略规划制定工作,对公司各个层面情况与问题有一定了解,个人勤奋好学,踏实肯干,应该说具有成为公司年轻技术骨干的潜力,是企业大力培养的对象,如果不能及时在公司发展中找到自己的位置,很可能失去不断拓展自身能力的机会,或者被成长中的竞争对手挖走,成为竞争对手的骨干力量。

因此,作为面临人才大战的电信企业,必须尽快着手实施员工职业生涯管理,关注像小张这样的年轻员工,让他们在公司内工作得有方向、有奔头。

三、理论依据与分析

1. 公司职业计划体系的建立

企业的职业发展计划是员工个人生涯计划的基础。以企业为中心的职业计划注重职务本身,它侧重铺设使员工可以在企业各种职务之间循序渐进地发展自己的各种路径,区别于员工个人的职业生涯计划,以个人为中心的职业生涯计划侧重于个人的职业生涯,员工个人的目标和技能成为分析的焦点,企业的职业生涯计划侧重明确未来企业对人员的需要。

制订企业职业发展计划的一般步骤为：（1）确认未来企业的人员需要；（2）安排职业阶梯；（3）评估公司员工潜能及培训需要，使员工能力与企业需要相匹配；（4）在严密检查的基础上为企业建立一个职业计划体系。

像小张这样的年轻技术人员大学毕业几年，在公司已经积累一定的工作经验，却同其他新来的员工一样没有职务方面的差别，当不上官，借调后省公司人际关系不熟悉，自身会有挫折感。因此，电信企业应针对员工已形成在企业内部发展只有"当官"才能实现自身价值的预期，重新设计企业的职业阶梯。

2. 营造公平竞争的人才流动环境

电信企业近年来针对业务的发展和外部环境发生的变化，都不同程度地进行了机构改革及流程方面的调整。公司在组织结构扩张与变动的过程中产生了大量新增岗位、调整岗位与空缺岗位。营造公平竞争的人才流动环境，制定公平竞争的人才选拔机制，通过在企业内部公开招聘、竞争上岗的方式来选择补充人员，能够为同小张一样有志于在新岗位上发展的员工创造平等参与竞争的机会，得到公正的评价，在竞争中了解自己，完善自己，成为优秀人才脱颖而出。

3. 与员工共同制定个人职业发展目标

根据员工目前表现出的兴趣潜能，结合现有工作状况，评估与员工在企业内、外可供选择的职业路径，结合个人随着职业和生命阶段的变化在职业锚和目标方面的变化，在人力资源部专员等相关人员的辅导下，员工将逐步明确个人的长短期生活目标和工作目标，并得到实现职业生涯目标的策略性建议。

4. 直接主管应关心员工职业志向与兴趣

电信企业的主管人员大多像赵总和刘经理那样是技术出身，他们的管理风格是重技术，轻管理，重视工作成果，忽视员工感受。作为员工的直接主管，像赵总和刘经理这样的领导应转变观念，从技术专家走向职业的管理者，承担起作为员工职业发展辅导者的角色，关心员工的职业志向与兴趣，并接受下属对自己管理工作的考核。

四、背景信息

电信企业当前处在从技术驱动到市场驱动转型的过程中，高级的技术人才与业务人才都关乎企业发展命运，因此应分离技术、业务和管理职能，在"管理晋升线"的基础上增加"技术晋升线"和"业务晋升线"，设置专业技术岗位尤其是高级技术、业务岗位，满足企业发展分工细化的趋势，为专业人才创造足够的晋升发展空间。

当前电信企业员工队伍的主体是充满新思想的新一代年轻人,他们是在知识经济时代背景下接受教育、参加工作,作为管理者的经理人员面对的不再是一群只求票子、房子、车子的员工,而是追求实现个人价值的现代人。管理者应转变观念,从技术专家走向职业的管理者,承担起作为员工职业发展辅导者的角色,关心员工的职业志向与兴趣,并接受下属对自己管理工作的考核。

五、关键要点

(1) 企业员工的培训与发展是企业人力资源开发的一个重要内容。这可以帮助员工充分发挥和利用其人力资源潜能,更大限度地实现其自身价值,提高工作满意度,增强对企业的组织归属感和责任感。因此企业必须重视员工的职业生涯规划。

(2) 在完成企业职业计划体系与人才竞争选拔机制后,公司应该着手收集员工方面的信息,包括目标对象的能力、兴趣、潜能等,帮助员工了解认识自我,确认其个人的能力与兴趣所在。电信企业的人力资源部门可以聘请外部咨询公司的相关专家,也可以直接引进一些实用的测评量表与工具进行内部分析。一般来说,前一种方式更加专业,后一种方式更利于人力资源专员贴近员工,并开展后期的职业辅导工作。

六、课堂计划建议

本案例可以用作相关章节讲授过程中的总结性课堂讨论。整个案例课的课堂时间宜控制在60~70分钟。以下是按照时间进度提供的课堂计划建议,仅供参考。

1. 课前计划

提出启发思考题,请学员在课前完成阅读、初步思考、相关背景资料和扩展资料的查阅。

2. 课中计划

(1) 简要的课堂前言,明确主题。3~5分钟。

(2) 分组讨论。20分钟。应提前告知学生发言要求。

(3) 小组发言。每组5分钟左右,总时间控制在30分钟左右。

(4) 引导全班进一步讨论,并进行归纳总结。10~15分钟。

3. 课后计划

如有必要，请学员采用报告形式给出更加具体的解决方案，包括具体的职责分工，为后续章节内容做好铺垫。

（案例作者：李世杰）

第八章　职业生涯规划与管理

案例3　中国员工在海外

如今中国企业派驻国外的人员越来越多，而由于文化差异、风俗习惯等产生的问题也越来越多。工作环境的巨大差异、语言沟通的障碍、生活观念格格不入等知识海外员工无法融入当地工作与生活，影响工作的有效开展。

○ 薇安梦醒巴黎

陈薇安已经在一家法国化妆品公司工作了8年，丈夫想去法国读MBA，她就申请调到法国总部工作两三年。申请获批后，她就来到了巴黎，丈夫则在另外一个城市读书。

到巴黎之后，薇安的工作主要是与亚洲区11个国家的国际发展团队沟通，并把它们的需求反馈给法国总部。总部帮她解决了住房和移民手续，公司也组织了一些帮助它们融入当地社会生活的活动，如野营、周末组织到巴黎周边旅游等，但法国本地的同事很少参加这种户外活动，他们把工作和生活分得很清楚。

薇安法语不好，工作、买东西、去银行甚至在外面吃饭都让她精疲力竭。她对法国的很多习俗也不了解。最终，她不但在与人沟通方面出了问题，而且由于屡屡失礼而甚是焦虑。由于语言和文化方面的差异，她根本无从进入当地的社交圈，而公司不可能给她放长假去学习法语。

这些还不是主要问题，最让她不适的是法国各种死板的规章制度，各种鸡毛蒜皮的事也要遵循极其严格的程序，而且要搞清楚各种办事程序也很花工夫。来回数趟为父母办居留许可证，薇安花了3~4个月的时间才接上互联网；所有的税单都出奇的长；连去银行也要预约……

除了生活中的这些细节问题外，另外一件事逐渐改变了薇安对法国生活的看法。公司对外派员工的薪水计算是基于原驻地标准加上相应的补贴。据调查，巴黎的生活成本只比上海高4%，因此她的薪水没有任何增长。但事实上，因为饮食、休闲成本都更高，她在巴黎的生活支出远远高于在上海时的支出。夫妻俩几乎入不敷出，更谈不上存钱。拮据生活使薇安明白：如果想赚钱，就不要出国。然而与多数中国同龄人一样，她要买房，想要有自己的家，那么工资起码要涨30%才行。

因此，薇安对巴黎是既爱又恨。在人生的这个阶段，她觉得没必要为了一点小小的安逸而做出这么大的牺牲，她要好好计划一下自己的家庭，3年后，薇安提请公司将她调回上海。现在,她仍然在那家公司工作。

"我的巴黎梦算是一朝永尽了,但我很高兴在上海如梦初醒!"

○ 龙文告别"瓶颈"

龙文现任上海一家欧洲跨国公司的总经理。他曾到比利时攻读博士学位,毕业后加入了一家比利时跨国公司。那是20世纪90年代,他的工资是国内同等职位收入的20倍,而且生活水准远高于中国。但一枚硬币总有两面——他的个人经历饱经风霜。

在比利时,龙文经历了极度动荡的婚姻。起初由于妻子的签证问题,他们两地分居9个月;后来团聚的喜悦又被冲淡——妻子因为不得不放弃国内的工作而越发沮丧,龙文从早忙到晚,她却只能独自在家,单调乏味。后来妻子去读了MBA,虽然走出了孤独的阴影,重振了工作的信心,但由于其他原因,两人最终还是分道扬镳。

在那段特别艰难的日子里,龙文认识到,"每个人都很忙,如果你不说出自己的真实感受,没有人会注意到你。因为没有家人的温情,所以在异国他乡工作,你必须外向一些。工作比上学时复杂得多,需要一个朋友圈子帮自己渡过这些难关。"龙文住在比利时工作和生活的弗兰芒区,好友几乎都是中国人。因为语言隔阂,有些当地同事虽然也很热情,但不能成为知心朋友,多数比利时人则比较保守,不愿与外国人走得太近。龙文当时决定留下来是因为薪水不错,生活也比较舒适,工作环境更宽松。他也可以靠体育锻炼、上网排遣孤独。因为在比利时开销比国内少很多,还能存下不少钱。

龙文的职业生涯一度进展顺利,但渐渐地,他觉得进入了一种"瓶颈"状态,因为不是本地人,没法继续晋升。唯有回到中国区当总经理才能继续往上。因而出国10年以后,他又回到了家乡。

回国之后,那股热情又被新的文化冲击渐渐磨灭了。由于已经适应了欧洲的工作文化,对于国内工作生活中的点点滴滴又得从头学起。因此,他一度想要回欧洲,到说英语的国家工作,更容易融入当地生活。但龙文还是渐渐在国内建立起各种关系、学会各种规矩,同事们对于他的海外高学历也极其敬重,这与他在欧洲碰到的职业"瓶颈"形成鲜明对比。

再婚之后有了孩子,是举家到欧洲过更好的生活还是留在国内发展事业?龙文选择了后者,也离开了工作15年的那家欧洲公司。然而,龙文觉得新公司没有很好地规划他归国之后的工作,而且公司规模太小。通过最近建立起来的关系网，他从国内竞争企业得到更好的条件，觉得如果他再换一次工作，或许大有不同，也会赢得新雇主顶层管理者更多的尊重。

○ "父母在，不远游"的梅丽

曾在慕尼黑留学7年的孙梅丽迫不及待地抓住了一个外派德国的机会——取得硕士学位之后，她回国为一家德国公司工作。但国内生活远远没有大学时那样精彩，她很渴望再出国去。公司需要派一个中国员工到维斯洛赫总部，梅丽成了最合适的人选。这样，离开18个月后，梅丽又回到德国，对未来充满希望。

但这些希望很快就破灭了。维斯洛赫和大都市慕尼黑不同，它只是一个小镇，没什么娱乐设施，工业发展历史也很短。事实上，它就像一个"公司城"——70%~80%的居民直接或间接地受雇于她所在的公司。在这里，梅丽是为数不多的外国人之一。读书时，她除了上课外，经常参加各种聚会，交到很多朋友；但在这里几乎交不到什么朋友。

"虽然德国同事在工作时对我很好，但下班之后大家就比较疏远，这就是德国文化。大部分同事都有车，下班回到镇外自己的家。我则买不起车。德国同事从来不会邀请我去家里共进晚餐，节假日也不例外，这时就觉得很孤单。公司从来不会在这方面给予个人任何帮助。"但梅丽的心态很积极。她参加了公司的俱乐部，还到德国各地旅游，拜访学生时代结识的朋友，坐车到最近的城市购物、吃饭。

小镇生活与大城市很不一样。在慕尼黑，当地人对外国人一点都不稀奇，平等视之。而小镇上的人就传统得多，对外国人既好奇又热情。懂德语的她和邻居们渐渐熟起来，有些人还偶尔邀请她去家里做客或参加聚会。偶尔有中国同事从国内过来，也减轻了她的孤独感。学生时代的经历使她很熟悉德国人的沟通方式，因此成了一个重要的桥梁，帮助中国同事克服文化差异导致的问题。例如，中国传统的教育体制下人往往显得不够自信，不会直截了当地把问题说清楚，所以到了最后的期限事情经常还没做完；中国人不会公开谈论自己的业绩，英语也不好。这些文化因素导致中国同事处于弱势地位。这些问题在梅丽的协调下都能一一解决，她也成为公司的一大财富。所以当她提出申请要回中国时，公司领导非常意外。

梅丽一直希望将父母接到德国，但德国移民法规定，父母过来最长的居住期是3个月。"我之所以决定回中国，是因为家庭的原因。德国不欢迎移民，而我希望能长期在父母身边照顾他们，我想做一个孝顺的女儿。"

对于公司来说，"父母在，不远游"的孝道使其失去了一个颇有潜力的员工。

○ 西班牙"孤岛"上的翔宇

巴塞罗那的正式晚餐要8点左右才开始，多数同事们从没8点以前离开办公室的，而且下班后会先去酒吧。翔宇只能忍住饥饿等上很久。

翔宇来西班牙这家出口酒品的中国公司工作已快一年了，还没完全适应当地的工作生活节奏。他们工作起来似乎很卖力，可在翔宇看来，午餐时间过长，有时离开办公桌长达两小时之久。他曾跟同事一起去吃过几次午餐，过于开放的交流方式使他受不了——和老板过分随意地交谈，未经任何权衡就提各种建议、讨论各种能想到的商业线索。翔宇则认为，在跟老板提之前必须保证这些信息对公司有利。西班牙同事们指责他不够坦诚，把信息藏起来了。

翔宇感觉，西班牙人的沟通方式和中国人大相径庭，甚至连处理邮件的方式都不一样。翔宇更多依赖的是书面文字，特别是在和外国人打交道时，为了避免误会，尤其如此。如果他收到一份E-mail要求回复，他会立即予以回复。西班牙同事往往用一个电话就回复了，如果没有接到翔宇的回复电话反而会很生气，而他又觉得打电话实在不合适。有时，他们就打个电话回复他的邮件，电话这头的他只能希望没有听错他们带着西班牙语腔调的英语。

他的老板、公司创始人何先生更让他一头雾水。何先生在西班牙10多年了。翔宇却越来越不知道该怎样与这位"中国"老板打交道。何先生到西班牙十多年了，慢慢地被"西化"，用翔宇的话说，已经变成了一根外黄内白的"香蕉"。正因为此，他们之间产生了不少误会，这让翔宇郁闷了很久。

当然，翔宇发现西班牙人的生活方式和中国人也存在很多相似之处。同事们晚上和周末经常在一起玩，还带着家属，他们还邀请他去参加聚会和烧烤。每当这时他就会想念妻子和8岁的女儿，当时派他到西班牙工作时，公司承诺会提供一套足够大的公寓给家属住。但考虑到女儿上学的问题，还是决定让妻女留在国内。翔宇正盼望着两年外派期早些结束，好回上海与妻女团聚。

案例使用说明

一、启发思考题

（1）薇安、龙文、梅丽、翔宇他们各自在国外遇到的问题都由哪些方面的原因造成的？

（2）针对这些状况公司应该如何帮助员工解决？

（3）企业的政策制度是否是造成这些问题的一部分原因，分析内部制度原因？

（4）分析外派公司对外派人员的战略管理策略，以及应对国际化应有的一些措施？

（5）认真理解企业员工的职业生涯规划与企业发展规划的联系，以及它们会出现的矛盾？

二、分析思路

很多企业忽略了外派员工融入新环境遇到的各种问题，缺乏对他们的培训，其原因在于：觉得培训不起作用；缺少时间；多数外派工作属于临时性质，没有预算；缺少培训专家和专业能力；总相信技术能力是在海外成功的要素；认为"正确的人不需要培训"。

正因为感觉培训用处不大，缺少跨国文化能力也没什么大不了，很少有中国公司进行外派前培训。尽管不少公司选择了以前就出国读书或工作的员工，但他们仍会面对许多心理和情感的压力。培训未必耗资巨大，但一定要和外派生活密切相关并介绍生活细节，其实一些熟悉外派工作环境的公司内部人员就能担当此任。

面对外派员工遇到的问题，公司首先要认清问题所在，从故事里可以看到，许多派驻海外的员工都有不快之感。在国际人力资源管理策略（IHRS）层面，跨国企业应对中国外派员工的发展进行适当调整，而走出去的中国企业也应依照国际标准来发展自己的策略。

三、理论依据与分析

（1）员工职业生涯规划管理是在个人与组织共同努力或相互作用的结果。员工个人与组织都不能在不顾及对方的情况下制订计划。职业生涯规划就是建立一套能够识别员工发展需求和职业潜力的系统，并借助该系统引导员工的个人发展目标与组织的目标保持一致，在达到组织目标的同时帮助员工实现个人职业目标的活动。这一过程需要组织与个人的合作参与。案例中有的企业为了公司的目标派遣员工，但并未规划员工的未来发展方向以及员工可能遇到的问题，只是员工在国外陷入一种尴尬与煎熬的境地。

（2）因语言、焦虑和文化差异而导致的问题，跨文化培训和有质量的外派前指导项目会很有帮助。目前这些培训主要涵盖文化意识、语言、熟悉外派环境和职位，以及敏感度训练，还有些管理和技术的内容还没被充分认识到。培训的具体内容应根据外派目的国、工作类型、派遣期长短、目的和能利用的时间等因素来调整。

（3）筹划好归国事宜，别让员工孤独。多数中国企业的用人思路是"把对的人放对位置"，而不是"培养对的人并留住他们"，许多外派归来的员工反倒因为离开了一段而影响提升，这一点其实应该在外派之前就加以筹划，即加入员工的职业生涯规划中去。

独在异乡缺乏社交的孤独感很普遍，可采用新颖的组织方式来调节，如公司旅游、聚会等。远离家人，如果是收入原因，公司就要创造一个能让员工投入的环境，避免他们去寻求其他机会，在并非个人很想出国工作的情况下更是如此。壳牌公司人力资源部曾帮忙建立一个员工伴侣的全球网络，提供丰富的工作信息，后来还形成了完善的外派人员支持中心，还和很多当地学校合作推出员工所需要的课程，做法很值得借鉴。

（4）要努力选对人。员工本身的性格特点也会影响外派项目的成败，首先要选对人。公司经常会因为错误的原因而派人出去，如想奖励好员工或打发走没用的，更重要的是，往往派他们去解决紧急问题而忽略了长期发展。有学者提出了一些外派经理人应具备的核心能力和增强型能力：

核心能力：多维视角，熟练的现场管理能力，多谋善断，文化适应性和敏感度强，能建立团队，身体素质好，心智成熟，有好奇心和求知欲。

增强型能力：善用电脑，擅长谈判，能够促进变革，有远见，具备国际商务能力。

总之，适合工作、适应文化、渴望外派是最重要的三个选人标准。

这些问题不可再继续忽视。人力资源部门的人员也要加强跨国管理能力——公司在开始国际化拓展之前，也应考虑将人力资源员工外派培训，从而准备更充分。其实很多问题都可以通过创新思维来解决，这首先要求转换思维方式，而且真正意识到问题所在。

四、背景信息

随着国际化的进程，中国企业开始走向世界，世界企业也开始扎根中国。许多企业的发展越来越趋于全球化，国际化的业务比重加大，员工外派学习与工作也越来越频繁。但是由于文化差异、风俗习惯与处事方式、生活态度的不同，外派员工遇到的问题也越来越多，越来越突出，甚至给企业带来了巨大的损失和影响。针对这些问题企业应该给予足够的重视，处理好企业的战略规划与员工的职业规划之间的关系，在保证企业安全运行的条件下，努力为实现员工的个人价值和个人目标创造条件，是企业与员工都得到协调持续的发展。

五、关键要点

总体而言，中国外派人员主要会碰到这些挑战：语言、焦虑、缺少社交生活而感觉孤独、现实与期望不符、补贴不够、归国、远离家人、管理风格差异（文化差异）、用餐习惯等。可以通过分析预知员工外派后所遇到的问题，建立相应的解决机制。分析如下：

（1）薇安的困境。

语言：语言障碍加重了日常生活的困扰，带来更多压力。

文化：除了明显的文化差异（如正式晚宴的礼仪）以外，还有工作文化因素，法国同事平日里不与薇安交往，而且她不适应各种死板的规章制度——中国人除了规矩以外还会讲人情，根据具体情形有些灵活余地。

补贴：公司基于员工原驻地标准计算补贴，但忽略了在巴黎生活花销比上海更高，而更难存下钱来（薇安自己渴望去巴黎，情况往往如此）。

（2）龙文的困境。

婚姻：失败。

语言：有障碍。

归属感：难以同本地同事交往。

职业发展：看来龙文的公司主要让他处理中国业务，否则在总部的作用不大，难以上升。

回国：龙文久别回国后也遭遇了文化冲击，要重新学起，而公司并未提供学习和引导机会。

（3）梅丽的困境。

与期望的差异：小镇生活和在大城市上学的经历很不同。

归属感：德国同事很少私交，小镇也与世隔绝。

家庭：难以贴心照顾父母。

文化：并非梅丽自己的问题，而是在去德国的中国同事身上观察到这一点。

补贴：收入不够高，负担不起汽车，否则就可以住在附近的城市，过想过的生活。

（4）翔宇的困境。

文化：中国与西班牙的管理风格相当不同，中国权力距离较大，下属不会与上级太多交谈，而且翔宇也不适应当地的用餐时间等生活方式。

交流模糊：中国老板风格已经西化，很多地方与翔宇的交流有些模糊不清而发生误会。

家庭：孩子的教育在中国是首要大事，多数外派人员都很难解决这一问题。

六、建议的课堂计划

本案例可以作为专门的案例讨论课来进行。此案例适合小班化教学，班级人数最好控制在25人以内。

整个案例课的课堂时间控制在60分钟左右。

课前计划：提出启发思考题，请学员在课前完成阅读和初步思考。

课中计划：包括简要的课堂前言，明确主题；分组讨论与小组发言；引导全班进一步讨论，并进行归纳总结。

课后计划：如有必要，请学员采用报告形式给出更加具体的解决方案。总结案例分析总报告，交给任课教师。

第八章 职业生涯规划与管理

案例4　跳槽与职业生涯规划

三十岁的职场人又到了一个人生重要的十字路口，继续打工还是"下海"创业，很多人对此犹豫不决。张宇就是职场中的一个典型案例。

○ 概括

张宇与其他参加高考的孩子一样，大学志愿填的是图书管理类专业。大学毕业了，张宇知道这不是一个好行业，大学里过得非常不快乐。大学毕业后，他终于决定放弃自己的图书管理专业，重新寻找其他行业，希望能够重新发展并选择自己的职业道路。

张宇是个内向的人，不喜欢跟人争斗，只希望能够求得一份安定的工作，好让自己慢慢地实现专业转变，然后再谋求职业上的发展。然而，图书管理专业，找工作一点优势都没有，找心仪的工作谈何容易。不得已，谋生存求发展，张宇随便找了份工作安顿下来，可是工作并不尽如人意。不开心的工作做了一段时间后，张宇换了份工作，因为没有好专业，所找的第二份工作只在薪水方面有所调整，与第一份工作一样，依然没有办法寻找到合适的职业方向。

○ 张宇的困惑

转眼间，几年过去了，张宇的同学们有的当了主管，有的则当上了经理。而张宇却因为一直在更换工作，寻找职业方向，始终在办事员的职别徘徊。三十岁到了，张宇突然发现，几年过去了，自己依然没有找到职业方向，更要命的事情是，没有培养出任意一种职业技能来。

张宇感到了深深的不安，看看自己的同学，不想见他们，觉得他们嘲笑自己；再看看自己，张宇认为觉得自己做事情很认真，社会对自己不公平。张宇不知道自己怎么了，也不知道下一步应该怎么办。迷惘的张宇把自己的情况仔仔细细地写下来，发给世界经理人办公伙伴（office.icxo.com），希望获得帮助，并询问自己从事业务是否合适。

○ 职业分析

根据张宇所描述的情况，对张宇的心态、职业现实情况等进行了分析。

职业心态方面：

张宇是个内向的人，渴望找一份工作稳定的工作，并逐步地培养自己的专业能力。但在过去的几年里，张宇因为专业和生存问题，勉强自己在不喜欢的工作上工作，希望通过这种经常性的跳槽的方式来摸索并找到自己的职业定位。这说明张宇渴望成功，但焦躁的心态，使得张宇不管对待什么工作，都没有足够的耐心。一个焦躁的，对任何工作都没有耐心的人，不管在哪个公司，都无法得到重用，更别提学到有用的职业技能的。

职业现实情况方面：

张宇的大学专业是图书管理，工作后并没有从事这份工作，加上工作后，几乎一年一跳地去摸索自己的职业方向，导致了张宇在过去的几年里，始终没有培养出一定的职场技能，更别提职场核心竞争力。应该说，张宇目前的情况相当糟糕，一个已经三十岁的人，在没有职场技能以及核心竞争力的情况下，希望获得发展是很困难的。

职业希望方面：

在后来与张宇的QQ聊天过程中，通过张宇焦急的、不连贯的话语，世界经理人办公伙伴还是感觉到了，张宇目前最期望的，是希望在业务方面发展，逐步地培养自己的竞争力。因为自己的性格内向，又害怕还是做不好这份工作，同时也觉得业务不稳定，不能够提供一定的生存保障。

○ 咨询回复

心态方面：

专家指出，张宇过去的心态一直有问题，而且目前的心态依然存在很大的问题。

张宇认为同学嘲笑自己，在自己的职业发展实在不好时，总觉得同学的一言一行，都是在嘲笑他，事实上这种情况并不存在，这是张宇心理的一种自我假象。

张宇觉得自己做事情很认真，社会亏待了他，事实上，张宇一年换一份工作，不管哪家公司招聘到张宇，都会因为张宇的离职而不得不重新招聘，并重新整顿这个岗位。单是这一点，就可以充分证明，张宇做事情极其不认真。

社会上，一个没有耐心的、经常换工作的人，不管在哪家公司里都不会得到重用，得不到重用，自然没有办法晋升上一个岗位，自然没有办法学习技能，也没有办法获取职场竞争力了。

从这两件事情里，世界经理人办公伙伴建议张宇先耐下心来，在目前的工作岗位上安心工作下去，不管以前如何，先把目前的这份工作做好。同时在目前的这份工作慢慢调整自己的心态，以一颗宽容的心去对待自己的同事以及社会，不要再抱有委屈心态。一个人要想把工作做好，要想获得晋升提拔，心态上面就应该公平公正，一个总觉得自己很委屈的人，想不出来会有哪位领导者会给他机会。

案例使用说明

一、启发思考题

（1）张宇在大学时期就知道自己的专业就业情况，作为一名学生他应该做哪些准备？

（2）张伟决定工作后逐渐摸索出自己的职业道路，那么在工作中他应该在哪些方面做努力？

（3）张宇到三十岁还是没有找准自己的发展方向，他自身方面有哪些原因？

（4）对于类似张宇这样的员工，公司应该怎样帮助他们确定自己的职业方向？

二、分析思路

职业生涯规划是指个人和组织相结合，在对一个人职业生涯的主客观条件进行测定、分析、总结研究的基础上，对自己的兴趣、爱好、能力、特长、经历及不足等各方面进行综合分析与权衡，结合时代特点，根据自己的职业倾向，确定其最佳的职业奋斗目标，并为实现这一目标做出行之有效的安排。

制定职业生涯规划可以帮助人们明确职业道路，明晰发展方向，分析自己的优势和劣势，找到自己的兴趣所在，减少了从业之后的盲目性。张宇在毕业后一直没有很大的进步，可以看出他没有一个明确的职业生涯规划，以至于他像一只无头苍蝇一样没有方向，只会越来越焦虑。

三、理论依据与分析

制定职业生涯规划有几个前提：

（1）正确的职业理想，明确的职业目标。职业理想在人们职业生涯设计过程中起着调节和指南作用。一个人选择什么样的职业，以及为什么选择某种职业，通常都是以其职业理想为出发点的。任何人的职业理想必然要受到社会环境、社会现实的制约。社会发展的需要是职业理想的客观依据，凡是符合社会发展需要和人民利益的职业理想都是高尚的、正确的，并具有现实的可行性。职业理想更应把个人志向与国家利益和社会需要有机地结合起来。

（2）正确进行自我分析和职业分析。首先，要通过科学认知的方法和手段，对自己的职业兴趣、气质、性格、能力等进行全面认识，清楚自己的优势与特长、劣势与不足。避免设计中的盲目性，达到设计高度适宜。其次，现代职业具有自身的区域性、行业性、岗位性等特点。要对该职业所在的行业现状和发展前景有比较深入的了解，如人才供给情况、平均工资状况、行业的非正式团体规范等；还要了解职业所需要的特殊能力。

（3）构建合理的知识结构。知识的积累是成才的基础和必要条件，但单纯的知识数量并不足以表明一个人真正的知识水平，人不仅要具有相当数量的知识，还必须形成合理的知识结构，没有合理的知识结构，就不能发挥其创造的功能。合理的知识结构一般指宝塔型和网络型两种。

（4）培养职业需要的实践能力。综合能力和知识面是用人单位选择人才的依据。一般来说，进入岗位的新人，应重点培养满足社会需要的决策能力、创造能力、社交能力、实际操作能力、组织管理能力和自我发展的终身学习能力、心理调适能力、随机应变能力等。

（5）参加有益的职业训练。职业训练包括职业技能的培训，对自我职业的适应性考核、职业意向的科学测定等。

四、背景信息

张宇性格内向，又由于专业和生活的原因，只能为了生存先就业，然后才寻找自己的职业方向。就业有一定的盲目性。同时，他内心焦虑，又很自我，总是认为公司没有给他很好的发展机会，心态不平，态度不认真。他走走停停换来几家公司，都没有确定自己的职业方向，也没有形成自己的职业能力。在社会中像张宇这样的员工有很多，他们没有明确的职业方向，公司也没有提供类似的职业培训，一方面，他们为了生存从事自己根本不感兴趣的工作；另一方面，他们又内心焦虑，总想找到真正适合自己的方向，但又无从下手，最后只能在不甘和无奈下麻木的工作，导致现在所从事的工作也做不好，更加得不到公司的重视。

第八章 职业生涯规划与管理

案例5　吴依敏的前程规划

吴依敏今年28岁、女性，刚获得企管硕士学位，并与陈震东先生一起工作，然而目前的职位并不是吴依敏所期望的，因此她正在犹豫自己是否应该留在光明投资银行。

光明投资银行具备清晰的管理结构，但并没有刻板的等级制度。其风格相对不拘形式，具有较大的灵活性，工作积极主动的人能迅速脱颖而出，具有创新意识的思路能够迅速传递到银行上层。它不是一个只就备忘录所记载的事务而忙碌的公司，大量的工作是通过电话和面谈而得以完成的。这种环境并不适合所有的人。加入光明投资银行的人不要指望随波逐流，员工必须发挥主观能动性，努力寻找脱颖而出的新途径。光明投资银行引以为豪的是推崇唯才是举，在这里公司看重的是成果。

不仅如此，光明投资银行历来注意拓展员工的经验范围，重视各项业务之间技能的互通性，承诺为公司内的优秀人才提供最佳发展机会。当需要专业化技能时，公司鼓励个人朝这个方向发展，但并不强求。客户交给公司的问题越来越复杂，公司认为，广博的经验和对公司运作的理解是满足他们需求的最有效的方法。参观过光明投资银行的人都会感受到一种同事间的友谊和真诚，一种轻松自如、大门随时敞开的感觉。在这里，每个人都至关重要，个性得以充分的发展。光明投资银行是一个倡导鲜明个性、鼓励积极主动、重视创造能力的公司。

光明投资银行个人发展的宗旨是将公司的战略目标同个人发展目标相结合，这种哲学始终是企业文化的一部分，也是公司未来计划中的一个具体组成部分。公司聘用的员工具有广泛的专业背景，以使公司人员专业能力的深度和广度都能得到拓展。他们来自世界各地，专业范围也越来越宽，从金融到哲学、从经济学到工程学。公司认识到保持技术领先地位至关重要。在为客户服务、向客户提供信息时，技术优势转化为公司的竞争优势，所以公司大力投入资源保持这一优势。

公司能持续发展，关键是在适应环境不断变化的同时，能够保持优秀的公司文化及信念：在工作方法方面，公司重视以客户为重点、业务范围多样化、团队合作和创新；在员工相互协作方面，公司重视信守承诺、职业精神、尊严和尊重；在员工事业发展方面，公司重视岗位流动、唯才是举及提供优越的薪酬福利。公司的环境要求雇员保证充分的时间和精力进行工作。作为回报，公司也承诺为专业人员提供优越的报酬。从一开始，员工就会享受到较高的薪酬及福利。员工的年度收入一般包括基本薪金加上按业绩评定的浮动性奖金。

我们可以看出光明投资银行是一个充满活力、有大好发展前景的公司，那么为什么吴依敏要离开光明投资银行呢？

当吴依敏刚从大学取得数学学士之后，她进入了在上海市的大上海国际银行，担任电脑程式设计师。她晋升得很快！从程式设计师到系统分析师，她希望有机会去从事具有挑战性及重要性的工作，而且吴依敏感觉到她还需要追求一些别的。

由于吴依敏对银行方面知识十分了解，因此大上海国际银行派她到光明投资银行接一个计划。当然，吴依敏是设计规划小组的组长，她的责任就是帮光明投资银行开发一套用于自动交换机上的软件程序，而计划的委托人就是陈震东先生。

在吴依敏尚未与陈震东先生谋面时，她就耳闻陈震东先生在光明投资银行是最闪亮之星，他四十五岁，似乎无所不通，而且他知道该如何去激励及激发他的下属。因此她和陈震东谈得十分融洽，她也花了不少次的午餐时间与陈震东先生谈到她目前的需求，她希望能拥有一个更广阔的前景，而非目前在大上海国际银行被指定的工作。陈震东先生鼓励她，并告诉她应该再去进修一些企管方面的课程，如获得企管硕士；如果她对行销有兴趣的话，陈震东先生向她保证在光明投资银行留个职位给她。因此，在吴依敏完成了这个自动变换机软件程式的计划案以后，她就辞职去攻读她的企管硕士课程，该课程是令她兴奋的，但也是十分吃力的，不过，她仍然维持着上进的努力。

当吴依敏毕业后，陈震东先生也兑现了他的诺言，给她一个十分好的职位——行销经理，负责自动交换机网络并负责建立起对新ATM制度行销活动，该行销活动是希望能将产品推展到郊区各角落。因此，吴依敏第一次真正尝试到她的经理经验。吴依敏通过企管硕士课程，获得有关企管方面的知识，并且使她在思考上更有信心。因此，没多久吴依敏就不再需要在办事之前先去找陈震东先生讨论，也不再需要陈震东先生的忠告。她变成要监视并检查所有她负责的工作，而且也变得十分易怒，以往的她是那么懂得感激和鼓舞他人，可是现在变得很容易干扰他人，与他人冲突并且缺乏自制。对于如何行销ATM的产品，她也开始与陈震东先生意见相左，处处显示出她不是一位好的工作伙伴。

第八章　职业生涯规划与管理

一、启发思考题

（1）吴依敏目前正处于职业生涯的何种阶段？

（2）在本案例所叙述的情景下，如果您是吴依敏，是否继续留任？为什么？

（3）如果吴依敏要在公司继续留任，她应该有些什么知识来帮助她更适应她目前的职位？

（4）作为陈震东先生，你认为他应该采取一些什么措施来帮助吴依敏？

二、参考答案

（1）吴依敏目前正处于职业生涯建立阶段的探索期。吴依敏对最初就业选定的职业不满意，希望再选择，再就职，而且对于还留不留在光明投资银行还比较迷茫。但在工作技能、社会经验上都已经日趋成熟。

（2）继续留任。因为光明投资银行不管是组织结构，还是管理理念都是非常不错的，而且，光明投资银行重视人才的培养，只要有能力、肯努力的人员都会有很大的发展机会。光明投资银行的陈震先生很器重吴依敏，吴依敏如果继续留任，并且能改进自己，陈震先生会给吴依敏提供一个更大的发展舞台的。

（3）吴依敏如果要在公司继续留任，那么她应该进一步学习人力资源管理，因为人力资源管理是组织行为学的深化，其主要讲授为实现企业的经营战略方针，如何协调和处理人与人之间的关系以调动人们的积极性。这有助于她正确地对待工作，处理和上司的关系。

（4）首先，合理引导，想办法，使吴依敏争强好胜的一面用在开展工作上，并且对于吴依敏的工作能力给予肯定。其次，让吴依敏去进修一些人力资源管理方面的课程，让她懂得结合企业组织目标开发自己的潜能、发挥自己的能力、设计自己的职业人生。

三、理论知识要点

（1）为什么做职业生涯规划管理

从企业层面考虑：

① 尊重员工和更好使用员工；

② 提高员工归属感和工作效率。

从员工个人层面考虑：

① 具有强烈的归属感和成就感，提升工作能力；

② 为未来投资，对整个职业生涯有个清晰准确的定位。

(2) 做好职业生涯规划三个要点：①自己适合从事哪些职业；②自己所在公司能否提供这样的岗位以及职业通路；③在自己适合从事的职业中，哪些是社会发展迫切需要的。

(3) 企业如何帮助员工做好职业规划：①开展工作分析；②制定员工晋升、调动与配置规划；③设计职业生涯发展通道；④重视职业发展中的培训与开发计划；⑤建设和优化职业管理信息系统；⑥建立职业生涯评审制度。

(4) 职业生涯规划原则：①清晰性原则；②变动性原则；③一致性原则；④挑战性原则；⑤激励性原则；⑥合作性原则；⑦实际原则；⑧可评量原则。

第八章　职业生涯规划与管理

案例6　体育天才不同的职业规划

○ 没有长远的职业规划，举重冠军做搓澡工

曾获得4枚全国举重比赛金牌，打破过一次全国纪录，一次世界纪录的邹春兰，如今在长春一家浴池做搓澡工，每一个澡收费5元，邹春兰能得1.25元，一个月下来，挣的钱不到500元。

当在比赛中再也拿不到好成绩时，邹春兰拿了8万元补偿就走了，既没有想好以后要什么，也没有做好今后要从事职业的准备，以至于退役多年后，还是"不到小学3年级的文化，拼音都不会"。

○ 良好的职业规划，让自己的职业生涯始终处在辉煌期

相比之下，曾经也是运动员的施瓦辛格，却走过了健美冠军、电影明星、加州州长这样一个不断超越、持续发展的职业轨迹。为什么施瓦辛格的职业能持续发展，而没有像许许多多中外运动员那样如同一个耀眼的彗星一样迅速地陨落？

施瓦辛格在20岁获得了第一个健美冠军之后，各种荣誉纷至沓来，他没有沉溺其中而止步不前，他确立了自己下一个目标：进入电影界拍大力士影片。第二年，施瓦辛格来到美国追寻自己的梦想。他清醒地认识到健美运动员是一个"吃青春饭"的职业，健美运动员只是自己成为一个动作明星的"敲门砖"，是职业发展的第一步。

施瓦辛格在美国面临着语言不通的巨大障碍，一边继续从事自己的健美运动，一边积极寻找机会进入电影界。两年后，他史无前例地获得了三项健美冠军；同一年，他出演了第一部电影。一开始，施瓦辛格转行并不成功，最早几部影片上映后，他被影评无情地评论为：四肢发达，头脑简单，无聊的演艺界门外汉。他说"在很长的时期里，我很努力地上表演课、发音课、纠正口音、上演说课，所有这些我都非常努力"。他还一边打工，一边利用业余时间学习大学课程。

因此，真正的职业规划，不只是一纸计划，而是真正确定坚定的职业目标和长远的职业规划，还要一步一步地努力实施。

○ 及时的职业转型规划，依旧闪耀动人

马艳丽被誉为中国第一名模，因为她是中国第一位国际模特大赛的冠军/中国第一位十大冠军/中国第一家模特经纪公司的首席签约模特/中国模特界的第一位青联委员名模评比的/中国模特创建时装品牌第一人/中国模特界成功举办个人专场时装发布会第一人……

马艳丽出生于河南省周口市郸城县一个普通的农民家庭。少年时马艳丽是个赛艇运动员，曾拿过1991年河南省赛艇比赛冠军。但毕竟运动员是吃"青春饭"，更何况她只是个省冠军，并不是什么明星运动员。她想到了转行到今后能养活自己的行业。1994年，一个偶然的机会马艳丽走上了上海的T型台。此后，她的模特事业蒸蒸日上，获得了难以计数的荣誉和好评——一切看上去简单而顺利。然而，这个在如梦如幻的T台上焕发绚丽光彩的美丽女子，却在大红大紫之时淡出T型舞台，转向幕后，创建Maryma Design时尚女装品牌，成为该品牌的董事长及创始人。这一次的转行亦同上次一样，模特是吃"青春饭"，即使拥有多大的名气，岁月是不允许她一辈子都站在T字台上。唯一与上次不同的是，这一行是她自己非常喜欢的，这一行让她蜚声国标。

她是聪明的，选择及时转向幕后，创立品牌，与自己喜欢的时装行业续写情缘。她的忧患意识让她的职业不断超越，不断发展！

一、启发思考题

(1) 如果你是邹春兰，你会怎么规划自己的职业生涯？
(2) 是什么让施瓦辛格、马艳丽能够一直处于职业生涯的辉煌期？
(3) 当个人职业生涯发展出现"瓶颈"时，我们应该怎么面对？
(4) 应该怎样做好个人职业生涯规划？

二、分析思路

职业生涯规划是指客观认知自己的能力、兴趣、个性和价值观，发展完整而适当的职业自我观念，个人发展与组织发展相结合，在对个人和内部环境因素进行分析的基础上，深入了解各种职业的需求趋势以及关键成功因素，确定自己的事业发展目标。并选择实现这一事业目标的职业或岗位，编制相应的工作、教育和培训行动计划，制定出基本措施，高效行动，灵活调整，有效提升职业发展所需的执行、决策和应变技能。

第八章　职业生涯规划与管理

邹春兰没有一个比较明确清晰的职业规划，对今后的职业走向也没有一个清楚的定位和预测，而自己本身除了体育特长无其他优势，正是这种种因素导致了奥运冠军的迅速陨落。施瓦辛格和马艳丽在个人职业生涯达到第一个辉煌点时并没因为接踵而来的荣誉和成就冲昏头脑，而是对自己的个人职业现状和行业发展趋势做出了精准判断，合理为自己制定了职业生涯规划。正是这种准确的判断和对职业发展趋势的评估让自己一次又一次的成功转型。

个人职业规划要点：

（1）自己所处的职业发展阶段；

（2）自己的职业倾向（就是职业类型）；

（3）自己的技能（也就是我们的自身本领，如专业、爱好、特长等）；

（4）自己的职业锚（就是职业动机）；

（5）自己的职业兴趣。

案例7　王总的苦恼

某国有企业下属某省分公司的人力资源部总经理周总年初被一件事情所困扰：随着总部战略人才储备工作的开始，该单位2009~2011年度为一级部门及全辖二级经营机构通过校园招聘陆续招入近1000名大学生。当初在招聘、培训时，人力资源部投入了很大力度，不光重金聘请第三方专业机构帮助企业进行招聘选才，而且投入较大的成本对新员工进行为期一个月的入职培训聘请了企业内外的业务专家，力求强化员工的工作能力，使其能更快适应岗位工作……但从2012年以来，随着同行业的股份制企业、外资企业雨后春笋般地出现在所辖省市地区，周总所在的企业则成了最好的"挖角"对象。近一年来，单位内入职三年以上的大学生员工流失率就一直高居25%以上，而且大学生员工离职也带动了其他骨干员工的流失，大大影响了该单位下一步要实施的规模扩张战略。企业领导要求人力资源部必须在一个月内提出解决良策，这让王总倍感头疼。

经过深入了解后，王总发现，该企业虽然在员工的业务技能、专业知识等培训上投入了巨大的精力和物力，但却一直没有真正用心去识别员工职业发展的内在需求，员工则主要是被动地接受各项职业发展的安排。员工想得到发展，需要"自己搭台""上台唱戏"，才可能脱颖而出。而随着"80后"大学生员工们逐步成为企业骨干，管理者们逐步发现：如果仅依赖培训来发展员工，只会使企业越来越成为行业内的"黄埔军校"总是在"为他人作嫁衣"。

细数"80后"大学生员工：他们大多已经基本具备熟练的工作技能和经验；他们敢于面对未知的新事物，有创新意识；在特定大环境下成长的他们独立意识较强，眼界开阔，不满足于单一的生活或工作；他们对自己的未来有很高的要求，但大部分人却看不清自己的现状和周围的环境，缺乏清晰的职业目标……这就决定了如果不能在组织中持续地获得成就感或自我满足感，他们的视线就会投向更大范围去找寻机会。因此，公司总能听到他们对目前工作的不满和抱怨，总能看到他们中一些人频繁跳槽或换岗。

根据周总的汇报和企业实际情况，智鼎咨询师提出了"企业应改变以前让员工'自己搭台、自己唱戏'的职业发展模式，建立'企业搭台、员工唱戏'的职业生涯管理体系"。

其核心思想就是：帮助企业构建一个集人才评估、潜能反馈、职业生涯规划、培训计划、轮岗/挂职计划、职位管理规范、选拔任用方案为一体的职业生涯管理体系作为员工职业生涯发展的平台，让员工在这个平台中不断地去经历、展示自己。让员工真正体会到"心有多大，舞台就有多大"。核心手段是：充分运用第三方专业机构的力量，帮助员工更科学地发现和认识自我，历练和完善自我，并最终实现自我。

上述方案经过该企业人力资源部及核心管理层评定认可，在企业中逐步施行。从目前运行的状况来看，所有进入该职业生涯管理体系的大学生员工从自我认知程度、工作热情、组织忠诚度方面都有了明显的提高。

迄今为止，该企业中已经有多名"80后"大学生员工走上了一线管理岗位，也带动了其他同事历练、发展和完善自我的热情。令王总和领导一直以来的头疼的问题也终于得到了妥善解决。

一、启发思考题

（1）请阐述此案例中导致员工离职率较高，企业在员工职业生涯管理中存在的问题。

（2）请结合案例阐述在职业生涯管理中组织管理和自我管理的特点和区别？

（3）结合此案例，请描述建立一个科学的职业生涯管理体系实施步骤有哪些？

（4）一个有效的职业生涯管理体系有哪几方面的评价标准？

（5）针对案例中塑造能上能下、能左能右、能前能后的复合型人才的发展通道，具体描述传统职业路径、行为职业路径、横向职业路径、双重职业路径等职业路径设计方式在案例中的具体表现形式。

二、分析思路

（1）员工职业生涯管理中企业内部竞争机制应为"赛马不相马"，但往往企业在实践中重相马，而忽略赛马机制的建立。

（2）要实行有效的职业管理，必须了解员工在实现职业目标过程中会在哪些方面碰到问题？如何解决这些问题？员工的漫长职业生涯是否可以分为有明显特征的若干阶段？每个阶段的典型矛盾和困难是什么？如何加以解决和克服？组织在掌握这些知识之后，才可能制订相应的政策和措施帮助员工找到在企业内的职业生涯发展路径。

三、理论依据与分析

（1）职业生涯管理是企业帮助员工制定职业生涯规划和帮助其职业生涯发展的一系列活动，职业生涯管理应看做是竭力满足管理者、员工、企业三者需要的一个动态过程。

主要特征：

① 职业生涯管理是组织为其员工设计的职业发展、援助计划，有别于员工个人制订的职业计划。职业生涯管理带有一定的引导性和功利性，它帮助员工完成自我定位，克服完成工作目标中遇到的困难挫折，鼓励员工将职业目标同组织发展目标紧密相连，尽可能多地给予他们机会。

② 职业管理必须满足个人和组织的双重需要。与组织内部一般的奖惩制度不同，职业生涯管理着眼于帮助员工实现职业计划，即力求满足职工的职业发展需要。一方面全体员工的职业技能的提高带动组织整体人力资源水平的提升；另一方面在职业管理中心的有意引导可使同组织目标方向一致的员工个人脱颖而出，为培养组织高层经营、管理或技术人员提供人才储备。

（2）员工职业生涯管理一般包括职业通道管理、员工职业生涯设计、能力开发、检查评估和反馈修正等步骤。

四、背景信息

人员流失是每个企业一直存在的问题之一，正常的人力资源流动是一种社会的正常现象，是劳动力市场成熟的标志之一，然而企业员工流失过度，而且流动的速度过于频繁，这不仅对企业员工的心理和企业整体工作氛围造成不利影响而且也对企业的正常发展产生一定风险。如何留住人才，避免成为行业的"黄埔军校"、"为他人作嫁衣"是不少企业急需解决的问题。

（1）该单位2009~2011年度为一级部门及全辖二级经营机构通过校园招聘陆续招入近1000名大学生。近一年来，单位内入职三年以上的大学生员工流失率就一直高居25%以上，而且大学生员工离职也带动了其他骨干员工的流失，大大影响了该单位下一步要实施的规模扩张战略。

（2）企业通过引入外部专业咨询机构，建立科学的员工职业生涯管理体系。核心思想是把企业未来人力资源战略需求和当前人才潜能现状、职业发展倾向相结合，提供一个塑造能上能下、能左能右、能前能后的复合型人才的发展通道。

五、关键要点

（1）很多企业在成长的过程中，不注重有效的职业管理，员工的流动率很高，造成人力资源枯竭。对于任何成功的企业，只有企业员工的才能和潜力能得到充分发挥，企业的生存成长就有了取之不尽的源泉。职业生涯管理如不能有效地抑制企业的目标与员工的偏差，将直接影响到员工工作的主动性、积极性等因素。

（2）很多企业人力资源管理在专业管理上认识片面，大部分人力资源管理的人员只是把职业生涯管理简单归结为个人的职业定位与职业发展，这是静态的认识。而真正的职业生涯管理完全是动态和互动的关系，它至少应该包括：明确驱动绩效的关键职业生涯发展路径；员工晋升的特定路径，企业需要的关键岗位按照角色明确划分；取得成功所必需的技术和行为素质；每个职业路径的"入口"和"出口"；获得技术和行为经验所需的培训和发展项目；管理人士和员工为了做出明智的决策、执行正确的职业行动所需的工具、信息和支持。

（3）职业生涯管理有效性标准

① 达到个人或组织目标。
② 考察项目所完成的活动。
③ 绩效指数变化。
④ 态度或知觉到的心理变化。

参考文献

[1] 董克用，李超平．人力资源管理概论．北京：中国人民大学出版社，2011．

[2] 冯光明，徐宁．人力资源管理．北京：北京理工大学出版社，2010．

[3] 姚泽有，张建国．人力资源管理．北京：北京理工大学出版社，2012．

[4] 侯光明．人力资源管理．北京：高等教育出版社，2009．

第九章 劳动关系管理

第一节 劳动关系管理实务概述

一、判定事实劳动关系的三个标准

（1）用人单位和劳动者符合法律规定的主体资格；
（2）用人单位依法制定的各项劳动规章制度适用于劳动者，劳动者受用人单位的管理，从事用人单位安排的有报酬的劳动；
（3）劳动者提供的劳动是用人单位业务的组成部分。

二、判定事实劳动关系常见的法律凭证

（1）工资支付凭证或记录；
（2）职工工资发放花名册；
（3）缴纳各项社会保险费的记录；
（4）"工作证"、"服务证"等证件；
（5）"登记表"、"报名表"等招用记录；
（6）考勤记录；
（7）其他劳动者的证言。

三、劳动关系与劳务关系的本质区别

提供劳动的一方是不是单位的成员,是不是以单位职工的身份参加劳动,是否遵守单位的内部规章制度。

(一) 执行合同期间

(1) 劳务关系只有报酬;
(2) 劳动关系还有保险、劳动保护、福利等。

(二) 合同结束

(1) 劳务关系无经济补偿金、医疗补助金等;
(2) 劳动关系还有经济补偿金、医疗补助金等。

(三) 工作出现意外时候

(1) 劳务关系雇主无责任或有限责任;
(2) 劳动关系雇主承担全部责任。

四、标准劳动关系与非标准劳动关系

(1) 标准劳动关系;
重劳动关系、全日制劳动——适用全部劳动基准。
(2) 非标准劳动关系。
弹性、灵活——适用部分劳动基准。

五、企业劳动关系管理实务的基本内容

(1) 劳动合同管理;(2) 企业用工管理;(3) 劳动标准管理;(4) 社会保险;(5) 集体协商与集体合同;(6) 劳动争议处理;(7) 非标准劳动关系。

第二节　劳动合同管理

一、劳动合同概述

（1）劳动者主体资格。

① 就业年龄：16 周岁。文艺、体育和特种工艺单位经批准后例外。

《禁止使用童工规定》第四条："用人单位招用人员时，必须核查被招用人的身份证；对不满 16 周岁的未成年人，一律不得录用。"

《禁止使用童工规定》第六条："用人单位使用童工的，由劳动保障行政部门按照每使用一名童工每月处 5000 元罚款的标准给予处罚。"

② 退休年龄：男年满 60 周岁，女工人年满 50 周岁，女干部年满 55 周岁；特殊工种男年满 55 周岁，女年满 45 周岁。

（2）用人单位在招用职工时，应查验终止、解除劳动合同证明以及其他能证明该职工与任何用人单位不存在劳动关系的凭证，方可与其建立劳动关系。

（3）用人单位招用尚未解除劳动合同的劳动者，对原用人单位造成经济损失，该用人单位应当依法承担连带赔偿责任，其连带赔偿的份额应不低于对原用人单位造成经济损失总额的 70%。

二、劳动合同的订立

（1）建立劳动关系，应当订立书面劳动合同。已建立劳动关系，未同时订立书面劳动合同的，应当自用工之日起一个月内订立书面劳动合同。

（2）劳动合同对劳动报酬和劳动条件等标准约定不明确，引发争议的，用人单位与劳动者可以重新协商；协商不成的，适用集体合同规定；没有集体合同或者集体合同未规定劳动报酬的，实行同工同酬；没有集体合同或者集体合同未规定劳动条件等标准的，适用国家有关规定。

(3) 约定条款。

①试用期;②专项培训;③保守商业秘密;④竞业限制;⑤补充保险和福利待遇;⑥其他。

(4) 用人单位与劳动者协商一致,可以订立无固定期限劳动合同。有下列情形之一,劳动者提出或者同意续订、订立劳动合同的,除劳动者提出订立固定期限劳动合同外,应当订立无固定期限劳动合同:

① 劳动者在该用人单位连续工作满十年的;

② 用人单位初次实行劳动合同制度或者国有企业改制重新订立劳动合同时,劳动者在该用人单位连续工作满十年且距法定退休年龄不足十年的;

③ 连续订立二次固定期限劳动合同,且劳动者没有《劳动合同法》第三十九条和第四十条第一项、第二项规定的情形,续订劳动合同的。

此外,用人单位自用工之日起满一年不与劳动者订立书面劳动合同的,视为用人单位与劳动者已订立无固定期限劳动合同。

(5) 用人单位有过错的。

① 造成劳动者工资收入损失的,按劳动者本人应得工资收入支付给劳动者,并加付应得工资收入25%的赔偿费用;

② 造成劳动者劳动保护待遇损失的,应按国家规定补足劳动者的保护津贴和用品;

③ 造成劳动者工伤、医疗保险待遇损失的,除按国家规定为劳动者提供工伤、医疗待遇外,还应支付劳动者相当于医疗费用25%的赔偿费用;

④ 造成女职工和未成年工身体健康损害的,除按国家规定提供治疗期间的医疗待遇外,还应支持相当于其医疗费用25%的赔偿费用。

(6) 劳动者有过错的。

劳动者应当按照实际损失原则,承担赔偿责任,赔偿因其过错而对用人单位的生产、经营和工作造成的直接经济损失。

三、劳动合同的解除

(一) 协商一致解除

(1) 由用人单位向劳动者提出解除:用人单位支付经济补偿金。

(2) 由劳动者向用人单位提出解除:用人单位无须支付经济补偿金。如果是由劳动者提出解除劳动合同的,须保留相关证据。

(二) 劳动者单方解除

1. 劳动者提前通知解除劳动合同

（1）劳动者在试用期内提前3日通知用人单位，可以解除劳动合同。

（2）劳动者在试用期外提前30日以书面形式通知用人单位，可以解除劳动合同。用人单位均无须支付经济补偿金。

2. 劳动者随时通知解除劳动合同

（1）未按照劳动合同约定提供劳动保护或者劳动条件的。

（2）未及时足额支付劳动报酬的。

（3）未依法为劳动者缴纳社会保险费的。

（4）用人单位的规章制度违反法律、法规的规定，损害劳动者权益的。

（5）用人单位以欺诈、胁迫的手段或者乘人之危，使劳动者在违背真实意思的情况下订立或变更劳动合同，致使劳动合同无效的。

这是因用人单位的过错致使劳动者解除劳动合同，劳动者不必提前通知和书面通知，但需履行告知义务。用人单位均须支付经济补偿金，并补偿相关损失；用人单位不得要求劳动者支付培训服务期约定的违约金。

3. 劳动者无须通知立即解除劳动合同

（1）用人单位以暴力、威胁或者非法限制人身自由的手段强迫劳动者劳动的。

（2）用人单位违章指挥、强令冒险作业危及劳动者人身安全的。

用人单位均须支付经济补偿金，并补偿相关损失，甚至追究刑事责任。

(三) 用人单位单方解除

1. 过失性辞退情形

（1）在试用期间被证明不符合录用条件的；

（2）严重违反用人单位的规章制度的；

（3）严重失职，营私舞弊，给用人单位造成重大损害的；

（4）劳动者同时与其他用人单位建立劳动关系，对完成本单位的工作任务造成严重影响，或者经用人单位提出，拒不改正的；

（5）劳动者以欺诈、胁迫手段或乘人之危，使用人单位在违背真实意思的情况下订立或变更劳动合同，致使劳动合同无效的；

（6）被依法追究刑事责任的。

用人单位可立即解除合同，无须支付经济补偿金，但依据要充分。

2. 非过失性辞退情形

非过失性辞退，用人单位可提前30天书面通知或支付一个月代通金解除劳动合同，用人单位均须支付经济补偿金。

（1）劳动者患病或者非因工负伤，医疗期内劳动者停工治疗并享受病假工资和医疗待遇。在规定的医疗期满后不能从事原工作，也不能从事由用人单位另行安排的工作的。

用人单位还须支付医疗补助费，对工伤职工，还须支付一次性工伤医疗补助金和伤残就业补助金等。

（2）劳动者不能胜任工作，经过培训或者调整工作岗位，仍不能胜任工作的。

（3）劳动合同订立时所依据的客观情况发生重大变化，致使劳动合同无法履行，经用人单位与劳动者协商，未能就变更劳动合同内容达成协议的。

其中的客观情况发生重大变化包括：企业迁移；企业分立或被兼并；资产转移；企业改制；部门撤并或做重大调整；企业经营战略调整；企业产品结构调整。

3. 经济性裁员情形

经济性裁员指企业由于经营不善等经济性原因，需要裁减人员20人以上或者裁减不足20人但占企业职工总数10%以上的情形。

（1）依照企业破产法规定进行重整的；

（2）生产经营发生严重困难的；

（3）企业转产、重大技术革新或经营方式调整，经变更劳动合同后仍需裁减人员的；

（4）其他因劳动合同订立时所依据的客观经济情况发生重大变化，致使劳动合同无法履行的。

4. 经济性裁员需要履行哪些程序

（1）提前30日向工会或者全体职工说明情况，提供有关生产经营状况的资料；

（2）提出裁减人员方案，包括被裁减人员名单、裁减时间、实施步骤、所依据的法律法规规定、经济补偿办法等；

（3）将裁员方案征求工会或全体职工的意见；

（4）向当地劳动保障行政部门报告裁减方案和工会或全体职工的意见，听取劳动保障行政部门的意见；

（5）公布裁减方案，与被裁减人员办理解除劳动合同手续，支付经济补偿金，出具裁减人员证明书。

四、劳动合同的终止情形

（一）劳动合同期满

（二）劳动合同主体的资格消亡

（1）劳动者开始依法享受基本养老保险待遇；
（2）劳动者死亡，或者被人民法院宣告死亡或者宣告失踪；
（3）用人单位被依法宣告破产；
（4）用人单位被吊销营业执照、责令关闭、撤销或者用人单位决定提前解散。

五、用人单位不得解除和逾期终止的情形

不得以非过失性辞退和经济性裁员的理由解除下列劳动者的劳动合同。
（1）从事接触职业病危害作业的劳动者未进行离岗前职业健康检查，或者疑似职业病病人在诊断或者医学观察期间的；
（2）在本单位患职业病或者因工负伤并被确认丧失或者部分丧失劳动能力的；
（3）患病或者非因工负伤，在规定的医疗期内的；
（4）女职工在孕期、产期、哺乳期的；
（5）在本单位连续工作满十五年，且距法定退休年龄不足五年的。

六、经济补偿金的计算及支付

（1）经济补偿按劳动者在本单位工作的年限，每满一年支付一个月（不足半年算半个月）工资标准向劳动者支付。工资标准以劳动者在劳动合同解除或者终止前12个月的平均工资；如劳动者工作不满12个月的，按照实际工作的月数计算平均工资（试用期除外）。
（2）劳动者月工资高于用人单位所在地区上年度职工月平均工资3倍的，按该地区职工月平均工资3倍的数额支付，且封顶12年。劳动者月工资低于用人单位所在地区最低工资标准的，按当地最低工资标准计算。
（3）在办结工作交接时一次性支付经济补偿金。未按规定支付经济补偿金的：

补足差额 50%～100% 赔偿金。

七、违法解除或终止劳动合同的法律后果

（一）用人单位违法解除或终止

（1）劳动者要求继续履行劳动合同的，用人单位应当继续履行；

（2）劳动者不要求继续履行劳动合同或劳动合同已经不能继续履行的，用人单位应当按经济补偿标准的 2 倍向劳动者支付赔偿金。

（二）劳动者违反规定或劳动合同约定解除劳动合同

对用人单位造成损失的，劳动者应赔偿下列损失：
（1）用人单位招收录用其所支付的费用；
（2）用人单位为其支付的培训费用；
（3）对生产经营和工作造成的直接经济损失；
（4）劳动合同约定的其他赔偿费用。

第三节 企业用工管理

一、员工招聘管理

（一）招聘过程中用人单位的权利和义务

（1）用人单位招用劳动者时，应当如实告知劳动者工作内容、工作条件、工作地点、职业危害、安全生产状况、劳动报酬，以及劳动者要求了解的其他情况；用人单位有权了解劳动者与劳动合同直接相关的基本情况，劳动者应当如实说明。

（2）用人单位招用劳动者时，不得扣押劳动者的居民身份证和其他证件，不得要求劳动者提供担保或者以其他名义向劳动者收取财物。

（二）员工招聘的操作要点

（1）招聘阶段进行背景调查。

（2）入职时进行个人基本信息登记。

（3）注重单位诚信建设。

（4）停止使用担保和缴纳押金等违法手段，设计替代机制保护自身权益。

二、试用期管理

（一）试用期的约定

（1）试用期最长不得超过六个月。

（2）试用期的期限根据劳动合同期限的长短确定。

（3）同一用人单位与同一劳动者只能约定一次试用期。

（二）试用期解除劳动合同

劳动者在试用期间被证明不符合录用条件的，用人单位可以随时解除劳动合同，且用人单位不必支付经济补偿金。但需同时满足以下四个条件：

（1）试用期约定必须合法。

（2）有明确的录用条件并告知劳动者。

（3）对于劳动者在试用期间不符合录用条件的，用人单位必须提供有效证明。

（4）解除劳动合同的决定必须在试用期内做出并送达劳动者本人。

三、员工培训与服务期管理

（一）职业培训

（1）劳动者有职业培训权。

（2）用人单位依法提供职业培训的义务。

（3）职业培训的种类。

① 法定职业培训：对劳动者的基本劳动技能进行的培训，企业法定义务。

② 专业技术培训：可与劳动者订立协议，约定服务期和违约金。

（二）培训协议与服务期

（1）设定培训服务期的前提和原则。
（2）服务期的年限。
（3）违反服务期约定的违约金。

（三）服务期的违约金问题

（1）违约金的数额不得超过用人单位提供的培训费用。
（2）要求劳动者支付的违约金不得超过服务期尚未履行部分所应分摊的培训费用。
（3）试用期内劳动者可以不支付违约金。

四、商业秘密与竞业限制管理

劳动者违反保密义务需承担哪些法律责任
（1）损失赔偿；
（2）违约金；
（3）直接经济损失50万元以上的，构成商业秘密罪，7年以下有期徒刑并处罚金。

五、竞业限制

为避免用人单位的商业秘密被侵犯，规定在劳动关系存续期间或劳动关系结束后的一定时期内，劳动者不得到生产同类产品或经营同类业务且具有竞争关系的其他用人单位兼职或任职，也不得自己生产与原单位有竞争关系的同类产品或经营同类业务。

《劳动合同法》第二十三条第二款规定：对负有保密义务的劳动者，用人单位可以在劳动合同或者保密协议中与劳动者约定竞业限制条款，并约定在解除或者终止劳动合同后，在竞业限制期限内按月给予劳动者经济补偿。劳动者违反竞业限制约定的，应当按照约定向用人单位支付违约金。

第四节　集体协商与集体合同

一、集体合同内容

（一）劳动标准条款

如劳动报酬、工作时间、休息与休假、企业补充保险、生活福利、职业培训、劳动纪律、劳动保护等。劳动标准条款是集体合同的核心内容，它对个人劳动合同起制约作用。

（二）劳动权利条款

如职工参与企业管理和利润分配的规定。

（三）制约性规定

主要包括因签订或履行集体合同发生争议的解决措施，以及集体合同履行情况的监督检查办法等。

（四）集体合同效力条款

如集体合同的有效期限，变更、解除条件等。

二、集体协商和签订集体合同的程序

(1) 提出书面要约；
(2) 协商前的准备；
(3) 拟订协商议案；
(4) 召开协商会议；
(5) 集体合同草案的审议和签字；
(6) 集体合同的审核备案和公布。

三、集体合同的变更、解除和终止

（一）可以变更或解除集体合同的情形

（1）双方协商代表协商一致；

（2）用人单位因被兼并、解散、破产、转产、停产等原因，致使集体合同或专项集体合同无法履行的；

（3）因不可抗力等原因致使集体合同或专项集体合同无法履行或部分无法履行的；

（4）订立集体合同所依据的法律、法规和政策被修改或废止；

（5）订立集体合同所依据的国家宏观调控的政策措施被修改或取消；

（6）集体合同或专项集体合同约定的变更或解除条件出现的；

（7）法律、法规、规章规定的其他情形。

（二）集体合同的终止

集体合同或专项集体合同期限一般为1~3年，期满或双方约定的终止条件出现，即行终止。集体合同或专项集体合同期满前3个月内，任何一方均可向对方提出重新签订或续订的要求。

四、集体合同的法律责任和争议处理

（一）集体合同的法律效力

（1）集体合同对签约双方的成员都具有约束力。

（2）集体合同所确定的劳动标准为劳动合同的签订提供了一个基本标准。

（二）违反集体合同的法律责任

由当事人在集体合同中约定违约责任，责任形式包括继续履行、解除合同、支付违约金、赔偿损失、赔礼道歉等。

（三）集体合同的争议处理

1. 集体协商过程中发生的争议处理

（1）集体协商过程中发生争议，双方当事人不能协商解决的，当事人一方或双方可以书面向劳动保障行政部门提出协调处理申请。

(2) 未提出申请的，劳动保障行政部门认为必要时也可以进行协调处理。

(3) 关于协调人员，根据《集体合同规定》第50条的规定：劳动保障行政部门应当组织同级工会和企业组织等三方面的人员，共同协调处理集体协商争议。如果协商不成，根据《集体合同规定》第五十五条的规定：因履行集体合同发生的争议，当事人协商解决不成的，可以依法向劳动争议仲裁委员会申请仲裁。

2. 因履行集体合同发生的争议处理

因履行集体合同发生的争议涉及企业、行业或地区的共同劳动待遇和劳动条件。因此，因履行集体合同的争议一旦发生，很容易在企业内外扩散蔓延，引致同情行为，其社会影响和经济损失都比较大，应当积极预防，及时处理。

第五节 劳动争议处理

一、劳动争议概述

(一) 劳动争议的受案范围

(1) 因确认劳动关系发生的争议；

(2) 因订立、履行、变更、解除和终止劳动合同发生的争议；

(3) 因除名、辞退和辞职、离职发生的争议；

(4) 因工作时间、休息休假、社会保险、福利、培训以及劳动保护发生的争议；

(5) 因劳动报酬、工伤医疗费、经济补偿或者赔偿金等发生的争议；

(6) 法律、法规规定的其他劳动争议。

(二) 劳动争议的处理原则

(1) 着重调解，及时处理；

(2) 在查清事实的基础上，依法处理；

(3) 当事人在适用法律上一律平等。

（三）劳动争议的举证责任

用人单位负举证责任的事项：

（1）工资支付凭证或者记录（职工工资发放花名册）、缴纳各项保险费的记录，劳动者填写的用人单位招工招聘"登记表"、"报名表"等招用记录，以及考勤记录等证明是否存在劳动关系的争议。

（2）因用人单位做出的开除、除名、辞退、解除劳动合同、减少劳动报酬、计算劳动者工作年限等决定而发生的劳动争议。

（3）用人单位与劳动者或者劳动者直系亲属对于是否构成工伤发生争议的，由用人单位承担举证责任。

二、劳动争议的调解

（一）劳动争议的调解机构

（1）企业劳动争议调解委员会。
① 职工代表：由工会成员担任或者由全体职工推举产生；
② 企业代表：由企业负责人指定，不得超过调解委员会成员总数的1/3。
（2）依法设立的基层人民调解组织。
（3）在乡镇、街道设立的具有劳动争议调解职能的组织。

（二）劳动争议调解的程序

（1）申请。
自知道或应当知道其权利被侵害之日起30天内提出。
（2）受理。
征询对方当事人的意见，不愿调解的，3日内通知申请人；4日内作出受理或不受理申请的决定。
（3）调查与调解。
（4）调解协议书。
自申请之日起15日内未达成调解协议的，当事人可以依法申请仲裁。
（5）履行协议。
不履行调解协议的，另一方当事人可以依法申请仲裁。
因劳动报酬、工伤医疗费、经济补偿或者赔偿金事项达成调解协议而不履行的，向人民法院申请支付令。

三、劳动争议的仲裁

（一）劳动争议仲裁组织机构的构成及其职责

（1）仲裁委员会及其办事机构。
① 仲裁委员会由劳动行政部门代表、工会代表和企业方面代表组成，组成人员必须是单数。
② 劳动行政主管部门的劳动争议处理机构即仲裁委员会的办事机构，负责办理仲裁委员会的日常事务。

（2）仲裁庭。
① 一案一庭制。
② 一般情况：一名首席仲裁员、二名仲裁员；简单案件：指定一名仲裁员独任处理；特别仲裁庭：三名以上仲裁员。

（二）劳动争议仲裁的原则

（1）强制性原则；（2）先调解后裁决原则；（3）及时、迅速原则；（4）回避原则；（5）少数服从多数原则；（6）一次裁决原则；（7）裁审衔接制原则。

（三）劳动争议仲裁的管辖

双方当事人分别向劳动合同履行地和用人单位所在地的劳动争议仲裁委员会申请仲裁的，由劳动合同履行地的劳动争议仲裁委员会管辖。

（四）劳动争议仲裁的程序

（1）申请。
自当事人知道或应当知道其权利被侵害之日起1年内。劳动关系存续期间因拖欠劳动报酬发生争议的，劳动者申请仲裁不受仲裁时效期间的限制；但是，劳动关系终止的，应当自劳动关系终止之日起一年内提出。

（2）受理。
收到仲裁申请之日起5日内作出受理或不受理的决定；受理后5日内将仲裁申请书副本送达被申请人，被申请人10日内提交答辩书（也可不提交）；5日内将答辩书副本送达申请人。

（3）和解与调解。

（4）开庭和裁决。

① 应当自受理之日起 45 日内结束，经批准延长期限不得超过 15 日。

② 可以就部分先行裁决。

③ 部分案件可以裁决先予执行。

④ 逾期未裁决，当事人可提起诉讼。

（五）一裁终局制度

（1）一裁终局的对象。

是用人单位，劳动者不服裁决的，可起诉。

（2）一裁终局的案件。

仅限于小额和标准明确的案件。

① 追索劳动报酬、工伤医疗费、经济补偿或者赔偿金，不超过当地月最低工资标准 12 个月金额的争议；

② 因执行国家的劳动标准在工作时间、休息休假、社会保险等方面发生的争议。

四、劳动争议的诉讼

（一）劳动争议诉讼的原则

（1）以事实为根据，以法律为准绳的原则；

（2）独立行使审判权的原则；

（3）回避原则；

（4）着重调解的原则。

（二）劳动争议诉讼的管辖

（1）劳动争议诉讼由用人单位所在地或者劳动合同履行地的基层人民法院管辖；

（2）劳动合同履行地不明确的，由用人单位所在地的基层人民法院管辖；

（3）当事人双方就同一仲裁分别向有管辖权的人民法院起诉的，后受理的人民法院应当将案件移送给先受理的人民法院。

（三）劳动争议诉讼的程序

（1）起诉。

对仲裁裁决不服的，自收到裁决书之日起15日内，可以向人民法院起诉。

（2）受理。

收到起诉后7日内作出受理决定，原告对决定不服的，可以提起上诉。

（3）准备与调查。

送达起诉状副本和答辩状副本；告知当事人诉讼权利和合议庭组成人员；认真审核诉讼材料，调查收集必要的证据。

（4）调解与审判。

先行调解，调解成功的，制作法院调解书；调解不成的，及时判决（法庭调查、法庭辩论和法庭判决），当庭宣判或定期宣判。

（5）二审与判决执行。

当事人不服一审判决的，可在一审判决书送达之日起15日内向上一级即中级人民法院提起上诉。

第六节　《劳动合同法》修正案修改条文解读

十一届全国人大常委会第三十次会议表决通过了《劳动合同法》修正案，提高了劳务派遣单位设立条件，对劳务派遣中的"同工同酬"、"三性"岗位等规定进行了细化。此次修改共四条内容，分别是第五十七条、第六十三条、第六十六条和第九十二条，都是关于劳务派遣方面的。

将第五十七条修改为："经营劳务派遣业务应当具备下列条件：

（1）注册资本不得少于人民币二百万元；

（2）有与开展业务相适应的固定的经营场所和设施；

（3）有符合法律、行政法规规定的劳务派遣管理制度；

（4）法律、行政法规规定的其他条件。

经营劳务派遣业务，应当向劳动行政部门依法申请行政许可；经许可的，依法办理相应的公司登记。未经许可，任何单位和个人不得经营劳务派遣业务。"

原《劳动合同法》第五十七条规定，劳务派遣单位应当依照公司法的有关规

第九章 劳动关系管理

定设立，注册资本不得少于50万元。修改后的条款对劳务派遣单位的成立与运营大大提高了准入的门槛，不仅在注册资本上大幅提高到200万元，而且对于劳务派遣单位的场所、设施及管理制度都有要求，特别强调了经营劳务派遣业务，应当向劳动行政部门依法申请行政许可，并且还要以公司的形式进行登记，从而强化了劳务派遣单位的责任负担能力。其目的是避免一些劳务派遣单位经营不规范，规章制度不健全，侵害被派遣劳动者的合法权益。即在于限制劳务派遣公司的数量，提高质量。

将第六十三条修改为："被派遣劳动者享有与用工单位的劳动者同工同酬的权利。用工单位应当按照同工同酬原则，对被派遣劳动者与本单位同类岗位的劳动者实行相同的劳动报酬分配办法。用工单位无同类岗位劳动者的，参照用工单位所在地相同或者相近岗位劳动者的劳动报酬确定。

劳务派遣单位与被派遣劳动者订立的劳动合同和与用工单位订立的劳务派遣协议，载明或者约定的向被派遣劳动者支付的劳动报酬应当符合前款规定。"

原《劳动合同法》第六十三条规定，被派遣劳动者享有与用工单位的劳动者同工同酬的权利。用工单位无同类岗位劳动者的，参照用工单位所在地相同或者相近岗位劳动者的劳动报酬确定。

本次对这条修改实际上是增加了用工单位应当有对被派遣劳动者与本单位同类岗位的劳动者实行相同的劳动报酬分配办法及以派遣单位为中间层次，同时与劳动者和用工单位要有对同工同酬明确的约定两项内容。这么规定的理由在于要彻底落实被派遣劳动者同工同酬的权利。深层原因是本来同工同酬是劳动合同法规定的一项重要原则，但有些单位对被派遣劳动者与本单位劳动合同制职工实行不同的工资福利标准和分配办法，有的被派遣劳动者的劳动报酬、社会保险、企业福利等与用工单位的劳动合同制职工相比差距较大，导致纠纷较多。

这一条的修改在于，同工同酬细则化，同工同酬并非是相同工资，而是相同分配办法，这才避免被误解。

将第六十六条修改为："劳动合同用工是我国的企业基本用工形式。劳务派遣用工是补充形式，只能在临时性、辅助性或者替代性的工作岗位上实施。

前款规定的临时性工作岗位是指存续时间不超过六个月的岗位；辅助性工作岗位是指为主营业务岗位提供服务的非主营业务岗位；替代性工作岗位是指用工单位的劳动者因脱产学习、休假等原因无法工作的一定期间内，可以由其他劳动者替代工作的岗位。

用工单位应当严格控制劳务派遣用工数量，不得超过其用工总量的一定比例，具体比例由国务院劳动行政部门规定。"

原《劳动合同法》第六十六条规定，劳务派遣一般在临时性、辅助性或者替代性的工作岗位上实施。这条修改是本次修改内容最多、影响最大的一项。首先，是将模棱两可的"一般"改成了内涵确定的"只能"。两个字的改动，消除了模糊认识，即明确了劳务派遣用工是补充形式。其次对三性工作岗位进行了法律上的界定，明确了三性岗位的性质。最后，对劳务派遣用工数量的比例放权给国务院劳动行政部门。

之所以这么修改，是因为劳动合同法实施以来，劳务派遣用工数量快速增长，部分企业突破"三性"岗位范围，在主营业务岗位和一般性工作岗位长期大量使用被派遣劳动者，某种程度上甚至有成为主流用工形式趋势。本次修改对"三性"的定义，进一步界定出劳务派遣用工形式的适用范围。这为劳务派遣今后的正常健康发展定了基调，还国家法律以权威的重要调整。

将第九十二条修改为："违反本法规定，未经许可，擅自经营劳务派遣业务的，由劳动行政部门责令停止违法行为，没收违法所得，并处违法所得一倍以上五倍以下的罚款；没有违法所得的，可以处五万元以下的罚款。

劳务派遣单位、用工单位违反本法有关劳务派遣规定的，由劳动行政部门责令限期改正；逾期不改正的，以每人五千元以上一万元以下的标准处以罚款，对劳务派遣单位，吊销其劳务派遣业务经营许可证。用工单位给被派遣劳动者造成损害的，劳务派遣单位与用工单位承担连带赔偿责任。"

原《劳动合同法》第九十二条规定，劳务派遣单位违反本法规定的，由劳动行政部门和其他有关主管部门责令改正；情节严重的，以每人一千元以上五千元以下的标准处以罚款，并由工商管理部门吊销营业执照；给被派遣劳动者造成损害的，劳务派遣单位与用工单位承担连带赔偿责任。

本次修改，增加了未经许可，擅自经营劳务派遣业务的处理内容；在第二款增加了用人单位，明确了劳务派遣单位、用工单位违反本法有关劳务派遣规定的，限定是由劳动行政部门责令限期改正；并提高了处罚的数额；还明确了双方负连带赔偿责任的条件是用工单位给被派遣劳动者造成损害的情况。修改内容在于加重对违法经营劳务派遣业务，明确处罚的内容、处罚的额度及吊销其劳务派遣业务经营许可证的条件。从而达到进一步规范劳务派遣单位和用人单位合理、合法用工的目的。

（《劳动合同法》修正案于 2013 年 7 月 1 日生效）

第九章 劳动关系管理

案例1　公司搬迁，我的权益谁做主？

提要：本案例以公司搬迁引发的一系列劳动争议事件为背景，从多个侧面呈现 AP 公司在签约管理、岗位管理、纪律管理、离职管理、员工手册等人力资源管理风险节点控制方面的实践举措，揭示 AP 公司在劳动关系处理过程中的适当和不适当做法，以启发公司各方在维护各自权益方面的深刻反省和思考。

"搬迁啦，搬迁啦，所有部门都迁到位于另一个城市的厂区……"

2010 年 11 月 27 日，AP 公司人力资源部向全体员工发出一纸公司搬迁通知，计划 12 月 31 日前由海南省的海口市搬迁至海南省洋浦经济开发区，并宣布近期裁员和相关人事政策调整。

○ 公司发展及现状

AP 公司为某外资跨国集团的子公司，1998 年于海南省海口市（省府所在地）注册登记，办公地点亦设于工商注册地；2000 年因业务需要搬迁到海南省洋浦经济开发区办公，2002 年回迁至海口市；2010 年 12 月 31 日因集团管理需要再次迁往海南省洋浦经济开发区。现有员工 1500 多人。AP 公司经营业务遍及海南省全部市县，各市县均设有办事处，员工因公司业务需要而内部调动。AP 公司全体员工劳动合同中工作地点均为海南省，未注明具体城市。员工社会保险于海南省洋浦经济开发区社保局缴纳；用工名册也于海南省洋浦经济开发区劳动部门备案。2010 年 12 月 8 日，人力资源部发出公司搬迁调查问卷，征询员工随迁意愿。2010 年 12 月 31 日，AP 公司正式迁往海南省洋浦经济开发区。

○ 辞退"临时工"

一、事件背景信息

2006 年 3 月，彭华与肖雪以临时工的身份加入 AP 公司从事保洁工作，每天早晨 7 点负责打开公司大门，并为员工擦拭办公桌，每天下午临下班前清扫所有办公室卫生。一周工作 5 天，两班倒制，早班时间为 7～15 点，午班为 10～18 点，需本人打卡记录考勤，日常工作归总务部门管理。

初入公司时，口头约定月收入 800 元，而后 2007 年 6 月调为 1000 元/月，2009 年 6 月调为 1200 元/月，均高于当地最低工资标准，公司不为其缴纳"五险一金"，但可加入工会，并享受工会福利。

· 393 ·

临时工的收入都是公司总务每月从总务备用金中代付，彭华与肖雪签收后，总务再填制费用单向财务核销。

彭华与肖雪自进入 AP 公司工作以来，公司从未与其签署任何劳动或劳务合同。

在随迁意愿书上，彭华与肖雪注明不愿意随迁。2010 年 12 月 12 日公司人力资源部以不愿意随迁辞退了彭华与肖雪。

二、纷争

彭华与肖雪咨询某律师后，2010 年 12 月 15 日向 AP 公司提出如下补偿请求：

（1）用工关系已构成劳动关系，但未签劳动合同，公司应自用工次月起予以两倍工资补偿。补偿金额 = 800 元 × 14 + 1000 元 × 24 + 1200 元 × 19。

（2）自用工满一年起未签合同的，视同已订立无固定期限合同，解除合同应补偿，每一年工龄补一个月。补偿金额 = 1200 元 × 5。

（3）补缴应纳社会保险与公积金，自 2006 年 3 月起算。

公司则主张：

（1）当年公司只希望雇请临时劳务工提供清洁服务，并无意将保洁员视同正式劳动用工管理，对其实施的管理行为，非公司之过，属总务部门的工作失误。

（2）2006～2009 年的纠纷已超出一年仲裁时效，不予协商。

（3）鉴于彭华与肖雪为公司服务多年，基于感情因素，给予每人 1 万元的生活补贴并解除双方所有关系。

○ **解聘孕期女职工**

一、事件背景信息

女职员鲁小宁一年前在与 AP 公司签订劳动合时，已阅读并签署了员工手册。AP 公司的员工手册中明确指出："公司员工若有两次严重违纪行为，公司有权与其解除劳动关系。"鉴于鲁小宁五次无故旷工数天，两次被人力资源部门当场抓到使用公司设备干私活，鲁小宁的行为严重违反了该公司员工手册中的公司规章制度，也严重耽误了公司生产进度。按照企业的规章制度，公司对鲁小宁进行了警告和处罚共计七次，同时，在每次的违纪处罚单上，也有鲁小宁的签字认可。公司最终在公司搬迁期间的 2010 年 12 月 16 日决定与其解除劳动关系。此时，鲁小宁通知公司自己已怀孕并提供了相应证明，以此为由拒绝与公司解除劳动关系。

第九章 劳动关系管理

二、争议

2011年1月5日公司仍按原定方案与鲁小宁解除了劳动关系。鲁小宁不服，于2011年1月6日以《女职工劳动保护规定》规定了在女职工怀孕期、产期、哺乳期不得解除劳动合同，而且没有规定其他例外条件，诉至海口劳动争议仲裁委员会申请仲裁。2011年1月7日，公司则向用工名册所在地和公司现用工所在地海南省洋浦经济开发区劳动争议仲裁委员会提起劳动仲裁，以解除与鲁小宁的劳动关系。

○ 中止承包合同

一、事件背景信息

为了改善员工的伙食和确保食品安全，AP公司于2006年3月建了一个小型养鸡场，养了几百鸡，公司每年只与养鸡场的管理人员签订《劳动合同》，并为其缴纳社会保险费，而与何琼生、刘学平、蔡万宁等三位饲养员签订的是《承包合同》，没有为其缴纳社会保险费。《承包合同》约定，饲养员必须遵守养鸡场的规章制度，公司根据其喂养鸡的增重和产蛋量向其发放效益工资，发生疫情时，饲养员仍有保底的收入，并同养鸡场管理人员一样享受公司节日补贴的福利。

2010年12月18日公司宣布中止此《承包合同》。

二、纷争

2010年12月20日，AP公司养鸡场饲养员何琼生、刘学平、蔡万宁等三人向海口市劳动争议仲裁委员会提起了劳动仲裁，提供AP公司与其签订的有关于其工资、工作时间、工作纪律和发生疫情仍有保底收入约定的《承包合同》，并提供工资发放表、工作证、先进工作者荣誉证书等相关证据。三人的仲裁请求主要有三项：一是确认与AP公司的劳动关系；二是AP公司为其补缴工作期间的社会保险费；三是要求AP公司因未签订书面劳动合同向其支付2008年1月至2010年12月期间的双倍工资。

AP公司认为，公司与何琼生等三人之间签订的是《承包合同》，双方之间是民事关系，未建立劳动关系。并辩称：工资发放表是财务为了入账方便，就没有做详细区分；工作证仅仅是为了进出鸡场的管理便利而发；先进工作者是为了鼓励何琼生等三人养好鸡，创造更好效益的一种鼓励，不代表公司承认何琼生、刘学平、蔡万宁等三人是其员工。

○ 裁减老员工

一、事件背景信息

2010年12月19日，林峰（老林）像往常一样高高兴兴地到公司上班，下午公司人力资源部经理钱猛突然来到他所在的部门，宣布公司搬迁裁员，并告知老林被列入裁员名单，限他2天内离开公司，同时承诺公司将按照高于法定标准，以"N+2"的方式支付经济补偿金。所谓"N"即给予每工作一年补偿一个月工资的经济补偿金。老林在这家公司工作了将近5年，前12个月平均工资约为5000元，照此计算可得到经济补偿金为35000元。

二、纷争

老林很享受在AP公司目前这个岗位工作，也愿意随迁海南省洋浦经济开发区相同岗位上班，这突然的变故还是让老林无法接受，老林向AP公司人力资源部交涉未果，遂向海口市劳动争议仲裁委员会提出了申诉主张。

○ 变更劳动合同引发的解除劳动合同事件

一、事件背景信息

王军于2000年5月8日入职AP公司，2008年7月1日与AP公司签订无固定期限劳动合同，工作岗位为行政主管。

鉴于公司搬迁引起的王军岗位工作内容变动，2010年12月19日AP公司人力资源部向王军送达书面《变更劳动合同通知书》，当天，王军向该公司书面回执，不同意变更劳动合同。后经双方协商，2010年12月21日签署《解除劳动合同协议书》，并办理了工作交接。双方在《解除劳动合同协议书》中对解除劳动合同的日期、解除经济补偿金、代通知金及工资支付的日期和办理工作交接等事宜进行了约定，双方一致同意，履行本协议约定的内容之后，不再向对方提出任何要求，即就劳动关系事宜不再存在任何纠纷。2010年12月22日，该公司履行了《解除劳动合同协议书》中的约定义务。

二、纷争

2010年12月24日王军向AP公司提出权益诉求，要求支付违法解除劳动合同的赔偿金；补发2008年7月1日至2010年12月21日加班工资。遭拒后，向海口市劳动仲裁委员会提出诉讼申请。

AP公司认为，公司依法与王军协商解除劳动合同，无须向其支付解除劳动合同赔偿金；另根据该公司《加班调休管理制度》、《加班审批制度》和《员工

第九章　劳动关系管理

手册》等相关内容，王军不应享受 2008 年 7 月 1 日至 2010 年 12 月 21 日加班工资，且在《解除劳动合同协议书》中已约定，就劳动关系事宜不再存在任何纠纷。

○ 出台新的特殊人才招聘管理办法

一、事件背景信息

由于企业集团国际商务业务的发展需要，2009 年 12 月 2 日 AP 公司从深圳聘请经验丰富的国际商务专业人才魏学清，并在 12 月 7 日签订为期 3 年的劳动合同，试用期为 3 个月，合同约定魏先生的薪酬福利：

（1）目标年收入为人民币 12 万元，月薪为 1 万元。

（2）带薪年假：在公司连续工作满 1 年后，可享受带薪年假。第 1 年为 5 天（不含双休日和法定节假日），以后每年增加 1 天，但最多不超过 15 天。

（3）社会保险：公司按国家和本省的有关规定，在本地区办理有关社会保险手续，并承担相应社会保险义务。

（4）住房：工作期间，公司提供集体宿舍，房屋租金及管理费免缴，但水电气网络费用需自理。

（5）探亲：配偶不在工作地期间，在不影响正常工作的前提下，公司负责提供每月 1 次往返深圳探亲的交通费用，交通工具不限。

（6）手机通信费用报销标准：300 元/月。

（7）其他常规福利按公司相关规定执行。

魏学清按照合同约定，入住 AP 公司提供的宿舍，按时缴纳水电气费用。试用期工作也很出色，3 个月顺利转正。在 1 年时间内，在不影响工作前提下，魏先生有时 1 个月、有时 2 个月回深圳探亲，相关交通费、通信费用报销正常、工资发放也正常。

由于公司搬迁到另一城市的特殊性，2010 年 12 月 20 日金光集团 APP 林务事业总部出台并执行《特殊人才招聘管理办法》，其中规定：

（1）试用期间，公司提供临时集体宿舍，转正后，员工必须搬离公司提供的集体宿舍，否则，按 2000 元/月收取租金。

（2）执行协议薪酬的特殊人才，一经（与公司）协商确定薪酬总额后，公司不再承担其他任何费用。

二、纷争

在魏学清搬迁到洋浦经济开发区企业新的集体宿舍刚满半个月，2011 年 1 月

16日AP公司人力资源部在未与魏学清沟通协商的情况下，就强制魏学清从集体宿舍搬出，并通知他在2011年1月开始实际发生的探亲往返深圳的交通费、手机通信费等费用都不予报销。魏学清在与人力资源部沟通未果的情况下，于2011年1月18日向海南省洋浦经济开发区劳动争议仲裁委员会提出申诉，要求企业继续履行合同约定。

○ 尾声

公司搬迁的近2个月内劳动关系纷争不断。AP公司总经理郭松林和人力资源部经理钱猛本想通过此次公司搬迁之机，裁减不重要的岗位雇员和问题员工，调整公司相关人事管理政策，旨在精兵简政，清淤除障，适当缩减公司开支，轻装上阵，但由于对《劳动合同法》和《劳动合同法实施条例》把握得还不够透彻，公司与雇员双方缺乏充分的沟通，没有达成共识和谅解，引起了一些不必要的劳动关系纠纷案，增加了公司不必要的经济补偿和劳资双方冲突，或多或少损害了公司形象和凝聚力。当然，过去为了规避劳动合同埋下的劳动纠纷隐患在公司搬迁中集中爆发，也深刻教育了公司的广大管理层要与公司雇员进行换位思考，兼顾各方利益，协商解决争议，达成双赢。

同时，AP公司较完善的人力资源管理制度和较扎实的人事管理工作规范在处理问题员工和维护企业合法权益方面发挥了重要作用，进一步坚定了郭总和人力资源部钱猛经理将要吃透《劳动法》、《劳动合同法》、《劳动合同法实施条例》和《劳动争议调解仲裁法》的精髓，完善公司相关人力资源管理制度和人事管理工作规范的决心和信心。

○ 图表

相关程序如图9-1、图9-2和图9-3所示。

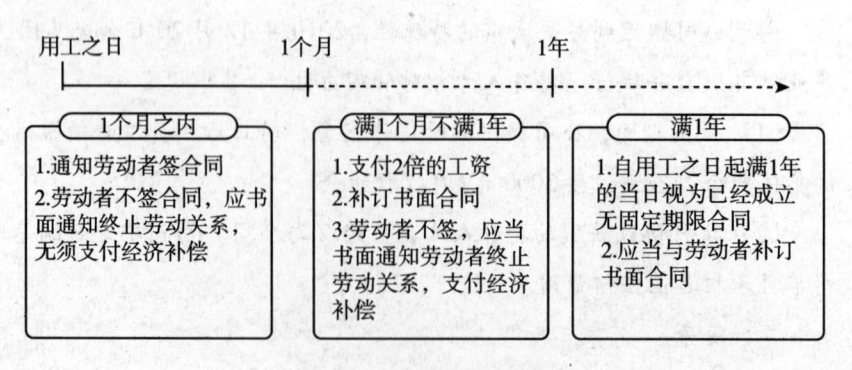

用工之日　　　　1个月　　　　　　　　1年

1个月之内
1.通知劳动者签合同
2.劳动者不签合同，应书面通知终止劳动关系，无须支付经济补偿

满1个月不满1年
1.支付2倍的工资
2.补订书面合同
3.劳动者不签，应当书面通知劳动者终止劳动关系，支付经济补偿

满1年
1.自用工之日起满1年的当日视为已经成立无固定期限合同
2.应当与劳动者补订书面合同

图9-1　合同签订的落实

第九章 劳动关系管理

	合同工 固定期限合同	项目工 以完成一定工作 任务为期限	小时工 非全日制用工	终身工 无固定期限合同
合同期限	双方约定	宽泛约定	可不设期限	无期限
试用期	1~6个月	无	无	1~6个月
解除条件	解除、终止	解除、终止	随意	解除、法定终止 （无到期终止）
经济补偿	一年一个月	一年一个月	无	一年一个月
灵活度	★★	★★★	★★★★★	★
一般适用	一般岗位	项目化、一次性 季节性岗位	辅助性岗位	核心岗位

图9-2 合同种类和期限的选择

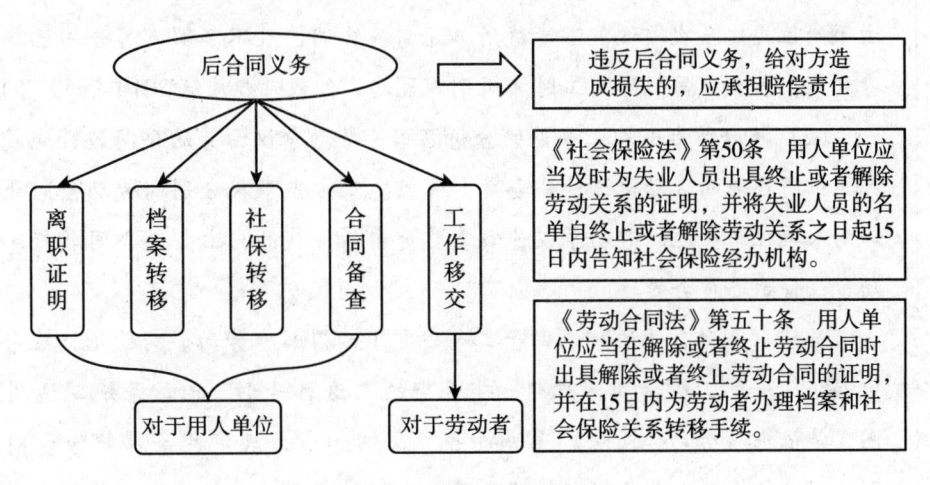

图9-3 离职手续的办理

一、启发思考题

（1）请问"辞退临时工"事件可否调解，会有怎么样的结果？劳动仲裁结果又会怎样？

（2）请问"解聘孕期女职工"劳动仲裁最终由那个地方的劳动争议仲裁委员会管辖，仲裁结果会怎样？纪律管理风险节点控制要点有哪些？

（3）请问"中止承包合同"劳动仲裁前是否要先行调解，会有怎么样的结果？劳动仲裁结果又会怎样？

（4）请问"裁减老员工"劳动仲裁前可否自行调解，会有怎么样的结果？

劳动仲裁结果又会怎样？

（5）请问"变更劳动合同引发的解除劳动合同事件"的劳动仲裁结果会怎样？你该如何评析？

（6）请问"出台新的特殊人才招聘管理办法"事件暴露出什么问题，仲裁前可否自行调解，会有怎么样的结果？

二、分析思路

教师可以根据自己的教学目标（目的）来灵活使用本案例。这里提出本案例的分析思路，仅供参考。

（1）辞退"临时工"事件的分析思路：非全日制用工的劳动者在同一用人单位一般平均每日工作时间不超过四小时，每周工作时间累计不超过二十四小时的用工形式。因此，彭华与肖雪实质上并不是非全日制用工或"临时工"，由于两位文化层次较低，不清楚用工还需签合同，且不了解未签合同已损害自身利益，直至公司解除用工时才听别人说起。仲裁时效应从2010年12月起算。

（2）解聘孕期女职工事件的分析思路：劳动争议由劳动合同履行地或者用人单位所在地的劳动争议仲裁委员会管辖。双方当事人分别向劳动合同履行地和用人单位所在地的劳动争议仲裁委员会申请仲裁的，由劳动合同履行地的劳动争议仲裁委员会管辖。

虽然《劳动合同法》第四十二条规定了不得解除劳动合同的几种情形，其中包括"女职工在孕期、产期、哺乳期的"这种情形，但该条规定适用的范围，是依据《劳动合同法》第四十条、第四十一条规定的条件解除合同之情形，不包括第三十九条规定的解除劳动合同的情形。也就是说，劳动者有第三十九条规定的解除劳动合同情形的，不受第四十二条所规定的条件的限制。

另外，《女职工劳动保护规定》确实规定了在女职工怀孕期、产期、哺乳期不得解除劳动合同，而且没有规定其他例外条件，但该规定是在1988年发布的；而《劳动合同法》是在2008年1月1日起开始施行的，根据后法优于先法的原则，应当按《劳动合同法》的规定来解释本案。

（3）中止"承包合同"事件的分析思路：工资发放表、工作证、先进工作者荣誉证书均只有在劳动关系管理中才存在，签订的《承包合同》有关其工资、工作时间、工作纪律和发生疫情时仍有保底收入的约定，实质属于《劳动合同》约定内容，而无一般民事承包合同关于承包人承担承包风险的约定。

《劳动合同法》第十七条规定了劳动合同必须具备的内容，但是对劳动合同的具体名称并未做明确要求。

《劳动争议调解仲裁法》第二十七条规定，劳动争议申请仲裁的时效期间为一年。仲裁时效期间从当事人知道或者应当知道其权利被侵害之日起计算。

（4）解聘老员工事件的分析思路：如果公司没有法定理由或者没有与员工协商一致，就算给了经济补偿后实施解除，也会构成违法解除劳动合同。对于违法解除劳动合同，《劳动合同法》有明确规定：劳动者要求继续履行劳动合同的，用人单位应当继续履行；劳动者不要求继续履行劳动合同或者劳动合同已经不能继续履行的，用人单位应当按照经济补偿金标准的两倍向劳动者支付赔偿金，赔偿金的计算年限自用工之日起计算。

（5）变更劳动合同引发的解除劳动合同事件的分析思路：按《劳动法》、《劳动合同法》规定，签订、变更、履行及解除劳动合同，应当遵循平等自愿、协商一致原则。根据《最高人民法院关于审理劳动争议案件适用法律若干问题的解释（三）》第十条规定："劳动者与用人单位就解除或者终止劳动合同办理相关手续、支付工资报酬、加班费、经济补偿或者赔偿金等达成的协议，不违反法律、行政法规的强制性规定，且不存在欺诈、胁迫或者乘人之危情形的，应当认定有效。"此外，基于劳动关系而产生的劳动者权利，劳动者享有处置权。在本事件中，《解除劳动合同协议书》中明确约定：双方一致同意，履行本协议约定的内容之后，不再向对方提出任何要求，即就劳动关系事宜不再存在任何纠纷。

（6）出台新的特殊人才招聘管理办法事件的分析思路：《劳动合同法》明确规定，用人单位在制定、修改或者决定直接涉及劳动者切身利益的规章制度或者重大事项时，应当经职工代表大会或者全体职工讨论，提出方案和意见，与工会或者职工代表平等协商确定；用人单位应当将直接涉及劳动者切身利益的规章制度和重大事项决定公示，或者告知劳动者；如果这些规章制度违反法律、法规的规定，给劳动者造成损害的，用人单位还要承担赔偿责任。公司制定的上述规章制度已经严重违反相关的程序规定，侵犯了劳动者的众多合法权益（住房、探亲费用、手机通信费用等），应当被认定为无效。

三、理论依据与分析

（1）利益相关者管理理论：与传统的股东至上主义相比较，该理论认为任何一个公司的发展都离不开各利益相关者的投入或参与，企业追求的是利益相关者的整体利益，而不仅仅是某些主体的利益。企业的经营管理者需要为综合平衡各个利益相关者的利益要求而进行科学有效的管理活动，尤其是要兼顾核心利益相关者企业员工的权益。

（2）《劳动争议调解仲裁法》第二十一条规定，劳动争议由劳动合同履行地或者用人单位所在地的劳动争议仲裁委员会管辖。双方当事人分别向劳动合同履行地和用人单位所在地的劳动争议仲裁委员会申请仲裁的，由劳动合同履行地的劳动争议仲裁委员会管辖。解聘孕期女职工劳动仲裁最终由劳动合同履行地的海口劳动争议仲裁委员会管辖。

（3）《中华人民共和国劳动合同法》第六十八条规定，非全日制用工，是指以小时计酬为主，劳动者在同一用人单位一般平均每日工作时间不超过四小时，每周工作时间累计不超过二十四小时的用工形式。因此，彭华与肖雪实质上并不是非全日制用工或"临时工"。

（4）《中华人民共和国劳动争议调解仲裁法》第二十七条规定，劳动争议申请仲裁的时效期间为一年。仲裁时效期间从当事人知道或者应当知道其权利被侵害之日起计算。劳动关系存续期间因拖欠劳动报酬发生争议的，劳动者申请仲裁不受1年仲裁时效期间的限制。因此，针对彭华与肖雪的劳动仲裁申请时效应从2010年12月起算。

（5）《中华人民共和国劳动合同法》第三十九条规定，即便是在女职员的孕期、产期或哺乳期，如果劳动者严重违反用人单位的规章制度，用人单位仍可与其合法解除劳动合同。因此，该企业可以解聘孕期女职工鲁小宁。

（6）后法优于先法的原则："前法"与"后法"的区分在于两法生效施行时间之先后。适用于"同一机关"制定的法之间；适用于法律规范之间"不一致"的情形；适用于性质相同的生效制定法之间。因此，该企业可以解聘孕期女职工鲁小宁。

（7）《中华人民共和国劳动合同法》第八十二条规定，用人单位自用工之日起超过一个月不满一年未与劳动者订立书面劳动合同的，应当向劳动者每月支付二倍的工资。用人单位违反本法规定不与劳动者订立无固定期限劳动合同的，自应当订立无固定期限劳动合同之日起向劳动者每月支付二倍的工资。鉴于《劳动合同法》于2008年1月1日才生效实施，如果劳动仲裁，辞退"临时工"和中止"承包合同"中的二倍工资应该从2008年1月1日起算。

（8）《中华人民共和国劳动合同法》第十七条规定，劳动合同应当具备以下必备条款：①用人单位的名称、住所和法定代表人或者主要负责人；②劳动

第九章　劳动关系管理

者的姓名、住址和居民身份证或者其他有效身份证件号码；③劳动合同期限；④工作内容和工作地点；⑤工作时间和休息休假；⑥劳动报酬；⑦社会保险；⑧劳动保护、劳动条件和职业危害防护；⑨法律、法规规定应当纳入劳动合同的其他事项。因此，该公司与养鸡场饲养员何琼生等所签订的所谓《承包合同》应该视作为《劳动合同》。

（9）《最高人民法院关于审理劳动争议案件适用法律若干问题的解释（三）》第十条规定："劳动者与用人单位就解除或者终止劳动合同办理相关手续、支付工资报酬、加班费、经济补偿或者赔偿金等达成的协议，不违反法律、行政法规的强制性规定，且不存在欺诈、胁迫或者乘人之危情形的，应当认定有效。"因此，该公司依法与王军协商解除劳动合同，不存在非法解除劳动合同赔偿问题。

（10）《中华人民共和国劳动合同法》第三十六条规定，用人单位与劳动者协商一致，可以解除劳动合同。在本案例"变更劳动合同引发的解除劳动合同事件"中，《解除劳动合同协议书》中明确约定：双方一致同意，履行本协议约定的内容之后，不再向对方提出任何要求，即就劳动关系事宜不再存在任何纠纷。因此，该公司依法与王军协商解除劳动合同，无须向其支付解除劳动合同赔偿金。

（11）《中华人民共和国劳动合同法》第四条规定：用人单位应当依法建立和完善劳动规章制度，保障劳动者享有劳动权利、履行劳动义务。用人单位在制定、修改或者决定有关劳动报酬、工作时间、休息休假、劳动安全卫生、保险福利、职工培训、劳动纪律以及劳动定额管理等直接涉及劳动者切身利益的规章制度或者重大事项时，应当经职工代表大会或者全体职工讨论，提出方案和意见，与工会或者职工代表平等协商确定。在规章制度和重大事项决定实施过程中，工会或者职工认为不适当的，有权向用人单位提出，通过协商予以修改完善。用人单位应当将直接涉及劳动者切身利益的规章制度和重大事项决定公示，或者告知劳动者。因此，魏学清有权利要求企业继续履行合同约定。

（12）《中华人民共和国劳动争议调解仲裁法》第十条规定：发生劳动争议，当事人可以到下列调解组织申请调解：①企业劳动争议调解委员会；②依法设立的基层人民调解组织；③在乡镇、街道设立的具有劳动争议调解职能的组织。企业劳动争议调解委员会由职工代表和企业代表组成。职工代表由工会成员担任或者由全体职工推举产生，企业代表由企业负责人指定。企业劳动争议调解委员会主任由工会成员或者双方推举的人员担任。因此，"临时工"彭华与肖雪可以到企业劳动争议调解委员会要求劳动争议调解。

（13）《中华人民共和国劳动争议调解仲裁法》第四十一条规定，当事人申请劳动争议仲裁后，可以自行和解。达成和解协议的，可以撤回仲裁申请。因此，企业在老林申请劳动争议仲裁后，可以同老林自行达成和解，达成和解协议，老林可以撤回仲裁申请。

（14）《中华人民共和国劳动争议调解仲裁法》第四十二条规定，仲裁庭在作出裁决前，应当先行调解。调解达成协议的，仲裁庭应当制作调解书。调解书应当写明仲裁请求和当事人协议的结果。调解书由仲裁员签名，加盖劳动争议仲裁委员会印章，送达双方当事人。调解书经双方当事人签收后，发生法律效力。最终，仲裁庭在作出裁决前，先行调解并促成该公司同养鸡场饲养员何琼生等三人达成相关补缴补偿协议。

（15）《中华人民共和国劳动合同法》第五十条规定，用人单位应当在解除或者终止劳动合同时出具解除或者终止劳动合同的证明，并在十五日内为劳动者办理档案和社会保险关系转移手续。用人单位对已经解除或者终止的劳动合同的文本，至少保存二年备查。

（16）《中华人民共和国社会保险法》第五十条规定，用人单位应当及时为失业人员出具终止或者解除劳动关系的证明，并将失业人员的名单自终止或者解除劳动关系之日起十五日内告知社会保险经办机构。失业人员应当持本单位为其出具的终止或者解除劳动关系的证明，及时到指定的公共就业服务机构办理失业登记。失业人员凭失业登记证明和个人身份证明，到社会保险经办机构办理领取失业保险金的手续。失业保险金领取期限自办理失业登记之日起计算。

四、关键要点

企业可通过学习有关人力资源管理理论知识和劳动关系管理的法律法规，加强与雇员的沟通协调，并不断完善自身管理，以减少解除劳动关系时与员工之间的劳动争议：

（1）劳动关系管理的基本原则：兼顾各方利益原则；协商解决争议原则；以法律为准绳的原则；劳动争议以预防为主的原则。

（2）企业规章制度是国家法规政策的延伸和补充，是"用人单位内部的法律"；企业规章制度与集体合同、劳动合同互相配合、相辅相成，共同构成企业劳动用工管理的主要依据；通过民主程序制定的规章制度，不违反国家法律、行政法规及政策规定，并已向劳动者公示的，具有法律效力，可以作为劳动仲裁和人民法院裁判劳动争议案件的依据。不完善的规章制度成为劳动争议的诱因，甚至成为企业在劳动争议案件中败诉的关键。

（3）人力资源制度的形成过程是一个极其漫长的无止境的过程，是经过吸收了不同企业管理失误、裁决案例而不断修正建立起来的。人力资源制度中的每一句话中都将暗示着某个曾经发生仲裁的案例或法律条款。人力资源管理者就必须思考，凭借自己的阅历，将常规性的、可程序化的工作与问题，形成企业的用人管理规范，形成法制，以减少许多人治的风险。

（4）人力资源管理风险节点控制包括：招聘管理风险节点控制、签约管理风险节点控制、试用管理风险节点控制、岗位管理风险节点控制、纪律管理风险节点控制、离职管理风险节点控制、员工手册风险节点控制。

（5）纪律管理风险节点控制要点包括：对违纪行为的分类；不同违纪种类的明确处理标准；违纪种类之间的逻辑结构；违纪处理流程。

（6）人力资源管理法律风险防范要点：制度完善、流程完备、表单齐全。

（7）吃透《劳动法》、《劳动合同法》、《劳动合同法实施条例》和《劳动争议调解仲裁法》的精神，建立较完备的公司规章制度。确保员工了解公司的规章制度和处罚措施。可将公司的规章制度及处罚措施写进员工手册，在员工入职时，将员工手册发放给员工，令其务必阅读并在回执上签字，并举行员工手册知识竞赛或考核。

（8）透明化、公开化执行企业违纪处罚，妥善保管违纪处罚的证据。人力资源部对员工的任何处罚记录都要有当事人的签字认可，并做好档案资料的保存和管理，如考勤记录等员工迟到早退或旷工的凭证，以备举证。

（9）让劳动者体面离职，应成为企业管理的基本文化。企业辞退员工优先使用劳动合同终止、协商解除合同、引导员工辞职，有条件使用过失性辞退、非过失性辞退、经济性裁员，谨慎使用违法解除合同、违法终止合同。

（10）因企业搬迁，欲解除与部分员工的《劳动合同》，应尽量与员工协商解决，如无法协商，则司法实践通常是由企业支付补偿金。

（11）用人单位应当及时为失业人员出具终止或者解除劳动关系的证明，并将失业人员的名单自终止或者解除劳动关系之日起15日内告知社会保险经办机构，并在15日内为劳动者办理档案和社会保险关系转移手续。用人单位对已经解除或者终止的劳动合同的文本，至少保存二年备查。

（12）失业人员应当持原单位为其出具的终止或者解除劳动关系的证明，及时到指定的公共就业服务机构办理失业登记。失业人员凭失业登记证明和个人身份证明，到社会保险经办机构办理领取失业保险金的手续。失业保险金领取期限自办理失业登记之日起计算。

（13）制订合法有效控制加班费的方案：运用工时制度，控制加班时间；科学设计工资结构，明确加班费计算基数；规范调休制度，节约加班费支出；建立加班审批制度，制约考勤记录的证据作用；设计完善的工资单，分清工资与加班工资；保管考勤和工资记录，避免举证不能的风险。

（14）发生劳动争议，当事人可以到企业劳动争议调解委员会、依法设立的基层人民调解组织或在乡镇、街道设立的具有劳动争议调解职能的组织等调解组织申请调解。

（15）当事人申请劳动争议仲裁后，可以自行和解，达成和解协议的，可以撤回仲裁申请。仲裁庭在作出裁决前，应当先行调解。调解达成协议的，仲裁庭应当制作调解书。调解书应当写明仲裁请求和当事人协议的结果。调解书由仲裁员签名，加盖劳动争议仲裁委员会印章，送达双方当事人。调解书经双方当事人签收后，发生法律效力。

（16）开展员工的劳动争议管理需要对劳动争议的范围、处理方式和预防方法进行了解，具体如图9-4所示。

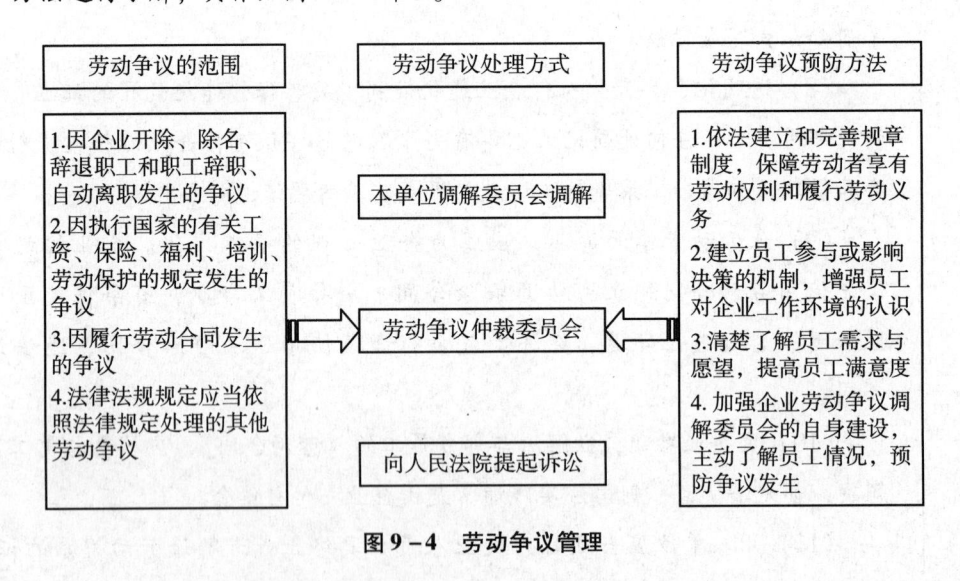

劳动争议的范围	劳动争议处理方式	劳动争议预防方法
1.因企业开除、除名、辞退职工和职工辞职、自动离职发生的争议 2.因执行国家的有关工资、保险、福利、培训、劳动保护的规定发生的争议 3.因履行劳动合同发生的争议 4.法律法规规定应当依照法律规定处理的其他劳动争议	本单位调解委员会调解 劳动争议仲裁委员会 向人民法院提起诉讼	1.依法建立和完善规章制度，保障劳动者享有劳动权利和履行劳动义务 2.建立员工参与或影响决策的机制，增强员工对企业工作环境的认识 3.清楚了解员工需求与愿望，提高员工满意度 4.加强企业劳动争议调解委员会的自身建设，主动了解员工情况，预防争议发生

图9-4 劳动争议管理

五、课堂计划建议

本案例可以作为专门的案例讨论课来进行。整个案例课的课堂时间控制在120分钟，课后组织学生实施本案例第二课堂实践。以下是按照时间进度提供的课堂计划建议，仅供参考。

第九章　劳动关系管理

课前计划：提出启发思考题，要求学员课前阅读案例材料，并查阅补充与案例相关的其他背景资料，各小组制作课堂发言 PPT 初稿。案例讨论可以采取分组辩论的形式进行。

授课中：介绍人力资源管理相关理论知识和劳动关系管理的相关法律法规，明确案例主题（10 分钟）

6 个小案例分 6 组开展组内讨论，明确发言要求　　　　　　　　（24 分钟）

各案例小组发言（各 6 分钟）　　　　　　　　　　　　　　　　（36 分钟）

各小组提问及组间辩论　　　　　　　　　　　　　　　　　　　（30 分钟）

引导全班进一步讨论，并进行归纳总结　　　　　　　　　　　　（20 分钟）

授课后：要求学员以组为单位提交整个系列事件案例分析的书面总报告。

第二课堂实践，学员根据本系列事件情节进行角色扮演，谈判主张各自权益，并力求实现交易成本最小的双赢多赢局面。

六、案例的后续进展

（1）辞退"临时工"事件的后续结果是彭华与肖雪到企业劳动争议调解委员会申请调解，最终通过调解，双方达成谅解，公司辞退彭华和肖雪，给予每人 2 万元补偿。

如果按照《劳动合同法》的相关法律条款进行劳动仲裁的结果则为：

① 用工关系已构成劳动关系，但未签劳动合同，公司应自用工次月起予以二倍工资补偿。鉴于《劳动合同法》于 2008 年 1 月 1 日才生效实施，补偿金额计算公式 = $1000 \times 17 + 1200 \times 19 = 39800$（元）。

② 自用工满一年起未签合同的，视同已订立无固定期限合同，解除合同应补偿，每一年工龄补一个月。补偿金额 = $1200 \times 5 = 6000$（元）。

③ 补缴应纳社会保险与公积金，自 2006 年 3 月起算。

（2）解聘孕期女职工劳动仲裁最终由劳动合同履行地的海口市劳动争议仲裁委员会管辖。劳动仲裁结果为解除劳动合同，公司解除双方所有关系。出于人道主义，公司给予女职员鲁小宁 2000 元的孕期营养费。

公司及时为女职员鲁小宁出具解除劳动关系的证明，并将其名单自解除劳动关系之日起 15 日内告知社会保险经办机构，并在 15 日内为鲁小宁办理档案和社会保险关系转移手续。

（3）中止承包合同事件的后续结果是仲裁庭在作出裁决前，先行调解并达成协议，公司为何琼生、刘学平、蔡万宁等三人补缴工作期间的社会保险费，

5年工龄给予每人5个月工资的经济补偿金额。调解书由仲裁员签名，加盖劳动争议仲裁委员会印章，经双方当事人签收后，发生法律效力。

如果按照《劳动合同法》的相关法律条款进行劳动仲裁的结果则为：

① AP公司为其补缴工作期间的社会保险费。

② AP公司因未签订书面劳动合同向何琼生、刘学平、蔡万宁等三人支付2008年1月至2010年12月期间的双倍工资。

③ AP公司为辞退何琼生、刘学平、蔡万宁等三人给予每人5年工龄5个月工资的经济补偿金额。

(4) 裁减老员工事件后续结果是老林申请劳动争议仲裁后，公司同老林自行达成和解，让老林随迁海南省洋浦经济开发区相同岗位上班，老林撤回仲裁申请。

如果调解未果进行劳动仲裁的结果则为：非法解除合同，公司给予老林5年工龄5个月工资的双倍补偿金额为 $5000 \times 5 \times 2 = 50000$（元）；或老林随迁海南省洋浦经济开发区相同岗位上班。

(5) 变更劳动合同引发的解除劳动合同事件的劳动仲裁结果为：根据该公司《加班调休管理制度》、《加班审批制度》和《员工手册》等相关内容，王军加班未经过公司相关审批流程批准，不应享受2008年7月1日至2010年12月21日加班工资，且劳动者与用人单位就解除劳动合同办理相关手续、支付工资报酬、经济补偿等达成的协议，双方一致同意，履行本协议约定的内容之后，不再向对方提出任何要求，即就劳动关系事宜不再存在任何纠纷。因此，该公司依法与王军协商解除劳动合同，无须向其支付解除劳动合同赔偿金。

(6) 出台新的特殊人才招聘管理办法事件的最终结果是魏学清申请劳动争议仲裁后，公司同魏学清自行达成和解，魏学清继续享有与公司所签《劳动合同》约定的相关薪酬福利待遇，魏学清撤回仲裁申请。

案例2　变更劳动者岗位和工资的规定

一、案情简介

宁某与公司签订了无固定期限劳动合同，合同中约定宁某任公司部门经理一职。2014年，公司进行内部结构重大调整，重组公司的各个机构。宁某在公司整改中被调至行政管理部后勤主管岗位，工资待遇也随新岗位调整下调了许多，宁某对公司的安排感到非常愤慨。他找到公司，公司认为调整他的岗位和工资符合相关法律规定。宁某想咨询，公司是否可以任意变更他的工作岗位和工资？

二、启发思考题

(1) 什么是无固定期限的劳动合同？
(2) 公司是否可以任意改变他的工作岗位？
(3) 变更无固定期限劳动合同中的岗位有什么规定？

三、分析思路

(1) 什么是无固定期限的劳动合同。

无固定期限劳动合同，是指用人单位与劳动者约定无确定终止时间的劳动合同。这里所说的无确定终止时间，是指劳动合同没有一个确切的终止时间，劳动合同的期限长短不能确定，但并不是没有终止时间。

劳动者在同一用人单位连续工作满十年以上或连续签订了2次固定期限合同，双方当事人同意延续劳动合同的，如果劳动者提出订立无固定期限劳动合同，应当订立无固定期限劳动合同。

(2) 无固定期限劳动合同的变更条件。

如果用人单位单方面变更劳动合同是在一定的前提条件下进行的，其变更的四个理由必须符合法律规定。

第一个理由可以证明在签订劳动合同时，宁某已经同意在一定情况下，公司可以调动其工作岗位；

第二个理由可以证明宁某严重违反了公司的规章制度，给公司造成了巨大的损失，属于《员工手册》中可以调岗的情形；

第三个理由可以证明宁某不具有公司目前要求的相应的专业知识和知识技能，不能胜任原工作岗位；

第四个理由可以证明公司对宁某进行调薪是严格按照既有制度执行的，是因岗位设定工资，而不是因人而设定工资，具有合理性。

第九章 劳动关系管理

案例3 双重劳动关系纠纷

一、案情简介

近日,天津市河北区人民法院审理了付某起诉第二个与其有"劳动关系"的工作单位一案。法院判令被告给付原告因未签订书面劳动合同而产生的双倍工资4.3万余元,以及解除劳动关系的补偿金6675元。

今年53岁的付先生过去是张家口一家建设公司的员工,1989年他离开了这家公司,但并未办理辞职手续。

1990年,付先生来到天津。十多年过去了,他的关系仍在张家口的单位。2008年4月,付先生来到天津一家公司担任顾问:"我当时要求与这家公司签订劳动合同,但由于工作忙,就耽误下来。"2008年10月,公司辞退了他。

付先生遂向劳动仲裁部门提出了仲裁申请。请求被驳回后,又提起了诉讼,要求给付其因未签订劳动合同而产生的双倍工资,并给付解除劳动关系的经济补偿金。被告则提出,付先生的劳动关系在张家口市,他在公司担任顾问期间,不具有员工身份。

法院判令被告给付赔偿金和双倍工资。法院开庭审理了此案,并做出判决。法院认为,付先生虽然是张家口某建设公司在册不在岗的职工,但自2008年4月起与被告建立了劳动关系,而被告未与原告付先生签订劳动合同,因此法院认定双方未签订劳动合同的原因在被告。被告应给付先生2008年5月至10月因未签订书面劳动合同而产生的双倍工资。2008年10月,被告无故辞退了付先生,亦应给付其解除劳动合同的经济补偿金。

二、启发思考题

(1) 如何认定"事实劳动关系"是否成立?据此请分析付先生和公司是否存在"事实劳动关系"?

(2) 应当如何判定劳动者是否存在双重劳动关系?双重劳动关系的存在应当如何处理才能保护劳动者合法权利?

(3) 应当如何针对"双重劳动关系"产生的风险进行合理规避?

三、分析思路

(1) 根据案例结合相关的劳动法律、法规认定付先生虽然是张家口某建设公司在册不在岗的职工,但自 2008 年 4 月起与被告建立了劳动关系,故判定付先生与建设公司存在事实劳动关系。

(2) 付先生于工作期间要求与公司签订劳动合同,公司方面没有予以回应。结合案例和相关法律判定被告未与原告付先生签订劳动合同,因此双方未签订劳动合同的原因在被告。

(3) 经过分析认为虽然付先生在意义上是双重劳动关系,但是与原单位已不具备事实劳动关系成立条件,所以对于双重劳动关系中第一个劳动关系以外的关系,应认定为事实劳动关系,才能更好地保护劳动者权利。

(4) 付先生与建设公司存在"事实劳动关系",且未签订劳动合同责任在建设公司,则按照相关法律规定对原告及被告进行合理的宣判,被告应给付付先生 2008 年 5 月至 10 月因未签订书面劳动合同而产生的双倍工资。2008 年 10 月,被告无故辞退了付先生,亦应给付其解除劳动合同的经济补偿金。

(5) 企业做好双重劳动关系的管理,应注意以下几点:

第一,避免某些双重劳动关系的产生。

① 要求员工在入职时提交与其他用人单位解除劳动关系的证明。

② 通过劳动合同声明、劳动合同约定等方式,要求员工保证其不存在其他劳动关系。

③ 对员工的工作经历作适当的了解和调查。

第二,合法解除双重劳动关系的情形。

① 劳动者同时与其他用人单位建立劳动关系,对完成本单位的工作任务造成严重影响的。建议用人单位通过规章制度对"严重影响"做出量化、细化的规定。

② 劳动者同时与其他用人单位建立劳动关系,经用人单位提出,拒不改正的。用人单位在发现劳动者的其他劳动关系后积极主张权利,包括要求其解除与前单位的劳动关系或者解除现劳动关系。

第三,降低成本。

用人单位在聘用企业停薪留职人员、未达到法定退休年龄内退人员、下岗待岗人员以及企业经营性停产放长假人员等类型劳动者时,应让其提交与原单位劳动关系存续证明,社会保险与住房公积金缴纳证明,用人单位不用为此类人员缴纳社会保险(工伤保险)与住房公积金,从而降低了一定的用工成本。但此类人员与单位的关系为劳动关系而非劳务关系,单位一定要与此类员工签订书面劳动合同,且为其缴纳工伤保险。

第四，非全日制。

用人单位在使用非全日制用工时，要调查了解员工其他工作的情况，后订立的劳动合同（书面或口头）不得影响先订立的劳动合同履行。

案例4　如何判断劳动关系已经确立

一、案情简介

郭某与崔某两人均系外来从业人员，2009年6月9日郭某丈夫崔某于送货途中发生车祸，经抢救无效死亡。郭某称其丈夫生前一直为本市某汽车运输公司工作，但双方并未签订劳动合同，同时，单位也从未为其缴纳过综合保险。郭某想为其丈夫申请工伤认定，但因无法提供与单位存在劳动关系的有效证明而未果。故而，郭某申请了劳动仲裁，要求确认2008年12月5日至2009年6月9日期间，其丈夫崔某与该汽车运输公司之间存在劳动关系。

[案件庭审]

郭某称2008年12月5日起，其丈夫崔某一直受聘于该汽车运输公司，并提供了该公司的货物托运单复印件。

运输公司辩称，公司与崔某之间不存在劳动关系。崔某只是于2008年12月5日在公司承包汽车运输业务，故双方是承包关系，而非劳动关系。

庭审中，双方均提供了证人，为自身辩白。郭某提供了一份《证明》原件，该《证明》于2009年6月18日由运输公司所出具，其上载明"崔某，身份证号：×××××（与崔某的身份证号码一致，笔者注），安徽某市某县某村人，于2008年12月5日在本汽车运输有限公司驾驶：沪A×××车（与崔某所驾驶车辆的车牌号码一致，笔者注）。每月工资人民币5000元。于2009年6月9日在某地送货停车被浙×××车倒车撞死。此证明仅由某区交警事故处使用！"该《证明》上加盖了该运输公司的公章，运输公司亦承认系其所出具。郭某另提供了《交通事故认定书》，其上记载了2009年6月9日因浙×××车倒车时未确保安全，导致崔某当场死亡的事实。

二、启发思考题

（1）若用人单位与招用的劳动者未订立书面劳动合同，那么哪些情形是属于劳动关系成立的范畴？劳动者提供的哪些凭证可以作为确认双方存在劳动关系的参考？

（2）请运用所学的相关知识，判断本案例中的崔某与该汽车运输公司之间是否存在劳动关系？并说明原因。

(3) 在劳动争议仲裁审理案件中，因工伤认定而确认劳动关系的案件日趋增多，为了减少类似的劳动纠纷案件，你有什么好的建议？

三、分析思路

(1) 劳动关系的三要素。

三要素分别是：①用人单位和劳动者符合法律、法规规定的主体资格；②用人单位依法制定的各项劳动规章制度适用于劳动者，劳动者受用人单位的劳动管理，从事用人单位安排的有报酬的劳动；③劳动者提供的劳动是用人单位业务的组成部分。在用人单位与劳动者未签订书面的劳动合同时，若是劳动者能够拿出证据，证明自己的情况已符合劳动关系三要素，那么就可以确认劳动者与用人单位之间是存在事实劳动关系的。首先，案例中崔某与该运输的汽车公司主体资格是合格的；其次，崔某在该运输公司从事汽车运输，是公司给安排的工作，并且公司有付给崔某工资5000元。从这几点来看，崔某是存在实际用工行为的。

(2) 认定劳动关系的凭证。

《关于确立劳动关系有关事项的通知》中规定认定双方存在劳动关系时可以参考下列凭证：工资支付凭证或记录、缴纳各项社会保险的费用、工作证、服务证、登记表、报名表、考勤记录、其他劳动者的证言等。崔某的妻子郭某，在庭审时提供的一份《证明》原件。在这份《证明》上记载着各种信息，其中就有工资支付凭证以及崔某工作的信息，这些符合《关于确立劳动关系有关事项的通知》的规定。所以劳动争议仲裁委员会认定崔某与单位之间符合劳动关系的三要素，为仲裁的胜利打下了基础。

(3) 劳动关系确立的时间。

《劳动合同法》第七条规定，用人单位自用工之日起即与劳动者建立劳动关系；其第十条规定，用人单位与劳动者在用工前订立劳动合同的，劳动关系自用工之日起建立。这表明我国明确规定，产生劳动关系的基本法律事实是"用工"，而不是订立劳动合同。只要存在用工行为，劳动者即享有劳动法律规定的权利。那么在此案例中，郭某拿出的证据足以证明崔某与该汽车运输公司存在用工行为，可以判断他们之间的劳动关系是确立的，也就可以进行后面的工伤认证程序，并且用人单位应该与劳动者补签劳动合同，等待工伤认定后的结果，再按法规进行一定的补偿。

案例 5　"拒绝给流产员工放产假"案例

一、案情简介

赵女士因身体不适而长期服药，由于担心会影响腹中的胎儿，不得已做了人流。术后，她向公司申请产假，而公司则认为她属于自行终止妊娠，不应享受产假的待遇。

二、启发思考题

（1）请问单位观点是否正确？为什么？

（2）请思考目前我国企业在女职工劳动特殊保护上可能存在的问题？并思考形成原因？

（3）请从作为劳动者的女职工和作为用人单位的企业两方面就双方如何按照法律法规维护彼此合法权益、履行双方应尽义务提出合理化建议？

三、主要背景信息

《女职工劳动保护特别规定》已于 2012 年 4 月 18 日通过，由国务院于同年 4 月 28 日颁布执行，对原有《女职工劳动保护规定》予以废止，新规定中明确了女职工权益保护的相关举措，对女职工在怀孕、生育、哺乳期、流产、产假以及相关津贴、费用发放上做了明文规定，进一步规范了用人单位女职工用工管理，在女性职工权益保护上迈出了一大步。

四、关键要点总结

（1）用人单位不能因女职工怀孕、生育、哺乳降低其工资、予以辞退、与其解除劳动或者聘用合同，同时用人单位不得安排劳动者从事《劳动法》、《女职工劳动保护特别规定》附录中的劳动禁忌工作。

（2）女职工生育享受 98 天产假，其中产前可以休假 15 天；难产的，增加产假 15 天；生育多胞胎的，每多生育 1 个婴儿，增加产假 15 天。

（3）女职工怀孕未满 4 个月流产的，享受 15 天产假；怀孕满 4 个月流产的，享受 42 天产假。

（4）女职工产假期间的生育津贴，对已经参加生育保险的，按照用人单位上年度职工月平均工资的标准由生育保险基金支付；对未参加生育保险的，按

第九章 劳动关系管理

照女职工产假前工资的标准由用人单位支付。同时女职工生育或者流产的医疗费用，按照生育保险规定的项目和标准，对已经参加生育保险的，由生育保险基金支付；对未参加生育保险的，由用人单位支付。

(5) 对哺乳未满1周岁婴儿的女职工，用人单位不得延长劳动时间或者安排夜班劳动。用人单位应当在每天的劳动时间内为哺乳期女职工安排1小时哺乳时间；女职工生育多胞胎的，每多哺乳1个婴儿每天增加1小时哺乳时间。

案例6　某电子公司年休假工资计算

一、案情简介

张某是某电子公司的员工，入职一年多公司都未安排休年休假，由于公司性质为制造业，经常加班，张某月薪标准为3000元，另外每月加班工资约1000元，后因个人原因，张某离职，离职后申请仲裁要求公司支付未休年休假工资报酬。在庭审中，张某主张月薪3000元，加班费1000元，工资合计每月4000元，在职期间应享受5天年休假但公司未安排，要求仲裁委按照月工资4000元的标准作为计算基数，并按照300%计算五天未休年休假的工资报酬。裁决时，仲裁委未采纳张某关于年休假的计算方式，未按照月薪4000元而是按照每月3000元的工资标准确定日工资标准，并按照日工资的200%计算公司应当支付的年休假工资报酬，仲裁委为什么这样裁决？

资料来源：（http：//www.ldht.org/html/shiwu/czsw/3180.html）

二、启发思考题

（1）入职一年，该电子公司都未安排张某休年休假是否合理？
（2）未休年休假工资报酬是日工资的200%还是300%？
（3）计算未休年休假工资报酬的日工资收入按照什么标准确定？

三、分析思路

根据《企业职工带薪年休假实施办法》第十一条的规定，计算未休年休假工资报酬的日工资收入按照职工本人的月工资除以月计薪天数（21.75天）进行折算。前款所称月工资是指职工在用人单位支付其未休年休假工资报酬前12个月剔除加班工资后的月平均工资。在本用人单位工作时间不满12个月的，按实际月份计算月平均工资。职工在年休假期间享受与正常工作期间相同的工资收入。实行计件工资、提成工资或者其他绩效工资制的职工，日工资收入的计发办法按照本条第一款、第二款的规定执行。本案中张某月薪3000元，加班费每月1000元，按照《企业职工带薪年休假实施办法》的规定，计算日工资时需剔除每月的加班工资，因此张某要求将加班工资计入计算基数不会得到支持。由于实践中劳动者未休假期间，用人单位是按照正常月薪支付工资，也就是说已经支付了100%的工资，因此在核算的时候，另行支付200%的工资即可。从该规定可以看出，带薪年休假的300%工资报酬和法定节假日加班的300%加班工资含义不同。带薪年休假的300%工资报酬中已包含了用人单位支付职工正常工作期间的工资收入部分，实际为另付200%，而法定节假日加班工资是纯粹的300%。

案例7　某机械有限公司劳动关系

一、案情简介

高先生于2011年2月23日进入上海某机械有限公司工作，岗位是操作工，双方签订了期限为2011年2月23日至2012年10月31日的劳动合同。2011年7月31日，高先生在工作时被掉落的汽车铝圈砸中头部，此后便一直在家休养，并于2011年8月底、9月底、11月底分别给单位寄过三次病假单。

高先生2012年2月份回老家过春节时，收到了家人转交给他的一封信件。原来公司在2011年10月16日向高先生老家寄了一份劳动合同解除通知书，公司认为，高先生提交的病假单到2011年10月10日结束，之后高先生一直没有到公司上班，也未再向公司提供任何病假证明。

公司根据《员工手册》，以高先生2011年10月11日、12日、13日连续旷工三天为由，于2011年10月14日起解除劳动合同。

高先生则认为自己因工作负伤，处于停工留薪期，根本不存在旷工的问题，公司的解除行为违法。故提起仲裁，要求公司恢复劳动关系，补发仲裁期间的工资，补缴仲裁期间的社会保险。

裁判结果

劳动争议仲裁委员会认为，公司的《员工手册》中有关于连续旷工三天即可解除的规定，劳动者知道该规定，所以公司解除劳动合同的行为并无不当，对高先生的请求不予支持。高先生不服，起诉至法院。一审法院认为，工伤员工在停工留薪期内或者劳动能力鉴定结论尚未做出前，用人单位不得与其解除或者终止劳动关系。公司以旷工为由解除劳动关系的行为属于非法解除，支持了高先生的请求。公司不服，提起上诉，二审法院维持原判。

二、启发思考题

(1) 用人单位单方面解除劳动合同的条件有哪些？
(2) 劳动者工伤期间有哪些有关权利与义务？
(3) 单位不得对患职业病或非因工负伤职工终止或解除劳动合同的情况？
(4) 劳工纠纷的正常解决途径有哪些？

三、分析思路

劳动合同的解除，必须遵循以下条件：（1）双方自愿；（2）平等协商；（3）不得损害一方利益。

劳动者在用人单位从事劳动，与用人单位建立了劳动关系，用人单位便有义务为劳动者缴纳工伤保险。

工伤员工在停工留薪期内或者劳动能力鉴定结论尚未做出前，用人单位不得与其解除或者终止劳动关系。

高先生在与用人单位发生纠纷后，先是提请仲裁委员会仲裁，在不服从仲裁结果的情况下，到法院提起诉讼，法院两审终审，符合争议处理的一般流程，过程合法。

需要说明的，高先生未及时向用人单位寄发病假单也实属不妥，具有很大的法律风险，应当及时给用人单位寄发病假单，避免之后可能产生的法律风险。

本章参考文献

[1] 陈维政. 劳动关系管理. 北京：科学出版社，2010.

[2] 于桂兰，于楠. 劳动关系管理. 北京：清华大学出版社，2011.

[3] 董克用，李超平. 人力资源管理概论. 北京：中国人民大学出版社，2011.

[4] 冯光明，徐宁. 人力资源管理. 北京：北京理工大学出版社，2010.

[5] 姚泽有，张建国. 人力资源管理. 北京：北京理工大学出版社，2012.

[6] 侯光明. 人力资源管理. 北京：高等教育出版社，2009.